대한민국
국가미래전략
2015

일러두기

- 글의 제목은 「 」로, 단행본, 잡지, 신문, 보고서의 제목은 『 』로 묶어 표시했습니다.
- 가독성을 고려해, 가급적 명사나 동사의 단위별 붙여쓰기를 허용했습니다.
- 외래어 표기는 국립국어원의 표기를 따르는 것을 원칙으로 했으나 예외를 둔 것도 있습니다.

대한민국 국가미래전략 National Future Strategy 2015

30년 후, 2045년의 대한민국 미래비전
'아시아 평화중심 창조국가'를 말한다.

KAIST 미래전략대학원 지음

이콘

차례 National Future Strategy

왜 '국가미래전략 보고서'인가

2015년은 대한민국 광복 70주년을 맞는 해다. 광복은 잃어버린 나라의 국권을 회복하는 것은 물론, 역사와 전통을 되찾았다는 점에서 참으로 감격적인 일이다. 우리 선조들은 빼앗긴 나라를 되찾기 위해 온갖 멸시와 고통을 참고 견디며 싸웠고, 마침내 자유민주주의국가를 건설했다. 비록 남북으로 분단된 반쪽짜리 국가지만 세계 어디에 내놓아도 손색이 없는 국가를 만들기까지, 무수한 선조들의 숨은 노력이 있었다.

오늘날 대한민국은 어느 분야를 보더라도 세계 10위권에 속하는 번영을 누리고 있다. 유구한 5천 년의 역사를 이어온 것도 놀라운 일이지만 그보다는 식민지의 유산을 안은 신생독립국으로서, 또 동족상잔의 비극을 품은 분단국으로서 단기간에 이런 성과를 올렸다는 사실이 더욱 놀랍다.

그런데 과연 우리는 현재의 번영을 후손들에게 안정적으로 물려줄 수 있을까. 전망은 그다지 낙관적이지 않다. 대한민국이 처한 작금의 상황이 너무 엄중하고, 당면한 사회적 난제들은 복잡하고 어렵기 때문이다.

더 나은 미래를 위한 '대한민국 6대 절대과제'

미래의 후손들이 현재와 같은 번영을 누리기 위해서는 다음의 '6대 절대과제'를 해결해야 한다.

- **저출산, 고령화**: 저출산으로 인해 100년 후에는 대한민국 인구가 4천만 명 이하로 줄어들 것으로 전망된다. 더불어 평균수명의 연장으로 초고령사회에 진입할 것이다. 사회의 모든 분야가 초고령사회에 적응할 수 있도록 구조적 체질개선이 필요하다. 모든 구성원이 구조개선의 고통에 동참할 수 있도록 적극적인 독려도 요구된다.

- **사회통합, 갈등해결**: 우리나라는 사회갈등과 양극화가 특히 심한 사회다. 정신문화가 날로 황폐해지면서 관용과 포용, 나눔과 배려가 점차 사라지고, 이기주의와 집단적 터부, 배타가 기승을 부리고 있다. 사회적 관계의 단절로 인해 자살률은 OECD국가 중 가장 높은 수준이고 반대로 국민행복지수GNH는 가장 낮은 상태다. 부가 세습되어 신분이동의 길이 차단되면서 젊은이들이 희망을 잃었고 전반적으로 사회가 불안한 상태다. 이런 상황에서는 국민의 능력을 한곳으로 모으기 어렵다.

- **평화(통일)와 국제정치**: 남북의 평화와 통일은 지상과제다. 해방 100주년을 내다보면서 분단 100년을 상정한다면 그것은 이미 우리

에게 온전한 미래가 아니다. 부끄럽지 않은 민족사를 후대에 물려주기 위해서, 가장 기본적인 선결과제가 있다면 남북의 평화가 구조적으로 안착화, 제도화된 상태, 즉 평화와 통일이나. 철저히 평화적인 방식으로 분단과 전쟁의 위험을 한반도에서 씻어내야 한다. 평화통일의 과업은 국민의 단결과 지혜로운 대외정책에 의해서 가능하다.

• **지속적인 성장과 번영**: 지난 40년간 이루었던 성장과 번영을 지속, 발전시켜야 국민소득 3만 달러를 돌파하고 선진국 반열에 오를 수 있다. 성장이 없으면 인구감소에 따른 사회 전반의 체질개선은 더욱 험난할 것이다. 여기서 주저앉으면 다시 후진국으로 낙오하기 십상이다. 첨단기술을 개발해 성장을 견인할 신성장동력을 발굴하고 신산업을 개척해야 한다.

• **지속가능한 민주복지국가**: 우리나라는 민주주의와 복지국가를 동시에 추구하고 있다. 복지가 민주주의를 만나면 간혹 포퓰리즘의 유혹에 빠질 수 있다. 정치인들은 정권을 잡기 위해 과대공약을 내놓고는 적자재정을 편성하기 쉽다. 그리고 그 부담을 미래세대에 떠넘기는 것이다. 지속가능한 해법을 찾아야 한다. 복지와 민주주의가 선순환할 수 있는 구조가 중요하다.

• **에너지와 환경문제**: 우리나라는 자원빈국이다. 석유는 물론이고 광물자원도 빈약하다. 현대문명은 엄청난 에너지를 소모하고 있고, 그 결과 환경은 급속도로 악화되고 있다. 미래에도 안정적인 성장과 번영을 이루고자 한다면 지속가능한 에너지원을 확보해야 한다. 기후

변화와 환경오염에 대비하는 것도 미룰 수 없는 기본적인 책무다.

미래로 가는 길에 드리운 어두운 그림자

우리나라의 현재 상황은 어둡다. 어느 것 하나 녹록하지 않다. 성장잠재력은 둔화되고 있고 GDP성장률은 내리막길에 있다. 1인당 국민소득은 2만 달러대에서 10년 가까이 정체중이다. 경제성장의 주요동력이었던 6대 주력산업은 국제경쟁에서 밀리면서 어려움을 겪고 있다. 조선, 제철, 휴대폰, 석유화학산업이 중국의 추격에 발목을 잡힌 상태다. 반도체와 자동차도 극심한 경쟁으로 인해 이익률이 하락하고 있다. 하지만 이를 대체할 새로운 산업은 나타나지 않고 있다. 10여 년 전부터 신성장동력을 발굴, 육성해야 한다고 외쳤지만 그때마다 정치권은 단기성과에 집착하며 장기투자를 소홀히 했다. 우리의 산업은 선진국과 중국 사이에 포위돼 길을 잃은 처지가 되고 말았다.

인구감소는 또하나의 고통스러운 미래를 예고하고 있다. 출산율은 1.2명 선으로 세계 최저 수준이고, 100년 후 노령인구는 40%를 육박할 것이다. 생산인구 1.5인이 1인의 노인을 부양해야 하는 초고령사회가 바로 눈앞에 와 있다. 사회의 모든 부분이 체질을 개선해야 하는 '다이어트 시대'로 접어드는 것이다. 학생도 줄고 학교도 줄고 식당도 줄고 가게도 줄고 버스도 줄고, 모든 것이 약 20% 이상 줄어들 것이다. 소비자인 고객이 감소하기 때문이다. 갈등이 심화되고 성장이 정체된 사회에서 또다시 국가적 체질개선을 해야 하는 고통을 감당할 수 있을지 미지수다.

국제정치질서 또한 만만치 않다. 중국의 부상과 함께 국제질서가 재편되는 가운데, 동북아시아에는 소용돌이가 일고 있다. 한국은 그 소용돌이의 중앙에 위치하고 있다. 일본의 극우 행보에 따라서 한일관계가 악화되고 있다. 중국의 패권주의를 염려하는 시선도 적지 않다. 중국과 일본 간의 대립이 심화되고, 미국과 중국 간의 긴장도 높아지고 있다. 남북관계도 기존의 대립관계가 해결될 기미가 보이지 않는다. 평화통일이라는 지상과제를 앞에 두고 있는 우리에게는 남북관계도, 주변 국제질서도 암담하기는 마찬가지다.

우리가 해결해야만 하는 6대 과제를 볼 때, 어느 것 하나 만만치 않다. 우리의 미래에 어두운 그림자들이 드리워져 있음을 부인하기 어렵다.

그럼에도 갈지之자 행보를 계속하고 있는 국가

문제는 국가의 중심에서 난국을 헤쳐 나가고 최상위 의사결정을 해야 할 정치권이 후진성을 면치 못하고 있다는 사실이다. 사회 각계각층이 열심히 앞으로 나아가고 있는데 정치권이 앞길을 가로막는 형국이다. 5년 단임제의 정권은 단기적 현안에만 급급하다. 여야를 막론하고 국가나 국민보다 당리당략에만 골몰하는 모습이다. 정치인들이 국가의 중심에서 앞길을 개척해주기를 바라는 것은 연목구어緣木求魚가 된 상황이라는 평가가 적지 않다.

더욱이 정권이 바뀔 때마다 국정운영의 기조가 바뀌면서, 이전 정권의 업적과 정책은 무시됐다. 국가정책은 그야말로 갈지之자 행보를 하고 있다. 노무현 대통령의 '혁신경제'는 이명박 대통령에 의해 부정됐고, 이명박 대통령의 '녹색경제'는 박근혜 대통령에 의해 소외됐다. 현재 박근혜 대통령의 '창조경제'가 처한 운명도 그다지 다르지 않을 것이다. '100년 대계大計'까지는 아니더라도 진실로 국가의 미래를 걱정하고, 진정 어린 마음으로 국가미래비전과 전략을 고민하는 단위는 어디에도 보이지 않는다.

정권을 잡은 사람들은 나라를 송두리째 바꾸어 단기간에 성과를 내고 그 공로를 독차지하고자 했다. 장기적인 청사진은 없어 보였다. 하지만 최고결정권자들이 하는 일이다보니, 어느 누구도 제동을 걸기 어려웠다. 각 정권마다 장기적인 전략을 추진하지 않은 것은 아니다. 노태우 대통령은 '21세기위원회', 김영삼 대통령은 '세계화추진위원회', 김대중 대통령은 '새천년위원회'를 각각 설립했고 노무현 대통령은 '국가비전 2030', 이명박 대통령은 '대한민국 중장기 정책과제'를 작성했다. 여러 정부출연 연구기관에서도 분야별로 장기전략 연구보고서를 발행했다. 그러나 그것들은 정권이 바뀌면서 도서관의 서고로 들어가 잠자는 신세가 되고 말았다.

2014년 1월, 정문술 전 KAIST 이사장은 215억 원의 사재를 KAIST 미래전략대학원 발전기금으로 기부하면서 당부했다. 국가의 미래전략을 연구하고 인재를 양성해 나라가 일관되게 발전할 수 있는 기틀을 마련해달라는 부탁이었다. 그리고 국가의 싱크탱크Think Tank가 되어 우리가 나아갈 길을 미리 제시해달라고 요청했다. 미래전략대학원의 교수진은 이 당부의 무게감을 크게 느꼈고, 그의 주문을 어떻게 실현할 것인가 고민했다.

지금 대한민국에는 '선비정신'이 필요하다

한반도 지도를 보고 있으면 우리 선조들의 지혜와 용기에 다시 한 번 감탄이 절로 나온다. 거대한 중국대륙 옆에서 온갖 침략과 시달림을 당하면서도 자주성을 유지하며 문화와 언어를 지켜냈다는 것은 참으로 놀라운 일이다. 만약 북아메리카에 있는 플로리다 반도가 미국에 흡수되지 않고 독립된 국가로 발전하려고 했다면, 과연 가능했을까. 하지만 우리 선조들은 그것을 가능케 했다. 동북아 국제질서 재편의 소용돌이 속에서 새삼 선조들의 업적이 대단하게 느껴진다.

그렇다면 역사적 패권국가였던 중국 옆에서 국가를 유지, 발전시킬 수 있었던 비결은 무엇이었을까. '선비정신'이 한몫을 한 것은 아닌가 생각한다. 정파나 개인의 이해관계를 떠나서 오로지 대의와 국가, 백성을 위해서 시시비비를 가린 선비정신 말이다. 이러한 선비정신이 있었기에 설사 나라가 그릇된 길을 가더라도 곧 바로잡을 수 있었다. 선비정신이 사라진 조선말 100년은 망국의 길을 걸었던 과거를 잊지 말아야 한다.

21세기, 우리는 다시 선비정신을 떠올린다. 정치와 정권에 무관하게 오로지 나라와 국민을 위하여 발언하는 것이다. 선조로부터 물려받은 금수강산을 영광스러운 나라로 만들어 후손들에게 물려주기 위한 전략을 수립하는 것이다. 우리는 국가와 사회로부터 많은 혜택을 받고 공부한 지식인들이다. 국가에 진 빚이 많은 사람들이다. 이 시대를 사는 지식인으로서 국가와 사회에 보답하는 길이 있다면 선비정신을 바탕으로 국가와 국민행복을 위해 미래전략을 내놓는 것이다.

비록 우리에게 정책결정권은 없지만, 대한민국의 건강한 선비로서 국가의 미래대계를 치우침 없이 제안하고자 한다. 우리의 제안 중에는 옳은 것도 있고 그릇된 것도 있고 부족한 것도 있을 것이다. 그릇된 것, 부족한 것은 계속 보완하고 발전시켜나갈 예정이다. 다만 우리의 미래전략 보고서에 옳은 것이 있다면 정권에 상관없이 활용될 수 있을 것이고, 이를 통해 국가의 미래는 발전할 수 있으리라 믿는다.

국가가 일관성 있게 옳은 방향으로 나아가게 만드는 것이 바로 우리가 목표하는 바다. 우리는 그동안 배운 지식과 선비정신에 기반한 양심에 따라 국가의 미래를 바라보고 전략을 제시하고자 한다. 우리는 이것을, 이 시대를 살아가는 선비정신, 즉 지식인의 소명이라 생각한다.

미래의 눈으로 현재를 바라보다

우리는 국가미래전략의 시간적 개념을 30년으로 설정했다. 일반적으로 한 세대를 30년으로 본다. 우리는 다음 세대에 물려줄 국가를 생각하며 오늘 해야 할 일을 논하기로 했다. 즉 다음 세대의 입장에서 오늘의 상황을 바라보는 것이다. 미래전략은 미래의 눈으로 현재의 결정을 내리는 것이다. 이것이 바로 현재의 당리당략적, 정파적 이해관계에서 자유로운 민간 지식인들이 해야 할 일이라고 생각한다.

지금으로부터 30년 후인 2045년은 대한민국이 광복을 맞이한 지 100년이 되는 해다. 광복 100주년이 되는 시점에 우리는 어떤 나라를 만들어야 할 것인가. 우리의 다음 세대에 어떤 나라를 물려줄 것인가. 지정학적 관계와 우리 자신의 능력을 고려할 때, 어떤 국가비전을 제시할 것인가. 매우 많은 논의를 거친 결과, 우리는 다음과 같은 국가비전에 이르렀다.

'아시아 평화중심 창조국가'

우리는 우리나라의 활동공간을 '아시아'로 확대, 설정했다. 지금도 그렇지만 30년 후에는 국가 간의 경계가 더욱 희미해져 있을 것이다. 아시아는 세계의 중심지역으로 역할하고 있을 것이고, 그중에서도 한국, 중국, 일본, 인도 등이 주역이 되어 있을 것이다. 한국인의 의사결정은 국내외 다양한 요소를 고려해야 하는 상황이 될 것이고, 또한 한국인이 내린 결정의 영향은 한반도를 넘어 아시아로 퍼져나갈 것이다.

우리는 국가의 지향점을 '평화중심국가'로 설정했다. 우리나라는 전통적으로 평화국가다. 5천여 년의 장구한 역사 속에서도 자주독립을 유지해왔던 이유 중의 하나도 '평화'를 지향했기 때문일 것이다. 주변국과 평화롭게 공존, 번영을 꿈꾸는 것이 우리의 전통이고 오늘의 희망이며 내일의 비전이다. 더욱이 우리는 민족사적 대사大事를 앞두고 있다. 한반도 통일이라는 민족사적, 국가적 지상과제를 안고 있다. 이 과제를 이루기 위해서는 평화 이외에는 다른 방법이 없다. 남북이 머리를 맞대고 평화통일을 연구해야 한다. 북한 주민들에게도 통일이 되면 지금보다 더욱 평화롭고 윤택한 삶이 기다리고 있다는 희망을 심어주어야 한다. 주변국들에도 한국의 통일이 그들에게 도움이 되는 공존과 번영의 길이라는 인식을 심어줄 필요가 있다.

또한 우리는 '창조국가'를 내세웠다. 본디 우리 민족은 창조적인 민족이다. 역사를 돌이켜보면 선조들의 빛나는 창조정신이 돋보인다. 컴퓨터시대에 더욱 빛나는 한글과 세계 최초의 금속활자가 대표적인 창조의 산물이다. 이미 언급했듯이 우리나라는 자원이 부족하다. 그러나 이렇게 빈약한 자원여건 속에서도 반도체, 휴대폰, 자동차, 조선, 석유화학, 제철산업을 세계 최고 수준으로 일구었다. 이것이 가능했던 배경으로 온 국민이 가지고 있는 창조정신 외에는 설명할 길이 없다. 처음에는 선진국의 제품을 사서 썼지만, 그 제품을 연구해서 오히려 더 좋은 제품을 만들어냈고 다시 우리의 것으로 재창조했다. 앞으로도 우리의 창조능력은 계속 발전될 것이다. 새로운 기술을 개발하고 새로운 산업을 일으키고 새로운 경제번영시대를 열어갈 것이다. 2045년 대한민국은 아시아의 으뜸 창조국가로 우뚝 서 있을 것이다.

이러한 '아시아 평화중심 창조국가'의 비전을 달성하기 위해 우리는 4개 대전략을 수립했다. '행복국가' '평화국가' '과학국가' '창업국가'가 그것이다. 그리고 21개 분야별 세부전략을 수립했다. 4개 대전략은 국가의 전반적인 방향을 제시하는 것이고, 21개 세부전략은 대전략을 위한 주요분야별 전략을 담았다.

21세기 선비들이 작성하는 국가미래전략

민간에서 수립하는 국가미래전략은 최초의 일이라 생각한다. 그동안 국가 주도로 몇 차례 작성된 바 있지만 정치권의 취향이 과도하게 반영돼 영속성을 갖지 못했다. 이에 우리는 순수 민간인으로 연구진과 집필진을 구성했다. 2014년 4월부터 11월까지 약 100여 명의 연구자와 초안 집필자, 검토자가 작업에 참여했다. 연구진과 필진에는 KAIST 교수 외에 국내외 전문가들이 대거 포진했다. 100여 명의 '21세기 선비'들이 나선 것이다.

집필자들에 의해 초안이 완성되면 분야별로 3~5명의 전문가들이 내용을 검토했고, 그 의견을 반영해 원고를 수정했다. 각 분야의 내용이 정리되면 그것들을 통합하는 대전략을 수립하고 국가가 해결해야 할 절대과제의 해결방안을 정리하는 과정을 거쳤다.

미래예측은 정확할 수 없고 미래전략도 마찬가지다. 다만 꾸준히 데이터를 축적해가면 미래전망의 정확도는 올라가고 전략은 더욱 탄탄해질 수 있다. 지금 우리가 펴내는 국가미래전략 보고서도 완벽할 수는 없다. 특히 처음 하는 작업이라 부족하고 미진한 부분이 많을 것이다. 우리는 매년 이 보고서를 수정, 보완할 것이다. 매년 30년 후를 대비하는 전략보고서를 발행하는 것이다.

이 보고서에 담긴 미비점은 오로지 책임자인 나의 탓이다. 국내외 뜻있는 많은 분들의 더 많은 지적과 가르침, 지혜를 기다린다. 우리의 이러한 뜻에 동참하고 격려해준 전국의 많은 분들께 머리 숙여 감사드린다. 처음 국가미래전략 수립의 필요성과 추진에 대해 말했을 때, 반대의견을 주신 분은 한 분도 없었다. 모두가 늦었지만 꼭 필요한 일이라며 격려를 보내주었다. 특히 강성모 KAIST 총장님은 여러 차례 용기를 주셨다. 이러한 모든 분들의 격려가 연구과정에서 부딪친 어려움을 헤쳐 나가는 원동력이 되었다. 바쁜 가운데도 시간을 내어 토론을 해주고, 원고를 써주고, 원고를 검토해준, 여러 참여자분들께 다시 한 번 깊은 감사의 인사를 드린다.

연구책임자 이광형

(KAIST 미래전략대학원장/미래전략연구센터장)

국가미래전략 연구보고서 작성에 함께한 사람들

• 기획위원

이광형 교수(연구책임자), 임춘택 교수, 이상지 연구교수, 정재승 교수, 김원준 교수, 김진향 연구교수

• 편집위원

이광형 교수(연구책임자), 곽재원 KAIST 이사, 박병원 STEPI 연구위원, 박성원 STEPI 연구위원, 서용석 행정연구원 연구위원, 한상욱 김&장 변호사, 임춘택 KAIST 교수, 이상지 KAIST 연구교수, 김진향 KAIST 연구교수

• 초고작성 참여자

고정식 광물자원공사 사장, 공훈의 위키트리 발행인, 곽재원 KAIST 이사, 김상협 전 녹색성장기획관, 김수현 세종대 교수, 김진현 전 과기부장관, 김진향 KAIST 연구교수, 김진화 서강대 교수, 문정인 연세대 교수, 박상일 파크시스템즈 대표, 서복경 서강대 현대정치연구소 연구위원, 서용석 행정연구원 연구위원, 손종현 대구카톨릭대 교수, 심재율 뉴데일리 논설위원, 안병민 한국교통연구원 연구위원, 오태광 생명공학연구원장, 원동연 DIA대 이사장, 유희열 부산대 석좌교수, 이상지 KAIST 연구교수, 이영탁 세계미래포럼 이사장, 임정빈 서울대 교수, 임춘택 KAIST 교수, 전재성 서울대 교수, 정재승 KAIST 교수, 정지훈 경희사이버대 교수, 조동호 KAIST 교수, 한상욱 김&장 변호사, 홍규덕 숙명여대 교수

• **자문검토 참여자**

KAIST: 김병윤 교수, 김소영 교수, 김원준 교수, 김진향 연구교수, 박성주 교수, 박성필 교수, 신동원 교수, 이민화 교수, 이상지 연구교수, 임춘택 교수, 정용 교수, 정재승 교수, 홍순형 교수, 홍창선 교수, 짐 데이터Jim Dator 교수

외부 자문: 강홍렬 정보통신정책연구원 연구위원, 김경동 서울대 명예교수, 김광준 삼성디스플레이 전무, 김국일 보건복지부 과장, 김명자 전 환경부장관, 김병도 서울대 교수, 김세연 국회의원, 김연철 인제대 교수, 김후식 뷰웍스 대표, 문휘창 서울대 교수, 민경찬 연세대 교수, 박명호 한국외대 교수, 박병원 STEPI 연구위원, 박성원 STEPI 연구위원, 박진하 건국산업 대표, 배규한 국민대 교수, 백만기 김&장 대표변리사, 선종률 한성대 교수, 성창모 전 인제대 총장, 손영래 보건복지부 과장, 신성철 DGIST 총장, 심재율 뉴데일리 논설위원, 오영석 한우리 부회장, 이경숙 전 숙명여대 총장, 이규연 중앙일보 논설위원, 이규홍 판사, 이남식 계원예술대 총장, 이병욱 세종대 교수, 이상민 국회의원, 이선영 서울대 교수, 이온죽 서울대 명예교수, 장순흥 한동대 총장, 정갑윤 국회의원, 조충호 고려대 교수

KAIST 미래전략대학원/고위과정: 박영재, 이현주, 전진희, 김철홍, 이혜숙, 김형운, 김화영, 남병언, 민경삼, 이강호, 이현우, 이태영, 조정현, 김양수, 김재희, 손호영, 신일호, 전상배, 조동진, 조민제, 조병욱

미래전략연구센터: 강한시내, 박가영, 서종환, 이제원, 임화진, 정진만, 조진삼, 최혜승, 홍정훈

시류에 휘둘리지 않는 싱크탱크가 되라

대담: 정문술(전 KAIST 이사장)

국가미래전략 보고서(일명 '문술리포트')는 급변하는 미래사회(현재~2045년) 속에서 대한민국이 어떻게 선진일류국가로 자리매김할 것인가에 대한 전략적 대안들을 담고 있다. 미래전략대학원 발전기금의 기증자 정문술 회장(전 미래산업 사장/전 KAIST 이사장)의 요청에 의해 기획된 프로젝트다. 이에 그와의 인터뷰를 통해 미래전략의 중요성을 다시금 짚어본다.

정문술 회장은 "첫번째 미래전략 보고서가 나온다고 하니 기쁜 마음을 이루 다 표현할 수 없다"고 말했다. 정회장은 "부의 대물림을 하지 않겠다"면서 잘나가던 미래산업 사장 자리를 조건 없이 전문경영인에게 물려주고, 2001년 초 KAIST에 "미래 먹거리 융합연구를 해달라"면서 300억 원을 기부했다. 2014년 초에는 "미래전략을 연구해야 한다"고 215억 원을 또다시 KAIST에 기부해 세간을 놀라게 했다.

인터뷰를 위해 방문한 정회장의 자택은 청계산 입구에 자리하고 있었다. 도로도 등산로도 없던 1978년에 미래를 내다보고 일찌감치 자리잡았다고 한다. 지금은 인근에 전철역도 생겨 주말이나 휴일이면 등산객들로 붐빈다.

Q. 미래전략대학원이 왜 필요하다고 생각하셨습니까?

나라가 잘되려면 시대에 맞는 훌륭한 지도자들이 나와야 해요. 그런데 우리나라의 지도자들은 정치적 훈련을 받지 못하고, 각 분야에서 성장하다가 나름대로 영향력이 생기니까 정치지도자로 오른 분들이 대부분 아닙니까? 이것도 한 방법이겠으나, 그래도 젊어서부터 전략적인 사고를 익힌 사람들이 지도층을 형성하면 우리 사회가 더 발전할 것이라고 생각했어요. 그러던 중 이광형 KAIST 교수를 만났을 때 "우리나라의 미래전략을 연구하는 곳이 없다"고 하는 이야기가 가슴에 와 닿았어요. 나도 같은 생각을 했거든요. 가끔 외국에 가면 사람들이 우리나라에 대해서 걱정을 많이 합니다. 특히 북한과 무력으로 대치하고 있는 상황이 불안하지 않느냐고 많이 물어봅니다. 그런 상황에서 우리나라의 주력산업은 주춤거리고, 사회양극화와 갈등은 심화되고 있어요.

Q. 정부에서도 미래정책을 계속 내놓지 않습니까?

그렇죠. 정부도 국가 발전계획을 수립하고, 정부출연 연구소들도 비슷한 보고서를 냅니다. 그런데 정권이 바뀌면 정부의 목표와 정책방향이 하루 만에 달라집니다. 정권의 영향을 많이 받다보니, 아무리 좋은 이야기를 해도 다음 정권에서 공감을 얻지 못해요. 이런 일이 몇십 년째 반복되는 모습을 보면서, 나라의 미래를 걱정하지 않을 수 없어요. 우리나라에는 시류에 휘둘리지 않고 국민 편에 서는 든든한 싱크탱크가 안 보였어요. 이래서는 미래를 올바로 준비할 수 없다, 새 시대를 이끌어갈 전략적인 지도자를 양성하는 토대가 있었으면 좋겠다, 이런 화두를 던지기 위해 미래전략대학원 설립에 작은 바탕을 제공한 것이죠. 이것이 밑거름이 돼서 첫번째 미래전략 보고서를 출간한다고 하니 기쁜 마음을 다 표현할 수 없습니다.

Q. 미래전략 연구를 또 KAIST에 맡겼습니다.

KAIST가 국가발전을 위해 설립된 탓이겠죠. 교직원들이 나라를 생각하는 마음이 매우 강합니다. 이런 교육기관에 미래전략대학원이 설립된 것은 매우 바람직한 일이라고 생각해요. 대학원이 설립됐으니 이제 젊은이들이 와서 미래학을 공부할 것이고, 지도층에서도 미래전략의 필요성을 계속 논의하다보면 미래학이 뿌리를 내릴 것입니다. 훌륭한 인재들이 우리나라의 미래에 더 깊은 관심을 갖고 대비하기를 기대합니다. 정권이 바뀔 때마다 정책이 뒤집히고 정부의 목표가 흔들리는 것을 바로잡아주기 바랍니다. 대한민국의 목표와 정책방향을 체계화시켜서 슬기롭게 바른 길로 인도하려면 전략이 있어야죠. KAIST 미래전략대학원에서 출간하는 미래전략 보고서가 그러한 역할을 하기를 진심으로 기대합니다.

Q. 회장님이 생각하는 국가지도자는 어떤 사람들입니까?

대한민국은 국민이 주권을 가진 민주주의 공화국이므로, 대한민국의 목표와 전략은 국민의 마음을 잘 읽고 국민의 필요를 헤아리면서 국민과 올바른 소통을 할 수 있는 사회지도층이 맡아야 하겠죠. 정의로운 양심과 시대에 맞는 지성을 가진 깨어 있는 사람이 지금 필요한 지도자입니다.

객관적으로 보면 우리나라의 미래는 굉장히 비관적이에요. 국민의 의식이 아직도 멀었다는 생각을 떨칠 수가 없어요. 주변을 봐도 너무나 많은 사람들이 정말 필요한 일을 위해서 사는 것이 아니라, 남의 시선을 의식하면서 살아요. 옳은 일이고 내가 필요한 일부터 해야 하는데 '이거 이렇게 하면 남이 어떻게 생각할까' 하는 허위의식이 너무 강합니다.

Q. 회장님이 개인 재산을 처음 학교에 기부할 때 국민들이 많이 놀랐습니다. 부모가 자녀에게 유산을 물려주는 것은 당연한 일로 생각하고 있을 때 "부의 대물림을 하지 않겠다"고 해서 신선한 충격을 던졌습니다.

나는 지금까지 말을 앞세우기보다 행동으로 보여줬어요. 재산을 자식에게 대물림하는 것을 그만둬야 한다고 말했으니 당연히 실천해야죠. 자녀에게는 재물 대신 정신을 물려줘야 한다고 생각해요. 국가도 마찬가지입니다. 후손들에게 더 많은 경제적인 부를 물려주기보다 진취적이고 정의로우며 창조적인 생각을 할 수 있는 좋은 마음과 생각을 유산으로 남겨야 합니다.

지금 우리는 창의력을 기본으로 하는 21세기 지식재산의 시대에 살고 있지 않습니까? 근본이 달라져야 합니다. 우리나라는 이제 다른 국가를 뒤쫓아가는 추종연구에서 벗어나 선도연구로 나아가야 합니다. 오랫동안 남의 뒤만 따라다니다보니 외국과의 경쟁에서 밀리는데, 어떤 방향으로 무슨 방법을 써서 해결해야 하는지 갈피를 못 잡는 것 같아요.

우리나라가 원천기술을 많이 개발하는 데 있어서 미래전략 보고서가 중요한 시발점을 마련하기를 기대합니다. 우리 국민들이 좀더 진취적이고 미래지향적이며 독창적인 품성을 길러야 할 때가 왔어요. 현대 미래학자들이 지적하듯이 미래는 창조하는 것입니다. 남의 나라가 하는 것을 뒤쫓아가서는 절대로 미래를 창조할 수 없어요.

Q. 회장님은 사업할 때 죽음의 고비를 여러 번 넘겼는데, 비결이 무엇입니까?

국가든 개인이든 어려움은 닥치기 마련이죠. 나도 죽을 만큼 어려운 시련을 두 번 겪었습니다. 부도가 나고 개발한 제품은 판매처가 없는 상황에 직면했는데, 종업원들과 식구들은 나만 바라보고 있는 상황이었습니다. 나는 앞이 안 보인다는, 모든 퇴로가 끊겼다는 부정적인 생각이 들었습니다. 사업이 어렵다거나 인생이 끝났다거나 하는 것은 주관적인 판단입니다. 희망이 안 보이는 것만큼 힘든 일은 없어요. 사람이 희망을 빼앗기면 죽는 길 밖에 없다는 어리석은 생각에 빠지기 마련입니다. 저 역시 3개월 동안 이렇게 희망을 빼앗긴 상태가 계속되다보니 죽음만이 유일한 해결책이라는 생각이 들었어요.

청산가리와 소주를 들고 청계산에 올라갔어요. 소주병을 따고 청산가리를 타려는 순간, 머릿속에서 퍼뜩 방법이 떠올랐습니다. '지금까지 개발한 제품을 한 단계 낮추어 새 제품을 만들어보자. 최고 첨단제품을 만들어봤으니, 한 단계 낮은 것은 만들기 쉽고 값도 싸질 것이다.'

나는 청산가리와 소주 대신에 새로운 전략을 안고 내려온 것이죠. 죽느냐 사느냐 기로에 섰을 때, 새로운 전략이 얼마나 중요한지 실감했다고 하겠죠. 그러므로 이 미래전략 보고서가 우리나라를 살리는 지혜의 메시지를 가득 담아서, 온 국민들의 마음에 희망을 심어주기를 기대하는 것입니다.

Q. 미래전략은 과학기술뿐 아니라 인문사회분야에서도 두루 필요하지 않습니까?

그렇죠. 급격한 인구감소에 어떻게 대응해야 하는지, 문화를 어떻게 융성시킬 것인지, 건강하고 행복한 장수시대를 맞으려면 무엇이 필요한지 함께 지혜를 모아서 해결책을 마련해주세요.

우리나라 사람들은 유능하고 일도 잘하고 의욕도 넘치고 재물도 잘 모으지만, 아직도 의식이 부족하다는 점을 지적하지 않을 수 없어요. 정신이 건강하지 않다는 점도 우리가 겪고 있는 문제의 본질이라고 이야기하고 싶어요. 무엇이 공공의 이익에 부합하는지를 따지기보다 나, 내 자식, 내 가족 혹은 내 동네, 내 학교, 내 고향의 이익을 먼저 생각합니다. 지도층마저 그래요. 그래 가지고는 큰 나라가 안 됩니다. 사물을 균형 있게 보지 못하는 청소년들이 너무 많아요. 새 시대를 준비하려면 젊은이들을 어떻게 가르치고, 무엇을 심어줘야 하는지, 이런 것도 역시 깊은 사고와 합리적인 방법론이 필요합니다.

Q. 기대가 많으시다니 어깨가 무겁습니다.

첫번째 미래전략 보고서를 내는 것은 이제 중요한 한걸음을 뗀 것이에요. 국민들의 미래에 대한 희망을 모으고, 국가의 지도자를 양성하는 데 이 보고서가 조그만 도움이 되기를 바랍니다. 그러나 모든 일이 빨리 한다고 잘되질 않아요. 미래전략 보고서가 자리를 잡기까지 아마도 5년 정도의 시간이 걸리지 않을까 생각해요. 새로운 기틀을 잡는 데는 이 정도의 시간이 들어갑니다.

대한민국의 행복을 넘어 아시아 전체의 발전에 기여하겠다는 뚜렷한 목표를 향하여, 인내하면서 열정을 쏟아 부을 때 반드시 좋은 열매를 맺을 것입니다.

1장

미래사회 전망 및 국가미래비전

1. 암흑시대와 황금시대

2. 아시아 평화중심 창조국가

1

미래사회 전망

암흑시대와 황금시대

현재 한국사회는 미래로부터의 매우 중요한 도전과제에 직면해 있다. 저출산, 고령화, 사회통합과 갈등해결, 평화(통일)와 국제정치, 지속적인 성장과 번영, 지속가능한 민주복지국가, 에너지와 환경문제까지 향후 우리 사회가 반드시 해결하지 않으면 안 될 중대한 도전과제들이다.

우리가 직면한 과제들에 대해 어떠한 결정과 행동을 하느냐에 따라 우리의 미래는 상당히 달라질 것이다. 이 장에서는 우리가 맞이하게 될 미래의 모습을 '새로운 암흑시대New Dark Age'와 '새로운 황금시대New Golden Age'의 두 가지 시나리오 형태로 전망해보고자 한다.

새로운 암흑시대: 갈등과 분열의 저활력, 고위험사회

새로운 암흑시대는 우리가 제대로 미래전략을 세우고 실행하지 않을 때 맞이하게 될 최악의 시나리오다. 갈등과 분열이 심화되고 저활력, 고위험사회가 펼쳐진 2045년으로부터의 경종이라고도 할 수 있다.

심화되는 사회양극화와 사회갈등

2000년대 초반부터 시작된 사회양극화와 갈등은 2045년 현재 감당할 수 없을 정도로 심화됐다. 특히 시장의 확대와 정부의 기능 축소로 인한 권위적, 강제적 조정자의 부재는 사회적 의견수렴과 합의를 더욱 어렵게 만들었으며, 그 결과 사회갈등은 더욱 악화됐다. 뿐만 아니라 배타적 개인주의가 지배적인 문화양식으로 등장하면서 공동체적 가치가 심각하게 퇴조했고 집단 간의 갈등중재는 더욱 어려워졌다. 무엇보다 고실업, 비정규직 증가, 고용안정성 저하, 고급인력에 대한 시장의 보상 증가로 고도의 양극화는 지속적으로 사회불평등을 양산하고 있다. 2045년 한국사회는 실업률 20%의 고실업사회에 진입했으며, 청년실업자는 24만 명으로 전체 실업자의 약 37%를 차지하고 있다. 청년의 상당수가 유휴인력화된 것이다. 인구감소에 의한 체질개선의 고통은 사회양극화와 갈등을 더욱 증폭시켰다.

소득격차가 확대되면서 교육의 불평등 또한 급격히 확대되고 있다. 2045년 현재 많은 사교육업체가 주식시장의 상위 자리를 차지하는 등 거대자본화되었다. 대학 또한 시장과 자본의 가치에 의해 운영되고 있다. 상당수의 대학총장이 기업인 출신으로 채워졌으며, 대학은 더이상 상아탑이 아닌 이윤을 추구하는 영리집단에 불과하다. 사교육시장과 사교육비의 증가는 엄청난 학비부담으로 작용하고 있으며, 돈이 없으면 배울 수도 없는 교육의 빈익빈 부익부가 심각한 수준이다. 교육양극화는 결국 부모의 부와 지식, 지위가 자식들에게 대물림되는 계층의 세습화로 이어지고 있다. 부모의 경제적 수준과 자식세대의 교육기회 및 수입 사이에 높은 상관관계가 존재하기 때문이다. 결국 교육불평등은 사회적, 경제적 지위의 세습화를 고착시키며 신분이동과 상승의 기회를 현저히 감소시키고 있다.

특히 세대갈등은 2045년 한국사회의 통합을 저해하는 가장 큰 갈등요인으로 부상했다. 저출산, 고령화의 급속한 진전으로 연금 등 사회보장비용이 증가함에 따라 현역세대의 부담 증가가 원인이었다. 2015년에는 7.2명이 1명의 노인을 부양했으나, 2045년 현재 1.4명이 1명의 노인을 부양해야 하는 상황이 됐다. 현역세대가 짊어진 부담은 상상을 초월한다. 2045년 현재의 청년들은 어렵게 구한 직장에서 힘들게 번 돈의 대부분을 노인부양에 쏟고 있는 실정이다. 결국 세대갈등의 정도가 도를 넘어섰다. 다른 나라로 이민을 가는 국적포기자도 많아졌다. 폭력과 차별 등 노인들을 대상으로 한 젊은층의 혐오성 범죄가 증가하고 있다. 반면 전체 인구의 40%를 차지하는 고령인구는 압도적인 수적 우위를 바탕으로 한국의 정치, 경제, 사회 등 모든 분야에서 막강한 영향력을 행사하고 있다. 현역세대들은 점점 더 설자리를 잃어가고 있다.

〈표 1〉 보건복지 예산현황

(단위: 조 원, %)

	2004	2005	2006	2007	2008	2009	2010	2011	2012	2013	2014
정부예산	120.1	135.2	147	156.7	179.6	196.9	201.2	209.9	223.1	236.2	247.2
정부예산 증가율	1.7	12.5	8.7	6.6	14.6	9.6	2.2	4.3	6.3	5.9	2.7
보건복지 예산	9.2	8.9	9.7	11.5	16	18.2	19.5	20.7	22.2	25.5	29.6
보건복지 예산증가율	8.6	−3.5	9	18.8	38.9	13.5	7.1	6.2	7.3	14.6	16
정부예산 대비 비중	7.7	6.6	6.6	7.4	8.9	9.2	9.7	9.9	10	10.8	12

자료: 기획재정부, e-나라지표

아울러 사회가 다원화되고 혼합화되면서 다양한 형태의 차별과 격차가 발생하기 시작했다. 소수자집단이 새로이 등장했고, 이들은 자신들의 권익보호를 적극적으로 요구하고 있다. 다양한 인종과 민족이 유입됨에 따라 다른 언어, 문화, 종교 간 갈등도 심화되고 있다. 이질적인 문화구성원들이 공존하면서 가치관의 갈등이 생겨났고 문화적 차이를 인정받기 위한 정치적 경쟁이 첨예해졌다. 특히 파키스탄, 방글라데시, 인도네시아 등의 이슬람권으로부터 이주민이 유입한 것은 주류 한국사회에 커다란 거부감을 조성했다. 한국인들에게는 생소한 이슬람권 이주민들의 종교교리나 행동규범은 한국사회의 정서나 법질서와 충돌을 빚고 있다. 이러한 갈등은 이슬람문화권 이주민들과 그들의 자녀들에 대한 사회적, 제도적 차별로 이어졌으며, 이에 따라 이주민들은 한국 주류사회에 대한 반감을 가지게 됐다. 그러나 개인주의적 경쟁의 격화와 공동체의식의 약화는 사회적 소수자에 대한 진입장벽을 높이면서 사회적 차별을 더욱 공고히 하고 있다.

결과적으로 사회통합의 척도를 나타내는 사회응집력은 급격히 감소했다. 2015년을 100이라고 상정했을 때, 2045년에는 45 수준까지 떨어진 것이다. 2045년의 한국사회는 소득양극화로 인한 계층 간 갈등, 저출산, 고령화로 인한 세대 간 갈등, 다문화사회로의 진전에 따른 민족, 문화 간 갈등이 심각하다. 이와 더불어 좋은 환경과 좋지 못한 환경을 누리는 환경양극화가 새로운 사회문제로 부각되면서 사회적 불안을 더욱 증폭시키고 있다.

바이오, 나노, 유전자기술의 발전이 가져온 또다른 양극화

21세기 중반을 맞이하면서 바이오, 나노, 유전자공학 등 생명과학분야에서 급속한 발전이 이루어졌으며, 산업과 경제, 사회에 혁명적 변화를 가져왔다. 나노기계를 사용해 두뇌의 배선을 바꿔 인간의 지적 능력을 향상시키거나 변화시킬 수 있게 됐으며, 바이오기술 및 의학을 통해 신체기관 중 여러 부분을 기계로 대체할 수 있게 됐다. 그러나 이러한 과학기술의 발전은 광범위한 도덕적, 윤리적 문제들을 유발하고 있다.

먼저 인간의 정체성과 자율성의 훼손이다. 바이오, 나노기술에 의존한 의료적 개입은 인간의 자아정체성에 혼란을 가져왔고 자율성에 제한을 가져왔다. 특히 인간의 뇌와 신경조직에 연결돼 사유기능과 감정능력을 조절하고 제어할 수 있는 '정보통신기술 이식시스템ICT-Implant'의 발전은 치열한 윤리적 논쟁을 촉발시킨 바 있다. 지금까지 개인의 성공적 삶은 개인의 선천적 능력, 환경적 요소, 자유의지와 노력이라는 복합적 함수의 결과였으나 바이오, 나노, 유전자기술의 발전과 결합은 이러한 함수에 근본적인 의문을 제기하고 있다.

과학기술의 발전은 또다른 양극화를 낳고 있다. 기술적 혜택을 받은 사람과 그렇지 못한 사람 사이에 정신적, 신체적 능력 차이가 나타나고 있으며, 이는 새로운 불평등과 양극화 현상을 초래하고 있다. 바이오, 나노, 유전자기술을 활용해 사람의 정신적, 신체적, 감각적 능력을 향상시키는 것이 일반화되면서 사회계층 간의 불평등은 이전과 비교할 수 없을 정도로 심화되고 있다. 무엇보다도 거대자본과 의료가 결합하면서 의료행위가 자본의 논리를 따르는 개인의 선호문제로 취급되고 있다. 이러한 문제들은 그동안의 연구와 정책들이 경제적, 산업적 영향에만 관심을 두고 바이오, 나노, 유전자기술들의 융복합화가 가져올 도덕적, 윤리적 사회문화의 문제들을 간과한 결과다.

성장전략의 한계와 국가재정의 파탄

21세기 초반부터 시작된 한국경제의 저성장은 일시적 불황이 아닌 구조로 고착된 것이 아닌가 하는 우려를 자아냈다. 그리고 인구감소와 노령화는 이러한 우려를 증폭시켰다. 저성장에 대한 초조함은 이후 새로운 정부들로 하여금 성장을 최우선 국가과제로 설정하고 국가의 모든 역량을 집중하게 만들었다. 경제성장전략은 글로벌 경쟁력 강화를 통한 수출 확대, 선택과 집중을 통한 효율성 제고가 큰 축을 이루었다. 좁은 국내시장과 부족한 자원의 한계를 극복하기 위해서는 어쩔 수 없는 선택이기는 했으나, 기존의 성장전략이 가졌던 한계를 고스란히 안고 있다는 점에서 문제였다.

〈표 2〉 성장회계에 따른 잠재성장률 기여도 추이

(단위: %)

	성장률	노동	자본	총소요생산성
1991~2000	6.3	1.0	3.5	1.8
2001~2010	4.1	0.8	1.9	1.4
2011~2020	3.8	0.6	1.5	1.7
2021~2030	2.9	0.0	1.3	1.6
2031~2040	1.9	−0.3	0.8	1.4

자료: 기획재정부, 총괄보고서(2013), 국가 중장기 발전전략 수립을 위한 종합연구(I)

성장중심의 발전전략으로 1인당 국민소득은 2030년 3만 6천 달러, 2045년 4만 2천 달러로 증가했다. 그러나 이는 그간 정부가 추계해온 예상치를 크게 밑도는 수준이다. 성장에 모든 노력을 기울이면 1인당 실질GDP가 대폭 상승할 것이라는 예측이 빗나간 것이다.

그 배경에는 국내외적으로 불리한 환경들이 크게 작용했다. 먼저 글로벌 요인을 들 수 있다. 자원고갈 심화로 인한 에너지자원 등 국제 원자재가격의 상승과 기후변화로 인한 온실가스 감축 확대, 환경보호 무역주의의 강화가 치명적이었다. 더불어 중국과 인도 등 신흥경제대국들의 부상으로 한국경제의 버팀목이 되어왔던 자동차, 조선, 전자, 반도체 등의 주력산업들이 줄줄이 경쟁력을 잃었다. 신성장산업은 수십 년째 답보상태에 있다. 수출에 의존하던 한국경제는 해외시장이 막히면서 지난 30년간 수출증가율이 한 자릿수를 맴돌았다. 특히 국제 원유가격은 2020년 초반부터 급격히 상승해 2045년 현재 배럴당 유가가 2천 달러에 육박하고 있다. 20세기 값싼 석유자원의 시대가 끝나면서 한국뿐 아니라 전 세계의 모든 나라들이 저성장 혹은 마이너스 성장에 접어든 지 오래다.

국내적으로는 저출산, 고령화로 인한 인구구조 변화와 소득 및 사회양극화가 성장의 발목을 잡았다. 저출산, 고령화는 점차적으로 생산가능인구의 감소로 이어졌고, 경제활동인구의 비중은 2015년 55%에서 2045년 30% 미만까지 줄어들었다. 또한 저출산, 고령화는 천문학적인 사회보장비 지출을 유발해 국가부채를 급증시켰다. 경제활력은 떨어지고 세수는 감소하는데 복지수요가 증가하면서 국가재정 부담이 지속적으로 늘어났기 때문이다. 공기업들의 부채도 회사를 유지하기 어려울 만큼 증가해 일부 기업들은 도산했거나 나머지도 정부 지원으로 간신히 명맥을 이어가고 있다. 국민연금, 공무원연금, 군인연금도 고갈을 목전에 두고 있다. 공무원연금의 경우 적자 보전을 위해 정부가 30여 년간 매년 평균 3조 원 이상의 세금을 쏟아 부었다. 2018년 추진된 연금개혁을 위한 범사회적 합의를 이루지 못한 대가다. 결과적으로 2045년 대한민국의 국가부채는 GDP 대비 200%까지 악화됐으며, 세계적으로 재정위기 고위험국가군의 하나가 되었다.

동반성장과 사회적 통합을 등한시하고 재벌중심 성장에 올인한 대가는 실로 엄청났다. 선택과 집중 위주의 경제정책과 기업경영은 한국사회의 양극화를 더욱 심화시켰다. 수출기업과 내수기업, 대기업과 중소기업, 고급인력과 단순노동인력간의 임금격차는 더욱 확대됐다. 일부 대기업은 기술과 경영혁신, 첨단설비 확충 등을 통해 글로벌 경쟁력을 확보했으나, 중소기업으로의 성장파급효과는 전혀 나타나지 않고 있다. 불평등한 산업생태계의 구조적 고착화로 중소기업들은 '중소기업 → 중견기업→ 대기업'의 발전적 성장이 정체되는 '피터팬 증후군'에 수십 년째 갇혀 있다. 성장의 과실에서 소외된 중소기업들은 생존의 문제에 직면했다. 기술개발이나 고급인력 확충에 여력이 없던 중소기업들은 저임금, 비숙련 외국인 노동력에 기댐으로써, 노동생산성의 저하가 두드러지게 나타났다. 실제로 2039년 중소기업의 노동자 1인당 노동생산성은 2019년 대비 178%나 떨어진 것으로 조사됐다. 가장 큰 문제는 저임금의 고착화와 이로 인한 빈부격차의 심화, 그리고 중산층의 몰락이다. 대부분의 건설현장과 영세공장 등 어렵고 힘든 직종들은 외국인 노동자로 채워졌으며, 이들 직종의 임금은 10년 전과 비교해 동일하거나 오히려 더 낮아졌다. 이러한 일자리조차도 부족해 국내의 저소득계층은 소득이 급격히 감소했다. 중산층의 붕괴는 정부재정 압박이라는 악순환으로 이어졌으며, 사회안전망을 심각하게 위협하고 있다. 그나마 중소기업의 생명을 지탱해주던 해외 이주자들의 빈곤화, 사회적 일탈, 내국인과의 갈등으로 인해 사회적 비용은 점점 커져가고 있다. 안정적 경제발전의 발목을 잡는 악순환이 반복되는 것이다.

대의제 민주주의의 불신과 폭발 직전의 동북아시아

2045년에 접어들면서 대통령제와 관련한 개헌 논의가 심화됐다. 과거 개발시대와 비교해 제왕적 대통령의 권위는 많이 약화됐지만, 아직도 대통령으로의 권력집중과 그 폐단이 많기 때문이다. 5년 단임제에서 중임형, 분권형, 교체형 대통령제, 내각책임제 등이 논의됐으나 개헌을 둘러싼 다양한 이해관계자들 간의 갈등으로 개헌은 시행되지 않았다. 이후 시민사회가 발전하고 보다 진전된 소통매체를 통한 시민들의 정치, 정책결정 참여가 증가했으나, 정당정치는 여전히 중요한 매개로 작동하고 있다. 과거에 비해 행정부 우위의 비대칭적 균형은 많이 시정됐으나, 여전히 입법부는 국정 현안과 정책에 대한 정치적 해결역량의 한계를 드러내면서 시민들의 불신과 불만은 증폭되고 있는 상황이다. 정치 포퓰리즘의 폐해가 커지고 정치에 대한 불신이 확대됐다.

남북관계는 지난 30년간 분단체제를 지속하며 대립과 적대관계를 청산하지 못하고 있다. 무엇보다 심각한 문제는 북한, 통일(평화)문제에 대한 국민적 관심이 현격히 줄어들었다는 것이다. 그동안 통일의 정당성을 지탱해온 민족 동질성에 대한 의식도 희미해졌고, 북에 가족을 두고 온 2, 3세대 이산가족도 거의 사라졌다. 대다수 국민들은 북한을 같은 민족으로 바라보는 것이 아니라 언젠가 우리가 짊어져야 할 부담으로 생각할 뿐이다.

동북아시아 국제질서도 한반도 분단을 중심으로 큰 틀의 변화는 없으나 미국의 상대적 퇴조와 중국의 실질적 영향력 확대가 구조화됐다. 중국은 급속히 신장된 국력을 바탕으로 신중화新中華 질서를 주변국들에게 요구하기 시작했다. 일본 또한 우익세력의 지속적인 집권으로 70여 년간 유지해왔던 평화헌법을 개정해 군사대국화로 치달아왔다. 중국의 패권주의와 일본의 군사대국화는 한반도의 평화는 물론 동북아시아의 안보를 크게 위협하고 있다. 특히 한중일 동북아시아 3국에서 벌어지고 있는 영토분쟁은 심각한 갈등요인이다.

더불어 가장 심각한 분쟁원인으로 에너지자원 확보를 둘러싼 각국의 각축이다. 중국, 일본, 한국의 에너지 수입과 소비가 전 세계 비중의 3분의 1을 넘어서면서 안정적인 에너지 확보는 국가안보의 문제로 인식되고 있다. 중국, 일본, 한국은 에너지자원 확보를 위해 주변국과 영유권 다툼을 벌여왔다. 특히 북한이 천연자원의 보고로 알려지면서 한반도의 북부는 다시 주변 열강들의 각축장이 되고 있다. 러시아도 가세하면서 동북아시아의 안보상황은 더욱 불안정해지고 있다. 이렇듯 자원과 에너지를 둘러싼 각축은 2045년 동북아시아 평화에 심각한 위협으로 작용하고 있다. 그 속에서 한반도는 남북의 대립과 분열에 갇혀 동북아시아 안보와 평화의 주체적 균형자 역할을 수행하지 못하고 있다.

준비되지 못한 다문화사회의 재앙

2000년대 초반부터 실시해온 각종 정부시책에도 불구하고 출산율은 거의 회복되지 않았다. 대한민국의 인구는 2030년을 정점으로 감소세로 돌아섰다. 생산인력 확보를 위해 고령, 여성인력 활용을 넘어 해외인력 유입을 추진했다. 20~30대 해외 이주민의 국내유입은 고령화문제를 완화시키고 내수시장 감소를 방지하는 순기능을 할 것이라는 전망에서였다. 인력난에 시달리고 있던 중소기업들은 노동력 부족현상을 해소하기 위해 외국인 유입이 불가피하다는 의견을 적극적으로 정부에 개진했다. 결국 정부는 고령화와 초저출산율에 대한 해결책을 해외 이주민 유입에서 찾기 시작했다. 정부의 초기 이민정책은 전문인력을 대상으로 한 선별적 이민정책이 중심이었다. 그러나 저출산, 고령화에 대한 특별한 대안이 없었던 정부는 이후 더욱 개방적인 이민정책으로 선회했다.

외국인 유입은 기하급수적으로 증가했다. 외국인 노동자의 국내유입이 늘어나면서, 외국인 노동자가 내국인과 결혼 등을 통해 정착하는 사례도 급속히 늘어났다. 국내 외국인 수는 2040년에 400만 명까지 증가해 전체 인구의 10%를 차지하고 있다. 특히 국내에 정착한 외국 이주자들은 높은 출산율을 보이면서 내국인들의 출산율을 크게 상회했다.

외국 이주자들이 전체 인구구성에서 10%를 차지하면서 2045년의 한국사회는 전형적인 이민국가, 다문화사회로 변모했다. 외국인 이주자가 한국사회에 유입되면서 인구감소와 노동력 부족문제가 일정부분 해소됐으며, 고령화 추세도 어느 정도 완화됐다. 그러나 부정적인 결과들도 생겨났다. 저소득, 비숙련 노동자인 이주민이 국내의 저소득층과 일자리 경쟁을 벌였고, 기존 저소득층 노동자의 임금을 감소시키는 결과를 가져왔다. 아울러 한국의 문화적 배타성과 해외 이주민 증가에 부응하지 못하는 제도 미비는 상당수의 외국 이주민이 한국사회 적응에 실패하고 빈곤층으로 전락하게 하는 결과를 만들었다.

기후변화와 자원고갈의 역습

한국정부는 기후변화 및 자원고갈, 경제성장 둔화를 극복하기 위해 2008년 '저탄소 녹색성장'이라는 신국가 발전 패러다임을 제시한 바 있다. 그러나 이러한 전략은 곧 자본, 기술, 시간과의 싸움 등 여러 난관에 부딪혔다. 특히 녹색사회로의 전환비용을 우려하는 국내외의 많은 이해관계자들에 의해서 환경문제는 성장 등 다른 현안의 뒷전으로 밀려났다. 글로벌 환경도 녹생성장에 우호적이지 않았다. 교토의정서 이후 기후문제를 조정하고자 하는 국제사회의 노력은 수포로 돌아갔으며, 개별 국가들은 각기 다른 지역에서 지구환경보호에 위배되는 그들만의 우선권을 행사했다. 2012년 체결된 기후협약에도 불구하고, 탄소시장에서의 국가 간 신뢰 저하는 글로벌 에너지 협조체계의 붕괴를 가져왔다. 기후변화에 대한 미숙한 대처와 더불어 극에 달한 자원 확보경쟁 또한 세계경제를 보호주의 블록으로 만들어버렸다. 결국 우호적이지 못한 국내외 여건으로 인해 기후변화와 환경문제는 다른 현안들에 비해 관심에서 멀어졌다.

기후변화와 환경문제에 대한 국제사회의 안일한 대처의 결과는 혹독했다. 온실가스 배출규제에 대한 국제사회의 노력이 국가 간 이기주의로 무산되면서 2045년 지구 평균기온은 2015년보다 1.76℃나 상승했다. 지구온난화로 인해 기후변화는 극심한 기상이변으로 이어지면서 전 지구적으로 자연재해가 속출하고 있다. 북반구에는 기록적인 폭설과 한파가 발생하고, 남반구에는 폭우와 가뭄이 지속되는 등 기상이변이 지구촌을 뒤덮고 있는 상황이다.

한반도의 평균기온은 2015년 대비 1.89℃ 상승해 지구의 평균상승률보다도 높았다. 특히 서울은 연평균기온이 2.4℃ 상승했다. 강수량도 지속적으로 증가했으며, 연근해 평균 해수면 상승률도 2010년대와 비교해서 37% 증가했다. 지난 30여 년간 홍수와 가뭄의 발생빈도는 2010년 대비 3배 이상 증가했으며, 아열대기후가 급속히 확장됐다. 한반도에서 삼한사온과 4계절은 거의 사라졌으며 추운 겨울과 무더운

여름만 남았다. 홍수, 가뭄, 태풍, 폭설 등 기상이변이 증가하면서 기후변화는 직접적인 인명 및 재산 피해는 물론, 생태계, 자원, 보건, 산업, 경제 등 생활 전반에 광범위한 영향을 미치고 있다.

〈표 3〉 기후변화에 따른 각 분야별 주요영향

분야	주요 영향들
수자원	• 홍수 빈도 증가 및 이로 인한 피해액 증가
생태계	• 산림대의 이동 및 생물다양성 감소 • 철새류의 도래시기 변화 및 곤충 종 변화
농업	• 일조시간 및 기온증가로 인한 적정재배시기의 변화 • 과수의 재배적지 변화
연안/해양	• 해수면의 상승 및 태풍의 강도 증가 • 해수온도 증가에 따른 아열대성 어종의 증가
산업	• 1차 산업(임업, 농수산업) 및 2, 3차 산업에 영향 • 폭염 및 혹한에 의한 에너지 수요 증가
보건	• 폭염에 따른 인명피해 증가 • 기온증가에 따른 오존농도 상승 및 관련 질병의 발생빈도 증가

자료: 국립환경과학원, 한국 기후변화 평가보고서 2010

기후변화로 인한 심각한 피해에도 불구하고, 화석연료를 대체할 에너지원은 보이지 않는다. 에너지효율을 높이기 위한 기술개발이 완만하게 진행되기는 했지만, 고유가 시대를 상쇄하기에는 턱없이 낮은 효율성을 보이고 있다. 그나마 다행인 것은 에너지소비량이 2030년을 정점으로 감소하기 시작했다. 에너지자원의 가격이 급등하면서 수요가 줄어든 것이다.

결국 국제사회는 기후변화와 자원고갈문제에 대해 뒤늦게나마 합의점을 도출하려고 노력중이다. 국가들은 국민들의 생활양식과 기업들의 행태를 변화시키기 위해 강력한 정책을 시행했다. 정부는 전체 산업을 대상으로 온실가스 배출을 줄이기 위한 강력한 규제를 실시하고 있으며, 심지어 개별 가정에 '탄소 감시 모니터'를 설치하기에 이르렀다. 기후변화에 대한 뒤늦은 대응이 가져온 대가와 희생은 막대하다.

새로운 황금시대: 모두가 행복한 역동적 복지사회

새로운 황금시대는 새로운 암흑시대와 반대로 우리가 제대로 미래전략을 세우고 실행했을 때, 맞이하게 될 최상의 시나리오다. 미래전략의 중요성을 실감할 수 있는 이야기이기도 하다.

모두가 함께 만들어가는 역동적 복지사회

21세기에 접어들면서 한국사회는 저출산, 고령화, 사회양극화, 다문화사회로의 이행, 삶의 질에 대한 관심 증가 등 가치관의 구조적인 패러다임 변화가 필요해졌다. 이러한 전환기적 현상은 국민들의 복지욕구를 분출시켰다. 정부 역시 소득불균형과 사회양극화를 국가체제를 흔드는 최대 불안요인으로 인식하고, 이를 해소하기 위한 적극적인 방안을 강구했다.

한편에서는 '최대의 복지는 성장'이라며 복지확대에 신중해야 한다는 주장도 있었으나 증세를 통한 복지확대가 현명한 선택이라는 국내외 전문가들의 의견이 설득력을 얻어갔다. 이들의 논리는 증세가 경제성장에 긍정적 영향을 줄 것이며, 적정 수준의 증세를 통한 복지확대가 경제성장을 촉진하는 선순환이 가능하다는 것이었다. 높은 성장률만으로는 소득불균형을 해결할 수 없으며, 증세와 동반된 적극적인 복지정책으로 소외계층을 포용해야 한다는 것이 핵심이었다. 오랜 논란

끝에 증세를 통한 복지확대의 범사회적 합의가 이루어졌다. 정부는 복지향상을 통해 사회양극화와 고령화의 문제를 해소한다는 통합적 발전전략을 추진하게 됐다. 2018년부터 2038년까지 조세부담률은 점차적으로 국내총생산의 5%가량 높아졌으며 의료, 교육 등 사회안전망에 대한 투자는 지속적으로 늘어났다. 저소득 계층에게 수혜가 집중되는 방식으로 지출이 늘어나면서 소득불균형은 점차 감소되었으며 사회양극화도 줄어들기 시작했다.

사회양극화와 갈등을 해소하기 위해 정부뿐만 아니라 시민들 스스로도 '사회자본의 확충'이라는 형태를 통해 적극 동참했다. 이는 사회구성원들 간의 신뢰형성, 나눔확대, 자발적인 협력과 연대를 통한 공동체적 가치의 회복으로부터 시작됐다. 기업들도 이윤추구보다는 사회적 책임을 최상의 가치로 설정하고 사회양극화와 갈등을 해소하기 위해 노력을 기울였다. 이러한 노력의 결과로 2045년의 한국사회는 공동체적 가치와 공공의 이익 안에서 개인의 다양성과 개성이 보장되고 있다. 사회에 도덕적 가치가 자리잡으면서 개인, 기업, 정부는 얼마나 공정하고 배려 있고 책임감 있게 행동하느냐에 따라 사회적 평가를 받고 있다. 또한 개인의 사회적 지위는 권력이나 부에 의해 결정되지 않고, 사회적 공헌과 정치적 참여빈도에 따라 결정되고 있다.

개방적이고 공동체적인 사회가치는 다양한 라이프스타일의 출현과 함께 성공적인 다문화사회로의 이행을 촉진시켰다. 사회 전반적으로 단일민족, 단일문화에 대한 인식이 희석됐으며 다인종, 다문화에 대한 이해와 관용 등이 보편화됐다. 시민들은 30년 전에 비해 외국인에게 훨씬 더 개방적인 자세를 보이게 됐고, 이질적인 외국문화와도 빈번하게 교류하고 있다. 이러한 변화에는 2010년 중반부터 시행된 다문화 존중교육이 큰 역할을 했다. 일반 시민들을 대상으로 지방자치단체들이 실행한 외국인과의 문화교류나 커뮤니티 활동 등 다문화에 대한 교육과 홍보노력도 주효했다. 다문화사회로의 성공적인 전환은 한국사회 전체의 창의성과 역동성, 자율성을 증진시키는 주요동력으로 작용하고 있다.

세대갈등도 기우에 불과했다. 정부는 세대 간 경제적 기회의 공정한 배분과 관리를 위해 '미래세대의 권익보호'를 헌법조항에 삽입했다. 한정된 자원과 재원 등의 사용에 따른 부담을 기성세대와 미래세대가 공평하게 분담할 수 있도록 헌법으로 규정한 것이다. 아울러 입법부 내에 '미래세대위원회'를 상임위원회 형태로 구성해 미래세대의 정치적 대표성을 보다 강화했다. 이러한 제도적 장치를 통해 한국사회의 세대갈등은 사회문제로 심화되지는 않고 있다.

과학기술 발전이 가져온 새로운 라이프스타일

21세기 초반까지의 기술혁신이 주로 정보통신에 의해 주도됐다면, 이후 30년간의 기술혁신은 바이오, 나노, 유전자공학 등 생명과학분야가 주도하고 있다. 2045년 현재 생명과학은 IT, 뇌공학, 로봇 등의 기술과 융복합화되면서 기존 산업의 구조변화와 새로운 산업과 직종의 창출 등 경제, 사회에 혁명적 변화를 초래하고 있다. 나노와 유전자공학의 발전은 신약개발과 질병치료에 일대 변혁을 가져왔다. 또한 바이오기술과의 융합은 인간의 장기를 실험실에서 배양해 이식하고, 신체의 일부분을 대체할 수 있는 맞춤형 인공기관의 시대를 열고 있다. 2025년 RFIDRadio Frequency Identification 기반의 크레디트 칩이 보편화돼 좁쌀보다 작은 생체주입형 RFID 칩이 신분증이나 신용카드를 대체했다. 손가락에 주입하는 크레디트 칩은 상용화 당시 기술적으로나 의학적으로 전혀 문제가 없었지만 종교나 윤리상의 이유로 칩 주입을 우려하는 여론도 적지 않았다. 2030년대에 줄기세포를 이용한 난치병 치료가 실용화단계에 접어들었다. 높은 치료비에 비해서 치료효과가 얼마나 있을지 하는 의문도 적지 않았지만, 고소득층의 미용과 난치병 치료에 커다란 진전이 일어나고 있다.

기후변화와 화석연료의 고갈 가속화는 전기자동차의 상용화시대를 앞당겼다. 특히 전지기술의 획기적인 향상과 각국 정부의 친환경자동차 육성정책은 기업들로 하여금 전기차 양산을 본격화하게 만들었다. 전기차시대의 도래는 자동차산업 자체의 구조적인 변화뿐만 아니라 개인의 생활에도 커다란 변화를 가져왔다. 내연기관 자동차의 기계부품이 전기, 전자부품으로 바뀌면서 단순화됐고, 차체의 경량화가 강조되면서 플라스틱 등 합성소재가 개발됐다. 자동차의 생산방식과 유통에 있어서도 많은 변화가 일어났다. 기존의 대기업 중심의 생산과 유통이 중소기업과 소규모 차량정비소로 옮겨갔으며, 온라인상점을 통해 구입한 자동차 부품을 자신의 차고에서 직접 조립해서 타고 다니는 소비자들도 부쩍 늘어났다.

도시 비대화로 심각한 교통혼잡이 예상됐으나 자동차, 보행자와 도로, 노변이 일체가 된 지능형교통시스템Intelligent Transportation System, ITS이 보편화돼 원활한 교통흐름이 유지되고 있다. ITS와 관련해서 가장 큰 혁신적 변화는 2025년부터 보급되기 시작한 무인자동차(자율주행차량)의 등장이었다. 무인자동차는 전체 차량의 약 80%에 육박하고 있다. 무인자동차시대가 도래하면서 택시와 버스 운전기사들의 대부분이 직업을 잃었다. 교통안전 및 도로관리 관련 법규에도 많은 변화가 일어났다. 자동차는 더이상 단순한 교통수단이 아니다. 2045년의 자동차는 엔터테인먼트 공간(인터넷, 영화, 비디오 게임, 식사), 일하는 공간(인터넷, 컴퓨터 모니터 공간), 동승자들과의 공동 활동공간(의자의 배치, 유리창 공간의 활용)의 역할을 하고 있다.

자동차와 보행자 외에 '로봇'이 도로교통시스템의 새로운 주체로 부상하고 있다. 로봇의 통행문제는 2030년대 초반부터 핫이슈가 되었다. 공장과 가정에만 머물러 있던 로봇이 집밖으로 활보하기 시작하면서 로봇들이 인도로 통행을 하거나 대중교통을 이용하기 시작한 것이다. 인구감소와 고령화사회를 대비하기 위해 2010년대 후반부터 정부와 기업은 로봇에 대한 연구개발과 로봇산업 육성정책을 활발히 실행했다. 그 결과 로봇은 산업현장은 물론 가정에까지 확산되어 2030년에는 1가구 1로봇시대가 되었다.

환경과 사회통합을 고려한 통합적 성장전략

사회불평등과 양극화로 인한 사회갈등의 치유 없이는 안정적 경제발전 자체가 불가능하다는 인식하에 정부는 2015년부터 양극화와 갈등해소를 위한 통합발전전략을 추진했다. 통합발전전략은 성장저하 등 초기비용이 크지만 시간이 지남에 따라 편익이 비용을 상쇄하면서 2045년 현재 지속가능한 발전모델로 정착됐다. 통합발전전략으로 2045년의 1인당 국민소득은 2015년에 비해 약 4배 수준인 9만 달러까지 증가했다. 2030년까지는 사회양극화 해소와 기후변화 대응에 국가역량을 집중한 관계로 연평균 2%대의 완만한 성장세를 유지했다. 그러나 생산성 향상과 더불어 통합정책의 효과가 나타나면서 2030년대 초반부터 연평균 3~4% 꾸준한 성장세를 유지할 수 있었다. 무엇보다도 사회양극화 해소 등 사회통합의 성공적인 진전으로 사회갈등비용이 크게 감소한 것이 견고한 성장세 유지의 바탕이 됐다.

30년 전에 우려했던 국가재정 건전성의 문제도 매우 개선됐다. 사회갈등비용이 감소한 측면도 있지만, 무엇보다도 공동체의 회복으로 인한 사회자본의 형성이 큰 역할을 했다. 시민들이 사회공동체 차원에서 자발적인 나눔과 봉사, 연대와 협력으로 치안, 보육, 노인돌봄, 환경보호 등에 적극 동참한 결과이다. 민간 기업들도 사회적 기업의 형태로 공공서비스의 역할 분담에 적극적으로 참여했다. 이는 풍부한 공공영역과 사회경제를 활성화시켜 정부의 재정부담을 경감시키는 데 기여했다. 아울러 연금개혁의 범사회적 합의도 국가의 재정건전성과 지속가능성을 높이는 데 큰 역할을 했다. 그 배경에는 연금개혁문제를 미래세대의 부담으로 전가하지 않으려는 국민적 합의가 큰 역할을 했다.

경제활동인구가 2020년부터 감소하기 시작했으나 복지체계의 향상으로 인한 여성과 고령인구의 경제활동 증가로 어느 정도 상쇄할 수 있었다. 특히 고령친화적 기술발전으로 고령자들의 노동현장 투입이 훨씬 늘어났다. 고령친화적 기술은 고령자들로 하여금 육체노동뿐만 아니라 기억력 퇴화방지, 치매방지 등 정신노동까지도 보조할 수 있는 수준으로 발전하고 있다. 2045년 현재 '65세 이상 고령자'라는 천편일률적 고령자의 기준은 더이상 존재하지 않으며, 정년과 은퇴라는 개념도 희석됐다. 특히 '경제활동수명'이라는 신개념이 정착되면서 정신적, 육체적으로 가능하다면 누구든지 경제활동에 참여할 수 있게 됐다.

글로벌 경제환경도 매우 우호적으로 작용했다. 특히 중국과 인도 등의 신흥경제대국의 중산층을 적극 공략한 전략이 주효했다. 2030년 중국 국민 중 1인당 소득이 1만 5천 달러를 넘는 숫자가 7억 명에 육박하고, 2035년 인도는 4억 6천만 명에 달했다. 신흥국 중산층시장 공략의 선봉장은 단연 헬스케어산업이었다. 2010년 중반부터 정부는 헬스케어산업을 전략산업으로 집중 육성, 지원했다. 특히 적정기술 appropriate technology과 절약형 혁신frugal innovation을 통해 경쟁력을 확보한 벤처기업들의 활약이 두드러졌다. 이들 벤처기업들의 제품과 서비스는 저렴하면서도 최상의 품질을 자랑했다. 최첨단기술과 혁신이 접목된 결과이다. 주목할 만한 것은 이들 벤처회사의 창업을 이끈 주역들이 외국 태생의 이민자들과 그 2세들이라는 사실이다. 이들 해외 이민자들은 국내의 젊은 창업자들과 협력하면서 대한민국의 창업국가화를 선도하고 있다.

성숙한 참여민주주의 발전

정부와 정치권은 고질적인 사회갈등의 치유 없이는 지속가능한 발전을 이룩할 수 없다는 인식하에 2010년대 후반부터 범사회적인 통합에 모든 국가적 역량을 결집했다. 이러한 노력은 정부 고위관료와 정치인들의 '특권' 내려놓기부터 시작됐다. 다음으로 정책결정 구조의 변화를 위해 정책의제를 설정하고 사안을 결정하는 데 시민들과의 적극적인 협력과 연대를 모색했다. 정보통신기술을 이용한 전자투표를 통해 시민들의 폭넓은 의견을 수렴하고, 다양한 이해당사자들의 의견을 반영하여 정책을 결정하는 성숙한 참여민주주의를 심화시켰다.

협력적 정책결정 구조로의 전환과 숙의민주주의 발전에는 기술의 발전이 중요한 기반을 제공했다. 지난 30여 년 동안 소통매체의 급격한 발달은 일반 시민들도 다양한 정보수집과 축적을 가능하게 만들었다. 네트워크에 기반한 사이버공동체는 보다 정교해졌으며, 이는 주목할 만한 정치참여공간으로 확대됐다. 이러한 변화는 정치적 의제 형성에 대한 정당의 영향을 급속도로 약화시키면서 시민들이 정책결정과정에 광범위하게 참여하는 계기를 마련했다. 2045년 현재 대한민국의 정치적 풍경은 더이상 정부나 국회만이 주인공이 아니다. 시민들도 정책결정에 참여하면서, 정치의 한 축으로 적극 나서고 있다. 정부와 정당은 시민들과의 상시적 협력을 통해 정책의제를 설정하고 중요한 사안을 결정하고 있으며, 시민들도 고도의 전문성을 바탕으로 국정운영의 중요한 동반자로서 역할과 기능을 하고 있다. 무책임한 정치 포퓰리즘도 견제할 수 있는 제도가 마련됐고 지속가능한 복지민주주의의 기틀도 마련됐다.

남북 평화의 제도화와 동아시아의 평화

남과 북은 기존의 분단체제와 대립이 총체적 국가 저발전의 근원임을 인식하고, 서로의 체제와 제도를 인정하는 상호존중의 정신에 입각해 평화적 관계(평화체제)를 수립했다. 기존의 정전협정을 남, 북, 미, 중이 참여하는 평화협정으로 대체하고 이를 UN이 보장하는 영구적이고 구조적인 평화의 제도화, 실질적 통일상황을 실현했다. 대립의 한 축이었던 북-미 간, 북-일 간에 대사급 외교관계를 수립하는 등 동북아 국제질서도 평화체제로 전환됐다. 마지막 냉전의 고도였던 한반도는 이제 UN과 전 세계가 인정하는 평화의 상징지역이 되었다. 남과 북은 평화의 제도화, 즉 평화체제를 착실히 진행시켜나가고 있다. 정치군사적 신뢰구축이 심화되고 상호 군비통제 및 축소를 진행하고, 휴전선 비무장지대의 세계평화지대화를 착실히 진행하고 있다. 기존 비무장지대 안의 세계평화공원 지역에 세계의 여러 많은 국제평화기구와 민간 평화단체, NGO들이 본부와 지부를 두고 활동하고 있다. 실질적인 한반도 평화의 국제화, 글로벌화가 진행된 것이다.

2045년 현재 남과 북을 가로막았던 휴전선은 사라졌으며, 미국과 캐나다와 같은 일반 국경처럼 입국비자를 받아 사람들이 자유롭게 왕래하고 있다. 남과 북의 평화공존과 경제협력은 무엇보다도 한반도 평화경제의 대폭발을 가져왔다. 대한민국의 경제규모는 이미 G7과 어깨를 나란히 하게 되었으며 북한의 경제성장도 괄목할 만한 수준까지 도달했다. 남과 북의 전면적 경제협력 심화, 자원협력, 에너지협력은 향후 남북 평화경제의 지속가능한 발전을 담보하는 가장 확실한 신성장 동력으로 작동할 예정이며, 남과 북은 실질적 경제공동체를 실현한 것으로 평가할 수 있다.

21세기 초반에 우려했던 것과는 달리 지난 30여 년간 동아시아는 평화와 번영을 지속적으로 유지하고 있다. 그 배경에 지역 내 갈등의 핵심원인이었던 남북의 분단이 평화정착으로 해소되면서 지역 내 갈등은 거의 사라졌다. 대신 지역 내 협력적 안보질서를 위한 집단안보체제 구성도 거의 실현단계에 와 있다.

한편 기후변화와 환경오염이 개별 국가의 차원을 넘어 지역 전체를 위협할 수 있다는 공동의 인식하에 동아시아 지역협력기구의 하나로 EAECEast Asian Environmental Cooperation가 발족됐다. 남북한을 포함하여 중국, 일본, 몽고 등 동북아 5국과 동남아시아연합ASEAN 등이 참여했다. EAEC는 동아시아의 기후변화 대처와 환경오염문제를 다자간 협력을 통해 해결하는 것을 목적으로 하고 있다. 대한민국은 EAEC의 상임의장국으로서 동아시아의 기후변화와 환경보호는 물론, 지역의 평화와 안보의 균형자로 중추적인 역할을 하고 있다.

인구감소, 고령사회에의 탄력적 적응

2010년대 중반부터 한국경제가 곧 마이너스 성장에 돌입할 것이며, 국가부채가 200%에 육박할 것이라는 우울한 전망들이 우세했다. 저출산, 고령화가 가장 큰 구조적 원인으로 지목됐다.

저출산, 고령화라는 시대적 환경변화를 멈추게 할 수 없다면, 한국사회는 이러한 새로운 환경에 적응해야 한다는 주장이 설득력을 얻어갔다. 능동적 대응론자들과 탄력적 적응논자들 간의 논쟁은 상호보완적 정책을 취하면서도 탄력적 적응정책을 골간으로 삼게 됐다. 한국사회는 2020년을 기점으로 저출산, 고령화를 시대의 대세로 받아들이

〈그림 1〉 우리나라 인구구조 변화추이 및 전망

(단위: 천 명)

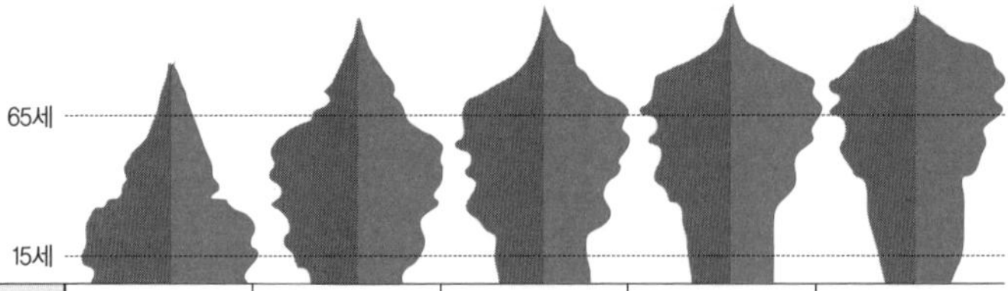

	1985	2013	2025	2035	2045
총인구 (증가율)	40,406 (1.24)	50,220 (0.43)	51,972 (0.16)	51,888 (−0.19)	49,810 (−0.68)
생산가능인구 (구성비, %)	26,759 (65.5)	36,712 (73.2)	34,902 (67.2)	30,890 (59.5)	27,171 (54.1)
노인인구 (구성비, %)	1,742 (4.3)	6,138 (12.2)	10,331 (19.9)	14,751 (28.4)	17,670 (35.7)
유소년인구 (구성비, %)	12,305 (30.2)	7,370 (14.7)	6,739 (13.0)	6,247 (12.0)	5,171 (10.3)
거주 외국인 (구성비, %)	–	1,576 (3.2)	(2030 예상) 3,057 (6.0)	(2040 예상) 3,574 (7.4)	(2050 예상) 4,092 (9.2)

고, 인구감소, 고령화시대에 적응할 수 있는 새로운 정치, 경제, 사회로의 패러다임 전환에 대한 범국가적인 논의가 활발하게 진행했다.

정부는 기존 이민정책의 주요 골자인 고급 전문인력을 대상으로 영주권 발급과 단순인력에 대한 쿼터제 강화를 고수함과 동시에, 해외 전문인력의 국내유입을 위한 인센티브 제공을 활성화하는 정책을 추진했다. 이는 단순노동직, 저소득 미숙련 노동직의 국내유입을 제한하고 전문직 외국인의 유입을 적극적으로 유도하기 위한 전략이었다.

적극적인 해외 우수인재 유치정책의 결과, 2045년 현재 한국에 거주하고 있는 고소득, 전문직 외국인의 수는 약 20만 명으로 전체 외국인 노동인구의 18%를 차지하게 되었다. 이는 다른 선진국가들에 비해 높은 수준으로 고소득, 전문 해외인력의 비율은 해마다 증가하고 있다.

기술발전과 로봇을 이용한 생산성 향상

생산가능인구의 감소로 경제성장이 정체될 것이라는 위기감은 1인당 노동생산성 향상으로 상쇄됐다. 줄어든 생산가능인구를 보충하기 위해 범국민적인 지혜의 집중과 기업의 혁신노력, 그리고 기술의 진보가 큰 역할을 했다. 적은 노동력으로 생산설비를 효과적으로 이용할 수 있는 절약형 혁신과 함께 생산설비 자체의 효율성 향상에 획기적인 기술발전이 이루어졌다. 특히 한국은 ICT와 로봇강국의 강점을 살려 생산설비의 효율성을 획기적으로 높이는 데 활용했다.

로봇은 산업현장은 물론, 가정에까지 확산되어 2030년대 후반 1가구 1로봇시대가 도래했다. 로봇은 산업현장에서 조립이나 가공 등에 활용되고 있으며 건설현장은 물론 농촌에서는 밭을 개간하고 농작물을 수확하는 등 커다란 도움을 주고 있다. 무엇보다도 의료, 복지분야에서 로봇의 활용이 크게 증가했다. 쇠약해진 노인들은 외골격 로봇 착용을 통해 물리적인 능력을 향상시킬 수 있게 됐으며, 로봇에 의지해서 계단을 오르거나 식사를 하는 노인들이 많아지면서 노인시중이나 간병에 대한 가족들의 부담을 덜어주고 있다. 대형마트에서는 승객의 차까지 짐을 운반해주는 로봇서비스가 시행돼 고객의 편의는 물론 인건비 절감을 이룩할 수 있었다. 21세기 초반에 휴대폰이 그러했던 것처럼 로봇은 2045년 한국인의 일상생활에 없어서는 안 될 중요한 일부가 되었다. 한편 전기자동차와 자율운행자동차의 실용화의 앞선 성공으로 세계적인 경쟁력을 갖추게 되었다.

인구감소에 대한 교육의 탄력적 적응

저출산, 고령화가 진행되면서 교육에도 커다란 변화가 일어났다. 학생 수의 감소는 초중학교의 통폐합을 이끌었다. 지난 30여 년 동안 전국에서 약 1천 개의 초중고교가 폐교됐으며 남아 있는 학교도 학급을 구성할 수 있는 학생 수 미달로 학급정원을 20명으로 낮추었다. 특히 학령인구의 감소는 대학, 대학원 등 고등교육구조에도 커다란 영향을 미쳤다. 2039년 처음으로 대학 정원과 수험생 수가 같아지는 '100% 전원 입학시대'가 도래했다. 그나마 한국대학(대학원) 정원의 10%는 외국인 유학생이 차지하고 있다. 한국에서 이공계 박사학위자에게 영주권을 주고 일정 조건을 갖추면 국적을 받을 수 있는 장점이 있기 때문에 해외 우수인력이 몰려든 결과다.

대학교육의 내용에도 많은 변화가 일어났다. 경쟁력이나 생산성 향상에 대한 교육의 중요성이 강조되면서 대학들은 기업들과 제휴해 이론보다는 전문성 위주의 직업훈련 중심으로 커리큘럼을 전환했다. 생산가능인구의 절대 수가 줄어든 만큼 1명이 창출해야 할 생산성이 높아져야 했기 때문이다. 기업들도 대학 졸업 후 사내교육을 거치지 않고 바로 현업에 투입될 수 있는 인재를 원하게 되었고, 학생들은 스스로 취업 전에 전문성을 획득해야만 했다. 유명대학 입학이라는 사실 자체가 가져오는 우월적 장점은 이미 사라진 지 오래다.

농업의 새로운 변화

저출산, 고령화의 인구감소시대에 접어들면서 농촌은 풍부한 사회기반 중 하나로 기능하게 됐다. 식량자급율의 중요성이 인식되면서 정부가 농업을 새로운 성장동력으로 지정해 적극적인 육성정책을 펴온 결과이다. 특히 2010년대에 농촌에 거주하던 노령인구는 거의 고인이 됐다. 따라서 자동적으로 농촌의 인력구조가 개편됐다. 2040년대에 농업에 종사하는 인구는 매우 적은 숫자이지만, 모두 젊고 의욕적인 사람들로서 첨단농업으로 고액의 수입을 올리고 있다. 그동안 농업지도자 양성을 꾸준히 계속해온 결과다. 한국이 보유하고 있는 좋은 토지, 풍부한 태양과 강우량을 활용한 신성장동력으로 각광을 받고 있다. 특히 한국의 농산물은 무공해 신선식품으로 중국 등 해외에서 인기가 높다.

인구감소로 달라진 생활문화

2045년 현재, 대한민국의 인구는 약 4천 500만 명 정도로 30년 전보다 약 500만 명이 감소했다. 인구감소로 인해 시민들은 교통혼잡과 초만원전철의 시달림에서 해방될 수 있었다. 명절연휴에 벌어지던 극심한 교통체증, 콩나물 교실, 과도한 입시경쟁, 주택문제 등은 역사책

속의 이야기가 되었다. 정부도 대규모 인프라 확충을 위한 공공사업을 중단한 지 이미 오래다. 철도와 도로를 확충하는 대신 대규모 녹지와 자연생태계 공간 창출에 공공사업이 집중됐다. 또한 로봇의 활용으로 장시간의 노동으로부터 해방된 사람들은 보다 많은 여가시간을 가질 수 있게 되었다. 사람들은 늘어난 여가시간을 취미활동과 제2의 인생을 설계하기 위한 재교육으로 보내고 있다. 늘어난 여가시간과 함께 마음의 여유도 늘어났다. 이러한 마음의 여유는 사회갈등을 해소하는 데 크게 기여했다. 특히 외국인들에 대한 보다 개방적이고 포용적인 문화를 형성할 수 있는 기반을 조성했고 외국인들도 한국문화에 점차 융화됐다. 인구감소 사회에서 한국인들은 보다 풍요롭고 쾌적하고 편안하며 안전하고 건강하며 행복한 삶을 누리고 있다.

보다 쾌적하고 안전하고 건강한 환경

2018년 대한민국 정부는 기존의 녹색성장전략을 보다 심화시킨 통합적 발전모델을 제시했다. 이는 경제성장과 환경에 대한 고려와 더불어 복지향상을 통해 사회갈등의 문제를 해소하기 위한 전략을 포함한 것이었다. 통합적 발전모델은 경제성장 저하 등 초기비용이 큰 단점이 있었으나, 시간이 지남에 따라 편익이 비용을 상쇄하면서 2045년 현재, 지속가능한 발전모델로 정착되었다.

경제성장, 환경, 복지문제를 모두 고려하는 정책으로 온실가스 감축은 더디게 이루어질 것으로 예상됐으나 2045년의 온실가스 배출량은 2015년보다 약 10% 정도 감소시키는 예상 밖의 높은 성과를 거두었다. 2045년의 에너지소비량 또한 2015년 대비 약 15% 정도 감소했으며 감소효과는 향후에도 지속적으로 나타날 것으로 전망되고 있다.

에너지효율성 또한 2015년 대비 약 20% 증가했다. 무엇보다도 녹색경제로의 전환은 에너지효율의 극대화를 통한 생산성 향상과 친환경, 신재생에너지산업의 창출 등 한국의 산업구조를 고부가가치화 하는 데 크게 기여했다.

시민들의 생활양식에도 변화가 나타났다. 자동차를 소유하기보다는 공유하거나 대여하는 문화가 확산됐다. 대중교통 고도화에 따라 많은 시민들이 대중교통을 이용하고 있다. 대여 및 공유서비스는 가장 인기 있는 업종이 되었다. 자동차의 대여뿐만 아니라 자전거, 가전, 가구 등 많은 생활용품들에 대한 대여 및 공유서비스가 활성화되고 있다.

기후변화에 대한 탄력적 대응

21세기 초부터 진행된 전 지구적 노력으로 2045년 현재 지구의 평균기온은 2010년 대비 0.9℃ 증가하는 데 그쳤으며, 해수면 상승도 9% 증가하는 데 그쳤다. 전 지구적으로 탄소 배출을 2010년 대비 20% 감축시킨 결과였다. 그러나 기상이변으로 홍수, 가뭄, 폭설, 한파 등의 자연재해는 줄어들지 않고 있다. 20세기 동안 인류의 무분별한 생활방식이 가져온 대가는 생각보다 크고 오래 지속되었다. 2045년 한반도의 평균기온은 여전히 지구의 평균기온 상승률보다 높은 1℃를 기록하고 있다. 강우 강도도 지속적으로 증가했으며, 가뭄과 홍수 등 자연재해도 빈번히 발생하고 있다. 그러나 빈번한 재해에도 불구하고 그 피해는 2010년대 대비 상대적으로 크게 줄어들었다. 기후변화와 자연재해에 적응할 수 있는 시스템 구축이 가져온 결과이다. 2010년 중반 이후 기상이변에 따른 자연재난 및 환경변화 예측과 함께 재난안전의 기준이 재설정됐다. 전 국가적인 차원을 넘어 지역 여건을 고려한 재난안전정책 마련과 부분별 재해위험에 대한 사전예측 시스템 또한 구축됐다. 극한 홍수, 가뭄, 폭염 등 예상치 못한 자연재해에 대비한 위기관리체계 또한 강화됐다. IT 등 첨단과학기술을 융합, 응용한 실시간 자연재해 조기경보 및 발령체제가 재난, 재해의 예방과 피해 감소에 커다란 역할을 하고 있다.

한편 기후변화와 환경변화를 새로운 산업화의 기회로 활용해 성공한 사례들이 나타나고 있다. 다른 경쟁국보다 앞서서 환경변화의 위기를 기회로 전환시켜 산업화를 추진한 결과이다. 환경산업이 국제적인 경쟁력을 갖추게 되어 전 세계로 수출되는 성과를 거두고 있다.

특히 주목할 만한 것은 상대적으로 자연재해나 환경오염에 취약했던 노인들이나 어린이, 농촌과 저소득층 등 사회적 약자의 피해가 감소했다는 점이다. 과거에는 홍수로 인한 주택침수가 저소득층 밀집지역에 집중되었으며 폭염 등으로 인한 건강악화나 환경성 질환도 저소득층, 어린이, 노인 등 환경약자들이 주요 희생자들이었다. 또한 농촌과 저소득층 주거지역은 도시가스, 지역난방 등의 인프라가 갖춰지지 않아 2배 정도 비싼 등유를 사용하는 비중이 높았다. 그러나 환경약자를 고려한 환경복지의 법적, 제도적 기반 마련과 관련 정책의 추진은 환경서비스 격차를 줄이는 데 크게 기여했다. 2045년의 대한민국은 21세기 초반에 비해 모든 계층이 보다 쾌적하고, 안전하고 건강한 삶을 누리고 있다.

2 국가미래비전
아시아 평화중심 창조국가

21세기 국제질서 변화와 새로운 안보위기, 글로벌 경제위기, 자원과 환경, 인구문제의 대두와 함께 과학기술의 급속한 발전이 가져올 미래사회의 변화에 적극적인 대비가 필요하다. 무엇보다 과학기술의 발전이라는 물적 변화가 선도하는 급속한 시대변화가 엄청난 속도로 가속화되고 있다. 이러한 시대변화에 제대로 조응하지 못하는 정신문화의 문제는 차치하고라도 대한민국 국가적 차원에서 급속한 시대변화에 능동적으로 대처하고자 하는 과학적이고 체계적인 국가미래전략 수립이 절실한 상황이다.

국가전략National Strategy은 국가와 국민의 생존, 번영, 존엄, 가치 등 국가목표(국익)를 구현하기 위한 비전과 방향이다. 보편적으로 국익은 국민의 생명과 재산보호, 기본권 보장, 경제적 풍요 등 총체적 국민행복을 구현하는 것이다. 즉 국토보전, 국민존엄과 인권, 자유와 평등, 민권보장, 경제적, 과학기술적, 사회문화적 번영과 국가안보의 공고한 평화 등이 포함된다.[1]

미래전략Future Strategy이란 중장기적 관점에서 총체적 국가목표 구현, 즉 국익을 극대화하기 위한 전략이다. 이 책에서는 '미래'의 시간적 정의를 보편적인 한 세대의 기준, 즉 30년으로 하고 있다. 나아가 이 책에서는 대한민국의 '미래비전'과 그것을 실현하기 위한 핵심적인 '4개 대전략', 그리고 세부분야별 전략들을 제시하고 있다. 세부분야별 전략들의 범주는 KAIST 미래전략대학원이 제시하는 스테퍼STEPPER(사회, 기술, 환경, 인구, 정치, 경제, 자원)[2]를 중심으로 기술하고자 한다.

〈그림 2〉 아시아 평화중심 창조국가 비전 개념도

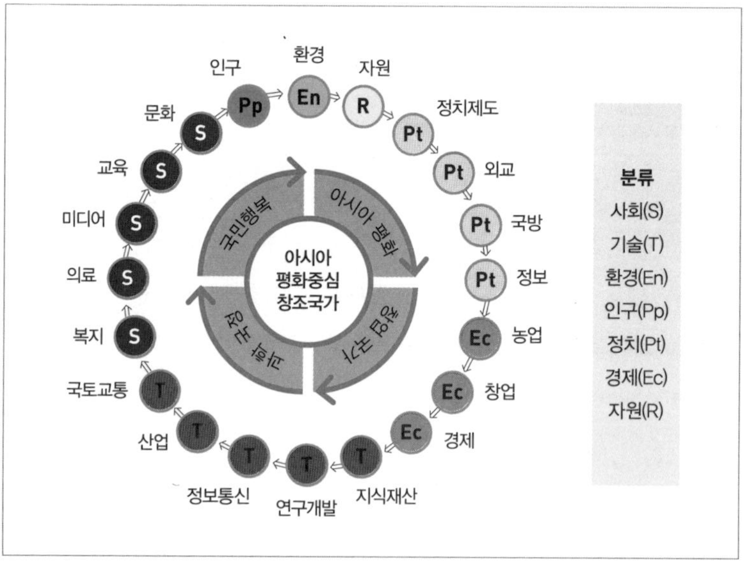

미래의 변화와 전략

먼저 미래에 어떤 변화가 찾아올지, 그에 따라서 우리는 어떤 전략을 수립해야 할지에 대해 살펴보자.

과학기술 중심의 미래변화

국가, 사회 전반의 위기심화라는 현재적 상황에서 대한민국의 미래는 어떻게 오고 있는가. 지난 30여 년의 시간과 2015년의 현재를 돌아보면 다가오는 30여 년의 미래를 전망할 수 있다. 무엇보다 미래변화의 핵심동인으로 정보통신기술 고도화 등 과학기술의 발달이 자리한다. 첨단과학기술과 정보통신의 발달에 따라 전 세계인이 엄청난 양의 정보들을 실시간으로 공유하는 정보폭발의 시대가 도래했다. 무인자동차 등 본격적인 로봇시대의 보편화, 3D프린트 생산기술, 인공지능, 인식정보 확산, 사물인터넷으로 상징되는 '초연결사회'의 도래, 의료기술의 발달에 따른 인간수명 100세의 '호모 헌드레드Homo Hundred' 시대 등이 과학기술이 바꾸는 상징적 시대변화들이다.

미래학자 레이 커즈와일Ray Kurzweil의 기술진화론에 의하면 우리는 '기술시대'라고 하는 4시대에 살고 있다. 4시대는 인간이 기술을 창조하고 정보를 하드웨어와 소프트웨어에 저장하는 시대다. 이 4시대가 지나고 인간의 지능과 인간이 만든 하드웨어기술이 융합되는 5시대가 2030년경부터 2045년 사이에 진행되는데, 이 시기는 기술이 인간의 두뇌능력을 초월하면서 인간지능의 폭발적인 지식증폭이 이루어질 것으로 예상된다. 이후 2045년[3]이 되면 인간의 의식을 다운로드받아 인간의 의식을 갖는 무생물에 전달하면, 그 무생물의 지능이 인간지능의 10억 배 수준에 이르는 특이점singularity이 발생된다고 한다.[4] 현재의 상식으로는 추정할 수 없는 그야말로 가히 상상초월의 시대가 다가오고 있는 것이다.

이 시기는 정보통신기술ICT을 비롯한 첨단과학기술과 의료분야의 뇌생명공학, 바이오, 나노[5] 등의 발전속도가 기존의 '무어의 법칙Moore' s Law'[6]조차 무시하게 되는 빠른 속도로 진행된다. 더불어 '초연결사회'로 상징되는 사물인터넷 시대를 적극적으로 해석하는 사람들은 '초연결사회'는 기존의 산업혁명, 정보혁명, 지식혁명을 넘어서는 새로운 문명적 대변혁의 시기라고 설명한다.

이와 함께 전통적 위기로 제기되는 기후변화와 환경문제, 자원과 에너지문제, 인구문제 등은 전 지구적 차원에서 제기되고 있는 위기요인들이다. 여기에 국가의 경계를 넘어버린 각종 정보의 글로벌화에 따라 정치, 경제, 사회, 문화적으로 전통적 의미의 국가경계가 약화되고 개인과 시민사회의 영향력이 상대적으로 강화되면서 국가와 정부의 영향력이 퇴조하는 경향성이 나타난다. 인터넷 미디어와 SNS 고도화, 글로벌화의 자연스러운 결과들이다. 사회문화적으로는 급변하는 과학기술시대의 변화에 부응하지 못하는 정신문화의 지체, 인간윤리와 도덕, 철학과 가치의 도태 등이 인문학의 위기, 인간의 위기로 상징되고 있다.

이렇듯 미래는 현재의 보편적 상식으로는 상상을 초월하는 매우 빠른 속도와 내용들의 변화로 다가오고 있다. 문제는 급변하는 미래시대에 우리가 어떻게 대처하고 준비할 것인가이다. 우리의 준비와 상황대처에 따라 미래사회 변화는 우리에게 퇴보와 몰락의 위기가 될 수도 있고 새로운 도약과 발전의 상당한 기회가 될 수도 있다.

능동적 미래전략: 미래는 창조된다

과학기술과 정보통신의 발달로 인한 시대변화와 사회문화적 변화, 글로벌화 등에 어떻게 능동적으로 대응할 것인가가 국가적 차원의 과제이다. 급속한 시대변화에 부응하지 못하면 그 자체가 정체와 퇴보, 도태, 적폐가 된다. 국가와 사회의 온전한 발전은 환경과 시대변화에 얼마나 능동적으로 부응하느냐에 달려 있다. 변화에 대한 적극적 조응과 대응이 발전이다. 그 변화를 태만히 하거나 무시하는 경우 그것은 정체가 아닌 도태가 되고 적폐가 되며 가혹한 경우 혁신과 쇄신의 대상이 된다. 제도와 법, 체제의 적폐는 때에 따라 혁명의 대상이 되기도 한다.

시대변화를 제대로 읽고 변화의 위기상황을 시대발전의 기회로 삼고자 하는 능동적인 미래전략들이 국가적 차원에서 선도적으로 준비돼야 한다. 미래변화의 대상이 될 것인가, 미래창조의 주역이 될 것인가, 답은 명확하다.

국가적 차원의 선도적 미래준비라는 관점에서 보면 미래는 의지적 관점에서 창조되는 것이다. 즉 미래는 객관적 조건과 환경들에 의해 그냥 막연히 오는 것이 아니라 주체적 의지로 전망하고 준비하고 선도적으로 주도하고자 하는 사람들에 의해 만들어지고 창조되는 것이다.[7] 그렇다. 우리가 함께 꾸는 꿈과 비전은 현실이 된다. 다가올 미래는 지금 현재 우리가 꾸는 꿈들이 펼쳐지는 세상이다. 다가올 미래사회와 관련하여 앨런 케이Alan Kay는 '미래를 예측하는 가장 좋은 방법은 그것을 창조하는 것'이라고 했다. 적극적으로 동의하는 경구이며 또한 가장 바람직한 미래상이다. 미래변화를 가능케 하는 가장 큰 변화의 동인이 과학기술의 발전이라면 이 경구는 확실히 맞는 이야기다.

미래의 모습은 우리가 그리는 비전이고 꿈이다. 즉 우리가 꾸는 꿈, 우리가 그리는 비전이 미래의 현실이 된다. 결국 우리가 꾸는 꿈은 우리가 창조할 미래가 된다. 미래는 우리 속에, 우리의 가슴속에 있는 것이다. 우리는 어떤 미래를 가슴에 담을 것인가. 우리가 지향해야 할 세상, 지향해야 할 가치는 어떤 것들인가. 우리가 지향하고 추구하는 '정신의 미래' '과학기술의 미래'가 결국 미래를 규정한다.

자연환경과 시대적 변화상황에 주체적 관점에서 능동적으로 응전하는 과정이 바로 미래변화의 새로운 패러다임을 창조하는 것이다. 결국 그런 주체적인 응전의 과정이 미래창조의 역사가 되는 것이다. 이렇듯 미래는 준비하지 않은 사람들에게는 그냥 막연히 다가오는 것이겠지만 누군가에게 그 미래는 의지적 관점에서 스스로 만들어가는 것이다. 미래에 대한 주체적 상상력을 키워가면서, 그 사회가 추구하는 가치들을 투영하는 미래의 그림들을 그려가다보면, 그런 미래가 시나브로 와 있는 것이다. 국가가 미래전략을 수립하는 과정이 그런 창조의 과정이다. 자긍심 높은 대한민국을 위해, 그 속을 살아가는 대한민국 국민들의 행복을 위해 미래전략을 준비해야 하는 것이다.

미래사회와 대한민국의 위기

이제 미래사회를 맞는 대한민국이 어떤 상황에 놓여 있는지를 살펴볼 차례다.

미래사회의 8대 메가트렌드

2012년 12월 한국과학기술기획평가원KISTEP은 미래사회변화의 8대 메가트렌드와 25개 하부 트렌드를 선정, 발표했다. 조사에서는 미래트렌드의 세계적 현황과 전망, 트렌드의 형성원인과 결과를 분석하고 우리나라의 현황과 전망, 기회와 위협요인 등을 분석하여 한국적 특수성을 고려한 미래트렌드를 분석했다.

조사에서는 미래사회의 거대흐름으로 '글로벌화의 심화' '갈등의 심화' '인구구조의 변화' '문화적 다양성 증가' '에너지, 자원의 고갈' '기후변화 및 환경문제 심화' '과학기술의 발달과 융복합화' 등 7개 메가트렌드와 이들 메가트렌드의 심화를 가속시키는 '중국의 부상'을 추가해 총 8대 메가트렌드로 선정하고 하위 25개 트렌드를 제시했다.

두드러진 미래변화의 경향성은 첫째 '글로벌화의 심화'다. 이미 글로벌화는 정치, 경제, 사회, 문화, 과학기술 전 분야에 걸쳐서 상당히 진전되었고 향후 그 속도와 폭, 범위는 심화되고 확대될 것이다. 그것은 WTO체제와 FTA 전면화, 국제금융시장 확산과 인터넷쇼핑 등 경제적 차원의 세계화를 넘어 진행된다. 인구, 환경, 자원문제 등 국제사회적 이슈의 세계화, 전쟁과 테러 등 국제정치적 이슈들의 전 지구적 실시간 공유 등이 인터넷 기반의 SNS와 접목되면서 심화되고 있다.

이외에도 일국 중심의 국제질서가 아닌 다극화, 국가와 국제기구, 조직 등 다양한 행위주체들에 의한 거버넌스Governance의 확대, 국가 간 인력(노동력) 이동의 증대 등 다방면에 걸쳐서 글로벌화를 심화시키는 기제들이 작동하고 있다. 이것은 전통적 의미의 국가개념과 영역이 변하고 있다는 것을 의미하기도 한다.

이외에도 '갈등의 심화' 측면으로는 세계적 차원의 민족, 종교, 국가 간 갈등의 심화, 사이버테러 증가, 기타 비전통적 테러위험 증가, 양극화 심화 등이 특징적인 세부 트렌드로 대두된다. 전통적 미래변화요인인 '인구구조 변화'는 저출산, 고령화의 지속, 도시인구의 증가, 가족개념의 변화 등을 포함하고 있다. 특히 우리나라의 저출산, 고령화문제가 심각히 대두되고 있는 것과 관련하여 가족개념의 변화에 대한 통찰이 필요하다.

다음으로 '문화적 다양성 증가' 측면에서는 문화교류의 증대와 다문화 사회화, 여성의 지위 향상 등이 제기되고, '에너지, 자원의 고갈' 문제와 관련해서는 에너지, 자원 수요의 증가, 물과 식량 부족의 심화, 에너지와 자원의 무기화 등이 두드러진 경향성으로 전망된다. 다음 '기후변화 및 환경문제 심화'는 지구온난화의 심화 및 이상기후현상 증가, 환경오염의 증가, 생태계의 변화로 상징되고 '중국의 부상'과 관련해서는 중국의 경제적 영향력 증대, 정치외교, 문화적 영향력 확대 등이 제기된다. 마지막으로 '과학기술의 발달과 융복합화' 측면에서는 정보통신기술의 발달, 생명과학기술의 발달, 나노기술의 발달 등이 도드라진 미래변화의 경향성으로 제기된다.

〈표 4〉 8대 메가트렌드와 25개 트렌드

메가트렌드	트렌드	메가트렌드	트렌드
글로벌화 심화	세계시장의 통합	문화적 다양성 증가	문화교류 증대와 다문화 사회화
	국제질서의 다극화		여성의 지위 향상
	인력이동의 글로벌화	에너지, 자원 고갈	에너지, 자원 수요의 증가
	거버넌스 개념의 확대		물, 식량 부족 심화
	전염병의 급속한 확산		에너지, 자원 무기화
갈등 심화	민족, 종교, 국가 간 갈등 심화	기후변화 및 환경문제 심화	온난화 심화, 이상기후 증가
	사이버테러의 증가		환경오염의 증가
	테러위험의 증가		생태계의 변화
	양극화 심화	중국의 부상	중국 경제적 영향력 증대
인구구조 변화	저출산, 고령화의 지속		중국 외교 문화적 영향력 증대
	세계 도시인구의 증가	과학기술 발달과 융복합화	정보통신기술의 발달
	가족 개념의 변화		생명과학기술의 발달
			나노기술의 발달

자료: 제4회 과학기술예측조사 2012~2035 총괄본, 한국과학기술평가원(2012)

위기의 대한민국

남북 간의 대립과 긴장고조, 중국의 정치경제적 부상과 일본의 군국주의 노골화로 상징되는 동북아 국제정치질서의 위기, 세계적 경기침체와 대한민국 경제의 저성장 및 경기불황 장기화, 세월호참사로 상징되는 범사회적 부정과 부패, 불신의 만연과 국가권력에 대한 극단적 신뢰 하락, 국가사회 전반의 물신풍조와 배금주의 만연 등 대한민국을 둘러싼 국내외적, 주체적, 객관적 조건 어느 하나 위기가 아닌 것이 없다. 한마디로 총체적 국가위기다. 국민이 불행하다.

적지 않은 사람들이 지금의 대한민국이 건국 이래 최대의 위기에 있다고 주장한다. 근대화와 민주화의 성과들을 뒤로하고, 역발전counter-development, 반발전dedevelopment 현상인 '악성도착근대화malign perverted modernization'가 참으로 심각한 상황이라고 말한다.[8]

대한민국에 엄혹한 국가적, 사회적 위기가 심화되고 있다. 2014년 세월호 침몰은 대한민국 침몰의 상징[9]으로 부각되고 있다. 이런 식으로는 대한민국에 미래는 없다는 공감이 확산되고 있다. 국민 대부분 대한민국을 세월호 '이전'과 '이후'로 나눈다.[10] 세월호사태를 계기로 대한민국은 '근대화'가 잉태한 사회병리현상을 상징적으로 매우 적나라하게 경험하게 되었다. 그것은 국가적, 사회적 시스템(정치, 국회, 행정, 사법)과 거버넌스에 이르기까지 심각한 실상으로 드러났다.[11]

최소한의 윤리와 도덕, 법질서조차도 사적 이익을 위해서는 언제든 가볍게 부정될 수 있는 사회 타락의 분위기가 만연하고 있다.[12] 균형발전이 아닌 기형적 도시화가 심화되고 전통적 가치관의 급격한 퇴조와 가족개념의 해체, 1인 가구, 청년실업의 구조화와 소득격차 확대, 사회 양극화 등의 경제적 병리현상들까지 심화되고 있다.

세계 10대 경제강국을 무색케 하는 상대적으로 매우 낮은 국민행복지수, OECD국가 중 최고 수준의 부패지수,[13] 세계 최고의 자살률, 이혼율, 저출산율 등 2015년 대한민국의 삶의 질과 사회문화적 생활여건은 그야말로 최악의 상황이다. 국가와 사회의 근본과 기본이 무너지고 그 자리에 가치와 목적을 잃은 자본과 물질, 탐욕과 사익들만 난무한다.

'2만 달러의 덫'으로 상징되는 우리경제의 저성장구조가 10여 년 이상 장기화, 구조화되고 있다. 실제로 전통적인 주력산업들은 중국과의 경쟁에서 거의 추월당했거나 추월 직전에 있다. 우리 국가의 근간이 되었던 고도경제성장은 그야말로 옛말이 되었다. 새로운 성장을 위한 특별한 돌파구가 필요한 시점이다. 신성장동력 발굴과 함께 경제구조의 혁신, 경제의 근간이 되는 정치, 사회문화적인 국가혁신, 창조의 패러다임들이 전면적으로 준비돼야 한다. 심화되고 있는 현재의 위기를 성숙과 발전의 기회로 만들어가려는 국가적, 범국민적 지혜들이 필요하다. 급변하는 시대변화 속에서 국가의 미래전략을 새롭게 수립해가는 과정 속에서 새로운 대한민국의 미래희망을 키워야 한다.

오늘의 역경을 딛고 대한민국이 한반도에서 계속 번영을 영위하고 후손에 영광된 나라를 물려주기 위해서 선결해야 할 과제를 다음과 같이 6개로 정리할 수 있다.

- **저출산, 고령화:** 저출산으로 100년 후에는 인구 4천만 명 이하, 평균수명 연장으로 초고령사회, 국가와 사회구조적 체질개선 위한 고통
- **사회통합, 갈등해결:** 행복지수 최하, 세계 최고 수준의 자살률, 범죄비율 등 사회공동체, 사회해체현상

• **평화(통일)와 국제정치:** 남북의 평화와 통일은 지상과제, 평화와 통일의 과업은 국민의 단결과 지혜로운 대외정책에 의해서 가능

• **지속적인 성장과 번영:** 중국에 발목 잡힌 주력산업의 위기와 새로운 성장동력의 필요성, 신성장동력 미확보시 경제적 저성장 구조 심화 및 경제후퇴 가능성

• **지속가능한 민주복지국가:** 국가제도와 리더십에 대한 극단적 불신과 과잉정치, 과잉 포퓰리즘, 정치적 정당성과 공정성에 대한 회의와 불신 심화로 나타나는 국가공동화 현상

• **에너지와 환경문제:** 세계 최고의 에너지 밀도와 유례를 찾아볼 수 없는 에너지와 식량 수입의존율, 지속가능한 에너지원 확보, 기후변화와 환경오염 대비 등

대한민국 미래전략

2015년 현재의 대한민국을 반성적으로 돌아보면서 국가미래전략을 상정할 때, 미래전략은 거창한 것이 아닌 '국가의 근본을 세우고 기본에 충실한 전략'에서 비롯된다. '국가가 존재하는가? 국가가 이래도 되는가?'와 같은 극단적 국가불신이 만연하고 사회적 신뢰는 좀처럼 찾아보기 힘든 상황이다. 이런 상황에서 국가정체성의 주체적 근본을 다시 세우고 공동체와 인간윤리, 도덕과 법, 제도 등 가치추구형 정신문화의 기본에 충실한 사회를 만드는 것이 급선무다.[14]

주체적 국가정체성의 핵심은 대한민국의 중심을 제대로 세우는 것이다. 5천 년 숭고한 민족사의 가치를 되새기고 널리 인간을 이롭게 한다는 홍익인간의 기본가치를 숭상하며, 민족사의 과제인 분단극복 평

화실현의 평화적 가치를 표방하며, 자유, 민주, 인권, 호혜의 가치에 입각한 국제정치외교에 나서는 것이다.

국내적으로는 윤리와 도덕의 근본이 서고 진리와 정의, 자유와 인권, 공정과 투명, 법치와 공익이 온전히 추구되고 권장되는 사회가 될 때 사라진 신뢰가 살아나고 국가적 품격과 자긍심이 고양될 것이다. 바로 원칙과 기본, 상식과 윤리가 바로 선 나라, 사회적 신뢰와 국가적 자긍심이 묻어나는 나라가 근본과 기본의 영역이다.

이렇듯 국가미래전략 수립의 시발은 국민행복과 건전한 시민사회 건설을 위한 범사회적 차원의 정신문화(윤리와 도덕, 진리와 정의, 공정과 투명, 원칙과 법치, 관용과 포용, 나눔과 배려 등) 재정립에서 비롯된다. 사회적 규범과 원칙인 건강한 정신문화가 범사회적, 국가적 교육을 통해 온전히 자리잡지 못하면 위기는 언제든 되살아난다. 국민행복이 궁극적 목적이라고 했을 때, 행복의 최대 형태는 평등과 자유 속에 개개인의 자존감이 강화, 확대되는 상태라 할 수 있다. 젊은이들이 희망을 가지고 미래를 설계할 수 있게 사회가 공정한 경쟁을 보장해주어야 한다.

정신문화 정립을 위해서는 정치적 선진화, 민주정치의 실질적 제도화 등을 이룩해야 한다. 즉 정치적 선진화와 자유, 평화, 민주, 평등, 인권의 기본적 가치들이 정치문화적으로 보편적으로 널리 향유될 수 있는 제도화가 필요하다. 국가기관과 정치권력은 국민 앞에 진리와 정의, 민주와 평화, 공정과 투명, 원칙과 법치에 충실해야 한다. 이러한 문화가 자리잡을 때, 사적 이익보다 공동체의 이익을 앞세우는 신뢰와 품격의 아름다운 사회로 나아갈 수 있고, 국민행복을 위한 지속가능한 복지민주국가를 이룩할 수 있다.

남북의 평화는 대한민국의 온전한 미래전략 수립의 전제조건이다.

평화 없이 온전한 미래는 없다. 우리 사회 모든 적폐들의 근원이 분단에 있다고 해도 과언이 아닐 만큼 분단은 대한민국 불행의 치명적 원인이다. 직접적으로 분단체제가 강제한 적대적 대립과 군사적 긴장, 전쟁의 위험은 분단극복 없이는 국민행복, 사회정의, 국가발전이 불가능할 정도로 심각하다. 평화체제는 실질적인 통일상황으로 남북의 적대관계가 사라진 상황을 의미한다.

지속적인 번영과 성장을 추구해야 한다. 지속가능한 안정적 번영과 풍요는 국민 개개인의 경제적 안정을 가져오고, 국가와 사회를 안정시키는 주요요소이다. 성장은 인구감소에 의한 사회적 체질개선의 고통을 감소시켜줄 것이다. 그리고 성장은 새로운 기회를 제공하여 경제적 불평등(차별과 소외)을 해소할 수 있는 방법이 될 수도 있다. 갈수록 심화되고 있는 양극화 현상은 치료의 첫번째 대상이다.

과학기술적 과제는 안정적 국가경제발전의 토대로써 선도형 경제발전과 지속가능한 경제발전을 가능케 할 수 있는 과학기술입국 실현, 신성장동력 육성, 창업국가전략 등의 과제들이 있다. 이를 위해 범국가적 차원에서 과학국정을 구현할 수 있는 제도적 장치를 마련하고 과학기술분야에 최고의 인재들이 모일 수 있는 사회적 문화를 만들어야 하며, 창업국가 담론의 확산을 통한 창조경제를 모색해야 한다.

에너지와 환경문제는 범지구적 문제이며 그 속에서 우리는 위기를 기회로 만들어가는 지혜가 필요하다. 환경, 자원, 에너지문제는 첨단과학기술을 통한 미래 신성장산업의 기회요인으로 발전시킬 수 있고 직접적인 자원과 에너지 부족문제는 상대적으로 자원보유량이 많은 북한과의 경제협력을 통해 어느 정도 해소할 수 있는 가능성도 있다. 아울러 기후변화는 우리가 어떻게 대응하느냐에 따라서 위기이면서 동시에 기회가 될 수도 있다.

대한민국 미래비전: '아시아 평화중심 창조국가'[15]

2045년을 향한 대한민국의 미래비전으로 '아시아 평화중심 창조국가'를 제안한다. 향후 아시아의 지역적 가치가 미래세계의 중심이 된다. 남북 대치상태의 해소를 통한 평화정착 없이는 한반도의 온전한 미래발전, 선진일류국가화는 근본적으로 불가능하다. 역으로 한반도 평화가 세계일류국가로 나아갈 수 있는 물적 토대와 정신문화적 토대, 국제정치적 토대를 동시에 제공한다. 한반도 평화는 동북아를 넘어 아시아와 세계평화의 단초가 될 수 있다. 더불어 기존의 '추격형 경제구조'를 활용하면서도 '선도형 경제구조'로 혁신하기 위한 포괄적 창조경제, 창조국가의 모델이 필요하다.

'아시아 평화중심 창조국가'는 아시아(세계)의 중심에서 평화의 토대 위에 번영, 발전하는 대한민국을 만들어가고자 하는 대한민국의 주체적 의지가 담긴 과학적 비전이다.

세계경제의 중심이 아시아로 전이되고 있다

국가의 존재이유는 국민의 행복이다. 국가의 독립과 안전보장, 경제적 안정과 번영을 바탕으로 국가는 국민의 행복에 궁극적 목표, 가치를 둔다. 대한민국 미래비전 또한 마찬가지다. 국민행복 구현을 국가비전으로 상정하는 것이다.

남북의 평화가 동아시아의 평화로 연결된다. 세계경제의 중심이 아시아[16]로 전이되고 있다. 2045년경이면 아시아가 세계경제의 50%를 점유하게 된다. 특히 중국, 인도의 경제력이 급격히 신장하고 이들과 일본, 한국의 경제규모만으로도 북미와 유럽지역 두 곳을 합친 것만큼 커지게 된다. 아시아의 경제지도가 확장되는 만큼 정치, 사회, 문화적 영향력도 함께 확장될 것이다. 아시아가 세계 네크워크의 중심에 서게 되는 것이다. 그러한 아시아의 중심에 평화로 하나된 남과 북의 한반도가 있다. 국제정치의 지정학적 위기요인을 기회요인으로 삼아 남과 북 한반도의 탄탄한 평화(평화체제: 실질적 통일)를 바탕으로 대한민국이 아시아의 평화중심국가로, 과학기술 창조국가로, 품격 높은 정신문화의 행복국가로 나아가는 것이다.

평화는 미래전략의 기본전제와 상수

평화는 대한민국의 근본국익이다. 남북의 적대와 대립, 군사적 긴장과 전쟁위험성이 항존하는 분단체제에서 대한민국의 온전한 미래발전은 현실적으로 불가능하다. 평화의 제도화는 국민기본권과 품격 있는 생활, 국민행복을 구현하기 위한 최대의 기회요인이 되기도 한다. 즉 정치선진화, 경제민주화, 과학기술의 발전, 교육, 문화, 복지의 온전한 발전, 인구, 환경, 자원문제의 효율적 극복 등은 남과 북이 평화의 기반 위에서 상호 긴밀한 경제협력과 사회문화협력을 통해 구현할 수 있는 최대의 기회가 되기도 한다. 이렇듯 평화는 미래전략의 기본전제와 상수로 놓여진다.

한반도의 평화는 동북아의 평화, 아시아 평화로 연결된다. 냉전의 마지막 유산으로 남아 있는 한반도를 평화의 땅으로 만들어가는 과정은 한반도를 세계평화의 상징으로 발전시켜갈 수 있는 최대의 기회요인이 된다. 한반도 평화를 제도화하는 과정에서 국가적, 국제적 시너지효과를 최대화하여 이후 '아시아 평화중심국가'로서의 이니셔티브initiative를 확실히 담보해야 한다. 그것은 한반도 평화의 역사성과 한반도 평화의 정통성, 미래성 측면에서 한반도(해양과 대륙의 만남, 대립적 체제와 제도의 융합, 전쟁과 평화의 변곡점)가 가지는 최대의 강점이 될 것이다.[17]

'아시아 평화중심 창조국가'는 첫째, 남과 북이 평화정착을 기반으로 화해협력과 사회문화교류, 전면적 경제협력을 통해 실질적 경제공동체를 이룩하고, 그 과정에서 상호 윈윈Win-Win의 경제적 번영으로 세계일류국가로 발전해가자는 적극적 의미를 내포한다.

둘째, 한반도는 지정학적 위치가 대륙과 해양을 잇는 반도국으로서 국제정치, 경제, 사회문화교류가 수월한 지리적 장점을 최대한 활용하자는 측면이 있다. 즉 동북아시아 국제정치의 분수령, 충돌지점이라는 전통적 역사성을 오히려 기회로 활용하여 능동적 가능성과 번영의 모티브motive, 이니셔티브로 활용하자는 의미다.[18] 국제정치 이해관계에 피동적으로 끌려갈 것이 아니라 남과 북이 평화정착을 통해 지역의 국제질서에서 주도적 역할을 담보하자는 의미다. 결국 남북의 평화라는 우리 스스로의 문제에 대해, 우리의 주도적 역할로서 지역 내 미-중 간, 중-일 간 대립과 충돌을 완충, 조정하면서, 균형자와 조정자로서의 역할을 만들어가자는 것이다.[19]

셋째, 분단을 넘어 국제평화의 상징으로 우뚝 섬으로써 아시아 평화중심국가의 이니셔티브를 확보하자는 의미다. 세계 냉전체제의 마지막 유산인 분단국가, 그 분단을 넘어 평화로 가는 기회의 상승작용으로 대한민국이 주도적 역할을 함으로써 '아시아 평화' '세계 평화'의 상징적 국가가 될 수 있다.[20]

넷째, 경제, 금융, 과학기술, 교통, 물류, 스포츠, 언론, 관광의 중심으로 성장하자는 것이다. 대륙과 해양, 해양과 대륙을 잇는 지리적 장점은 다방면에 걸쳐 상당한 기회를 보장한다. 중국과 러시아에는 태평양 진출의 교두보로, 미국과 일본에는 대륙의 관문으로 역할을 할 수 있다. 여기에 창조국가의 패러다임이 접목되는 것이다.

창조국가: 추격자에서 선도자로

'창조국가' '창조경제'는 대한민국의 새로운 경제번영의 핵심 키워드다. 창조는 국가의 경제적, 사회적 미래번영을 위한 핵심가치이자 전략적 용어다. '창조경제'는 우리의 먹거리 토대, 즉 경제를 근본적으로 혁신, 창조하자는 문제의식에서 출발한다.

창조경제는 대기업 중심의 경제방식으로는 더이상 국가경제 전반의 안정적 번영을 담보하지 못하는 한계를 극복하기 위해 나온 경제전략이다. 창조경제는 혁신경제의 구조화, 제도화를 넘어서는 개념이다. 새로운 성장동력을 발굴, 육성하기 위하여, 온 국민의 창의력과 상상력에 불을 지펴서 창업의 싹을 피우고자 한다. 창조경제는 선진국 모방의 추격자Fast Follower 경제에서 선도자First Mover 경제로 구조적 경제혁신의 필요성을 강조한다. 창조경제는 산업의 융합, 과학기술과 문화기술의 융합을 넘어 혁신경제를 단순 재포장하지 않고, 한 차원 진화시켜 만든 개념이다.[21] 현재 주력산업이 머뭇거리고 있는 현실에서 새로운 먹거리 창출을 위한 절박한 국가전략이라 할 수 있다.

창조경제를 위해서는 경제민주화 개념이 필요하다. 경제민주화는 창조경제의 기본적인 요소다. 경제민주화를 통해 중소기업들이 대기업들과 함께 동반성장하여 새로운 산업을 일으킬 수 있는 터전이 마련될 수 있다. 중소벤처의 혁신과 대기업의 효율이 결합하는 과정에서 정부와 공공영역의 공정성 확보 등 실질적 경제민주화 조치들이 필요하다. 창조경제와 경제민주화는 손바닥의 앞뒤와 같이 연결된다. 또한 창조경제로 갈 때[22] 꼭 짚고 넘어가야 하는 것이 '정부 3.0'의 문제다. '창조경제' '경제민주화' '혁신시장' '정부 3.0', 이 네 가지 키워드는 대한민국 경제의 질적 성장이라는, 같은 미래목표를 지향하는 동일한 개념의 다른 표현들이다. 대한민국 경제의 본질적 변화와 혁신, 새로운 지속가능성장의 소프트웨어적 혁신사고와 인식의 전환, 그 중심에 메타이론으로써 '창조경제' '창업국가' '창의사고' 등의 '창조' 담론이 있는 것이다.

'아시아 평화중심 창조국가'와 '4개 대전략'

아시아 평화중심 창조국가의 비전을 실현하기 위한 4개 대전략이 있다. 바로 '국민행복전략' '아시아 평화전략' '과학국정전략' '창업국가 전략'이다.

이 4개 대전략은 '아시아 평화중심 창조국가' 실현을 위한 원칙과 방법론, 부문과 목표, 물적 토대로써 전 방위적으로 가장 중요하다고 판단되는 전략들이다. 4개 대전략은 그 자체가 국가의 근본 목표로 놓이는 것들이다.

첫째, '국민행복전략'은 대한민국 미래전략 수립의 근본가치와 목적을 더욱 명확히 하고자 하는 취지에서 제시하는 것이다. 국가의 총체적 목표는 국민행복 구현에 있음을 근본적으로 제기하고 전체적인 국가미래전략의 방향성과 세부전략들이 궁극적으로 국민행복 구현에 모여져야 함을 강조한다. 국민행복과 괴리되는 국가전략은 있을 수 없다. 국민행복을 저해하는 국가전략도 있을 수 없다. 국가전략은 국민행복을 위해 존재하는 것이다. 여하한의 어떠한 내용도 국민행복에 초점을 맞추어야 한다.

둘째, '아시아 평화전략'은 분단체제 70년의 비정상이 지속되는 한, 온전한 대한민국의 미래는 근본적으로 불가능하다는 문제의식에서 출발한다. 국민행복 구현이라는 국가미래전략 수립에서 전쟁과 생존의 위험을 일상적으로 안고 있는 분단상황을 전제로 한 미래는 온전할 수가 없다. 그래서 남북의 평화,[23] 한반도 평화를 기본 상수로, 근본적인 과제로 설정하는 것이다. 나아가 한반도 평화는 전략적 과제로서 제기되지만 전략적 목표로서도 제기되는 대전략이자 궁극의 가치이기도 하다.

한편 활동공간이 확대된 아시아 평화전략은 대한민국의 새로운 차원의 경제성장과 신성장동력 발굴, 차원이 다른 경제번영의 물적 토대를 담보할 수 있다. 즉 주변국과의 선린외교, 평화공존의 번영, 남북경제협력, 사회문화협력, 정치군사적 신뢰협력을 통한 실사구시적 시너지효과들은 대한민국의 새로운 성장가능성을 높여줄 것이다. 그리고 대한민국의 품격 높은 정신문화 고양, 국제정치적 위상강화의 상당한 시너지효과들을 수반하는 기회요인으로 작동한다. 그래서 평화전략은 그 자체로 대전략이자 국가의 총체적 목표이며 국민행복 구현의 궁극적 가치로 설정되는 것이다.

셋째, '과학국정전략'은 좁게는 국가적 혁신과 창조를 위한 근본적 방법론과 원칙으로서의 국정전략이라 할 수 있다. 그러나 광의적으로는 국가 전 부문에 걸친 과학사상의 일반화, 과학적 사고와 체계의 사회문화화를 염두에 둔 포괄적인 개념으로 설정하고 있다. 국가운영과 사회 전반에 비합리성을 배제하고 합리성을 도입하여, 사회를 투명하게 만들고 효율을 높이기 위한 국가적인 과제이다.

넷째, '창업국가전략'은 성장과 분배의 선순환을 위해, 경제적 구조 불황의 늪에 허덕이는 대한민국 경제의 새로운 지속성장동력으로 설정되는 전략이다. 경제의 안정적 성장과 번영을 위해서는 현재의 소수 대기업 중심의 산업구조를 바꾸어야 한다. 국민들이 창의성과 상상력을 발휘하여, 누구나 창업에 도전하고 새로운 먹거리를 창출할 수 있는 역동적인 국가를 만들고자 하는 전략이다.

2장

4대 전략

1. 국민행복 대전략

2. 아시아평화 대전략

3. 과학국정 대전략

4. 창업국가 대전략

1

4대 전략

국민행복 대전략

국민행복전략은 대한민국 미래전략 수립의 근본가치이자 목적이다. 국가의 본질적인 존재이유는 국민행복 구현에 있으며, 전체적인 국가 미래전략의 방향과 세부전략은 총체적으로 국민행복 구현에 부합하느냐로 평가되고 판단돼야 한다. 따라서 국민행복을 정의하고, 국민행복에 기여하는 요소를 추출한 후, 그것들이 국민행복에 기여할 수 있는 미래전략을 수립하는 것이 무엇보다 중요하다.

왜 국민행복인가

행복은 사전적인 의미로 '생활에서 충분한 만족과 기쁨을 느끼는 흐뭇한 상태' '심신의 욕구가 충족되어 만족감을 느끼는 정신상태'로 정의된다. 신경과학적으로도 행복은 현재 상태에 매우 만족해 이 상태를 계속 유지하려는 노력 외에 다른 욕구가 없는 편안하고 안전한 상태를 의미한다.

이와 같이 행복은 개인의 가치관, 경제수준, 삶에 대한 만족도 등에 의해서 결정되는 지극히 개인적인 마음의 상태이지만, 그것이 타인과의 관계나 상대적인 비교, 사회구조와 시스템 등 사회적 토대와 밀접하게 연관돼 있다는 측면에서 국민의 행복증진을 위해서는 국가적인 노력이 무엇보다 중요하다.

행복은 주관적인 동시에 객관적인 지표다

행복은 개인의 전체 삶에 대한 주관적인 감정과 평가로 정의되지만, 객관적인 환경요인이 강조되는 '삶의 질'과도 유사한 개념으로 사용된다. 따라서 만족감, 자립감, 안정감, 성취감, 문화적인 풍요로움, 스트레스 등 주관적인 판단요소가 깊이 관여한다. 동시에 객관적인 차원에서는 삶에 대한 다양한 물리적 구성요소, 즉 의식주, 건강, 소득, 교육, 보건, 여가생활 같은 지표를 통해 파악되는 삶의 물리적 조건도 크게 기여한다.

행복이 주관적인 마음상태이면서도 동시에 객관적인 방식으로 기술될 수 있다는 가능성은 다양한 기관으로 하여금 행복을 측정하는 지수개발을 가능케 했다. 가장 잘 알려진 해외사례로는 부탄의 국민총행복Gross National Happiness, GNH으로, 국민의 생활수준, 건강, 교육, 생태계의 다양성과 회복력, 문화적 다양성과 지속력, 시간 사용과 균형, 거버넌스, 활력 있는 지역사회, 심리적 행복 등을 측정해 국민행복지수로 사용해왔다. UN개발계획UNDP은 인간개발지수Human Development Index, HDI라는 것을 통해 국가의 행복지수를 평가해왔다.

OECD회원국 역시 유럽연합회 집행위원 산하 공동연개구발센터JRC와 함께 개최한 '웰빙과 사회진보 측정Measuring well-being and progress

워크숍'에서 제안된 지표인 국가행복지수National Index of Happiness, NIH를 통해 국가 간 행복 정도를 비교해왔다. 국가행복지수는 인간의 삶의 질 수준에 기여하는 주관적인 요인과 객관적인 요인을 모두 고려하고 이를 다시 화폐적인 지표(경제적인 자원과 연관된 요인)와 비화폐적 요인(사회적 연관 요인)을 종합적으로 고려해 측정했다. 이를 통해 국가 간 국민행복 정도를 정량적으로 측정하고 비교하는 데 크게 기여해왔으며, 한 국가가 정책기조를 결정할 때 활용할 수 있도록 노력해왔다. 일본의 신국민생활지표People's Life Indicator, PLI는 국민의 생활에 기여하는 환경변화와 국민의식변화에 대응해 국민의 생활을 보다 적절히 나타낼 수 있는 지표로 일본경제청 국민생활국에서 1992년부터 제안, 사용되어온 지표다. 이 지수는 국민의 행복과 삶의 질을 정량적으로 평가하기 위해 의식주는 물론, 주거, 소비, 근로, 양육, 보건, 여가, 교육, 교제/관계 등 8개 활동영역에 대해 안전, 공정, 자유, 쾌적 등 4개 평가축을 중심으로 평가하고, 10년간 매년 변화율의 절대치 평균이 1이 되도록 변화율을 표준화한 후 종합지수를 산출해왔다.

대한민국은 지금 행복하지 않다

1998년 UN이 국민들의 주관적인 행복 정도를 측정한 결과, 대한민국은 23위로 나타났다. 또 UNDP가 측정하는 인간개발지수HDI를 비교한 통계에 따르면, 대한민국은 2006년 177개국 중 26위를 차지했다. OECD회원국의 행복지수 비교에서는 34개국 중 32위를 차지했다. 덴마크, 스웨덴, 노르웨이, 오스트리아, 아이슬란드 같은 북유럽 국가나 호주, 캐나다 등이 매년 상위권에 포함돼왔다. 위의 사례를 포함해, 대한민국은 다양한 행복지수 평가에서 중위권으로 평가돼왔으며, OECD

〈표 5〉 국민총행복(GNH) 지수 9개 영역의 33개 지표

(단위: %)

영역	지표	비율
심리적 웰빙	삶의 만족도	33
	영성	33
	긍정적 감정	17
	부정적 감정	17
건강	건강한 일 수	30
	장애	30
	정신건강	30
	스스로 평가한 건강상태	10
교육	문자해독	30
	학교교육	30
	지식	20
	가치	20
문화다양성과 복원력	전통 문화예술 이해	30
	문화적 참여	30
	고유언어 사용	20
	부탄식 행동규범	20
시간 이용	일	50
	수면	50
굿 거버넌스	정치참여	40
	기초 생활서비스	40
	정부 효율성	10
	기본권	10
공동체 활력	기부	30
	안전	30
	소속감과 신뢰	20
	가족	20
생태다양성과 복원력	야생동식물 피해	40
	도시화 이슈	40
	환경 책임감	10
	생태적 이슈	10
삶의 수준	1인당 소득	33
	자산	33
	주거	33

* 숫자는 해당 영역에서 각 지표가 차지하는 비율

자료: 부탄 국민총행복위원회(GNHC)

등 선진국들을 중심으로 한 평가에서는 하위권에 머물고 있다.

다시 말하면, 대한민국은 한국전쟁 이후, 지난 60년간 경제적으로는 괄목할 만한 성장을 했지만, 국민행복 측면에서는 경제적인 성장에 비해 그다지 나아지지 않았으며 유사한 경제대국에 비해 행복지수는 매우 떨어져 있다. 특히 건강만족도, 근무비중, 대기오염수준, 취업률, 가구당 금융자산 등에서 다른 나라들에 비해 낮은 수치를 나타냈다.

국내총생산GDP은 더이상 국가미래전략의 지표가 아니다

지난 20세기 동안 한 국가의 생활수준은 국민총생산Gross national product, GNP과 국내총생산Gross domestic product, GDP에 의해 평가되고 정량화돼왔다. 삶의 수준을 결정하는 데 있어 경제성장을 가장 중요한 요소로 평가했다. 특히 제2차 세계대전 이후 고도경제성장이 생활수준의 향상이라는 현실적인 변화와 맞물리면서, GDP지표는 국민의 삶의 질을 반영하고 국가발전의 지표로써 많은 국가들에서 매우 유용하게 활용돼왔다. 대한민국 정부도 GDP 향상을 위해 총력을 기울이고 있다.

그러나 최근 학자들은 GDP, 즉 경제성장 지표가 국민행복을 의미하지 않는다는 다양한 근거자료를 제시하고 있다. 특히 이스털린Easterlin에 의하면, 일반적으로 개인이 느끼는 행복수준은 빈곤선에 근접할 때에는 소득과 강한 상관관계를 보이지만, 소득이 일정 수준 이상이 되면 소득과 행복은 그다지 큰 상관관계를 보이지 않는다고 한다. 일례로 미국은 제2차 세계대전 이후 1인당 국민소득이 지속적으로 증가하는 기간에 국민행복지수는 오히려 감소했다. 다시 말해 어느 정도 기본욕구가 충족된 국가들에 대해서는 개인의 행복체감도가 소득에 비례하지 않는다는 것이다. 따라서 많은 국가들이 일정 수준 이상의 경제성장을 이룬 후부터는 더이상 경제성장 자체에 연연하지 않고 국가정책기조를 국민의 삶의 질이나 행복으로 돌리고 있다. 예를 들어 영국의 이코노미스트 인텔리전스 유니트EIU에 따르면, 1인당 국민소득이 1만~1만 5천 달러 사이에 도달하면, 국가의 정책기조를 경제 중심에서 삶의 질로 옮겨가는 것을 적극 검토해야 한다고 주장하고 있다.

대한민국은 이미 1인당 국민소득 2만 달러 시대에 접어들었으며 경제성장에 비해 삶의 질은 크게 늘지 않았다는 사실에 초점을 맞춰, 미래전략은 성장 그 자체보다는 국민행복을 증진하는 데 더 집중해야 한다. 경제성장도 궁극적으로는 국민행복을 위해 노력했던 것인 만큼 경제성장 그 자체가 목적이 되어서는 안 되며, 이를 위해 국민행복이 희생되어서는 더더욱 안 된다.

국민행복, 무엇이 결정하는가

국가미래전략을 수립하는 데 있어 국민행복이 가장 중요한 목표가 돼야 한다는 전제는 부정할 수 없다. 그렇다면 국민행복에 영향을 미치는 요인들을 추출해 그것에 긍정적인 영향을 미치는 미래전략 수립을 통해 국민행복을 증진하는 것이 가장 적절한 해법이다.

소득에 대한 공정한 분배가 중요하다

다양한 국가행복지수 연구에 따르면, 경제적인 요인에 있어서 국민행복에 기여하는 것은 국민순생산도 중요하지만, 가처분소득과 균등

소득분배, 여가시간 등이 매우 중요한 것으로 나타났다. 특히 공정한 소득분배와 경제정의가 실현되는 것이 국민행복에 매우 중요하다.

그것은 비화폐적 요인 중 상대적 빈곤율과도 깊은 상관관계가 있다. 국민행복에 영향을 미치는 중요한 요인 중에는 상대적 빈곤율, 노인빈곤율, 아동빈곤율, 성별임금격차 등이 포함돼 있다. 따라서 소득의 공정분배는 국민행복의 지름길이다.

일할 수 있는 기회가 중요하다

국가행복지수에 기여하는 중요한 요소로 고용률과 미취업가구원 비율을 꼽아야 한다. 국민이 일할 수 있는 기회를 갖고 노동을 통해 소득을 얻는 행위는 자신의 존재감을 인식하고 자존감을 회복하며 행복과 만족감을 얻는 데 매우 중요하다. 이는 '자립'과도 깊은 연관이 있는데 교육 정도, 즉 평균교육연수나 평균학업성취도가 국민행복에 기여하는 것과 같은 이치다. 국민은 스스로 자립하길 원하며 그럴 수 있는 역량강화를 위해 교육을 충분히 받을 수 있는 기회를 중요하게 생각한다.

건강과 안전은 행복의 토대다

건강과 안전은 개인의 행복을 논하는 데 있어 빼놓을 수 없는 가장 중요한 토대다. 안전한 환경에서 건강하게 생활하고, 질병에 대한 치료혜택을 적절히 받을 수 있는 권리는 국민행복에서 무엇보다 중요하다. 따라서 출생시 기대수명, 건강수명, 영아사망률, 잠재적 수명손실 등 건강하게 오래 살 수 있는 기회를 제공하는 것이 무엇보다 중요하다.

또 안전과 재난에 대비한 시설과 위급한 상황에서 국가의 대처수준은 국민행복에 있어 매우 중요한 안전장치다. 정부는 국민의 건강과 안전을 위해 최대한의 노력을 아끼지 않아야 하며, 이를 위한 미래전략은 필수요소다. 재난에 대비하고, 자연과 조화로운 친환경 조건을 만들고, 아이에서부터 노인에 이르기까지 모두가 높은 삶의 질을 유지할 수 있는 건강상태를 보장해주는 것이 필수적이다. 대기, 수질, 토양, 생활환경 등이 모두 행복을 담보할 수 있는 수준으로 청정해야 한다.

더불어 범죄피해율, 살인율, 수감자비율 등 범죄로부터 국민을 안전하게 보호하는 것도 간관해서는 안 된다. 범죄를 줄이고 안전한 사회를 만드는 것이 국민행복을 위해 무엇보다 중요하다.

사회적 연대가 행복의 지표다

인간의 행복에 가장 큰 영향을 미치는 것은 '관계'다. 인간은 관계로부터 행복을 얻는다. 그런 의미에서 사회적 연대는 미래국가전략에 있어 핵심지표가 돼야 한다. 지역사회 활동이 증진돼야 하며, 은퇴 후 사회적 기여가 줄어들지 않도록 다양한 제도와 인생이모작 제도가 등장해야 한다. 자살률은 관계가 주는 행복감을 측정하는 직접적인 지표다. 주관적인 생활만족도는 바로 여기에서 출발한다.

이를 위해 문화적인 다양성이 보장돼야 한다. 국가 간, 계층 간, 계급 간 문화교류는 증대돼야 하며, 다문화에 대한 사회적 인식수준이 높아져야 한다. 여성의 지위는 향상돼야 하며, 사회적 약자에 대한 배려와 연대가 무엇보다 국민행복에 크게 기여한다. 나와 다른 사람에 대한 관용적인 태도, 사람을 물질이나 돈보다 우선시하는 태도, 타인을 경쟁의 대상만이 아닌 협업의 대상으로 인식하는 태도가 무엇보다 중요하다.

국민행복, 어떻게 이룰 것인가

그렇다면 국민행복 증진을 위해 대한민국은 어떤 노력을 기울여야 하는가. 장기적인 관점에서 어떤 부분에 초점을 맞춰 미래전략을 세워야 하는가. 그것이 국민행복을 위한 미래전략의 핵심질문이다.

대한민국 국민행복 증진을 위해 우리가 각별히 고려해야 할 사항은 다음과 같다. 첫째, 심화되고 있는 사회적 불평등을 완화해야 한다. 양극화지수를 만들고 공정사회로 갈 수 있는 토대를 제시해야 한다. 둘째, 사회안전망을 각별히 고려해야 하며 비정규직에 대한 대책, 정책적 불이익을 해소하는 방안이 필요하다. 셋째, 미래에 대한 불안을 정량화해서 지수 안에 포함시켜야 한다. 불안정, 우울증, 자살 등이 세계 최고인 오명을 씻기 위해서는 이러한 노력이 필수다. 행복을 논의하는 데 있어 지속가능성, 즉 현재 수준의 행복이 미래세대까지 이어질 수 있는지, 언제까지 지속할 수 있는지도 함께 고려돼야 한다. 넷째, 국가와 민족, 사회, 이웃에 대한 자긍심이 지수 안에 포함돼야 한다. 이를 구체적으로 논의하면 다음과 같다.

이제 국내총생산 대신 국가행복지수다

국민행복에 기여하지 않는 경제성장은 무의미하다. 경제성장은 그 자체로 목적이 아니라 국민행복으로 가는 과정이자 토대로서 기여해야 한다. 경제성장이 국민행복을 훼손한다면 대한민국이 진행하고 있는 경제성장 방식을 제고해야 한다. 따라서 이제 국가전략과 정책을 국내총생산GDP을 늘리는 방식으로 짤 것이 아니라 국가행복지수를 높이는 방식으로 재편돼야 한다.

이를 위해서는 먼저 대한민국의 건국이념과 현실적인 상황, 꿈꾸는 미래 등을 고려해 적절한 국가행복지수를 개발해야 한다. 현재 다양한 행복지수가 제안돼왔으나, 충분히 적절한 행복지수가 개발되지는 못했으며, 행복지수에 대한 국민적 합의도 이끌어낸 바 없다. 국민 대다수가 동의할 만한 국가행복지수를 정의하고 이를 증진하는 것을 국가전략의 기조로 삼아야 한다.

국가의 미래전략 차원에서 국가행복지수를 정의할 때 다음과 같은 사항에 유의해야 한다. 첫째, 물질적 행복을 평가할 때 생산보다는 소득과 소비에 주목해야 한다. 둘째, 국민들의 물질적 생활수준은 국민순소득, 실질가계소득, 실질가계소비 등과 좀더 밀접하게 연관돼 있음에 주목해야 하며, 국가의 경제성장보다 가계의 입장에 초점을 맞추어야 한다. 가계의 부유한 정도는 소득, 소비, 재산 등 물질적 생활수준에 관한 여러 측면들이 통합된 정보이며, 그 분배가 무엇보다 중요하다. 셋째, 물질적 행복의 핵심은 지속가능성과 안정성임을 명심해야 한다. 넷째, 행복은 다차원적인 것이어서 물질적 생활수준, 건강, 교육, 일을 포함한 개인활동들도 중요하지만, 정치적 의견과 행정, 사회적 연계와 관계, 환경(현재와 미래의 조건들) 등 객관적 측면과 주관적 측면 모두 중요하게 고려해야 한다.

국민행복에 있어 양극화는 독이다

경제성장과 더불어 국민행복을 위해 고려해야 할 것은 공정한 소득의 분배와 경제정의 실천이다. 대한민국은 상위 10%가 전체 부의 70% 이상을 소유하는 극단적인 양극화에 시달리고 있으며, 교육의 기회가 부를 통해 세습되고 있어 사회적 불평등을 해소할 수 있는 기회가 점점 줄어들고 있다. 경제성장과 더불어 소득의 공정한 배분, 경제적 기회의 확대 및 공평한 제공, 양극화 해소를 중요한 전략으로 삼고 구체적인 정책을 마련해야 한다. 젊은이들이 열심히 노력하면 보상을 받을 수 있다는 희망을 갖게 하는 것이 무엇보다 중요하다.

실패가 용인되어 패자부활의 희망을 꿈꾼다

실패가 용납되지 않는 사회, 패자가 부활할 수 없는 사회, 젊은이들에게 도전의 기회가 너그럽게 용납되지 않는 사회는 행복한 사회로 나아갈 수 없다. 국민은 다양한 시도를 할 수 있어야 하며, 설령 실패하더라도 다시 기회가 주어지고 도전할 수 있는 여건을 제공해야 한다. 최소한의 삶을 위한 사회안전망이 갖춰지지 않는다면 자살률, 범죄율은 줄어들지 않을 것이며, 사회적 연대도 불가능하다. 재기할 수 있는 바탕을 제공하는 사회안전망 구축은 국민행복의 필수요소다.

문화다양성의 인정과 관용이 국민행복의 촉매다

고령화사회가 되면서 계층 간 갈등이 심각해지고 다문화사회로 진화하면, 문화적 다양성을 용납하지 않는 문화는 국민행복에 막대한 저해요소로 자리할 것이다. 국민행복을 위한 국가미래전략은 문화다양성을 인정하고 어떻게 사회적 관용을 확대할 것인가에 초점을 맞추어야 한다. 계층갈등, 성별갈등, 사회적 고정관념의 심화, 다문화에 대한 편견, 정치적 이견에 대한 불관용 등을 없애기 위한 구체적인 정책이 필요하다.

창의와 협업의 정신을 문화 속으로

경쟁이 심화되고 한 줄 세우기가 고질화된 사회풍토는 국민행복을 훼손하고 저해한다. 경쟁도 중요하지만 함께 협력하는 것이 더 큰 성과를 만들어낼 수 있음을 배울 수 있는 사회여야 국민행복이 담보된다. 인간을 숫자로 평가하고 '한 줄 세우기'를 통해 비교하는 문화는 결코 행복을 만들어낼 수 없다. 다양한 의견을 존중하고 창의적인 생각이 존중받는 문화가 전체의 행복으로 가는 지름길이다. 경쟁과 협력이 균형을 이루는 사회, 효율성과 창의성이 균형을 이루는 사회, 정성적인 평가와 정량적인 평가가 균형을 이루는 사회로 나아가야 한다.

2

4대 전략

아시아평화 대전략

분단 한반도에서 '평화'는 전략이자 목표다. 즉 평화는 대한민국의 미래비전인 '아시아 평화중심 창조국가'를 구현하기 위한 핵심전략이자 궁극의 목표이다. 동시에 평화는 그것을 실현하기 위한 가장 직접적인 물리적 토대이기도 하다.

왜 평화전략인가

남북의 평화 없이는 대한민국의 미래는 없다. 평화는 대한민국의 온전한 미래, 밝고 행복한 미래의 선결적 조건이다. 평화는 근본적 가치이고 기본적인 전제이며 미래전략의 상수이다.

우리 사회의 많은 적폐들의 근원이 분단에 있다고 해도 과언이 아닐 만큼, 분단은 대한민국 불행의 원인과 배경이다. 분단은 단순히 남북의 물리적 분단을 넘어 체제로써 구조가 되었고 제도가 되었다. 분단은 사회적 문화가 되었고 생활적 사고와 가치관, 사고방식, 이념이 되었다. 분단구조, 분단제도, 분단문화, 분단이념들이 횡행하는, 분단의 자기완결성이 담보되는, 나아가 스스로 분단을 확대재생산하는 상황에까지 이르렀다.

비극은 그 분단이 국가발전과 국민행복을 근본적으로 가로막는 총체적 장애요인으로 작용하고, 국가적 사회병리현상들을 확산시키는 핵심기제로 작동한다는 점이다. 민족적, 국가적, 국민적 차원의 비극이며 동아시아를 넘어 세계평화에도 심각한 불안요인으로 작동하고 있다.

분단은 국민불행의 근원이다

직접적으로 분단체제가 강제하는 남북 간 군사적 적대와 긴장, 전쟁의 위험은 국민의 생존권과 안전을 일상적으로 위협하는 치명적 불안요인이다. 국민의 생존권이 일상적으로 위협받는 상황에서 어떻게 온전한 미래를 이야기할 수 있겠는가. 구조적이고 제도적인 평화정착 없이는 국민생존과 행복, 사회정의, 국가발전이 온전할 수 없다.

평화 없이는 정치적 선진화도 지속가능한 경제발전도 불가능에 가깝다. 온전한 평화정착 없이는 품격 높은 사회문화, 정신문화의 고양도 어렵다. 윤리와 도덕, 공동체, 사회규범과 질서의 준수도, 더 나아가서는 최소한의 사회적 신뢰 형성마저도 힘들어진다. 이 모든 사회병리현상들의 근원에 분단체제가 양산하는 적대와 대립, 불신과 증오의 가치관과 배타적 생존방식들이 존재한다. 바로 기형적 분단문화들이 자생하고 있는 것이다.

이처럼 분단체제는 온전하지 못한 비정상의 체제이다. 분단은 총체적 국가저발전과 국민불행의 원인으로 작용하는 매우 비정상적인 상황의 구조적 배경이다. 즉 분단체제가 지속되는 한, 국가의 총체적 발전과 국민행복은 구조적으로 제약받을 수밖에 없는 것이다. 결국 분단 극복을 통한 평화정착이 대한민국의 온전한 미래발전을 가능케 하는 전제적 과제, 선결적 과제로 제시되는 이유다. 평화는 대한민국의 근본국익이다. 2045년 해방 100주년, '아시아 평화중심 창조국가'로 상징되는 세계 일류국가 건설을 위한 핵심전략으로 '평화전략'이 제기되는 이유와 필요성이다.

평화는 근본국익이다

분단의 최대 위협요인은 군사적 안보문제이다. 군사 안보문제는 생존권 위협과 직결된다. 적극적 안보의 구조화, 제도화가 평화다. 즉 '적극적 안보'[1]가 평화다. 고로 안보는 궁극의 목적인 평화를 위해 존재한다. 평화는 국민생존권 문제이기 때문에 우리에게 평화는 근본국익이다. 그렇다. 분단국인 대한민국에게 평화는 그 어떠한 가치보다 앞서는 근본국익이다.

삶의 기본요건과 목표는 안정적 생존과 안전하고 행복한 삶이다. 국

〈표6〉 분단체제에서 행복과 평화, 안보의 상관관계

행복	평화	인권/기본권	생존권, 존엄, 국민기본권, 정치적 민주화	진리, 정의, 자유, 평등, 법치 보장, 억압, 차별 해소
		안보	국방(국가/국토) 치안, 국제적 테러	군사대립 해소, 평화정착 자주적 국제외교–국방, 법질서 규범, 안전한 사회, 국제사회 기여
		안정/번영	기술발전, 경제적 번영 사회문화적 풍요	과학기술 중시, 성장–복지 선순환, 정신문화–교육 고도화, 사회다양성 포용 등

* '행복을 위한 평화' '평화를 위한 안보'가 성립된다. '평화를 위한 행복' '안보를 위한 평화'는 어법상 적절치 않다. 평화는 그 자체로써 인권/기본권, 안보와 안정/번영의 물적 토대이다.

가의 목표 또한 국민행복이다. 결국 우리에게 행복을 위한 선결적 과제는 바로 '평화의 제도화'에 있는 것이다. 평화가 무너지면 국민들의 생존권이 위험해지기 때문이다.

평화, 무엇을 가능케 하는가

평화의 미래는 분단으로 인한 국가저발전과 국민불행의 사회병리들이 해소되는 세상이다. 분단으로 인한 국가적 병폐와 사회병리들은 어떤 것들이 있을까? 남북의 평화, 평화체제[2]는 우리에게 어떤 미래를 가져다줄 것인가? 이에 대한 논증이 '아시아 평화중심 창조국가'의 국가미래비전을 구현하기 위한 핵심전략이자 목표로써 '평화'가 놓이는 이유다.

국민생존권 안정화

평화는 국민생존과 안전이 위협받는 적대상황을 근원적으로 해소한다. 분단은 전쟁의 위험을 안고 있다. 1993년부터 1994년까지 5~6회에 걸쳐 있었던 심각한 전쟁위기[3]와 같이 한반도는 우리가 인식하든 인식하지 못하든 심각한 전쟁위기를 수도 없이 겪었다. 2013년 2~4월의 전쟁위기도 일촉즉발의 전쟁위기였다. 분단은 전쟁위기를 일상적으로 안고 있는 매우 불안전하고 위험한 체제다.

한반도에서 전쟁은 완벽하고 철저한 공멸과 파멸이다. 승자와 패자가 없다. 세계 최대의 군사무기 밀집지역이 한반도다. 전쟁의 당사자든 주변인이든 모두 완벽한 파괴의 대상들일뿐이다. 남북의 전쟁은 동북아[4]의 전쟁이며 그것은 세계적 차원의 전쟁이다. 결코, 절대로 있어서는 안 되는 상상할 수 없는 인류적 재앙이다. 그 모든 위험을 구조적이고 제도적으로 해소할 수 있는 것이 바로 평화의 제도화, 즉 평화체제 정착이다.

정치적 발전과 민주주의 확대

분단은 정치적 저발전, 즉 민주정치 발전을 저해하는 일상적 제약요인이다. 분단은 군사독재, 권위주의 정치의 명분이었다. 권위주의 독재정권의 시기, 분단은 왜곡된 안보논리로 과장, 악용되어 국민기본권과 인권을 유린하고 자유, 민주, 평등의 가치들을 박탈하고 제약하는 명분이었다. 이러한 정치적 저발전의 근거였던 분단은 평화로 해소될 수 있다.

평화가 정착되면 더이상 실질적 민주주의와 국민기본권이 제약받지 않는다. 평화의 바탕 위에서 정치선진화[5]는 경제민주화로 상징되는 경제적 선진화를 고양시킬 것이고 사회문화 전반적인 선진화로 확산될 것이다. 그 속에서 윤리와 도덕, 법과 질서, 가치와 규범이 온전히 자리잡는 품격 높은 사회로 나아가게 되는 것이다. 결국 평화는 그 모든 선순환 구조를 작동하게 하는 핵심동인으로 자리한다. 평화는 그 자체가 사회발전의 강력한 물리적 토대로 작용한다.

국제적 위상 강화

분단은 국제정치의 무대에서 남북 모두에게 상당한 외교적 손실과 국제적 위상 추락을 강제한다. 분단은 정치군사적 자율성, 자주권에도 손상을 입힌다. 모두 온전한 국가주권과 독립성을 훼손하는 부분들이다. 결국 남북이 국제정치의 외교무대에서 서로 헐뜯고 경쟁하는 동안 한반도와 동북아의 외교적 편익들은 주변 국가들이 취한다.

군사적 자주권과 외교적 자율성 문제는 국제정치적 위상의 문제이며 국가존엄과 국민존엄의 가치들을 왜곡하는 요인이다. 국제정치적 위상 강화는 평화를 통해 이루어진다. 일본의 역사왜곡과 독도문제, 군국주의 부활에 남과 북이 한목소리로 대응하고 국제적 공조를 취하면 어떻게 될까? 중국의 동북공정東北工程[6]에 대해 남과 북이 공히 한목소리로 대응하면 어떻게 될까? 한반도에 평화가 정착되면 남과 북의 위상은 주변 4강대국과 온전히 실질적으로 어깨를 나란히 하게 된다.

경제적 번영

분단은 경제적 저발전의 직접적 배경이다. 분단이 유발하는 직간접적인 분단비용은 수치화할 수 있는 규모와 범주의 수준이 아니다. 상상을 초월하는 규모다. 통일비용론[7]이 그것의 적실성 여부를 떠나 아무리 크다 한들 분단비용에 비하면 매우 작은 수준이다.

OECD사무국이 2013년 6월에 발표한 '한국경제 전망보고서'를 보면 한국의 잠재성장률이 계속 하락하다가 2031년이 되면 잠재성장률 0% 시대가 된다고 전망한다. OECD회원국 중 꼴찌가 된다는 경고다. 이는 현 상태로는 대한민국 경제성장 엔진이 꺼진다는 뜻이다. 이것은 현재의 분단상황 유지를 전제하고 있다.

반면, 평화는 남과 북 모두에게 엄청난 경제적 번영을 보장한다. 평화는 분단비용 상쇄라는 돈의 가치를 넘어, 국가의 품격을 근본적으로 바꾸는 엄청난 규모의 번영과 발전을 가능케 한다. 국가경제가 구조적 경제불황으로 치닫고 있는 상황에서 평화를 기반으로 한 남북 경제협력은 우리에게 최대의 기회이다. 북한은 우리에게 엄청난 경제적 기회의 땅이며 블루오션이다. 북한은 대한민국 경제대도약의 최대 가능성이다.

2009년 9월, 세계 최대 투자금융기관인 골드만삭스는 '글로벌경제 보고서'를 통해 남과 북이 점진적, 평화적 통일상황으로 가면 한국이 30년 뒤에 독일과 일본을 제치고, 40년 뒤에는 미국 다음으로 세계 2위 경제대국이 될 수도 있다는 전망을 내놓았다. 보고서에 의하면 장기적 관점에서 본 통일 한국의 잠재적 규모를 매우 높게 평가한다. 북한의 성장잠재력이 실현된다면, 미 달러화 기준으로 통일 한국의 GDP가 30년에서 40년 후 프랑스, 독일을 추월하고 일본까지도 앞지를 수도 있을 것으로 전망한다. 이러한 예측에서 보면 2050년 통일 한국의 규모는 미국을 제외한 대부분의 G7국가와 동등하거나 넘어설 것이라는 전망이다. 보고서는 2050년 통일 한국의 1인당 국민소득을 8만 6천 달러로 전망한다.[8] 개성공단과 남북경제협력의 경험적 사례들만 보더라도 남북의 평화는 질적, 양적으로 기존과는 차원이 다른 번영과 발전을 가능케 한다.

남북간 경제협력의 폭발력은 어느 정도일까? 북한 전 지역에 걸쳐 수십 년간 전개될 거대규모의 국가 SOC와 대규모 산업인프라 건설시장은 1980년대 중동특수의 수십 배, 수백 배에 달할 것이다. 국내 주요 토목건설사들이 호황을 누리게 되면 대한민국 경제 자체가 도약을 한다. 이미 오래전에 경쟁력을 잃은 섬유, 전자 등의 노동집약산업만 하더라도 남과 북이 만나면 세계최고의 경쟁력을 가진다.[9]

남북 경제협력은 단순히 기술과 노동의 결합만으로도 세계 최고의 경쟁력을 가진다. 조선,[10] 전자, 섬유 등 전통 제조업은 삽시간에 다시 경쟁력을 가진다. 더 나아가 우리의 고급기술과 자본이 북한의 고급노동력,[11] 싼 임금, 무궁무진한 국가소유의 토지와 결합하면 어떻게 될까? 그것은 지금까지 어느 나라도 경험하지 못한 경제대도약의 폭발력을 가진다.

북한이 보유하고 있는 상당한 지하자원의 가치는 어떤가? 우리의 자본과 기술이 북한의 지하자원을 활용하면 남과 북은 공히 괄목할 만한 원윈의 발전을 하게 된다. 평화는 그 모든 기회를 현실화한다. 평화가 가져다줄 경제적 실익은 폭발적이다.

〈표7〉 한국과 중국의 경제성장 키워드를 통해 본 북한 경제전망

성장 동인	한국	중국	북한
국가주도 계획경제	국가주도 계획경제 (경제개발 계획 등)	국가주도 계획경제 사회갈등 저항 미약	국가주도성 견고 고도의 집단주의
산업경쟁력	값싼 노동력(저임금) 저곡가 정책	노동생산성 경쟁력 저임금(노동자, 농민공) 저곡가(농민공 발생)	풍부한 양질 노동력(생산성) 임금경쟁력 세계 최고
재정조달	해외 차관	토지재정	지하자원 활용 국가소유 토지재정 활용
기타	국민성, 근면 성실, 교육열	화교자본, 네트워크	풍부한 지하자원 활용가능 남한 자본, 기술의 시너지 중국, 러시아 협력 및 배후시장 해양과 대륙의 물류거점

* 중국의 고도경제성장 배경에는 국가주도 계획경제, 값싼 노동력(저임금 저곡가), 재정조달(토지재정), 화교 네트워크 등이 공통적으로 제기된다.
* '토지재정'이란 중국 도시의 토지가 국유지인 상황에서 정부가 토지사용권을 사고자 하는 투자사들에게 토지를 양도하면서 벌게 되는 재정수입을 의미한다. 중국은 이 토지재정으로 사회기반시설 투자 등 주요한 경제개발을 진행했다.

상기 표에서처럼 한국과 중국의 경제성장 키워드를 통해 본 북한경제의 장기전망은 평화가 보장되거나 남북경협이 본격화되면 상당한 발전을 이룰 수 있는 여건들을 유사하게 갖추고 있다. 2013년 북한의 대외무역 증가는 남북교역을 제외하고도 1990년 공식조사 이래 최고의 신장세를 나타냈다.[12] 북한경제의 성장은 남북경협을 전제로, 우리 경제에는 더욱 큰 파급효과를 가지게 된다.

사회문화 발전과 신뢰사회 구현

분단은 우리의 정신문화를 피폐화한다. 분단문화가 우리 국민들의 가치규범, 정서, 사고, 인식에 미치는 영향 또한 매우 부정적이다. 분단은 화해협력과 상생, 관용과 포용, 나눔과 배려, 신뢰 등의 이타적 가치관이 아닌 적대와 대립, 반목과 질시, 불신과 비난 등의 배타적 이기를 가르친다. 사회문화적 가치, 정신문화를 그렇게 왜곡한다.

분단은 엄혹한 이분법과 흑백논리, 획일주의, 폭력적 군사문화를 가르친다. 때로 분단은 적대와 대립의 극단적 체제경쟁 속에서 진리와 정의, 자유와 양심도 훼손시킬 수 있다. 분단은 매우 비극적인 비정상적 체제이다. 분단은 그런 비정상의 정상화를 구조화한다. 온전한 평화가 윤리와 도덕, 법치와 규범의 원칙과 상식을 바로 세우고 진리와 정의, 자유와 양심, 관용과 포용, 나눔과 배려의 품격 높은 이타적 정신문화들을 고양시킬 수 있다.

분단 속에서 교육이 제대로 설 수 있는가? 분단 속에서 가르치는 교육은 분단의 이념교육이 된다. 왜냐하면 분단은 적대적 삶의 생존방식이기 때문이다. 적대가 일상화되면 그 속을 살아가는 모든 사람들과 사회구조 자체가 이분법적인 대립구조화된다. 그것이 문화가 되고 교육이 되고, 윤리가 되고, 규범이 되는 것이다. 정신이 무너지면 교육이 무너지고 교육이 무너지면 국가의 미래도 무너지는 것이다. 평화만이 온전한 미래를 담보할 수 있다. 평화가 긴박하고 절박한 이유다.

더불어 분단은 사회문화적으로 적대와 불신을 구조화한다. 원칙과 상식의 파괴, 윤리와 도덕의 추락, 절차와 규범 무시, 탈법과 부정의 만연은 극단적 불신사회를 만들어간다. 사회적 공동체 속에서 정부조차도 신뢰하지 않는 극단적 불신사회로 가고 있다.[13] 결국 평화정착으로 개선해갈 수 있다. 평화정착을 통해서 품격 높은 신뢰사회와 삶의 질을 고양할 수 있다.

평화, 어떻게 이룰 것인가

평화는 남과 북의 전 분야에 걸쳐서 상생과 협력의 시너지효과를 크게 고양시킨다. 분야별로 그것은 세계적 수준에서 상당한 파괴력을 가지기도 하고, 또 괄목할 만한 신장을 불러오기도 할 것이다. 남북의 평화는 그만큼 전반적 국가발전을 가능케 할 수 있는 엄청난 기회로 작용한다.

미래사회변화의 주요동인인 과학기술, 자원, 인구, 환경협력 측면에서도 평화는 남과 북에게 상당한 기회와 발전 가능성들을 담보한다. 미래전략의 능동적 활용가능성들이 넓어지는 것이다.

과학기술 측면에서의 남북협력은 상호보완과 발전의 시너지효과를 발생시킨다. 북한의 과학기술은 기초과학분야, 줄기세포[14] 등의 생명과학분야, 군사분야,[15] 위성분야에서 상당한 역량을 보유하고 있는 것으로 평가된다. 이러한 기초과학과 줄기세포, 위성, 로켓과 군사분야의 기술력을 산업기술로 변환시키는 것을 남북이 과학기술협력을 통해 진행한다면 그 효과는 상당할 것이다.

자원분야의 남북협력은 국가미래전략적 관점에서 남북경제의 대

도약을 위해 가장 기대되는 분야다. 우리의 자본과 기술이 북한의 지하자원과 만났을 때의 시너지효과는 엄청날 것으로 전망된다. 북한은 나라 전체가 '금광'으로 불릴 만큼 지하자원 매장량이 상당하다. 석유,[16] 희토류,[17] 우라늄, 마그네사이트, 텅스텐, 흑연 등 희귀 광물자원이 매우 풍부한 것으로 알려져 있다.[18] 특히 석유문제와 희토류문제는 미국의 대북정책 등 국제정치적으로 북한문제가 새로운 성격으로 변화될 수 있는 게임체인저game-changer[19]로 작용할 수도 있다.

이렇듯 경우에 따라 상당한 파괴력을 가진 북한의 지하자원문제를 남북이 평화의 토대 위에서 함께 개발하고 활용한다면 그 결과는 어떻게 될까. 남북경제협력의 원칙인 유무상통有無相通[20]의 원칙에 따라 발생할 시너지효과는 상상을 초월하게 될 것이다. 남북의 자원/에너지 협력은 국가미래전략 관점에서 우리의 고질적 문제였던 자원문제, 에너지문제를 적극적으로 해결할 수 있는, 오히려 능동적 기회로 활용할 수 있는 상당한 계기가 될 것으로 전망된다.

한편 저출산, 고령화로 상징되는 인구문제도 남과 북의 평화협력 속에서 새로운 해법을 모색할 수 있는 가능성들이 있다. 인구문제의 핵심은 생산인구의 상대적 감소다. 북한 인구는 약 2천 500만 명으로 인구규모와 구성에 있어 우리 사회가 안고 있는 저출산, 고령화의 비정상 구조가 아니다. 오히려 향후 경제적 성장이 가시화[21]되면서 보편적으로 나타나는 인구성장이 두드러질 가능성이 높다.

이렇듯 평화를 기반으로 한 남북경협은 실질적인 남북경제공동체를 가능케 하여 기존의 경제번영과는 비교할 수 없는 경제번영으로 우리에게는 제2의 한강의 기적을, 북한에게는 대동강의 기적을 가능케 할 것이다. 나아가 남북의 경제공동체는 당면한 우리 사회의 인구문제, 에너지/자원문제를 직접적이고 구체적으로 상당한 수준에서 해소해줄 수 있는 가능성을 열어줄 것이다.

평화전략 체계

평화는 질적으로 다른, 품격 높은 신뢰사회를 가능케 한다. 분단으로 인해 겪을 수밖에 없는 모든 불행의 근거들은 평화만으로도 모두 해소되는 것들이다. 즉 '통일'이 아닌, 적대와 대립을 구조적으로 중단하는 '상호존중'의 정신만으로도 분단으로 인한 대부분의 장애들은 거의 해소된다. 결국 평화의 제도화(평화체제)만으로도 국민들은 물질적, 정신적, 미래가치적 측면에서 충분히 행복해질 수 있다.

평화는 전쟁의 위험과 생존권의 위기를 구조적으로 해결해준다. 평화는 정치적 저발전과 민주주의의 위기, 국민기본권 제약의 근원들을 해소해준다. 평화는 경제적 저발전과 저성장 문제를 해소해주며 남과 북의 공동번영을 약속해준다. 평화는 우리 사회에 만연한 부정과 부패, 불신문화, 다양성 파괴, 자율과 창의의 무시 등 분단이 강제한 몰가치와 몰상식들을 하나하나 온전한 모습으로 가져다줄 것이다. 이렇듯 국민행복과 품격 높은 신뢰사회의 국가 발전은 평화만으로도 충분하다.

통일개념: 평화가 통일이다

평화가 통일이다. 통일의 개념은 평화다. 즉 통일의 실체적, 현실적 개념이 평화라는 것이다. 평화는 실질적인 통일상황, 즉 남과 북의 적대관계와 군사적 긴장이 구조적, 제도적으로 사라진 상황을 의미한다.

대다수 국민들이 통일의 개념에 대해 잘못 알고 있다.[22] 국민들이 통일문제를 부담스러워하는 이유는 가능하지도, 가능할 수도, 가능해서도 안 되는 통일의 개념을 그리고 있기 때문이다. 적어도 대한민국의 무궁 번영하는 밝은 미래와 발전, 국민행복을 상정하는 미래전략을 고민한다면 최소한 '평화가 곧 통일'임을 인식할 수 있어야 한다. 통일의 개념과 과정에 대한 과학적인 이해 속에서 결국 평화가 통일임을 제대로 인식할 필요가 있다.

북한의 급격한 붕괴로 휴전선이 허물어지고, 단일한 경제체제와 법제도 속에서 한 사람의 대통령을 뽑고, 그야말로 완벽한 하나가 되는 그런 통일은 현실적으로 가능하지 않다. 나아가 미래적으로 가능할 수도 없고, 통일의 목적과 가치 측면에서 가능해서도 안 된다.[23] 국민행복 구현이라는 가치와 목적에 입각한, 온전한 국가미래전략 수립의 관점에서 적절치 못한 상정들이다. 평화의 과정과 절차 없이 갑작스럽게 찾아오는 통일은 지양해야 한다. 그것은 남북 모두에게 감당할 수 없는 재앙이다. 그것은 우리가 통일하고자 하는 목적인 국가발전과 국민행복의 가치에도 크게 반하는 모습이다.

그것은 첫째, 현재의 남한과 북한이 처한 상황과 구조상 어느 일방이 일방을 극복할 수도, 해서도 안 된다는 것이고,[24] 둘째, 북한이 자연스럽게 스스로 붕괴될 수 있는 상황도 아니며, 셋째, 분단체제 70여 년의 남북관계 구조상, 그리고 현재 남북이 처한 상황상, 급격한 통일 상황은 남북 모두에게 상호감당할 수 없는 정치, 경제, 사회문화적 문제들을 야기한다. 결국 그 상황은 통일하지 않는 상황보다 못한, 남북 공멸의 대재앙으로 발전할 수도 있다.

정확히 이야기하면 통일의 실체적, 현실적 개념은 '평화'다. 즉 평화가 실질적 통일이며 또 궁극의 통일은 평화의 오랜 과정을 거친 이후에야 비로소 완성된다.

통일방법: 평화통일은 합의통일이다

통일의 목적은 행복이다. 자명한 진리다. 그런데 남과 북이 현재 처한 구조상 상호합의에 의한 통일 말고 가능한 통일은 없다. 합의에 의하지 않은 통일은 결국 전쟁밖에 없다. 남과 북의 전쟁은 철저한 공멸이다. 이미 그것은 아니다. 결국 '북한 극복-흡수'[25]라는 전쟁상황을 통한 통일은 있을 수 없는, 있어서도 안 되는 민족공멸, 인류공멸의 길이다.

독일 통일을 흡수통일로 설명하지만, 흡수통일 이전에 독일 통일은 상호합의에 의한 통일이었다. 동독의 몰락으로 서독이 흡수한 통일이 아니라 동독의회가 통일을 합의, 승인하고 이후 동서독 양 국가가 동등한 자격으로 상호합의하여 이룩한 평화적 합의통일이라는 것이다.

통일원칙: 평화는 '상호존중'이면 된다

통일비용은 들지 않는다. 남과 북이 상호체제와 제도를 있는 그대로 존중하는 순간 평화가 정착되고, 그 평화가 구조화되면 통일이 되는 것이기에 별도로 통일비용이 들지 않는다. 상호존중에 입각한 평화와 통일의 길에서 남과 북은 공히 윈윈의 경제적 번영을 구가하지만 경제발전의 궤적은 남측과 북측의 상호 다른 사회체제와 경제제도적 메커니즘을 따라간다. 결국 '다름'이 공존하는 발전인 것이다. 별도의 통일비용이 발생하지 않는다는 뜻이다.

이렇듯 평화와 통일은 상호존중으로 시작해서 상호존중으로 완성된다. 상호존중의 정신과 태도만 있으면 된다. 역사적으로 남북 간의 통일과 관련한 가장 중요한 4개의 합의는 박정희 대통령의 1972년 '7.4남북공동성명', 노태우 대통령의 1991년 '남북기본합의서', 김대중 대통령의 2000년 '6.15공동선언', 노무현 대통령의 2007년 '10.4선언'이 있다. 남북통일과 평화의 대장전인 이 네 번의 합의에서 핵심적인 공통점 하나만 꼽으라면 그것은 '상호존중'이다. 그렇다. 남북의 평화와 통일은 상호존중으로 시작해서 상호존중으로 완성된다.

이후 발생하는 비용은 통일비용이 아니다. 경제번영의 투자비용들이다. 남북의 평화가 수립된 이후 남북경제협력과 전 국토의 평화적 이용에 관한 합의를 통해 북한에 도로, 건설, 교통 등의 SOC 건설을 한다고 가정하자. 그 모든 거대 토목건설공사의 비용들은 북한의 지하자원이나 노동력, 혹은 다른 것으로 우리에게 보상되어질 것이다. 유무상통有無相通하면 된다. 엄청난 상호 윈윈인 것이다. 오히려 북한 전 지역에 걸쳐 국가적 차원의 대규모 건설, 토목공사들이 진행되면 그것은 규모와 범위, 파급효과에 있어서 1980년대 중동특수와는 비교할 수 없을 정도의 엄청난 경제적 효과와 내수진작의 경기부양을 가져다 줄 것이다. 기간도 짧게는 10~20여 년 길게는 20~30여 년까지 지속될 것이다. 대한민국과 한반도가 무궁부강해지는 것이다.

평화와 통일의 과정

우리나라의 공식통일방안은 '민족공동체 통일방안'이다. 1989년 9월 노태우 정부에 의해 '한민족공동체통일방안'[26]으로 처음 제시된 이후 1994년 8월 김영삼 정부가 '한민족공동체 건설을 위한 3단계 통일방안(민족공동체 통일방안)'으로 보완, 발전시켰다. 민족공동체 통일방안은 통일의 3원칙으로 '자주, 평화, 민주(민족대단결)'[27]로 설정하고 통일과정을 '화해협력→ 남북연합→ 통일국가'의 3단계로 상정한다.

여기에서 핵심은 남과 북이 상호체제와 제도를 인정하고, 적대, 대립관계를 공존, 공영의 관계로 발전시키기 위해 다각적인 교류협력을 전개해가면서 남북연합의 실질적인 단계로 나아가자는 것이다. 3단계 통일과정에서 '화해협력'에서 '남북연합'으로 가는 사이에 정치군사적 신뢰구축을 거쳐 정전협정을 평화협정으로 대체하는 등의 과정을 통칭하여 '평화체제'로 상정할 수 있다.

〈표 8〉 평화와 통일의 과정

화해 협력 (평화체제)	=	화해협력, 교류심화, 경제협력 → 정치적 신뢰구축 → 군사적 신뢰구축(군비통제, 군비축소) → 평화협정 체결(한반도 평화선언), 북−미관계, 북−일관계 정상화 등 평화체제
↓		
국가연합	=	정치, 군사, 외교권 지역정부 독자 보유 상위에 민족통일기구 결성 국가연합은 북한의 '낮은 단계 연방'과 유사
↓		
완전 통일	=	완전통일은 화해협력 이후, 국가연합을 거쳐 오랜 과정을 거친 후 비로소 완성

* 민족공동체통일방안: 화해협력 → 남북연합(남북정상회의, 각료회의) → 완전통일
자유, 복지, 인간존업이 구현되는 자유민주주의 국가

* 고려민주연방공화국: 자주, 평화, 민족대단결 원칙으로 연방정부 수립, 낮은 단계 연방은 국가연합, 모든 권한 지역정부 보유, 자주/중립/평화민주국가

북한의 통일방안인 연방제는 단계를 달리할 뿐 우리의 국가연합제와 유사하다. 그래서 '낮은 단계 연방' 개념과 '국가연합제'가 유사하게

수렴한다고 보고 그 방향에서 통일을 지향해가기로 한 것이다.[28]

어떠한 조건과 상황이든 남과 북의 평화에 대한민국의 미래가 있음을 인식한다면 결국 평화정착의 길을 모색해야 한다. 어렵지 않다. '상호존중'의 태도 하나면 된다. 한반도 평화전략을 한마디로 요약하면 '상호존중'이다.

아시아/세계평화의 비전: 한반도 평화

해방 100주년이 되는 2045년, 향후 30년 후의 아시아지역은 세계정치, 경제, 과학기술, 문화질서의 중심축으로 성장할 것이라는 전망이 일반적이다. 존 나이스빗John Naisbitt[29]은 1982년에 아시아의 부활을 전망했고 그것은 이미 현실이 되고 있다. 향후 20~30년 이내에 전세계 GDP와 인구의 50% 이상을 아시아가 점유한다. 첨단과학기술과 군사력에서도 아시아는 2030년 이후 북미와 유럽을 능가하게 된다.

아시아가 세계의 중심이 되는 것이다. 미국을 포함한 아시아 태평양권이 결국 세계질서의 명실상부한 중심이 된다. 이러한 아시아지역의 미래가치 속에서 대한민국의 위상, 남북평화로 달라진, 품격 높은 한반도의 세계적 위상이 존재하게 될 것이다.

미, 중, 일, 러, 세계 최대 열강들이 충돌하는 동북아시아에서 한국의 위상과 역할은 크게 달라져 있을 것이다. 상대들이 강하게 부딪칠수록 부드러움이 힘을 발휘하는 경우가 있다. 주변국들이 상호대립 또는 협력할 때, 중간에서 중간자 역할을 한다. 한국과 협력을 하면 자신들에게 이익이 된다는 생각을 하게 만들어준다. 한국은 주변국 어느 나라를 막론하고 협력이 잘되는 나라가 되는 것이다. 평화의 전략을 앞세우고 평화를 내세울 때 가능하다. 그렇게 하여 자연스럽게 한국의 통일도 자신들에게 이익이 되는 새로운 기회라 생각하게 만들어간다. 평화는 대한민국과 주변국 모두에게 기회이고 비전이다. 반면 분단심화는 나락이고 퇴행이다. 평화를 반드시 정착시켜야 하는 이유다.

남북이 주도하는 한반도의 평화는 동북아의 평화를 가능케 할 것이다. 동북아의 평화는 세계평화를 선도하게 될 것이다. 결국 남북이 주도하는 한반도 평화전략은 대한민국이 향후 아시아 평화와 세계평화의 중심국가로 상징화되는 결정적 토대가 될 것이다. 세계 유일의 마지막 남은 냉전고도라는 지난 시기의 오명을 아시아/세계평화의 상징적 구심으로, 세계 평화네트워크의 축, 중심 허브Hub로써 대한민국이 성장, 도약해갈 수 있는 그 모든 비전이 '평화'에 있는 것이다. 결국 '평화전략' 속에서 대한민국의 미래는 '아시아 평화중심 창조국가'로 나아가게 되는 것이다.

〈표 9〉 세계경제 비중의 변화 전망

(단위: %)

구분	북미(NAFTA)	유럽(EU)	아시아 (ASIA)		기타 지역
			전체	Big4	
1960	43.1	23.2	12.2	10.7	21.5
1970	40.1	26.0	14.5	12.5	19.4
1980	27.7	31.7	19.2	13.8	21.4
1990	29.1	31.2	20.2	17.7	19.5
2008	28.0	30.2	22.9	18.7	18.9
2040(E)	22.5	15.6	41.8	36.5	20.1

* 유럽은 1990년 이전 EU 15개국 2007년 EU 27개국, 아시아는 중동 포함, Big4는 한, 중, 일, 인도임
자료: WDI, Taiwan Statistical Data Book, IMF WEO, International Financial Statistics, 한국은행

3

4대 전략
과학국정 대전략

과학국정科學國政은 '과학적인 국가행정, 정치'라는 의미로, KAIST 미래전략대학원에서 처음 사용하면서 국내에 퍼지기 시작한 용어다. 이는 기존의 국가행정, 입법, 사법, 언론, 경제 등이 현대 과학기술사회에 맞게 재편되지 못한 채 전근대적인 행태를 보이고 있는 부분들에 대한 혁신을 주문하는 과정에서 나온 개념이다.

과학기술은 과학과 기술을 합쳐서 부르는 용어인데, 과학은 좁은 의미로 자연의 진리를 발견하는 것으로, 기술은 좁은 의미로 인류에게 필요한 것을 발명하는 것으로 각각 정의할 수 있다. 넓은 의미로는 과학은 과학기술을 대표해 종종 사용되며 정치, 경제, 안보와 같은 최고의 개념과 동등하게 쓰인다. 넓은 의미로는 기술도 과학기술을 대표해 종종 사용되는데, 형이하학적인 실체와 과학문명을 움직이는 힘의 의미로 주로 사용된다.

이 장에서는 과학국정, 과학문명, 과학국방처럼 과학기술의 인문적 특징을 강조할 때는 과학을, 기술패권, 기술경제, 기술혁신처럼 과학기술의 실천적 특징과 영향력을 강조할 때는 기술을 주로 사용했다.

왜 과학국정인가

1960년대부터 지난 반세기 동안 농경시대에서 산업시대를 거쳐 정보지식화시대로 초고속으로 진입한 한국을 해외 일부에서는 '기술 한국'으로 보고 있지만, 우리 사회 내면적인 모습과 지도층은 상당 부분 '사농공상士農工商'적 사고에 젖어 있다. 지난 70년간 우리 사회에는 일제시대에는 거의 없었던 하나의 직업군이 형성됐는데, 바로 이공계라는 집단이다. 지금은 이공계 출신 대기업 CEO의 비중이 절반이 넘을 정도로 국가경제에 있어서 중추적 역할을 하고 있지만, 정부 주요부처와 국회, 언론, 법조계 등 우리 사회의 지도층에는 대략 5% 정도밖에는 이공계가 없다. 현재 의약계열을 포함할 경우 대학졸업자의 절반 정도가 이공계이고 나머지가 인문사회계다. 대략 10배 정도 이공계가 국가여론 주도층에서 절대적으로 소외되어 있는 형국이다. 우리나라의 미래를 결정하는 고등학생과 학부모들이 이공계를 기피하고 법대와 경영대, 의대로 똑똑한 자녀들을 보내기 시작한 지가 10년이 넘어가는데, 이를 그저 과학기술 육성정책 정도 갖고는 되돌리는 것이 이제 거의 불가능해지고 있다.

우리 사회가 이과와 문과로 대별되는 후진적인 인재양성 체제를 갖고 있는 것도 문제거니와 문과가 이과보다 상위개념으로 이해되는 것은 합리적인 국가경영을 위하여 바람직하지 못한 현상이다. 문과가 이과를 지배하는 구조로 국정이 흘러가고 있는 것은 후진적인 현상이다. 이는 단순히 전공이나 직업 간의 갈등문제로 볼 수 없다. 우리가 경쟁하고 있는 일본, 중국, 미국, 유럽 등의 국가 어디에도 이러한 후진적인 구조가 없다. 역사적으로 보면 고려가 무관이 득세하여 망했다면 조선은 문관이 독점하면서 망한 것으로 봐야 한다. 과거에는 문/무 양반의 균형이 중요했다면, 근현대 사회에서는 이과/문과의 균형이 중요해진 것이다. 특히 과학기술, 그중에서도 전자기술 중심의 현대문명의 본질을 이해하지 못하고서는 어떤 리더십도 제대로 발휘될 수 없다. 중국은 국가지도자가 직접 전자, 기계, 화학분야의 전문가로서 지도를 하고 있다. 그에 반하여 우리는 고급 이공계 인재들이 일일이 사무관부터 장관, 국회의원, 판검사에게 사정을 설명해가며 일하고 있다. 중요한 결정을 비효율적으로 더디게 내릴 수밖에 없는 것이다.

중국, 일본에도 없고 우리나라에만 있는 뿌리 깊은 전근대적인 문과 독식현상을 원천적으로 치유하지 않고서는, 1인당 국민소득 3만 달러 시대를 뛰어넘고 2050년대까지 우리나라가 경쟁력을 갖고 나아갈 미래동력을 만드는 것은 불가능하다. 다행히 우리나라에도 약 1천만 명의 이공계 출신 국민들이 있고, 이들은 대체로 합리적이고 과학적인 사고방식으로 현대문명을 본질적으로 이해할 수 있는 식견이 있다. 또한 스티브 잡스가 보여줬듯이 이공계와 인문학적 상상력과 예술성이 융합돼야 하는 시대로 진입해, 이과/문과의 구분과 차별보다는 상호 이해하고 융합하는 것이 국가경쟁력의 핵심요소가 되었다. 과학국정은 우리 사회의 본질적 문제를 더이상 숨기지 말고 부끄러운 민낯을 가감 없이 드러내어 상처를 치유하고 지혜롭게 이 문제를 극복하려는 데 그 의의가 있다. 따라서 과학기술분야 육성전략이 아니라 비과학적인 국가 전반에 대한 대수술이며 우리 사회에 특별히 요구되는 시대적 과제가 바로 과학국정전략이다.

근대사와 과학기술 패권

45억 년 지구역사에서 지구생명의 역사는 37억 년으로 상당히 오래된 것이다. 대체로 5억 년 전부터 육상에 동식물이 출현하여 6천 500만 년 전에는 공룡들이 번성했는데, 소행성이 지구에 충돌하면서 대부분이 멸종하고 쥐 정도 크기의 메가코누스가 간신히 살아남아 인간을 포함한 고래, 사자, 코끼리, 맘모스 등 포유류의 공통조상이 된다. 2만 8천 년 전까지 현생 인류인 크로마뇽인과 더불어 살았던 네안데르탈인이 두뇌도 더 크고 힘도 더 셌지만 진화경쟁에서 밀려났다. 이러한 지구생명의 역사 교훈은 크고 힘센 것이 아니라 환경의 변화에 빠르게 적응한 종족만이 후손을 전했다는 사실이다.

힘도 약하고 날카로운 이빨과 손톱, 발톱도 없는 인류가 진화의 정점에 서게 된 것은 끊임없이 변화하는 서식환경에서 살아남을 지능과 도구를 발전시켰기 때문이다. 인간이 문명사회를 구성하게 된 지난 1만 년의 기간에 구석기→ 신석기→ 청동기→ 철기문명을 발전시켜왔는데, 이를 농경과 장식, 무기 등에 적용하면서 경제, 사회, 안보를 튼튼히 하고, 그 경쟁력으로 강한 부족이나 국가가 지배력을 행사해온 것이 인류역사다. 도구의 역사, 도구를 만들고 사용하는 기술의 역사가 인류역사의 본질이다.

인류가 수렵생활에서 농업혁명을 통해 경작을 하면서 정착을 하고 그 결과 고대국가가 성립했듯이, 지금으로부터 600여 년 전에 발생한 르네상스를 계기로 근대과학이 시작되고 250년 전에 산업혁명이 발생하면서 근대국가가 성립한다. 지난 250년간의 인류발전은 그 이전의 모든 인류역사와 지구생명의 역사를 통틀어서 가장 혁명적인 변화를 가져왔는데, 그 본질은 과학기술이 역사발전의 가장 강력한 요소이자 수단으로 등장한 것이다. 제1차 세계대전, 제2차 세계대전은 정치적으로 후발강대국과 선발강대국 간 식민지 쟁탈전, 제국주의 전쟁의 의미가 강하지만, 본질적으로는 국가별로 시차를 두고 진행된 산업혁명의 결과로 축적한 경제력과 무기를 바탕으로 한 기술패권 전쟁이다.

〈표 10〉 20세기를 바꾼 20가지 문명

1	전기	어둠으로부터 인류를 구하고 노동으로부터 해방
2	자동차	현대문명의 상징, 기계공학의 꽃
3	항공기	인류에게 날개를 선물
4	상하수도	인간의 수명을 연장
5	전자기기	생활을 편리하게 해준 과학기술의 산물
6	라디오와 텔레비전	공간을 넘어 눈과 귀를 세상과 연결
7	농업기계화	세계 식량난의 해결사
8	컴퓨터	20세기 정보통신기술의 혁명
9	전화	손에 들고 다니는 첨단통신기술
10	냉방, 냉장	인류의 생활온도를 바꾼 신기술
11	고속도로	국력의 기준
12	우주선	기술로 이루어진 우주개척
13	인터넷	무한으로 진보하는 가상체계
14	영상기술	첨단과 정밀의 이름으로 개척하는 미래
15	가전기기	생활노동에서 해방시켜준 필수용품
16	의료기술	메스없는 수술의 시대로
17	석유 및 석유화학기술	현대 산업문명의 검은 피
18	레이저와 광섬유	제2의 빛의 혁명, 꿈의 섬유
19	원자력기술	재앙의 무기에서 희망의 자원으로
20	고기능성 소재	신소재가 안내하는 새로운 문명생활

자료: A Century of Innovation: Twenty Engineering Achievements That Transformed Our Lives

지난 100년의 세계 역사를 통해, 무엇이 국가운명을 갈랐나를 보면, 기술패권의 역사라는 것을 알 수 있다. 미국은 19세기에 상농업국가였지만 세계대전과 군사우주기술로 소련을 앞지르면서 세계를 제패하게 된다. 반면 소련은 미국보다 우주개발에 앞섰지만 기술경쟁에서 패배하면서 연방이 해체되는 굴욕을 당한다. 중국은 우리나라와 마찬가지로 65년 전에는 식민지였고 아무 희망도 없이 가난한 나라였으나, 지난 40년간 개혁개방과 과교중흥科教中興정책으로 교육과 과학을 중시하면서 G2강대국으로 부상했다. 이스라엘은 당시 500만 명의 인구에 불과했으나 4차례의 중동전쟁에서 3억 명의 아랍을 제압하고 핵무장을 하기에 이른다. 독일과 일본은 세계대전에서 패배했으나, 전쟁중에 고스란히 보존했던 기술력을 통해 경제대국으로 부활한다. 이를 미국의 경제원조만으로 해석하는 것은 지나치게 정치경제적 시각이고 본질적이지 못하다. 한편, 영국, 프랑스는 세계대전에서 승리했으나 기술주도력의 상실로 패권도 상실하게 된다.

공교롭게 보일지 모르겠으나 지난 100년간 세계 주요국의 흥망사에서 기술력이 있는 나라들은 흥했고 그렇지 않은 나라는 망했으며, 200여 국가 중에서 기술력이 있는데 후진국이 된 국가가 하나도 없고 기술력 없이 선진국이 된 국가는 하나도 없다. 다른 정치, 경제, 문화 등으로는 단순하게 설명하고 정리되지 않지만, 기술패권으로 근대사가 단순 명쾌하게 정리되는 이유는 산업혁명 이후에 다른 어떤 요소보다도 국가미래를 결정하는 요소로 기술이 중요한 요소로 대두되었기 때문이다.

지난 1세기 전과 지금을 20개의 문명으로 비교해보더라도 대부분 과학기술이 변화시킨 것들이고 비과학기술적인 것들은 거의 없다. 이러한 극적인 변화는 산업혁명 이전에는 거의 유례를 찾아볼 수 없다. 즉 역사발전과 세상변화를 주도하는 힘이 정치나 사상, 경제, 군사 등이 아니고 이제 과학기술이 된 것이다. 이제는 과학기술이 산업구조 변화나 기술혁신 등을 통해 경제발전을 좌우하고 국방, 외교, 정보력 강화를 통해 국가안보를 좌우한다. 근대의 계몽주의 사상이나 디지털 민주주의, 스마트폰, SNS 정치, 전자정부 등에서 알 수 있듯이 정치도 과학기술이 근본적으로 바꿔가고 있다.

21세기 선진한국의 필수요건

우리나라는 제2차 세계대전 이후에 유일하게 후진국에서 선진국에 진입하는 국가가 되었고, 세계에 내놓을 만한 스마트폰, 반도체, 디스플레이, 자동차, 조선, 석유화학제품을 보유한 나라가 되었다. 하지만 산업사회 후유증으로 인하여 환경문제와 사회문제가 심각한데, 지금 또다시 '과학기술'을 얘기하는 것은 시대착오적인 것은 아닌가?

분명 우리 사회는 남들이 250년 걸려 이룩한 산업/정보사회를 50년 만에 압축건설하면서 생긴 산적한 문제들을 치유해야 한다. 하지만 그렇다고 하여 끊임없이 변화되고 있는 지구촌의 일상에서 일탈해 있을 수는 없다. 나아가 우리 사회의 가장 큰 문제 중 하나인 전근대적이고 비과학적인 리더십의 변화와 이과/문과의 융합과제를 해결하는 것이야 말로 최우선 과제다.

2014년에 발생한 세월호사고 이전에도 지난 20년간 어떤 선진국에도 어떤 후진국에도 없는 대형참사들이 우리나라에 집중적으로 발생했다. 이는 누구 한 사람의 잘못으로 볼 수 없다. 보다 체계적이고 근원적인 문제가 있는 것이다.

〈표 11〉 과거 대형 사고

1993	서해 훼리호 침몰	탑승자 292명 전원 사망
1994	성수대교 붕괴	사망 32명, 부상 17명
1995	삼풍백화점 붕괴	사망 501명, 실종 6명, 부상 937명
1995	대구지하철 가스폭발	220명 사상
1997	대한항공기 괌 추락	229명 사망, 25명 부상
2003	대구지하철 화재참사	192명 사망, 148명 부상
2008	서해 유조선 충돌사고	서해안 지역 환경재앙

또다른 사례는 2012년 기준 매년 사고로 2만 1천 명이 사망하고 187만 명이 부상하는 끔찍한 '사고왕국'의 실태다. 2012년 한 해 산업재해로 사망 1,864명, 부상 9만 2,256명이 발생했으며, 지난 47년간은 8만 4천 명 사망, 424만 명 부상이라는 천문학적 숫자의 피해가 발생했다. 2012년 한 해 교통사고로는 사망 5,392명, 부상 178만 명, 자살사고로는 사망 14,160명이 발생해 OECD 1위다. 우리나라 국민들은 평균수명 80년간 3번 사고로 다치고, 10가구 중 1가구가 사고로 가족을 잃을 정도로 위험한 사회에 살고 있다.

이러한 사고의 원인을 하나로 말할 수는 없겠지만, 사고수습과 처리과정을 보면 원인의 일부를 알 수 있다. 우리나라는 거의 예외 없이 대형사고가 발생하면 '안전불감증'과 '부정부패'를 원인으로 지목해 단골 대책으로 사고책임자 처벌과 안전교육 등을 내세운다. 즉 사고의 본질을 파헤쳐서 이를 해결하려고 하지 않고 '행정/법 중심'으로 표면적으로만 처리해온 것이 대형사고 반복의 근본원인 중 하나였던 것이다. 경찰과 검찰 등 사람을 사고의 중심원인으로 놓는 전근대적인 관행이 현대문명 사회에서 없어지지 않고 있는 것이다. 영국이 각 분야

전문가들이 중심이 된 사고조사위원회가 사람과 기계, 시스템 속에서 발생할 수 있는 다양한 원인을 몇 개월씩 조사해 근본처방을 내놓는 것과 크게 대조된다.

과학기술 중심의 감리, 평가, 조사만이 이런 위험한 사회에서 국민들을 구해낼 수 있는 근본적 처방이다. 현대 문명은 인류에게 이기利器이도 하지만 거대한 흉기凶器이기도 한 것이다. 선진국들은 시행착오 끝에, 이런 사고를 예방하려면 한두 사람의 노력으로 해결될 수가 없고 사회 전체가 과학적 합리성으로 무장돼 있어야 비로소 가능하다는 것을 터득했다. 그러나 우리나라는 현대문명의 중심에 서 있으면서 국가적으로 이를 관리할 능력을 갖추지 못했다. 국가지도층이 현대문명의 본질을 뿌리부터 잘 알고 치밀하게 관리해야지 이를 하위공무원 조직이나 특정 이익집단에 맡기고 선의와 기적에 의존해서는 앞으로도 대형사고를 피할 길이 없다. 즉 '국정의 과학화' 없이 대형사고가 없

〈그림 3〉 핵심적 지도 원리

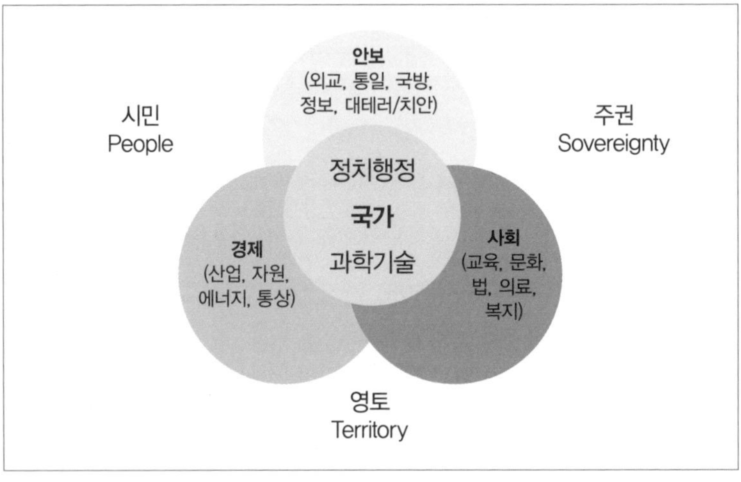

는 선진국이 되는 것은 불가능하다 할 것이다.

비단 대형사고 예방을 위해서만 과학국정이 필요한 것이 아니다. 국가의 중심control tower에 정치행정과 함께 과학기술을 두고, 경제와 안보, 사회의 3대 국가 구성요소에는 과학기술이 핵심적 지도원리directing principle로 작용할 수 있게 국정을 재설계해야 한다.

무엇보다도 과학기술을 경제나 산업의 하부구조로 놓는 우를 범하지 않는 것으로부터 시작해야 한다. 그리고 '과학기술 중심국가'를 그저 '과학자 우대'나 '연구개발비 증액' '이공계 장학 혜택'과 같은 이공계 유인책 정도로 국한하여 왜곡하고 폄하하지 않는 것이 중요하다. 우리나라 과거 정부의 사례에서 얻을 수 있는 교훈이다.

과학국정, 어떻게 추진할 것인가

과학국정이 정부 차원에서만 추진해서 될 일이 아니고 사회 전반의 관행과 국민의식의 변화, 언론과 시민사회의 적극적인 역할 등이 필요하다. 하지만 대통령의 리더십부터 시작하여 정부와 정치권이 변화하면 성공할 수 있기 때문에, 정부의 역할에서 그 해법을 찾고자 한다.

전문성 강화 중심의 정부조직 개편

우선 정부개편이 필요하다. 창업혁신부, 생명의료부, 정보과학부 등의 신설을 고민해야 한다. 현재 가장 중요한 국가적 과제는 창업을 통한 일자리 창출이다. 특히 벤처창업, 대학창업, 사내창업 등을 전담하는 창업혁신부를 창설하는 것이 중요하다. 과거에 IT전담부처인 정보통신부를 두어 IT선진국이 될 수 있었듯이 BT전담부처인 생명의료부를 창설하여 BT선진국이 되는 것이 절실하다. 이를 위해 보건복지부의 보건기능과 여러 부처에 분산된 생명기술 관련 기능을 합쳐서 생명의료부를 창설해야 한다. 대신에 정보통신기능은 전통산업인 기계 자동차, 석유화학, 조선해양, 철강재료와 우주항공, 원자력에너지 분야 등과 융합할 수 있도록 정보과학부로 재편하는 것을 검토해야 한다.

또한 정보(신호/영상), 수사(과학), 연구(국방/의료) 등 독립전문기관Agency을 확대해야 한다. 미국의 NASA, NIH, NSA 등의 사례에서 보듯이 정부가 새로운 분야를 육성하려면, 특정 전문가집단이 별도의 조직에서 리더십을 갖고 발전할 수 있게 해주는 것이 필요하다. 예컨대 정보조직의 경우 지금처럼 전문가들이 일반 행정관리자의 지배를 받는 구조로 두지 말고, 미국처럼 신호정보기관과 영상정보기관 등으로 전문화하는 것이 필요하다. 과학수사기능도 일반경찰의 하부조직으로 두어서는 발전되기가 어렵고, 독립된 전문기관으로 두고 위상을 강화해야 한다.

안보분야 과학국정

과학국방을 추진해야 한다. 정보/전자전에 맞는 과학적 전술, 정예 과학기술과과 방위산업의 육성이 필요하다. 과학국정이 반드시 구현돼야 할 분야 중에서 국방은 국가안보에 있어서 정보와 더불어 가장 중요한 영역이다. 육군사관학교에서도 이제 우수한 인재들이 이공계열 대신에 인문사회계열을 전공해 보병과 포병으로 가야 4성 장군을 바라볼 수 있다는 것이 상식으로 굳어져가고 있다. 그 결과 자연스럽게 인사와 작전이 중시되고 군수와 정보는 소홀히 되면서, 현대전 수행능력이 뒤떨어지는 결과를 낳고 있다. 세계 최강의 군대라는 미국 군에서는 있을 수 없는 일이다. 군수와 정보가 중시되고, 인사가 이를 뒷받침하는 구조가 돼야 바람직한 선진형 군대다. 이제 장교 양성과정의 필수과목은 사단전술이 아니라 전자전과 정보전 과목이 돼야 한다. 그리고 이에 기반한 과학적 전술을 개발하고, 한반도 지형에 맞는 무기체계 소요를 기획하며, 운용교리를 개발할 능력을 확충해야 전작권 전환과 한미 연합작전도 원활히 수행할 수 있다. 그리고 전문화된 국방공무원과 과학기술장교 집단에 의해 방위산업이 육성돼야 한다.

과학정보도 중요하다. 국정원의 과학기술 정보조직을 독립시키고, 국방부, 외교부의 정보기능을 과학화해야 한다. 미국의 국가정보기관처럼 신호정보, 영상정보 등 주요 과학기술정보기관을 독립적으로 갖추고 이의 수장을 전문가로 임명하는 것이 과학정보의 핵심이다. 국정원을 정치적으로 독립시키면서도, 대통령이 합법적으로 자유롭게 대외정책 수행을 위해 활용하고, 국회(정보위)가 예산과 정책을 투명하게 감시할 수 있는 체제로 가야 한다. 한편 국방부의 국방정보분야, 외교부 등 기타 정부부처가 실질적으로 갖고 있는 정보기능을 과학화하는 것도 중요하다. 이 부분은 과학기술분야의 전문성을 갖춘 인재군을 양성하고, 이 인재들이 국장급 이상의 주요 정책결정자로 성장할 수 있도록 인사시스템을 갖추는 것이 핵심이다.

평화외교, 안보(기후/질병/테러/원자력/미사일 등)외교, 자원/기술외교 강화 등 과학외교 역시 필수적이다. 국제적으로 이산화탄소 규제활동이 강화되고, 에볼라 바이러스나 사스 등에 관한 국제공조가 활발해지면서, 과학외교 능력 확충이 중요한 과제다. 그 외에도 전통적으로 원자력이나 미사일, 화학무기협정 등을 전문적으로 해내기 위해서는 전문성을 갖춘 외교관의 양성이 시급한 과제다. 또한 무역과 자연, 기술의 보호와 유통, 획득, 협력, 그리고 지식재산 관련 국제협력 등을 강화하기 위해서도 외교관들의 과학기술 전문성 확보가 이뤄져야 한다. 이를 위해 이공계박사 외교관 특채와 고위공무원과 대사급 외교관에 대한 이공계 인사들의 진출 등이 필요하다.

경제분야 과학국정

창업혁신을 추진해야 한다. 기술창업/중소벤처 육성, 기술경영/금융 강화, 시민발명/창업 지원 등이 필요하다. 과학기술 중심의 경제정책을 통해 실질적인 경제력과 국가경쟁력을 향상시켜야 한다. 이를 위해 벤처창업과 지식기반창업을 활성화하고 육성하는 '제2, 제3의 벤처육성 정책'을 적극 시행해야 한다. 이를 위해 기술금융과 기술경영을 강화하고 국가가 이를 지원해야 한다. 그리고 기술창업의 핵심동력인 발명을 장려하기 위해 학생과 일반인이 참여하는 시민발명을 강화해야 한다. '1인 창업'으로 대표되는 창업제도의 혁신도 필요하다

특허기반 연구개발 강화 역시 중요하다. 논문 중심의 연구개발에서 특허와 사업화 중심의 연구개발로 전환될 수 있도록 대학평가와 정부출연 연구기관 연구개발 평가를 전환해야 한다.

사회분야 과학국정

과학수사가 필요하다. 법의학 및 수사기술(생물/화학, 전자/기계)을 발전시켜야 한다. 현 검찰의 디지털법의학 기능이나 경찰의 과학수사 기능이 일반 수사의 보조적인 체계로 운영되고 있다. 이를 선진화하여 과학수사를 주류로 하고, 일반 수사가 보조하는 체계로 전환해야 한다. 그리고 기술발전에 따른 사회변화와 범죄양상의 변화를 반영하여,

바이오기술과 정보기술(디지털, 사이버, 소프트웨어 등)에 기반한 과학수사 능력을 인원과 조직, 예산, 기술 차원에서 확충해야 한다.

식품행정, 교통체계를 과학화하고 의과학/공학, 노인복지기술을 육성해야 한다. 그 외에도 다양한 사회분야 과학국정 대상이 있는데, 갈수록 복잡해지고 첨단기술이 적용되고 있는 식품/의약품분야에도 과학행정이 주류가 돼야 한다. 지상/해상/항공교통도 사고를 예방하고 에너지효율과 편의성이 고도화된 선진형 교통체계로 전환하기 위해 인력과 장비, 기술 측면에서 과학화를 해야 한다. 나아가 의과학과 의공학의 육성도 전통적인 의료서비스분야를 선진국형으로 도약시킬 수 있는 분야로서 연구 중심병원 설립 등을 적극 추진해야 한다. 재활로봇과 생활보조로봇 등의 개발지원을 통한 실버산업 육성도 중요한 과제다.

문화분야 과학국정

과학언론 육성이 먼저다. 종이신문으로 대표되는 기존의 언론체계가 SNS로 대표되는 새로운 미디어의 출현으로 급속히 재편되고 있다. 이러한 미래변화를 반영하여 세계적 경쟁력을 갖춘 미디어산업과 새로운 언론기능을 갖춰나가는 것이 중요하다. 또한 과학화된 미래사회에서 언론의 역할도 변화하고 있으므로 이를 뒷받침할 과학저널리즘이 육성되는 것이 중요하다. 중요한 것은 과학기술 기사나 콘텐츠를 잘 다루는 것이 아니라 정치, 경제, 사회 전 분야에서 과학기술 지식과 철학을 가진 저널리즘이 되는 것이다.

SF영화, 디자인, 콘텐츠산업, 문화기술을 육성하는 것도 중요하다. SF소설, SF영화는 미래사회에 대한 교과서로서 국민들이 비전과 영감을 갖게 되는 중요한 통로다. 이와 연관하여 컴퓨터 그래픽스와 디자인, 콘텐츠산업, 문화기술의 육성이 필요하다. 미래사회에 국제사회를 저변에서 이끌어가는 것은 SF영화에서부터 시작하여 세계화된 문화기술분야다.

이공계 기피문제 해결

의대정원 확대, 기술유출방지법 폐지, 직무발명보상 강화, 차별방지법 제정 등으로 이공계 기피문제를 해결해야 한다. 현실적으로 이과를 선택하는 최고급 인재들이 대부분 의대로 진학하는 현실을 개선하지 않고는 이공계문제의 핵심을 해결할 수 없다. 다행히 의료산업 육성과 의료서비스의 국제화는 필수적인 국가과제다. 이와 맞물려 해결하는 방안은 의대정원을 의과학, 의공학, 디지털병원, 의료서비스 분야 등을 포함하여 필요한 만큼 충분히 늘려나가는 것이다. 적어도 현재 의대정원의 3배 수준은 돼야 이러한 미래수요를 감당할 수 있을 것이다. 또한 이공계 기피의 원인이 되고 있는 '산업기술의 유출 및 보호에 관한 법률'을 수정 혹은 폐지해야 한다. 대신 형식적인 수준에 머물고 있는 직무발명에 대한 보상을 현실화하여 이공계를 기피하는 풍조를 역전시켜야 한다. 마지막으로 우리 사회 전반에 광범위하게 퍼져 있는 기술천시 풍조를 퇴출시켜야 한다.

특허변호사/판검사 육성과 기술융합형 인재 중용으로 이공계 기피를 해결할 수 있다. 미국처럼 특허변호사 제도를 도입하고, 특허에 전문성을 가진 특허전문판사를 육성하여 지식재산 관련 법질서를 확립해야 한다. 기업에 주로 머물고 있는 기술융합형 인재(기술, 경영, 법률 등 융합 인재)들이 입법, 사법, 행정 각 부와 언론에 포진하여 과학국정을 이끌어야 한다. 이를 위해 일부 선진국들이 시행하고 있듯이, 과학입법보좌관, 장관과학보좌관 제도를 두어 과학기술에 대한 식견이 부족한 국회의원, 장관을 보좌하도록 하는 것이 필요하다.

비과학적인 행정과 교육제도 현대화

전문가를 책임자에 임명해야 한다. 미래창조과학부뿐만 아니라 산업자원부, 농림수산부, 환경부 등 이공계 전문성이 필요한 부처는 그 분야 전문가가 책임자가 돼야 한다. 그 외에도 교육부, 국방부, 국정원, 보건복지부 등 이공계 지식이 필요한 부처에도 균형 있게 이공계 전문가가 참여해야 한다.

발명/기업가정신/미래학(초중고)과 창업(대학)교육으로 창업 정서를 확산하는 것도 중요하다. 초중고 교육과정에 발명과 기업가정신이 교육될 수 있도록 해야 한다. 대학의 이념을 교육, 연구, 창업이 삼위일체가 되도록 전환해야 한다. 대학에서 창업에 필요한 구체적인 능력을 교육하고 창업 실습까지 가능하도록 해야 한다. 그래서 대학을 졸업하면 창업하는 것이 상식이 되고 친기업적인 정서가 광범위하게 확산돼야 한다. 이를 위해 선진국들처럼 현장전문가 중심의 교과서 집필과 현장전문가도 교사와 교수가 될 수 있도록 교육제도를 개선해야 한다. 그리고 행정고시 등 국가고시에 과학일반과 공학일반 등 기술과목을 포함시켜서 과학적 소양이 있는 미래인재를 선발등용해야 한다.

4

4대 전략
창업국가 대전략

'창업국가start-up nation' 개념은 벤처산업이 가장 성공을 이룬, 이스라엘 경제의 비결을 쓴 세노르Dan Senor와 사울 싱어Saul Singer의 책 제목(2009년)으로 신조어다. 한편 미국 실리콘밸리에서 1990년대 후반 이른바 '닷컴 버블'로 창업붐이 일어났을 때 생겨난 '창업기업start-up company' 개념은 신생 벤처기업을 뜻하며 모든 업종에서 쓰일 수 있지만 보통은 고위험/고성장/고수익 가능성을 지닌 기술기반 회사를 의미한다.

이 장에서 '창업국가'는 기술기반 벤처기업의 설립과 운영, 마케팅 등 전체 활동주기가 세계적 수준으로, 창업이 활성화되고 운영이 용이하며 마케팅 성공률이 높은 창업생태계와 시스템을 갖춘, 지속성장이 가능한 나라를 의미한다.

왜 창업국가인가

창업국가를 대전략으로 제안한 핵심이유는 일자리 창출과 국가 차원의 새로운 성장동력의 발굴, 두 가지로 요약할 수 있다.

일자리 창출

첫째는 취업난에 따른 고학력실업이 심각한 사회문제로 대두됨에 따라 이 문제를 근본적으로 해결하기 위한 대안이 창업을 통한 일자리 창출이기 때문이다. OECD 세계고용현황 발표자료Global Employment Trends 2012에 따르면 현재 세계적으로 2억 명의 실업자가 존재하며, 실업자의 계속적인 증가로 향후 10년 간 총 6억 개의 일자리 창출이 요구된다고 한다. 2012년 4월 현재, 우리나라 15~29세 청년실업률은 8.3%로 전체 실업률 3.6%보다 2배 이상 높고, 공식 청년실업자 수는 36만 명으로 전체 실업자 수 90만 명의 40%를 차지하고 있다.

통계청 조사에 따르면 2002~2009년 창업기업은 연평균 130만 개의 일자리를 창출하여, 기존 기업에서 감소한 일자리를 상쇄하고도 연간 약 30만 개의 새로운 일자리를 창출했다. 또한 일반 창업기업 1개당 평균 3명의 일자리를 창출하고 제조업의 경우 5~6명의 일자리를 창출하는 것으로 나타났다. 또한 기술 기반의 창업 중소기업(4.99%)은 대기업(2.26%)의 2배, 매출액 1천억 원 이상의 대표적인 '천억벤처'의 고용증가율(6.80%)은 대기업의 3배에 달하고 있다.

미국의 경우, 직원을 고용하는 기업 중에서는 99.7%가 중소기업이며, 중소기업을 운영하거나 고용된 사람은 7천만 명으로 이는 민간 노동력의 1/2이자, 미국 전체 국민 4명 중 1명에 해당하는 규모이다. 카우프만 재단의 연구결과에 의하면 2007년 미국에서 새로 창출된 일

〈표 12〉 연도별 한국 실업률 현황

(단위: 만 명, %)

구분	2006	2007	2008	2009	2010	2011	2012.4
실업자 (실업률)	82.7 3.5	78.3 3.2	76.9 3.2	88.9 3.6	92.0 3.7	85.5 3.4	89.5 3.5
청년실업자 (실업률)	36.4 7.9	32.8 7.2	31.5 7.2	34.7 8.1	34.0 8.0	32.0 7.6	35.7 8.3

자료: 통계청, 청년실업률(%) = (15~29세 실업자 / 15~29세 경제활동인구) x 100

자리의 2/3가 창업기업에서 나왔을 정도로 창업기업의 고용창출효과가 크다.

1992년부터 2009년까지 중소기업에 의해 새로 생겨난 일자리 비중은 약 64.1%이다. 고용인 500인 이상의 기업에서 22.7%의 일자리가 창출된데 반해, 고용인 20인 미만의 기업에서 창출된 일자리 비중이 38.4%였음을 고려하면 중소기업이 대기업에 비해 일자리 창출 기여도가 더 높다는 것을 알 수 있다.

미국 매릴랜드대학 스미스경영대학 일-혼 한Il-Horn Hann 교수가 주도하여 2011년 9월에 발표한 『더 페이스북 앱 이코노미The Facebook App Economy』 보고서는 당시 7억 5천만 명 이상의 사용자를 보유한 페이스북이 최소한 18만 2,744개의 일자리를 창출한다고 분석한 바 있다. 또한 2012년 2월 테크넷TechNet에 발표된 『앱 이코노미App Economy』 보고서는 스마트폰과 SNS 애플리케이션 등 소위 '앱 경제App Economy'가 지난 5년간 미국에서 46만 6천 개의 일자리를 창출했다고 발표했다.

대기업 중심 산업구조 개선

창업국가를 대전략으로 제시한 두번째 이유는 창업을 통해 소수 대기업에 집중, 의존하는 산업구조를 개편하고 기술기반 벤처기업을 중심으로 상생하는 개방형 혁신Open Innovation을 통해 국가차원의 새로운 성장동력을 확보하기 위해서다. 신제품을 개발하고 새로운 사업으로 시장을 개척하는 도전형 벤처기업은 자본주의 경제를 움직이는 근본엔진이라고 할 수 있다.

2007년 미국의 밥슨대학과 영국의 런던비즈니스스쿨이 공동으로 세계 42개국을 대상으로 각국의 창업 및 기업환경을 조사하여 발표한 글로벌 창업모니터GEM: Global Entrepreneurship Monitor 2007에 따르면, 글로벌경제의 활성화와 성장은 건전하고 경쟁력 있는 혁신적 창업기업의 지속적 공급을 통해 이루어진다. 일반적으로 초기단계 창업활동은 저소득국가에서 활발하고 중소득국가에서 위축되는 반면 고소득국가에서 다시 활발해지는 모습을 보여준다.

미국의 경우, 국민소득 2만 달러 달성 시점인 1988년 이래로 대학과 민간재단을 중심으로 기업가정신 교육을 확산했다. 밥슨대학이 1989년에 기업가정신 학부를 신설한 이래 MIT, 스탠퍼드대 등 400개 이상의 학교에서 기업가정신 정규 교과목을 편성했고, 1992년에 리더십센터를 설립한 카우프만 재단은 지속적으로 기업가정신을 확산시키는 데 크게 기여했다. 또한 애플, 구글, 페이스북 등 대학 및 대학원생 창업의 성공신화가 미국의 신성장동력이 되었음은 주지의 사실이다. 한편 2010년을 기준으로 중소기업이 미국 경제에 기여하는 규모는 약 52조 달러로 농업을 제외한 전체 산업 GDP의 44.6% 비중을 차지한다. 수출기업의 98%가 중소기업으로 규모 면에서 2011년 기준으로 전체 수출품의 33%를 차지했다. 또한 미국의 전국중소기업협회인 NSBANational Small Business Association에 따르면 혁신적인 중소기업이 대기업과 비교하여 1인당 평균 16배가량 더 많은 특허를 출원했다.

여기에서는 기업가적 활동의 특성과 기업가적 활동에 장애가 되는 걸림돌 및 국제기구의 역할 등을 파악하고, 기업가정신 장려를 통해 창업을 촉진하려는 정책적인 의사결정에 도움을 주고자 한다.

경제성장 유형과 창업국가 모델

경제발전은 경제적 부가가치의 특성과 양이 변화하는 현상이라고 말할 수 있다. 창업가들이 경제에 미치는 영향력의 정도는 경제발전의 국면에 따라 다르지만, 창업활동은 혁신을 주도적으로 실천하고, 경제의 구조적 변화를 촉진하며, 새로운 경쟁구조를 도입함으로써, 결국 생산성 향상에 기여한다.

밥슨대학과 런던비즈니스스쿨이 공동발표한 '글로벌 기업가정신 모니터GEM 2013'에서는 국가별 경제성장 유형을 요소주도형 경제factor-driven economies, 효율주도형 경제efficiency-driven economies 및 혁신주도형 경제innovation-driven economies의 3가지로 구분했다(표 13 참조).

첫째, 요소주도형 경제는 주로 자연상태에서 경제적 수단을 찾는 경제를 나타낸다. 경제발전 단계가 낮은 국가들이 대개 이 부류에 속하며, 비중이 큰 농업부분은 대다수 인구의 생존수단을 제공하는 역할을 한다. 요소주도형의 경제에서는 관련 기관의 설립, 교통과 통신 등의 인프라, 경제 안정, 건강과 교육 등의 기본요건이 매우 중요한데 요소주도형 경제에서 주로 나타나는 생계형 창업의 가능성을 판단하는 데 유용한 요소들이다.

둘째, 효율주도형 경제는 적정 수준으로 집약된 규모가 경제발전의 동인이 되는 경제를 의미한다. 산업이 발전하면서 산업화를 촉진하는 데 필요한 제도들이 등장하고 높은 생산성을 위해 적정 수준의 규모가 갖추어지기 시작하는 단계이다.

셋째, 혁신주도형 경제는 연구개발, 지식집약, 혁신활동이 경제성장

〈표 13〉 국가별 경제성장 유형 구분

구분	요소주도형 경제 (factor-driven economies)	효율주도형 경제 (efficiency-driven economies)	혁신주도형 경제 (innovation-driven economies)
라틴아메리카 및 카리브해		아르헨티나, 브라질, 바르바도스, 칠레, 콜롬비아 에쿠아도르, 과테말라, 자마이카, 멕시코, 파나마, 페루, 수리남, 우르과이	트리니다드, 토바고
중동 및 북아프리카	알제리, 이란, 리비아		이스라엘
사하라사막 이남 아프리카	앙골라, 보츠와나, 가나, 말라위, 나이제리아, 우간다, 잠비아	나미비아, 남아프리카공화국	
아시아태평양 및 남아시아	인도, 필리핀, 베트남	중국, 인도네시아, 말레이시아, 태국	한국, 일본, 싱가포르, 대만
EU		크로아티아, 에스토니아, 헝가리, 라트비아, 리투아니아, 폴란드, 루마니아, 슬로바키아	벨기에, 체코, 핀란드, 프랑스, 독일, 그리스, 아일란드, 이탈리아, 룩셈부르그, 네덜란드, 포르투갈, 슬로베니아, 스페인, 스웨덴, 영국
유럽(EU 미가입)		보스니아헤르체코비나, 마케도니아, 러시아연방, 터키	노르웨이, 스위스
북아메리카			캐나다, 푸에르토리코, 미국

자료: Global Entrepreneurship Monitor(GEM) 2013 Global Report

의 동인이 되는 경제를 뜻한다. 한국은 혁신주도형 국가에 속한다. 성숙된 경제여건에서 부유해진 사람들이 보편적으로 기대하는 욕구를 충족할 수 있는 서비스부문으로 산업의 중심이 이동하게 된다. 혁신주도형에서는 혁신기술 기반의 창업활동이 국가성장의 주요요건이다.

창업국가 모델

기술기반의 벤처창업은 혁신을 유도하고 실현하며, 경제의 구조적 변화를 가속화시키고 생산성에 간접적으로 기여한다. 한국이 경제대국이 되기 위해서는 기술기반의 벤처기업 창업 활성화를 통해 지속가능한 경제성장이 이루어질 수 있는 생태계를 갖추어야 한다.

〈그림 4〉의 창업국가 모델은 창업이 국가적 제반여건으로부터 영향을 받는다는 개념을 표현하고 있다. 한 국가의 사회적, 정치적, 문화적 환경은 구조적 기업여건entrepreneur framework conditions들에 영향을 미친다. 이러한 구조적 기업여건들은 기업가entrepreneurship의 3대 요소인 창업태도, 창업활동 및 창업열정에 영향을 미친다. 창업의 3대 요소들은 상호작용하는 한편, 창업 기업과 안정기 기업 간에 직간접적으로 영향을 주고받으면서 일자리와 부의 창출, 혁신 및 사회적으로 가치 있는 성과를 내면서 사회/경제적 성장을 도모한다.

창업태도entrepreneurial attitudes란 새로 사업을 시작하기에 좋은 기회가 존재한다고 생각하는 정도, 또는 창업가들의 위상을 높이 평가하는 정도, 개인이 감당할 수 있는 수준의 위험이나 실패에 대한 두려움, 개인이 사업을 시작할 때 필요한 스스로의 숙련, 지식, 경험, 능력 등을 인지하는 정도 등을 포함한다.

창업활동entrepreneurial activity은 창업자가 창업 초기에 어떤 의도를

〈그림 4〉 창업국가 모델

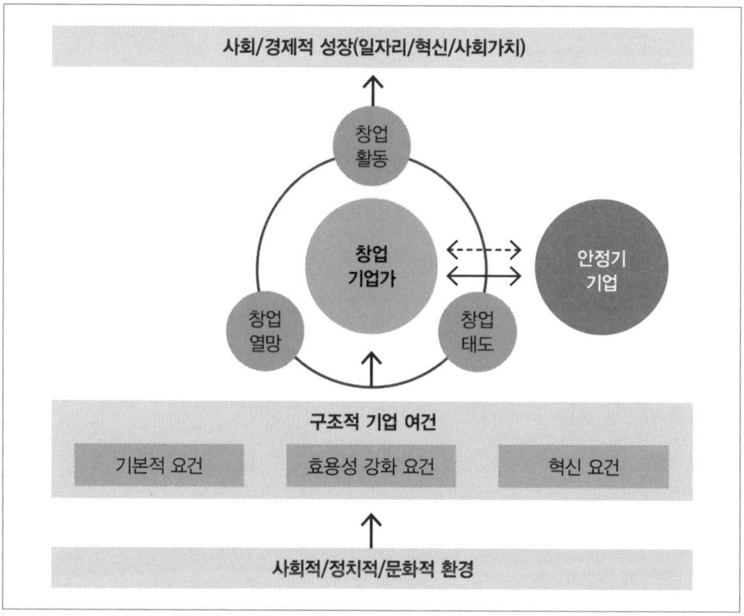

자료: Global Entrepreneurship Monitor(GEM) 2013 Global Report, 재구성

가진 다음, 창업 준비를 거쳐, 신생벤처로 탄생하고, 점차 중견기업으로 성장하거나 사업을 중단하고 폐업하기도 하는 과정을 거친다. 따라서 창업활동은 하나의 사건이라기보다는 일련의 과정으로 보는 것이다.

창업열망entrepreneurial aspirations은 성장 중심, 혁신 중심, 국제화 중심 등 개별 창업자들마다 다르며 주주와 사회, 국가에 경제적으로 큰 영향을 미칠 수 있다.

구조적 기업여건은 국가별로 다르며 창업에 영향을 미치는 내부적 사회경제환경이 반영되어 있다. 이러한 여건은 〈표 14〉와 같이 기본적 조건, 효율성강화 요건 및 혁신 요건의 3가지로 구분할 수 있다.

〈표 14〉 구조적 기업여건

기본적 조건	효율성강화 요건	혁신 요건
관련 기관 인프라구조 거시경제 안정성 보건 및 초등교육	고등교육 및 훈련 제품시장 효율성 노동시장 효율성 금융시장 세밀화 기술적 준비성 시장규모	창업금융, 정부정책 창업프로그램, 창업교육 연구개발 이전 상업적/법률적 창업 인프라 물리적 창업 인프라 시장개방성 문화적/사회적 규범

자료: Global Entrepreneurship Monitor(GEM) 2013 Global Report, 재구성

창업국가 대전략 검토

창업국가 대전략을 제대로 추진하기 위해서는 먼저 창업국가에 영향을 미치는 동인을 선정해야 한다. 〈그림 4〉의 창업국가 모델을 기반으로, 한 나라의 창업국가 수준을 평가하기 위한 지표를 선정할 필요가 있다. 우선 구조적 기업여건 중에서 혁신 요건에 해당하는 9가지 항목을 선정했고, 창업 및 기업가 3대 구성요소인 창업태도, 창업활동 및 창업열정에도 세부지표를 나타내었다.

또한 〈그림 5〉에 나타난 바와 같이 시간/공간/분야의 3차원을 이용한 미래예측 방법론을 적용하여 분석할 수 있다. 시간 축에서는 30년 후의 2045년을 미래예측 기준시간으로 설정한다. 공간 축에서는 〈표 13〉에 나타낸 국가들 중 한국이 속한 혁신주도형 경제에 해당하는 국가들을 대상으로 하되, 특히 창업분야에서 선진국인 미국, 영국 및 이스라엘을 중심으로 우리나라와 비교, 분석해본다. 또한 분야 축에서는 〈표 15〉에 나타낸 바와 같이 각 항목별 세부지표를 포함하여 총 26가지 지표를 포함한다. 각각의 지표에 대해 과거 데이터를 바탕으로 가능한 대안미래를 예측하고 그중에서 바람직한 희망미래를 선택한다. 이

〈표 15〉 창업국가 참조모델에 따른 평가지표

구분		세부지표
구조적 기업여건 (Entrepreneurship Framework Conditions) – 혁신 요건		F1 금융지원–재무환경
		F2 정부정책
		F3 정부 프로그램
		F4 교육 및 훈련
		F5 연구개발 기술이전
		F6 상업적 제도와 전문지식의 하부 구조
		F7 내부 시장의 개방성
		F8 물리적 하부구조 인프라에 대한 접근성
		F9 문화적 사회적 규범
창업 기업가 (Entreneurship) 3대 요소	창업태도 (Attitude)	1A1 창업 기회에 대한 인식
		1A2 창업 능력과 지식에 대한 인식
		1A3 실패에 대한 두려움
		1A4 창업의도
		1A5 직업선택시 창업선호도
		1A6 성공한 창업가에 대한 사회적 태도
		1A7 창업에 대한 언론의 관심도
	창업활동 (Activity)	2A1 태동기 창업활동(설립 및 3개월 이내)
		2A2 초창기 소유경영활동(3개월~3.5년)
		2A3 초기 창업활동(설립 및 3.5년 이내)
		2A4 안정기 소유경영활동(3.5년 이후)
		2A5 사업중단 비율
		2A6 생계형 창업활동
		2A7 기회추구형 창업활동
	창업열정 (Aspiration)	3A1 성장지향 열정
		3A2 혁신지향 열정
		3A3 국제지향 열정

자료: Global Entrepreneurship Monitor(GEM) 2013 Global Report, 재구성

〈그림 5〉 창업국가 전략 수립을 위한 3차원 미래예측 방법론

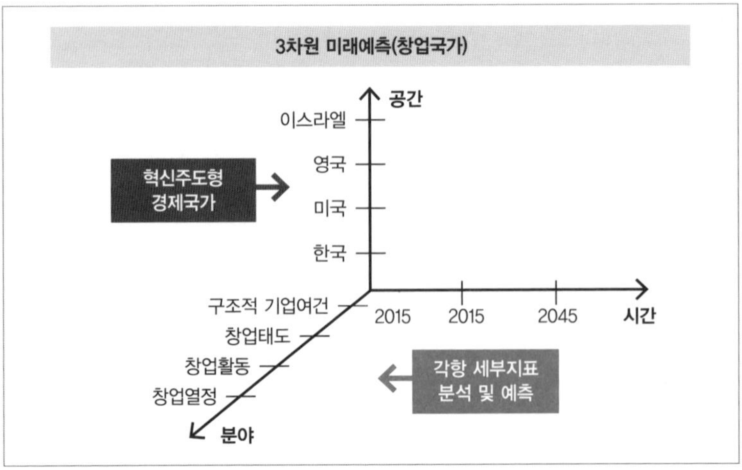

어 선택한 희망미래를 실현하기 위해 필요한 추진전략을 수립한다. 혁신주도형 국가를 중심으로 과거 데이터를 비교, 분석함으로써 타 국가에 비해 우리나라가 앞선 지표에 대해서는 더 강화하고, 상대적으로 뒤떨어지는 지표에 대해서는 점진적으로 또는 혁신적으로 개선한다.

〈표 15〉의 26가지 지표에 대해 과거의 데이터를 살펴보면, 2012년 기준으로 전년도 대비 창업환경은 다른 나라에 비해 전반적으로 개선되고 있다. 일부 상대적으로 뒤떨어지는 지표에 대해서는 개선 방안을 마련하고 추진 전략에 적절히 반영하는 것이 바람직할 것이다.

다른 국가와의 차이에서 볼 때, 가장 시급하게 개선될 분야는 '상업적 제도와 전문지식의 하부구조'이다. 이는 국민 1인당 변호사, 회계사, 컨설턴트 등의 서비스 전문가의 비율이 타 국가에 비해 상대적으로 부족하기 때문인 것으로 보인다. 다음으로 '여성창업 지원분야'와 '금융지원/재무적 환경분야'의 순으로 조사되었다. 이중에서 상대적으로

특히 취약한 지표로 최하위 수준에서 머물고 있는 '금융지원/재무적 환경' 지표는 실패시에 무한책임을 지는 연대보증제도와 밀접하게 관련되어 있다. 이는 창업태도에 속하는 '실패에 대한 두려움'이라는 지표에 직접적으로 부정적인 영향을 미친다. '교육 및 훈련'은 혁신주도형 경제에 속하는 다른 국가와의 차이는 크지 않으나 여전히 미흡한 수준이다. 특히 우리나라 대학에서 부족한 창업 분야를 강화함으로써 교육/연구/창업의 삼위일체의 목표를 지향하도록 법과 제도 개선이 요구된다.

신기술의 발명과 사업화를 통해 새로운 기업이 탄생하고 성장하기 위해서는 공정한 환경과 공평한 기회가 필수적이다. 우리나라는 선진국 수준의 경제발전을 이룩했지만, 압축성장을 주도한 대기업 위주의 추격형 전략은 이미 한계에 다다랐다. 기업 간 불평등심화 등의 사회적 문제와 공정경쟁을 저해하고 있다. 따라서 마케팅역량이 우수한 대기업과 혁신역량이 우수한 중소기업이 협력하는 개방형 혁신으로 동반성장할 수 있는 경제민주화의 토대 마련이 중요하다.

우리나라가 장기적으로 성장하기 위해서는 미국 실리콘밸리와 같이 세계적인 벤처기업이 탄생할 수 있는 창업생태계가 구축돼야 한다. 이를 위해서는 국민의식의 변화, 기업가정신, 글로벌 경영역량과 마케팅역량, 경제민주화 등이 요구된다. 또한 고급인력 유치, 국가과학기술정책 및 교육정책의 개혁, 자금시장여건 개선, 법률서비스 인프라 확충 등이 필요하다.

창업국가, 어떻게 이룰 것인가

그렇다면 창업국가를 이루기 위해서는 구체적으로 어떤 전략이 필요할까. 이를 정리해보면 다음과 같다.

교육정책 개혁: 교육/연구/창업의 삼위일체

대학의 역할이 바뀌어야 한다. 대학은 학문의 전당으로서 전통적으로 교육이 가장 큰 역할이었다. 사회가 필요로 하는 미래인재를 교육하는 곳이었다. 사회가 산업화, 정보화되면서 연구임무가 새롭게 부가되었다.

지식창의시대가 도래하면서 대학은 다시 한번 변화를 요구받고 있다. 지식을 생산하는 곳이 대학이기 때문이다. 자연스럽게 대학은 지식산업을 육성해야 하는 과제를 떠안게 되었다. 이러한 사회환경의 변화에 따라 이제 대학은 새로운 지식의 발굴과 함께 이를 기업화하는 과정인 '창업' 역할을 새롭게 담당해야 한다.

시대를 앞서가는 대학은 교육과 연구를 창업과 분리해서 생각할 수 없게 되었다. 이러한 대학에서는 창업을 위한 교육, 창업을 위한 연구, 또는 역으로 교육과 연구에 도움이 되는 창업이 대학의 이념이 돼야 한다. 즉 교육, 연구, 창업이 삼위일체가 돼야 하는 것이다.

미국의 실리콘밸리는 스탠퍼드대학과 버클리대학이 주도하여 만들어진 곳이다. 특히 스탠퍼드대학의 창업활동은 놀랍다. 스탠퍼드대학의 졸업생, 학생, 교수가 창업한 회사가 4만개에 이르고, 이들이 올리는 연매출액은 2조 7천억 달러(약 3천조 원)로 세계 경제규모 5위인 프랑스의 GDP와 맞먹는다고 한다. 우리나라의 GDP인 1조 2천억 달러의 두 배가 넘는 규모다.

국가경제와 창조경제를 위해서 대학의 역할이 얼마나 중요한지 알 수 있다. 대학이 교육, 연구, 창업이라는 삼위일체적 이념으로 창업국가전략의 시발점이 돼야 한다. 우리나라에 창업의 불을 지피는 일은 대학이 아니면 적극적으로 할 수 있는 곳이 없기 때문이다. 지금 대학 창업이 시급하고도 중요한 국가미래전략인 이유다.

창업 활성화를 위한 제도 개선

먼저 청년창업을 활성화해야 한다. 18-24세 연령대 청년들의 초기 단계 창업활동이 매우 낮게 나타난다. 혁신주도형 경제국가의 평균이 10%인데 비해 우리나라는 2.3%에 불과하다. 대학졸업 후 20대 후반과 30대 초반의 청년들은 비록 창업에 실패하더라도 재창업을 할 수 있는 나이다. 또한 평균 2.8번의 실패 후에 성공확률이 높다는 통계를 감안하면 청년창업 활성화를 위한 정책대안이 요구된다.

도전적인 기업가정신, 기업경영, 마케팅, 글로벌전략 등 전반적인 창업교육은 창업 활성화를 위해 필수적이다. 또한 실패를 두려워하지 않고, 실패의 경험을 기회로 살려 재도전할 수 있도록 돕는 제도적 개선도 필요하다. 정부는 정부3.0 플랫폼을 통해 창업기업의 성공률을 최대한 높일 수 있도록 융합적으로 지원해야 한다. 이를 위하여 정부는 공공서비스 자료를 기업가들이 쉽게 공유하고 필요시 사업화할 수 있도록 개방하는 것도 중요하다.

종업원창업, 사내창업을 통한 중년창업 활성화도 필요하다. 경험을 보유한 종업원이 사내창업을 하는 경우, 성공률이 청년창업에 비해 높고 새로운 고용창출에 대한 기대가 초기 창업활동보다 높다. 사내창업을 통해서 해당 기업이나 기관은 미래의 수익가능성을 높일 수 있고, 당사자는 자신이 원하는 사업을 추진하여 보다 만족하는 일자리를 만들어낼 수 있다. 또한 창업기업은 소속된 모기업으로 초기 자금과 기술 및 판로지원을 받을 수 있으므로 큰 위험요인과 애로사항 없이 발전할 수 있다. 그리고 창업기업이 실패할 경우, 재도전할 수 있는 제도적 장치와 기업문화 확산이 필요하다.

여성창업 활성화도 중요하다. 여성창업 비율을 제고하기 위해 우선 창업교육 대상자, 정부지원 사업자 그리고 공공구매 사업자 선정시, 여성지원 할당율을 제도화하는 것을 고려할 수 있다. 공공기관의 여성 임원 비율을 일정 수준으로 공시하여 여성의 경제적 기여도를 높이는 정책도 고려할 수 있다. 정부가 주도하여 우선 공적분야 내 여성의 활용도를 제고함으로써 경제 전반에 여성의 경제활동을 확산하도록 할 필요가 있다. 또한 어린이 보육시설을 확산하고 이들의 운영을 질적으로 개선할 필요가 있다.

지식재산법 개정

기술기반의 중소 벤처기업은 대기업에 비해 혁신성이 우수하고 특허 등 지식재산권이 핵심적인 무형자산인 경우가 많다. 지식재산권이 타 기업에 의해 무단으로 침해를 당하는 경우, 소송을 통해 법정에서 다투게 된다. 소송과정에서 지식재산 침해에 따른 손해액을 산정하기 위해 담당 판사가 침해자에게 침해 제품과 관련된 영업자료를 증거로 제출하라고 명령할 수 있다. 그러나 침해자가 영업비밀이라는 이유로 해당 자료를 제출하지 않는 경우, 강제적으로 제출받을 수 있는 방법이 없는 것이 현행법의 한계다. 이러한 문제점은 기술 기반 벤처창업 활성화에 걸림돌이 되고 있고 특허 무용론이 나오는 것도 이 때문이다. 이러한 제반 문제들을 해결하기 위해 현행 특허법의 한계로 지적되는 여러 사안들을 개정해야 한다.

실패를 용인하는 분위기 조성

미국에서 수년 간 창업 1위 대학으로 평가받고 있는 밥슨대학, 수많은 벤처기업들의 창업으로 성공한 실리콘밸리, 창업국가로 알려진 이스라엘이 세계적으로 앞설 수 있는 이유 중의 하나는 실패를 용인하고 재도전할 수 있게 지원하는 제도가 잘 마련되어 있기 때문이다.

반면에 우리나라는 창업 후 실패하면 무한책임을 져야 하는 연대보증으로 신용불량자가 되어 경제활동이 원천적으로 차단된다. 주식회사가 금융권에서 융자를 받을 때, 대표이사가 보증을 서게 하는 제도가 연대보증이다. 회사가 실패하여 빚을 갚지 못하면, 대표이사가 책임을 떠안게 된다. 회사 빚의 규모가 수억~수십억 원 수준이 되면 개인이 감당할 수 없는 상태가 된다. 회사를 성실하게 운영하다가 실패했더라도 신용불량자가 되어 모든 경제활동이 불가능해진다. 또한 최근에는 우수 창업자인 경우에 연대보증 없이 대출을 받을 수 있도록 제도를 개선한다고 발표한 바 있지만, 이 또한 혜택을 받을 수 있는 창업자 수는 극히 제한적이다.

보다 장기적으로 우리나라가 세계적으로 앞서는 창업국가가 되기 위해서는 주식회사가 융자할 때에는 개인과 회사를 구분해 책임을 묻고, 또한 회사는 융자보다 투자를 받아서 위험부담을 최소화하는 노력이 필요할 것이다.

기초연구 강화 및 산업분야 육성

기초과학분야의 세계적 연구기관인 와이즈만 연구소www.weizmann.ac.il의 다니엘 자이프만Daniel Zaifman 소장은 "기초과학은 돈을 지식으로 만드는 것이고, 산업화는 지식을 돈으로 만드는 것"이라고 간명하게 정의하면서 수십 년 뒤에는 접근하기 어려웠던 기초과학일수록 다양한 분야에서 활용이 되며 훨씬 더 큰 결실을 맺게 된다고 설명한다. 쓸모를 미리 상정하고 하는 응용학문이 아니라 어디에 쓰일지는 모르지만 호기심이 생겨 지속하다보면 결국 새로운 창조가 이뤄지고, 거기에서 새로운 학문과 경쟁력이 나온다는 것이다. 로버트 아우만Robert Aumann 노벨경제학상 수상자도 사람들이 호기심을 갖고 연구하는 기초과학이 결국 장기적으로 나라의 내실을 다지고 지속가능하도록 할 것이라고 한다.

대부분의 우리나라 연구과제의 성공률이 80%가 넘는 이유는 쉬운 과제만 하기 때문이라는 지적이 공공연하게 나돈다. 이러한 문제에 대한 근본적인 이유는 만일 연구결과를 제대로 얻지 못하고 실패하면 다음에 과제를 수주할 수 없는 평가제도에 있는 것이다. 성공률이 낮은 기초연구를 활성화하기 위해서는 연구개발에 있어서도 실패를 용인하는 제도적인 뒷받침이 우선 마련돼야 한다.

기초연구가 장기적인 기술확보전략이라면, 단기 및 중기적으로는 먹거리 창출을 위한 창업 분야를 발굴하는 또다른 전략이 필요하다. 의료/바이오Medical-Bio, 에너지/환경Energy-Environment, 안전Safety, 지식서비스Intellectual Service, 항공우주Aerospace 등의 5대 신산업MESIA에 대한 노력도 있어야 할 것이다.

우수인력 확보: 스톡옵션제도 개선

스톡옵션(주식매수선택권)은 벤처기업이 임직원에게 주식을 구입할 수 있는 특혜를 제공하는 제도이다. 현재는 충분히 보상을 해주지 못하지만, 나중에 회사가 잘되어 주가가 오르면, 보상을 받을 수 있도록 해주는 것이다. 돈이 없어 직원들에게 충분한 처우를 해줄 수 없는 벤처기업이 우수인력을 확보할 수 있는 거의 유일한 수단이다. 그런데 우리나라에서는 이것이 거의 유명무실하게 되어버렸다. 즉 벤처기업이 우수인력을 확보하는 수단으로 활용되지 못하고 있다는 것이다.

2014년에 약간의 개선이 이루어졌지만 여전히 부족하다. 벤처기업의 우수인력 확보를 돕기 위해 창안된 스톡옵션제도가 미국처럼 그 목적에 충실하게 인센티브를 제공할 수 있게 개선돼야 한다.

3장

사회분야 미래전략

1. 교육전략
2. 문화전략
3. 복지전략
4. 미디어전략
5. 의료전략

1

사회분야 미래전략

교육전략

미래사회에도 사람은 일을 한다. 학교에서 학력을 키웠기에 그것을 밑천으로 삼아 '일다운 일'을 한다. '일다운 일'이란 사회적으로 의미 있는 일, 사회적 가치가 있기에 스스로 선택해서 하는 일, 그 결과로써 보람을 느낄 수 있는 일을 말한다. 일다운 일을 할 수 있는 능력과 태도를 갖추도록 하는 것이 학교의 책임이다.

그리고 누구나 일다운 일을 하는 살아볼 만한 세상을 만드는 것은 모두의 소망이다. 이는 장밋빛 설계가 아니며 반드시 성취해야 할 엄중한 현실적 요구이다. 30년 후를 내다보는 한국사회의 미래모습을 조망하면서 그러한 시대를 대비하는 우리의 교육은 어떤 것이어야 하는지 숙고해본다.

미래사회에도 학교가 학생을 가르친다. 학교는 상아탑도 아니고 특수한 시설도 아니다. 학교는 아이들이 가진 소질과 적성을 발견, 발굴하고 그 소질과 적성이 직업세계를 확장하는 디딤돌이 되도록 돕는 사회기관이다. 학교는 학습능력[1]을 키워 그것으로 자기 삶을 살 수 있도록 돕는 기회체제이다.

교육력을 회복해야 한다

문제는 한국사회에 '교육의 바탕'이 허물어졌다는 것이다. 교육적 관점에 비추어볼 때, 교육의 바탕이란 무엇인가?

첫째, 스스로 정한 주제몰입의 경험을 통해 인간은 발달한다는 믿음이다. 주제몰입의 경험은 인간의 삶과 관련된 주제를 학습대상으로 만들고, 몰입의 형식을 취하여 이를 탐구하고 발견하는 교육적 경험을 말한다. 누구나 이 경험을 확장하는 교육기회를 거쳐 탐구와 발견의 능력을 키운 인재로 성장한다. 이 경험을 제도적으로 허용하는 것이 '교육의 바탕'을 이루는 핵심사안이다.

둘째, 교육현장의 참여자에게 자율을 허용하는 태도를 취하는 것이다. 교육은 자율 위에서 성립한다. 교육방식의 자율과 교육과정의 자율을 통하여 다양한 형태의 학습능력을 키울 수 있다. 국가기준 시험으로부터, 기업의 요구로부터 자유로울 수 있어야 학교(교사)와 학생은 다양한 형태의 학력을 키울 수 있다. 우리는 자율 속에서 선의의 경쟁과 보완을 통하여 교육의 질을 향상시킬 수 있다.

'교육력'이란 사회나 학교가 학생들을 지도할 수 있는 힘이라 정의할 수 있다. 사회의 교육력 신장이 미래전략의 목적이다. 학교를 포함한 다양한 형태의 교육시스템의 교육력을 신장시켜야 한다. 교육은 학교만이 하는 것이 아니다. 현재 우리 사회는 가정, 사회, 학교의 교육력이 크게 약화되었다. 가정에서 소위 밥상머리 교육이 사라지고 있으며, 건전한 시민을 만들기 위한 학교의 인성교육이 무너지고 있으며,

사회에서 청소년들의 무질서 행동을 지도하지 못하고 있다. 사교육에 지친 학생들은 학교 책상에 엎드려 잠을 자고, 교사는 아무 말도 하지 않는다. 학생들도 교사가 제지하지 않을 것임을 알고 있다. 길거리에서 불량한 행동을 하는 청소년들을 훈도할 어른이 없다는 것을 알고 있다. 사회의 교육력을 회복하는 것이 시급하다. 우리가 길러야 할 미래인재상을 정리하면 다음과 같다.

첫째, 창조적 지성을 가진 인재가 필요하다.
둘째, 바른 세계관을 가진 인재가 필요하다.
셋째, 바른 인성을 가진 인재가 필요하다.
넷째, 융합적 의식을 가진 인재가 필요하다.
다섯째, 글로벌 의식을 가진 인재가 필요하다.

교육이 살아있는 미래

허물어진 '교육의 바탕'을 복원하여 새롭게 정립하는 한국교육의 모습, 미래전략을 통해 만들어야 할 2045년의 한국교육의 미래전망은 '교육사회'이다. 교육분야 미래전망으로 '경제사회'에 대응하는 '교육사회'를 정립하고자 한다.

경제사회란 언제나 경제논리와 정치논리에 의해 교육이 종속적으로 전개되는 사회문화적 양식을 말한다. 국가와 기업의 요구가 교육체제를 좌우하던 방식을 지칭한다. 이 사회는 성적, 석차시스템을 공고히 하고 이를 유지, 확대해왔다. 그리하여 선발에 종속된 교육, 앎과 실천의 분리라는 교육문화를 노정해왔다. 이에 반해 교육사회란 교육논리[2]가 살아 기능하는 사회, '교육적 타당성'에 입각하여 교육활동을 실천하고 평가하는 사회문화적 환경을 지칭한다. 교육사회는 모든 사람들로 하여금 주제몰입과 재능발굴의 교육, 지성과 감성과 도덕성의 조화라는 교육문화 위에서 성립한다.

진로 및 직업과 연관하여 정의하면, 경제사회는 학력, 학벌사회이지만, 교육사회는 모든 아이들로 하여금 각자 재능을 키울 권리와 능력을 얻는 재능, 직능사회를 말한다. 경제사회는 일자리를 '배급'하는 사회이지만, 교육사회는 일다운 일을 할 권리와 능력을 '배분'하는 사회를 말한다. 경제사회가 '동원되는 자아' 혹은 '모범인물'을 산출하는 것이었다면, 교육사회는 '모험하는 자아' 혹은 '지식문화 생산의 이야기꾼'[3]을 산출한다.

〈표 16〉 사회문화적 환경의 전환

표상	2010년대: 경제사회	2040년대: 교육사회
교육문화	선발에 종속된 교육, 앎知과 실천行의 분리	주제몰입과 재능발굴의 교육, 지성과 감성과 도덕성의 조화
교육질서	정치/경제논리 고착	교육논리 정착
교육시스템	아이들의 성적/석차 시스템	학교의 교육력 시스템
사회 성격	**일자리 '배급'**	**일다운 일을 할 권리와 능력 '배분'**
↓	↓	↓
인재상	동원되는 자아, '모범인물'	모험하는 자아, '지식/문화 생산의 이야기꾼'

미래는 오늘을 성찰하여 얻는다. 미래는 10년 후 혹은 30년 후 변화된 모습을 그려보고 그것에 대응하여 '지양할 바'와 '지향할 바'를 명확하게 드러내는 정책적 집중에서 창조되는 법이다. 경제사회를 교육사회로 전환하는 데에 한 세대가 족히 걸릴 것이다. 30년 미래전략을

연구해야 하는 이유가 여기에 있다.

우리는 교육사회를 구현할 역량을 갖추고 있는가

첫째, 우리는 교육개혁의 실패경험을 가지고 있다. 실패경험이야말로 창조적 파괴의 도전적 자세로 이끄는 길잡이이다. 실패의 경험을 성찰한다면 우리는 과감하게 교육사회에 부응하는 교육문화, 교육질서, 교육시스템을 구현하는 일에 나설 수 있다.

둘째, 밑으로부터 '人才가 아닌 人材' 교육요구가 거세게 일어나고 있다. '모범인물'이 아닌 '모험하는 자아'를 추구하고 있다. 人才는 도구교과의 높은 시험성적을 겨냥해서 공부하고 그 결과를 가지고 사회정치적 성공에 이르고자 하는 '소수의 똑똑한 사람'을 표상한다. 人材는 삶의 경험을 토대로 앎을 형성하고 그것으로 일상의 삶을 통제하는 능력을 가진 사람을 표상한다. 그는 높은 자리와 많은 벌이를 고집하지 않는 자유인의 삶을 살고자 한다. 또한 풍부하고 안정된 삶의 조건을 발명하는 능력을 가진 사람이며, 생산성과 사회성의 인격을 소유한, '일다운 일'을 선택하는 일꾼이다. '모범인물'이 아닌 '모험하는 자아'를 추구하는 사람들이 늘어난다는 것이다.

셋째, 전문가의 이론적 관심이 새로워지고 있다는 것도 중요한 요인이다. 삶의 경험을 지식으로 갈무리하고 또 그 지식을 가지고 삶을 확장하는 사람들이 사회를 만들고 있다.

교육에서 풀어야 할 것들

그렇다면 교육력을 기르기 위해 현재 교육에서 풀어야 할 것들은 무엇이 있을까. 대표적인 몇 가지를 살펴보면 다음과 같다.

교육이 처한 난관들

현재의 교육은 학생들의 개성은 고려하지 않고 획일화된 일반 자질(일반 지능, 도구교과 성적, 성실성 등)을 추구하여 교육성과를 올리고 있다. 교육성과는 학교의 실적으로 나타나며 그 실적은 일류 직장의 입직과 일류 대학의 입학 숫자로 계산된다. 결과적으로 교육의 과정은 문제풀이로 획일화되고 있다.

우리가 처한 난관은 교육제도의 난맥이고, 동시에 '교육의 바탕'의 파손, 즉 잘못된 교육인식과 교육개념이다. 또한 인터넷과 멀티미디어 환경의 변화에 적응하는 교육도 풀어야 할 과제이다.

- **교육의 장을 떠나는 아이들**: 우리의 교육은 한 줄 세우기 성적/석차 경쟁, 인재人才 양성과 공급, 관치官治교육이라는 기제mechanism를 통해 공교육체계를 유지해왔다. 그 기제 속에서 소수의 '성공한' 아이만 엘리트 대접을 받고, 대다수 아이들은 자존감과 자부심을 상실하는 악순환 고리에서 벗어나기 어렵다. 교육이 왜곡될 수밖에 없는 척박한 사회문화적 바탕에서, 교육이 개인경쟁력과 국가경쟁력의 기반이라고 강조할수록, 그 교육은 '특수한 시설' 같은 학교에 아이들을 가두고 경쟁심을 부추기는 모양새를 취할 수밖에 없다. 이러한 모순 때문에 사회 전반적으로 학교가 제공하는 내용을 수용하는 '수용성'이 현저하게 떨어져 있다.

  이러한 체제에 순응하고 적응하는 학생은 소위 엘리트 또는 모범생으로 인식되어 자신의 앞길을 순탄하게 개척할 수 있다. 그러나 획일 체제에 적응하지 못하는 학생들은 낙오자처럼 인식되어 학교에 남아 있을 수가 없다. 결국은 아이들이 교육의 장을 떠나고 있다. 2012년 한국교육개발원에서 발행한 교육통계연보에 따르면 초중등학교에서 전국적으로 매년 6만 명 이상의 아이들이 학교를 떠나 거리를 배회한다.

• **공교육의 무력화, 사교육의 구조화**: 국가적인 획일화 교육이 만성화되어 있다. 교육과정 정책과 교과서제도, 평가제도와 선발시험제도를 국가 수준에서 획일적으로 지배함으로써, 자율과 다양과 창의의 여지가 보이지 않고 있다. 학생과 학부모 모두 학교교육을 경시하는 공교육 붕괴현상이 나타고 있다.
학생들의 능력의 다양성을 인정하지 않고 학생의 개별성과를 객관식 문제인 수능성적이라는 최종적 척도로 평가하는 방식을 취하고 있다. 이 방식은 결국 학생의 잠재능력을 평가하는 것이 아니라, 객관식 문제풀이 능력을 평가하고 있다. 그리고 이 평가는 학생의 미래 성공 여부를 판정하는 쪽으로 귀결되었다. 이렇게 판정받는 아이들을 지켜보는 부모는 자연스럽게 사교육을 구매하고, 끝내는 상당한 가족 자원을 쏟아 붓게 되었다.

• **인터넷, 멀티미디어 환경 변화에 대한 부적응**: 현대사회는 지난 수십 년 전에 비하여 엄청남 변화를 가져왔다. 인터넷에 의하여 세상의 모든 지식이 컴퓨터를 통하여 검색이 가능하게 되었고, 각 가정의 디스플레이 기기를 통하여 고품질의 콘텐츠가 제공되고 있다. 학생들의 정보흡수 습관과 눈높이가 현저하게 변했다. 그러나 교실에서는 지

난 30년 전의 기구를 이용하고, 전통적인 방식을 통하여 가르치고 있다. 첨단기술에 익숙해진 학생들이 만족하기 어려운 실정이다. 교육환경 변화에 맞게 교육기기, 교육방식, 콘텐츠들이 변화될 필요가 있다.

'교육의 바탕'을 복원해야 한다

시험성적과 석차로 아이들을 분별하는 방식으로 교육의 동력을 끌어내는 교육제도로는 미래교육의 희망을 찾을 수 없다. '학교의 교육력'을 신장하는 것이 핵심과제다. 그러기 위해 자율성과 다양성, 창의의 가치를 끌어내는 학교와 사회를 만들어야 한다.

• **건전한 시민으로 성장하게 도와주는 인성교육**: 현재 우리 사회의 위기는 사회공동체 의식의 해체위기라 할 수 있다. 지나친 개인주의, 이기주의, 집단주의, 배금사상, 양극화, 이혼율 등이 사회 발전과 국민 행복을 해치고 있다. 세계 최고 수준의 자살률과 고소율 등이 단적으로 보여주고 있다. 우리나라의 고소사건 수는 일본의 57배에 이르고, 인구 대비로 하면 약 155배라 한다. 정신적으로 건강한 시민으로 육성하는 인성교육이 첫째로 필요하다. 성장기에 옳고 그름의 판단 기준과 다양성, 상호존중과 배려, 관용과 포용의 정신을 충분히 가르쳐야 한다.

• **잠재력과 창의력을 길러주는 교육**: 학교는 아이들에게 앎을 형성하도록 지도하는 것이 존재이유이다. 학교는 앎을 전달하고 수용하게 하는 기관이 아니다. 이 현실인식이 학교 책임교육의 발로이다. 다양한

형태와 종류의 학력을 키우는 것이 학교의 사회적 책임이다. 꿈과 끼를 살려주어 잠재력을 키워주고 창의력을 개발해주는 교육이 돼야 한다.

• **다변/다층의 주제몰입 경험을 통한 직업세계의 확장**: 교과지도와 생활지도는 학생들의 소질과 적성을 발굴하는 기회이며, 그것을 직능으로 발전시키는 체계적 활동이다. 이러한 교육 기회를 거치면서 학생들은 자신의 생산성과 사회성의 인격적 특성을 얻게 되고, 자신의 생존체계를 구축하는 힘을 얻게 된다. 다변/다층의 삶의 경험이 교육활동의 주제로 체계화돼야 한다. 이런 교육이 이후 일다운 일을 만들어내고 직업세계를 확장하는 능력이 된다.

• **넓은 세상을 배우는 교육**: 글로벌시대의 능력 있는 시민으로 기르는 교육을 해야 한다. 미래에는 지금까지 보다 더욱 빠른 속도로 국경의 허물어지고, 언어 간의 장벽이 없어질 것이다. 이와 같이 글로벌 시대에 능력을 발휘할 수 있는 인재상을 정립하고, 그에 맞게 길러야 한다. 미래의 인재는 언어와 문화 테두리에서 벗어나 세계를 무대로 활동하는 그런 인재가 될 것이다.

창의/인성 중심의 교육과 새로운 교육방식이 필요하다

미래사회를 살아가는 가장 큰 힘은 공동체 속에서 협력하여 발휘되는 창의력이다. 건전한 시민으로서 사회공동체에 참여할 수 있도록 인성교육이 기본이 돼야 한다. 동시에 학생 개개인의 재능을 존중하고 개발하는 창의교육이 돼야 한다. 그리고 이러한 교육은 학생 주도형으로 발전해야 한다. 그렇게 함으로써 획일성으로부터 벗어나 다양성과 개성을 장려하는 미래사회를 기대할 수 있을 것이다.

지난 수십 년 동안 교육환경은 급속하게 변화했다. 앞으로 30년 동안 또다시 큰 변화가 있을 것이다. 교육환경 변화에 적응하는 교육방식과 교육기기를 이용한다. 선진국의 새로운 교육방식을 비교, 분석하고 우리의 상황에 맞는 교육기기를 이용한 콘텐츠와 교수법을 개발하여야 한다. 고품질 멀티미디어 제품에 익숙한 학생들의 눈높이에 맞추지 못하면, 학생들은 학교교육을 외면하고 무시하게 된다.

그동안 많은 교육정책 변화와 교육혁신이 시도되었지만 성공적이지 못했다. 이유는 방향을 몰라서가 아니라, 할 수 있는 힘이 부족하기 때문이다. 국내교육은 국내교육자에 의하여 수행돼야 한다는 '도그마'가 국내교육자의 '교육독점' 현상을 초래했다. 독점은 항상 부작용을 낳는다. 독점교육의 가장 큰 폐해는 획일성이다. 외국학교의 국내 진입을 수월하게 하여, 국내교육시장을 다양화 체계로 전환하고, 국내교육의 획일성을 벗어나는 교육혁신을 기대한다.

학생 주도형 창의/인성교육 강화

현대교육의 가장 큰 과제는 불확실한 미래를 개척해나갈 인재를 기르는 것이다. 기존 지식은 인터넷을 찾으면 확보할 수 있고, 또한 이미 낡은 지식이 되어버린 후이다. 미래개척에는 창의력이 가장 강력한 무기이다. 그리고 개인의 창의성이 사회공동체에 의하여 받아들여지기 위해서는 협동정신이 바탕에 있어야 한다. 그리고 개인은 주도적인 습관을 길러야 스스로 어려움을 헤치고 앞으로 나아간다. 따라서 학생

주도형 창의/인성교육을 강화해야 한다. 표준화된 인물이 되라고 강요하는 것이 아니라, 학생들의 다양한 관심과 능력을 발휘할 수 있도록 도와주는 교육을 복원해야 한다. 결국 지력, 심력, 체력, 자기관리력, 인간관계력을 갖춘 5차원의 균형 잡힌 전인격 인재를 길러야 한다.

교육시장 개방을 통한 국내교육 혁신

그동안 수많은 교육개혁에 대한 시도가 있었지만, 성공하지 못했다. 그 근본이유는 교육시장이 지나치게 독과점형태가 되어 있기 때문이다. 독과점형태에서는 획일화된 의식과 제도가 지배하게 되고, 정부에서도 교육시스템을 규정하려는 유혹을 갖기 쉽다. 독과점에서는 현 상태를 변화시킬 특별한 이유가 없다. 개혁은 고통스럽기 때문이다. 외국학교를 국내에 대폭 들어오게 하여, 교육의 공급체계를 다양화해야 한다. 외국계 학교들과 국내학교들이 학생들의 교육수요를 위하여 선의의 경쟁을 할 수 있도록 지원해야 한다. 지나친 교육경쟁은 부작용을 낳지만 선의의 경쟁은 교육력 향상에 도움을 줄 것이다.

학생들 삶의 주제설정 몰입교육

학교는 학생들 각자의 관심사를 삶의 주제로 설정하고 몰입하는 경험을 제도화해야 한다. 이 경험이 이후 일다운 일을 할 능력과 태도 형성의 배태胚胎경험이 되게 한다. 이것이 학교의 존재이유이며, 미래사회의 변화에 대응하는 대처법이 될 것이다. 이 경우, 몰입하는 주제는 개방적이어야 한다. 아이들의 '속'에 있는 힘, 적성 같은 것을 끄집어내는 주제는 개방적이어야 한다. 그리고 학생들에게 다양한 환경과 주제에 노출될 수 있는 기회를 제공해야 한다.

교육환경 변화에 따른 교육방식과 학교형태의 변화

과학기술의 발달로 교육환경이 급속하게 변하고 있다. 멀티미디어 기기와 인터넷의 발달로 학생들의 기대치는 더욱 높아지고 있다. 기존의 교육방식과 교육기기로는 만족하기 어렵다. 새로운 멀티미디어 기기를 이용한 콘텐츠 개발과 교육방식을 개발해야 한다. 그리고 온라인 교육과 오프라인 교육의 장단점을 상호보완하는 방식으로 새로운 교육모델을 개발해야 한다. 또한, 교육환경 변화에 따른 다양한 형태의 학교 또는 교육방식이 고안되고 시행될 수 있도록 지원할 필요가 있다. 예를 들어서 KAIST에서 4년 전부터 시행하여 좋은 평가를 받고 있는 Education 3.0방식을 참고할 필요가 있다. 이 방식에서는 온라인과 오프라인 방식의 장점을 혼합하여 병행 이용하는데 학생과 교수의 만족도가 높다.

다양한 학습 평가제도

모든 사람은 평가로부터 자유롭지 못하다. 평가제도가 사람의 행동양식을 규정한다. 특히 창의성과 개성을 강조하는 대학입시 방식에 대하여 논의가 있었지만 시행되고 있지 못하다. 이것도 교육시장이 개방되어 외국 대학이 다양한 입시제도를 이용하여 다방면의 우수학생을 선발해간다면, 획일화된 평가기조를 유지하고 있는 정부시책과 국내 대학도 변하지 않을 수 없을 것이다. 다양한 학습평가 제도는 다양성을 강조하는 교육으로 이어질 것이고, 결국 독창성과 창의성을 기르는 교육으로 발전할 것이다. 이렇게 함으로써 미래사회를 주도적으로 개척할 인재양성이라는 21세기 교육의 목적을 달성할 수 있을 것이다.

교육전략의 정책추진방안과 그 효과

정책은 나아가는 방향을 분명하게 가리키고 있어야 한다. 방향을 분명하게 할 때 상황변수에 흔들리지 않는다. '교육의 바탕'을 복원하는 정책, 교육개념의 창조적 혁신에 이르도록 하는 정책을 제안한다. 정책은 제도적 규칙으로 나타나고, 제도의 정착으로 완결된다. 제도의 정착은 정책의 목표가 현실이 되는 정도에 의해 가늠된다.

학습능력을 일관되게 관리하는 정책

이 정책의 핵심을 이루는 제도적 규칙은 교사의 학생평가권이다. 교사의 학생평가권은 어떤 경우에도 동기에서, 결과에서 아이를 판정하는 쪽으로 흐르지 않아야 한다. 가르치는 교사가 아이들의 학습능력을 평가한다. 그 능력은 참여자가 된 학습의 장(교실과 운동장)을 구성하여 운영하는 학교의 교육력의 소산, 즉 교육과정 구성과 실제의 소산이다. 교육자는 다양성을 인정하면서 학생의 꿈과 끼를 키워주는 창의/인성교육 방향으로 평가하고 장려해야 한다.

학교에 자율성을 부여하는 정책

교육은 학교가 책임지고 할 수 있도록 하는 정책이 필요하다. 학교는 특수성에 맞게 특성화 교육을 하고 학생들의 진로지도를 할 수 있게 자율성을 강화하는 정책을 시행해야 한다. 자율은 구성원의 의욕을 불러일으키고 다양성을 가져온다. 학교 자율성을 강조하게 되면 창의교육에 한 걸음 가까이 다가갈 수 있을 것이다. 다만, 학교에 자율성을 인정하되, 학교제도의 탄력적인 변화도 고려해야 한다. 현재 굳어진 학교라는 개념은 학생을 구속하는 수도 있기 때문이다.

교육시장의 다변화체제 도입

학생과 학부모들이 자신들이 원하는 교육을 받기 위하여 선택할 수 있는 기회가 제공돼야 한다. 모든 학생을 학교라는 틀에 묶어놓고 강요해서는 안 된다. 학교라는 틀을 벗어나 자유롭게 생활하고 학습할 수 있는 제도가 마련돼야 한다. 여러 가지 형태의 홈스쿨이나 대안학교, 그리고 외국 학교들이 교육의 다양성을 신장시켜줄 것이다. 교육수요자는 전통적인 학교, 대안학교 또는 외국학교 등에서 선택할 수 있어야 한다. 그렇게 함으로써 교육만족도가 높아지고 교육의 혁신도 기대할 수 있다.

교육시장을 다양화하면 학교들은 상호작용하면서 선의의 경쟁을 통해 발전할 것이다. 정체는 언제나 퇴보를 낳고 독과점은 부작용을 낳는다. 외부의 자극은 우리가 변할 수 있게 도와줄 것이다. 그런 가운데 교육의 질은 올라가고 미래인재 양성이 가능하게 된다. 교육의 근본목표인 창의/인성을 갖춘 인재 양성에 한걸음 더 가까이 갈 수 있고, 교육개혁도 가능할 것이다.

현재 외국에 유학하고 있는 한국 학생은 10만 명 선이다. 이중에 많은 숫자가 조기유학생이다. 특히 '기러기 아빠'라는 단어로 대표되는 조기유학은 가정과 국가의 크나큰 고통과 부담으로 우리 사회를 짓누르고 있다. 국내교육에 혁신이 일어나고 다양화되어, 학생들의 선택권이 늘어나면 교육에 대한 만족도가 올라갈 것이다. 자연스럽게 불필요한 조기유학으로 인한 폐해가 줄고 인재 유출도 막을 수 있을 것이다.

학교의 교육력을 높이자

미래교육전략의 문제의식은 '교육의 바탕'이 훼손되고 있으며, 이것이 우리 사회의 '정신적 지체'를 낳고 있다는 진단에서 출발하고 있다. 교육은 누구나 일다운 일을 할 능력과 태도를 길러주는 기회체제임을 전제하고 있고, 미래전략의 목적은 학교의 교육력을 신장하는 것임을 분명히 하고자 했다.

미래변화 속에서도 학교는 교육과정을 운용하여 학습능력을 키우는 곳이다. 학교는 주제몰입의 경험을 제공하여 학습능력을 갖춘 사람을 키워낸다. 교육과정을 운영하여 학습능력을 키우고, 그 학습능력을 키웠기에 학생들은 인격적 자존심을 가지고 세상에 나가 진로능력을 발휘한다.

21세기 지식기반사회가 심화되고 있는데도 우리는 20세기 산업사회형 교육체제를 운영하고 있다. 교육체제 운용의 패러다임을 근본적으로 바꾸어야 한다. 아이들을 몰아세우기만 하는 교육체제의 비정상을 교육력 신장에 심혈을 기울이는 학교체제의 정상으로 돌려야 한다. 그것은 향후 30년 동안, 올바른 미래전략과 정책방향을 수립하고 그것을 정책적 집중을 통해 집요하게 추진할 때 도달할 수 있다.

미래는 그저 다가오는 것이 아니라 우리가 만들어가면서 형성하는 것이다. 과거의 장밋빛 청사진을 내놓고 아무것도 하지 않다가, 정작 정책을 실행하는 시점에서야 허겁지겁 따라가는 형태를 취하다가 많은 문제를 일으킨 사례를 수없이 보아왔다. 교육적 관점에 의거하여 '사회의 교육력'을 살려내는 방안에 대해 정책 집중을 할 필요가 있다.

교육력의 신장에 대한 논의는 최근의 일이 아니다. 우리는 방법을 몰라서 하지 않는 것이 아니라, 혁신의 고통을 감수하기 싫어서 하지 않은 것이다. 교육시장을 개방하고 교육시스템을 다양화 하면, 국내교육계는 당연히 변화를 시도하지 않을 수 없게 된다. 그리고 또한 당연히 좋은 혁신을 이루어낼 것이다. 과거에 우리나라에 미국의 월마트와 프랑스의 까르푸가 입점했을 때, 한국기업들이 두려워하고 반대했다. 그러나 한국기업들은 긴장하고 변신하여 결국 월마트와 까르푸를 경쟁에서 이겼다. 또한 일본문화를 개방하면 국내 문화산업이 몰락할 것이라 걱정했다. 십여 년 만에 한류를 만들어냈다. 교육시장도 개방이 된다면 그런 효과가 나타날 것이다. 글로벌화는 이미 분야와 범위 등 모든 경계의 벽을 허물고 있다. 당당히 창조적으로 변화의 위기를 기회로 만들어가야 한다. 교육도 마찬가지다.

2

사회분야 미래전략

문화전략

문화적으로 대한민국은 오랫동안 아시아의 '작지만 화려한 미국'이었다. 제2차 세계대전과 광복 이후, 대한민국은 개인주의, 물질주의, 경쟁주의 같은 미국의 사회문화적 가치를 발 빠르게 받아들였다. 패션에서부터 여가시간의 활용 같은 일상, 대중문화와 고급문화 등 문화예술 전 분야에 걸쳐, 미국의 문화를 신속하게 재현해왔다.

그 결과 기술적으로나 형식적으로 그 외형은 미국에 못지않은 만듦새craftsmanship를 갖게 됐다. 최근 영화의 흥행작이었던 최동훈 감독의 〈도둑들〉이나 봉준호 감독의 〈설국열차〉는 서구영화라 해도 믿을 만큼 그들의 문법과 형식을 충실히 따르고 있다. 한국의 어린 연주자들은 세계 음악 콩쿠르를 휩쓸고 있으며, 미국 팝문화의 영향을 지배적으로 받은 한국 대중음악은 이제 '빅뱅'이나 '2NE1'을 통해 미국에 수출되고 있는 실정이다. 한국 드라마는 만들어짐과 동시에 아시아 전역에 방영돼 인기를 끌고, 뉴욕이나 파리의 오뜨꾸뛰르haute couture에서 신보인 패션은 비로 다음 해에 청담동 거리에서 볼 수 있다.

하지만 새로운 가치와 철학, 정신을 담은 작품을 통해 세계에 존재감을 드러낸 작품은 많지 않다. 할리우드 장르영화를 만드는 데는 어려움이 없지만, 한국영화만의 장르를 구축해 세계 영화인들을 놀라게 한 적은 거의 없다. 서양음악계에서 훌륭한 기교를 가진 연주자는 여럿 탄생했지만, 훌륭한 작곡가는 아직 탄생하지 않았다. 유행을 선도하는 디자이너, 독창적인 시도로 박수받는 예술가, 새로운 철학과 스타일로 세계가 주목하는 건축가는 아직 나오지 않았다. 싸이의 '강남스타일'이 세상을 쓰나미처럼 휩쓸었지만, 여전히 우리는 한국적인 대중음악, 한국적인 드라마가 과연 무엇인지 아직 잘 모른다.

21세기가 15년이나 지난 오늘, 우리 사회는 이제 이 훌륭한 문화 그릇 안에 무엇을 담을지에 대해 다시 진지하게 성찰하기 시작했다. 성장주의가 국민의 행복을 담보하지 않는다는 사실을 서서히 깨닫게 되면서 무한경쟁으로 인해 뒷전으로 밀린 '삶의 질'에 대해 고민하게 됐다. 한국적인 가치, 아시아적인 전통을 어떻게 서구의 그릇 안에 담을 것인가에 대해 수많은 시행착오가 진행되고 있다. 유행을 따라가는 문화수입국이 아닌, 이제 세계 문화 속에서 자신의 존재감을 드러내는 문화자립국으로서의 정체성이 무엇인지 스스로에게 되묻기 시작했다.

앞으로 우리 사회가 보낼 30년은 서구화된 형식 안에 아시아적 콘텐츠를 담기 위한 실험으로 풍성한 시기가 될 것이다. 한국은 조만간 유래를 찾아보기 힘든 고령화사회로 접어들게 될 텐데 그것은 10~20대 중심의 문화를 '세대를 아우르는 문화'로 재편하는 압력이 될 것이다. 다문화가정이 보편화되면서 아시아를 포함한 '문화다양성'의 가치와 의미를 비로소 체험하는 30년이 될 것이다. 경쟁을 통한 수월성superiority을 넘어 개성uniqueness을 통한 창조성creativity을 문화라는 형태로 꽃피우는 경험을 하게 될 것이다.

그 안에는 한국의 지난 30년이 만들어낸 좋은 가치들 또는 나쁜 가치들이 고스란히 담겨질 전망이다. 태어나자마자 무한경쟁 속에서 자란 세대의 고뇌와 양극화 사회를 물려준 기성세대의 자기반성, 오랫동안 멀리 떨어진 서구사회를 해바라기처럼 바라보느라 이제야 눈을 돌리게 된 베트남, 중국, 태국 같은 아시아 문화의 재발견, IT가 세계 최고로 발달했으면서도 그것이 개인을 고립시키지 않고 축제와 광장문화로 승화시킨 사회적 유대 등 다른 나라에선 찾아보기 힘든 이런 한국적 현상들이 드라마로, 영화로, 음악으로 세계에 선보이게 될 것이다.

그들이 곧 겪게 될 또하나의 미래이기에 많은 아시아 국가들이 이런 우리 문화에 열광할 것이다. 그리고 시들해진 문화적 창조성의 동력을 여기에서 발견하기 위해 서구의 많은 국가들 또한 주목할 것이다.

왜 문화전략인가

2030년 미래는 문화에 영향을 미칠 새로운 환경에 놓이게 된다. 특히 세계화와 세계경제의 통합, 저출산, 고령화사회, 국민경제성장 및 불균형 심화, 디지털기술 등 고도기술사회 진입, 다인종/다문화의 사회화, 세계화와 세계경제의 통합, 여가사회화, 지방화시대의 도래로 정부의 역할 변화, 환경중시 사회로의 전환 등이 주목할 환경요인들이다. 이를 바탕으로 문화의 장기적 변화 트렌드를 예측해야 한다.

21세기는 '문화의 세기'다

모든 문명권에서 문화가 존재하지 않았던 시기는 없지만, 최근 수년

간 대한민국은 사회발전의 동인動因으로 문화의 역할을 주목하고 강조해왔다. 미국이나 유럽 국가들도 문화가 '미래사회를 이끌어갈 원동력'으로 인식하고 순수예술과 함께 대중예술, 스포츠, 민속문화 등에 지원해왔다. 정부 역시 문화의 미래에 대한 비전을 갖고 '사회문화비전 2030'을 제시한 바 있으며 각 부처별로 2020 혹은 2030 문화전략을 수립하고 있다. 향후 정부의 문화전략은 21세기 문화의 세기에 문화가 어떻게 국가의 핵심경쟁력이 되도록 할 것인가에 초점이 맞춰져 있다.

문화트렌트의 발전동력은 창의성이다

대한민국은 문화정책 기조로 문화비전계획인 '창의한국'을 선언한 바 있다. 2045년 대한민국은 국민행복을 가장 중요한 가치로 내세우고, 문화의 다양성을 존중하고 개인의 행복을 위해 사회적 관용이 널리 확대되는 사회로의 이행이 주목된다.

창의성이란 '새로운 것을 생각해내거나 현 상황을 새롭게 의미화하는 경향'을 뜻한다. 창의성은 인간의 사유능력에서 중요한 구성요소로 인간이 공동체를 구성하고 공동체문화를 발전시키는 데 있어 핵심적인 동력으로 기능해왔다. 무엇보다도 창의성은 우리 사회의 문화를 생성, 발전시키는 전 과정에 내재적으로 연계되어 있다. 문화는 미학, 예술의 영역은 물론이고 일상문화, 소비문화에 이르기까지 사회적, 공동체적 창의성을 기반으로 태생되고 확산되어왔다.

이런 측면에서 창의성은 문화정책의 중요한 개념으로 언급되어왔다. 국민의 정부 출범 직후 개최된 '21세기 문화국가 실현을 위한 토론회'에서는 '창의적 문화국가'를 국가발전모델로 제시했다. 2004년 문화관광부가 발표한 '창의한국'은 한국의 미래상으로서 창의적 사회의 중요성과 이를 달성하기 위한 정책과제를 제시하고 있다.

이제 대한민국은 신자유주의, 물질주의 중심의 근대적 산업화에서 새로운 사회구성체의 지향(삶의 질, 지속가능한 발전 등)을 중심으로 탈근대적 노동(비물질노동)의 패러다임으로 전환하고 있다. 이런 과정에서 창의성은 전문 산업영역의 생산성 측면에서만이 아니라 변화된 노동의 패러다임 속에서 삶의 전반에 걸쳐 사회적 생산력, 사회구성체 발전을 위한 더욱 중요한 요소로 작동하게 되는 것이다. 특히 지식 기반사회에서 창의성은 지식, 정보, 문화창조력 등 경제의 핵심이 되는 시대로의 전환에서 필수불가결한 요소다.

이 책에서는 그동안 정부의 문화육성 전략과 정책이 '문화를 성장동력이라는 산업적인 측면에 치우쳐 바라보고, 문화의 부가가치 창출에 지나치게 초점을 맞추었다'고 판단하고, 이를 국민행복 혹은 삶의 질을 위한 인프라, 그리고 창의한국으로 가기 위한 토대로 파악하고자 한다. 따라서 문화정책의 기본방향 또한 창의성을 존중하는 방향으로 진행할 것을 제안하며, 창의성이 대한민국 문화발전의 가장 중요한 동력임을 강조할 것이다. 그러나 아직 창의성 증진을 뒷받침할 만한 교육, 제도, 문화가 마련되어 있지 않은 상황에서 이를 위한 문화전략이 필수다.

문화도 국제경쟁력을 요구하는 시대가 된다

2045년의 세계는 글로벌화의 심화로 정치적, 경제적으로는 국가주권이나 영향력이 꾸준히 감소될 전망이다. 반면 문화는 국가 간 경계가 약화되고 순수문화와 대중문화 모두 누구나 이용할 수 있는 방향으로 세계시장에서 거래되고 공유될 것이다. 다시 말해 문화는 앞으로 국제사회에서 더욱 중요한 의제가 될 것이며 국가 간 문화교류는 지금보다 더욱 활성화될 것이다.

현재 문화산업은 세계 GDP의 7% 이상을 차지하고 있으며, 매년 10% 이상 꾸준히 성장할 것으로 예측되며, OECD국가에서 문화산업은 이미 경제의 선도산업을 대표하며, 연간 성장률이 5~20%로 추정된다. 이런 상황에서 우리나라는 높은 국제사회 기여도에 상응하는 문화국가로서의 위상 확보가 요구된다. 특히 동아시아는 15억이 넘는 인구와 다양한 자원을 가진 중국과 여전히 세계경제의 중심에 있는 일본, 각 분야에서 성장을 지속하고 있는 싱가포르, 대만 등이 한국과 함께 세계경제시장에서 다양한 전통문화상품을 중심으로 경쟁할 것이다.

문화산업의 시장규모가 전 세계시장의 42.6%를 차지하고 있는 미국의 경우, 영화, 음악, TV프로그램, 출판, 게임 등의 수출이 자동차. 농업, 항공우주산업, 방위산업 같은 전통산업을 이미 앞질렀으며, 핵심 저작권사업은 연평균 경제성장률보다 3배나 빠르게 성장하고 있다.

다행히 한국 문화콘텐츠산업의 연평균 성장률도 2000년대에 들어 매출규모(24.7% 증가), 수출규모(17.4% 증가), 종사자규모(5.9% 증가) 측면에서 지속적인 성장세를 보이고 있으며, 장기적인 관점에서도 유사할 것으로 전망된다.

문화산업은 자체매출 뿐만 아니라 생산유발효과, 부가가치유발효과, 고용유발효과, 전후방연쇄효과 등 다른 산업에 미치는 경제적 파급효과가 크고, 문화 관련 산업은 문화의 생산과 소비주체로 더욱 중요한 역할을 할 것으로 예측된다. 지금까지는 주로 영화, 음악 등 여가부문에서 문화산업이 중시되었으나, 미래에는 문화예술 전반에 걸쳐 문화

〈표 17〉 한국 문화콘텐츠산업의 성장률 비교

구분	2000년	2004년	연평균 성장률 (2000~2004년)
매출 규모	20조 7천억 원	50조 600억 원	약 25%
수출 규모	4억 9천만 달러	9억 4천만 달러	약 17%
종사자 규모	36만 명	46만 명	약 6%

자료: 문화관광부(2005), 2004 문화산업통계, 한국문화관광정책연구원 용역보고서, 미래문화전략2030 (2006)에서 재인용

의 산업화가 가속화될 것으로 보인다.

더불어 관광 또한 가장 중요한 문화상품 중 하나가 될 것이다. 중국, 태국, 인도네시아, 베트남 등 다양한 동아시아 지역 관광객들이 한국을 즐기고 한국문화를 체험하기 위해 관광할 것으로 전망된다.

한국문화는 세계문화의 중요한 축을 이룰 것이다

이른바 '한류'의 시대다. 한국의 문화가 세계인들에게 매력적으로 향유되는 '한류'는 1990년대 말 중국에서 드라마를 중심으로 시작되어 대만, 일본 등으로 확산되었다. 최근에는 그 범위를 넓혀 음악, 드라마, 영화, 게임 등 여러 분야에 걸쳐 세계시장으로 진출하고 있다. 한류의 성공요인은 세련된 서양문화의 발 빠른 도입과 개성적인 동양문화적 특성이 적절히 혼합된 한국 고유의 문화콘텐츠가 세계인들에게 긍정적으로 받아들여지고 있는 것으로 보인다. 한류는 본궤도에 오른 것으로 판단되지만 아직 전성기라고는 할 수 없다. 앞으로의 가능성이 더 기대된다.

산업연구원이 조사한 2020년 한류의 예상영향지역을 보면, 현재 동

아시아에서 영향력을 보이고 있는 한류는 주변국들을 중심으로 확대가 예상되며, 앞으로도 일정기간 동안 영향력을 가져갈 것으로 전망된다. 문화에 대한 정부와 민간투자가 기하급수적으로 늘 것으로 예상되며, 이와 같은 추세를 감안한다면, 2020년에는 지금의 문화소비와는 비교가 안 될 정도로 비율이 증가할 것으로 전망된다. 세계문화의 중심으로 기여하기 위해서는 지금부터 장기적인 문화전략이 필요하다.

문화는 정보/지식기반 서비스산업과 동반성장할 것이다

정보와 지식기반 서비스산업의 성장에 따라 문화 관련 인력수요가 크게 증가할 것으로 예측된다. 정보와 지식기반 서비스산업 가운데 영상, 애니메이션, 출판, 광고와 함께 디자인, 공연산업, 전문경영, 기획, 예술행정, 장르별 전문이론 등 지식집약적 고부가가치 분야의 인력수요가 빠르게 증가할 것이다. 특히 인터넷, 소셜네트워크 서비스, 스마트 디바이스의 등장은 문화예술 및 문화산업 콘텐츠의 다양화를 가속화할 것이다. 이를 통해 고용효과 또한 증대될 것이다. 이를 뒷받침할 문화전략을 수립해야 한다.

문화소비에서 양극화가 존재할 것이다

경제계급의 양극화는 문화를 향유하는 방식에 있어서도 양극화를 만들어낼 것이다. 가속화되고 있는 소비의 양극화는 결과적으로 예술, 문화 및 관광에 있어서도 그 주된 소비층에 따라 양극화가 확산될 것으로 전망된다. 이는 각별한 노력이 없는 한 더욱 심해질 것으로 예상된다. 따라서 이를 극복하고자 하는 각별한 문화소비 양극화 완화전략이 필요하다.

상대적으로 영화관람처럼 저렴하고 대중적인 문화활동은 소득수준별 계층 간의 향유 기회의 차이가 크게 나타나지 않는 데 비해, 순수예술, 뮤지컬 등 고급문화, 여행(관광) 등은 소득에 따라 큰 차이가 나타날 것이다. 이를 해소할 문화전략이 필요하다.

디지털 컨버전스가 문화산업을 풍성하게 할 것이다

문화발전에 있어 가장 주목할 기술변화 중 하나는 제품의 멀티미디어화, 간편화, 소셜화, 개인화이다. 2045년의 기술변화는 최소한 인터넷환경의 변화와 모바일환경의 등장, 디지털 플랫폼의 다변화로 여가시간 증대, 여성의 사회참여 증가 등 사회구조와 맞물려 새로운 라이프스타일을 만들어낼 것이다.

소비자는 자신이 편리하게 사용하는 단말기를 통해 시간, 장소에 구애받지 않고 편리하게 네트워크 서비스를 활용하고자 할 것이다. 대용량 멀티미디어 데이터에 대한 소비자들의 요구, 동영상, 사운드 위주의 서비스 선호 등이 소비자의 요구수요와 맞물려 크게 증대될 것이다. 따라서 디지털기술 기반 문화콘텐츠 상품화의 다매체, 다채널화, 미디어의 보편화는 멀티미디어 문화의 소비를 증가시키고, 문화콘텐츠가 표현될 수 있는 수단이 확대될 것이다.

디지털 네트워크 기술발전은 대한민국을 정보화 사회에서 유비쿼터스ubiquitous사회로 변모시킬 것이다. 사물인터넷Internet of Things은 이러한 유비쿼터스시대를 가속화할 것이다. 사물인터넷 기술은 '휴대용기기나 가전제품 등 여러 종류의 기기를 네트워크로 연결시켜 언제 어디서나 이용이 가능하도록 하는 제반기술 또는 환경'이다. 유비쿼터스 사회는 이러한 기술을 바탕으로 사물이 지능화 네트워크화됨으로써 개인의 삶의 질이 크게 향상된다. 디지털기술 발전으로 유선과 무선, 방송과 통신, 통신과 컴퓨터 등 기존의 기술/산업/서비스/네트워크의 구분이 모호해지고 이들 간에 새로운 형태의 융합상품과 서비스들이 등장할 것이다.

결과적으로, 디지털 컨버전스의 등장은 기술의 컨버전스를 통한 콘텐츠의 확장, 컨버전스의 진화와 함께 문화콘텐츠의 진화도 함께 이루어질 것이다. 따라서 이를 지원할 전략적, 제도적, 정책적 뒷받침이 필요하다.

예술진흥의 통로가 재정비돼야 한다

문화진흥, 예술진흥은 현재 문화관광부의 중요한 고유 업무영역에 해당된다. 그러나 이제 문화의 개념이 확장되어 과학기술, 보건복지 관점에서도 문화를 전략적으로 다루어야 한다. 그런데 현재 문화관광부는 예술국에서 국립기관(국립극장, 국립국악원과 산하 예술단체, 국립현대미술관)과 예술의 전당, 정동극장, 국립예술단체(국립발레단 등) 그리고 한국예술종합학교와 국립국악고등학교 등과 문화예술교육진흥원과 예술경영지원센터, 한국문학번역원 등을 관할하는 것을 주 업무로 여기고 있다. 또한 위와 같은 기구들의 법률적 위상과 독립성, 자율성이 민간 예술계가 인식하는 위상, 역할 등과 상이하여 이를 예술진흥의 정책통로로 활용하는 데에는 여러 가지 문제점을 안고 있다.

앞으로 문화산업의 발전과 문화예술 교육의 확산, 문화복지 수요의 증대, 그리고 문화외교의 필요성 증대 등으로 인해 문화예술의 필요성은 더욱 절실해질 것이다. 따라서 문화진흥을 위해 범부처간 협업이 전략적으로 필요하며 현재 문화관광부 예술국과 산하기구들의 역할을 과제별로 재조정하고 그 위상을 재정비할 필요가 있다. 좀더 거시적인 틀에서 문화와 예술을 진흥할 수 있는 행정지원 토대가 마련돼야 한다.

무엇이 미래문화를 바꾸는가

미래문화를 변화시킬 주요요인을 찾고 이에 대한 특성을 파악해야만 미래전략을 제대로 제시할 수 있다. 미래문화를 변화시킬 환경요인으로 아래 요소들을 주목한다.

고령화사회, 싱글족사회는 새로운 문화를 요구한다

2015년 이후 대한민국의 인구는 약 5천만 명 이하로 줄어들기 시작해 2030년 4천 800만 명, 2050년 4천 200만 명 등 지속 감소한다. 0~14세 유소년인구는 2005년 현재 총인구 중 19.2%를 차지하고 있으며 지속적인 출산율 감소로 인하여 2030년 11.4%, 2050년 8.9% 수준으로 낮아질 전망이다. 현재 유소년인구 100명당 고령인구는 47명 정도이나 2030년 214명, 2050년에는 429명이 되어 초고령사회가 상당히 진전될 것으로 전망된다.

고령인구의 증가는 다양한 노인문화, 실버산업의 급성장을 가져온다. 인구통계학적 변화에 따라 가족구조가 변화하고 고령인구가 증대하면서 노년층, 여성층과 같은 새로운 소비계층이 출현하는 등의 사회적 변화가 진행된다. 베이비붐 세대의 은퇴는 실버산업 활성화의 기폭제로 작용할 전망이다. 이들은 높은 교육과 소득 및 소비수준, 개인주의적 가치관 및 소자녀화, 높은 사회참여의식, 주택, 자동차, 영화산업의 견인세대로 다양한 소비의 적극적인 주체 역할을 수행할 것이다. 따라서 이들이 노인세대로 진입하는 2020년경에는 높은 사회참여와 주체의식을 가진 최대 여가소비층으로 부상할 전망이다.

결혼에 대한 의식 변화와 독거노인 증가로 인한 독신 가구 증가, 자식이 없는 부부empty nester 증가와 이혼가족/한 부모 가족 증가 등 가족구조의 다양한 변화가 증대되고 이는 새로운 문화향유층을 유발할 것이다.

경제성장에서 '삶의 질' 중심으로 생활태도가 바뀐다

지난 세기가 자본주의, 물질주의적 가치관이 팽배한 시기였다면 향후에는 삶의 질을 중시하고 탈물질주의 가치관으로 이동하는 시기를 맞을 것이다. 경제활동 중심(일의 양 중시, 직장중심의 생활)의 생활에서 삶의 질 중심(행복 추구, 일의 질 중시, 가족 중심 생활)으로 국민생활 및 경제활동 방식이 변화할 것이다. 일례로, 2005년 통계청 자료에 따르면 2004년 기준 국민 1인당 레저비용은 1999년에 비해 무려 38%나 증가했으며 일보다 가정, 여가를 더 중시하는 경향이 뚜렷해지고 있다. 따라서 행복증진을 위해 다양한 여가활동을 즐길 것이며, 이는 삶의 질 향상, 건강증진, 스트레스 해소, 자아실현 등에 기여할 것이다.

최근 국민들의 삶의 질과 행복에 대한 논의가 활발해지면서 국민의 '삶의 질'을 평가할 수 있는 새로운 지수인 GNH를 국가발전의 지표로 삼는 변화가 일어나고 있다. 1998년 UN이 국민들의 주관적인 행복 정도를 측정한 결과, 대한민국은 23위로 나타났다. 또 UNDP가 측정하는 인간개발지수HDI를 비교한 통계에 따르면 대한민국은 2006년 177개국 중 26위를 차지했다. OECD 회원국의 행복지수를 비교하면

34개국 중 32위를 차지했다.

다문화의 확산이 문화다양성을 유도한다

우리 사회는 해외이주와 국제결혼, 외국인 노동자의 유입, 해외여행자 비율 등이 크게 증가하면서 다인종/다문화사회로 변모하고 있다. 국내체류 외국인은 2005년에 이미 100만 명이 넘어섰으며, 외국인과의 결혼비율 또한 크게 늘어나고 있다. 2045년까지 이러한 경향은 더욱 가속화될 전망이다. 세계화 등으로 인력시장은 글로벌화되었고 다양한 인종적, 국가적 교류는 더욱 심화될 것이다. 그러나 2015년 현재, 문화적으로 외국인 노동자에게는 여전히 폐쇄적이고 배타적이며, 인종에 따른 차별도 공공연히 자행되고 있다. 국제교류 측면에서 이미 다민족, 다문화적 사회형태를 띠고 있지만 아직 제도적, 정책적 측면에서 이러한 다문화사회의 여러 부분들을 반영하지 못하고 있다. 이런 현실이 계속 유지된다면, 대한민국은 다문화가정이 살기에 가장 끔찍한 배타적 삶의 터전이 될 것이다. 그것은 전체 국민행복을 위해서도, 문화발전을 위해서도, 문화산업을 위해서도 좋지 않다.

문화다양성이란, 다인종 혹은 다민족 국가 내부의 문화들에 대한 관용과 보호, 그리고 이들에 대한 존중과 이해하려는 태도를 바탕으로 한다. 단일민족임을 강조하고 타문화에 대한 배타적인 태도는 궁극적으로 우리 문화가 그들 문화와 결합해 새로운 문화로 진화하는 데 걸림돌이 된다. 사회안정 뿐 아니라 문화발전 측면에서도 폐쇄적인 태도는 적절하지 않다. 유럽 국가들을 중심으로 복잡한 사회통합을 위한 방안으로 문화다양성이 정책적 이념 가운데 하나로 수용될 만큼, 문화다양성은 세계적으로는 보편적인 개념이다.

〈표 18〉 국내 외국인 인구

(단위: 명)

국가	1985	1990	1995	2000	2001	2002	2003	2004
총 계	40,920	49,507	110,028	210,249	229,648	252,457	437,934	468,875
한국계 중국인	–		7,367	32,443	42,827	48,293	108,283	128,287
중국	2	147	11,825	26,541	30,740	36,297	77,202	80,036
필리핀	251	578	9,004	15,961	16,361	17,296	27,562	27,934
인도네시아	19	78	3,434	16,700	15,617	17,140	28,349	26,063
베트남	–	1	5,663	15,624	16,048	16,901	23,315	26,053
타이완	25,008	23,583	23,265	23,026	22,791	22,699	22,585	22,285
타이	48	52	478	3,240	3,616	4,790	19,996	21,890
일본	2,472	5,323	9,365	14,013	14,670	15,350	15,967	16,399
방글라데시	11	11	2,700	7,882	9,097	8,990	13,600	13,078
미국	7,750	14,019	22,214	22,778	22,018	22,849	23,208	22,566
러시아(연방)	–		513	2,581	3,296	4,019	6,140	4,556
영국	784	670	857	1,269	1,565	2,014	2,085	2,049

자료: 사회통계연보, 한국문화관광정책연구원 용역보고서, 미래문화전략2030(2006)에서 재인용

문화다양성은 각각의 다양한 주체들의 정체성이 자유롭게 공존할 때 지켜질 수 있는 것이며 계층 간, 세대 간 문화, 주류와 비주류문화가 공존할 수 있는 다양성이 바탕이 될 때 문화공공성도 확보될 수 있다. 다양한 문화의 존중은 문화발전의 기폭제가 될 것이며, 사회안정에도 크게 기여한다. 유네스코의 문화다양성 선언에 우리도 동참함으로써 타문화권에 대한 존중과 이해를 미래사회의 중요한 가치 중 하나로 설정한 바 있다.

2045년 미래문화를 예측하다

그렇다면 2045년의 미래는 어떤 문화를 향유하고 있을 것인가. 크게 두 가지로 나누어볼 수 있다.

'삶의 질' 향상을 위해 문화활동이 삶의 중심에 서다

2045년의 미래사회는 삶의 질을 바라보는 시민들의 의식이, 생활의 양적인 측면보다는 질적인 측면을 강조하게 될 것이다. 따라서 문화예술에 대한 중요성을 인식하면서 문화예술부문의 지출비율이 늘어날 것으로 예상된다. 대한민국의 현재 가계에서 문화여가비 지출비율은 4.0%로 낮은 수준이지만, 2020년 1인당 국민소득이 3만 달러 이상이 되고, 2040년 그 이상의 경제성장을 이루면 더이상 경제성장은 국가의 가장 중요한 목표가 되지 않을 것이다. 행복한 삶의 질에 초점에 맞추어짐에 따라 문화생활의 비중이 더욱 커질 전망이다. 프랑스, 영국, 일본, 캐나다 수준의 5.2%~6% 정도의 문화여가비 지출비율로 늘어날 것으로 전망된다.

문화기반시설 확충, 문화플랫폼 확산

문화예술시설에 대한 수요변화는 저출산, 고령화에 따른 인구변화, 디지털화 및 지식정보화에 따른 변화 등의 영향을 받을 것이다. 그러나 우리나라의 경제수준과 인구변화 추이를 감안하더라도 아직까지 문화기반시설이 전체적으로 부족한 상태다. 그러나 향후 문화기반시설이 크게 증가할 것이며 지식기반 서비스산업 가운데 영상, 애니메이션, 출판, 예술행정, 장르별 전문이론 등 지식집약적 고부가가치분야의 인력수요도 크게 늘어날 것이다. 이로 인해, 2030년 국내 문화산업 규모는 약 150조 원에 이를 것으로 예상되며, 이는 2030년의 국내 GDP 규모를 2825조원이라고 추정했을 때 5.3%에 해당하는 큰 비중이다. 세계관광기구UNWTO에 따르면 세계 국제관광객수는 4.1%의 성장세로 2020년 15억 6천만 명으로 증가할 것이며, 특히 동아시아/태평양은 6.5%의 성장률을 예상하고 있다.

국제경기 중심에서 생활체육으로, 스포츠 일상화

국민건강 증진과 삶의 질 개선을 위해 스포츠활동은 무엇보다 중요하다. 문화의 한 형태로서 스포츠는 국민들의 일상 속으로 깊이 파고들 것이다. 미국은 연간 스포츠산업의 규모가 2,555억 달러로 GDP 대비 3.35%이고, 일본은 19조 3,892억 엔으로 GDP 대비 3.88%임을 감안하면, 아직 우리나라는 그에 크게 못 미치고 있다. 하지만 향후 다양한 스포츠를 즐기는 문화가 일상 속에 자리잡으면서, 레저스포츠에 대한 지출이 크게 늘어날 전망이다.

대한민국 문화전략, 어떻게 바뀌어야 하나

여기서는 2030년의 문화전략의 방향을 제시하는 데 있어 3가지를 각별히 강조하고자 한다. 즉 행복사회로의 이행에 따른 문화향유 토대 마련, 경쟁과 실적 중심에서 창의와 혁신의 문화로 바뀜에 따라 창의성을 강조하는 문화가치 창출과정 재정립, 다문화사회로의 이행에 맞춰, 문화다양성 극대화를 그 틀로 한다. 그동안 문화를 산업의 성장동력 관점에서 육성하는 것에 덧붙여, 창의한국을 이끌고 국민행복에 기여하는 토대로서의 문화를 성장시키기 위한 전략을 제시하고자 한다. 이런 근본적인 패러다임 변화를 위한 문화전략을 좀더 구체적으로 아래와 같이 강조하고자 한다.

행복사회의 중심에 문화를 놓다

지난 60년간의 대한민국의 발전방안은 GDP라는 경제지표로 상징되는 경제성장이었다. 그러나 일정 수준 이상의 경제성장을 이룬 시점에서, 2045년 대한민국의 발전방안은 국민행복 증진에 좀더 초점이 맞춰져야 한다. 이를 위해 일의 양보다는 효율, 경쟁보다는 협력, 최고에 대한 추구보다는 유일에 대한 추구로 사회적 가치문화가 변화해야 한다. 그리고 이렇게 생긴 여가시간을 문화향유 등 자존감을 높이는 활동으로 채워져야 한다.

가까운 곳에서 언제든지 문화생활을 즐길 수 있는 편리한 환경이 마련돼야 하며 개인이 문화활동을 수동적으로 받아들이기만 하지 않고, 능동적으로 참여할 수 있는 기회가 늘어나야 한다.

창의성을 존중하는 문화선진국으로 나아간다

문화정책 측면에서 개별적 창의성의 자유를 최대한 보장하고, 그 자유로운 창의성들이 문화적 실험성, 다양성, 공공성 등을 통해 사회적으로 소통되고 공유될 수 있도록 기획돼야 한다. 예를 들어, 문화창의성을 고무하고 문화 인식을 전환시킬 교육 기회가 확대돼야 한다. 그리고 창의적인 사고와 발상이 문화와 예술로 이어질 수 있도록 도와주는 구조와 창의적인 사고와 발상이 간직될 수 있게 해주는 창의발현정책시스템이 구축돼야 한다. 새롭고 실험적인 것에 대한 예술적 이해와 관용이 필요하고 이를 증진할 정책이 요구된다.

다문화사회에서의 문화다양성, 꽃피는 미래문화

최근 대중문화의 '한류' 흐름 이후, TV프로그램이나 영화, 음악 등의 대중문화 생산물 위주의 한류 흐름을 넘어서, 진정한 한국문화를 중심으로 한 한류가 필요하다는 지적이 제기되고 있다. 아시아문화에 대한 포용이 한류문화를 지속적으로 극대화하는 데 기여할 것이다. 그간 세계화가 문화 간 교류를 촉진시킨 것도 사실이지만, 다른 문화와의 교류는 문화다양성을 불러오기보다는 문화의 동질화경향을 가져오는 역효과도 낳았다. 따라서 세계화가 가속될수록 문화적 정체성을 확립해가는 일이 중요해졌고 세계화에 대응하여 특수화, 차별화, 분절, 탈집중화가 중요해졌다.

문화다양성은 다른 민족 사이에만 벌어지는 것이 아니다. 청년세대와 동성애자들이 인터넷과 대중문화를 통해 일상문화의 변화를 가져오면서 사회적 세력화로 대두되면서 기성문화에 새로운 대안으로 부상하고 있다. 그들은 마니아, 인디, 언더 등 다양한 형태의 하위문화적 집단들로 부상해왔으며 이는 앞으로 더욱 증대될 것이다. 고급문화와 대중문화, 상위문화와 하위문화라는 이분법에서 벗어나 다양한 문화가 공존하는 사회로의 이행이 필요하다.

따라서 새로운 시대의 주체는 동질성을 복제하는 원리가 아니라 다양성을 조직하는 원리에 의해 운영돼야 하며, 다양한 문화주체를 통한 다중심적 질서를 만들어내는 것을 그 기본전략으로 삼아야 한다. 이를 위해 우선 우리 국민들의 인식전환을 위한 프로그램이 필요하다. 문화다양성에 대한 관용적 태도는 타고나는 것이 아니라 교육을 통해 얻을 수 있는 것이며, 이를 통해 다양한 문화가 공존하고 상호존중될 수 있는 문화적 소양을 증대해야 한다. 다른 문화에 대한 열린 태도를 교육하는 프로그램이 현재 대한민국에는 각별히 필요하다. 다양한 문화에 대한 이해를 높일 수 있도록 정보를 교류하고 문화를 교육하며 우리 문화가 함께 시너지를 낼 수 있는 토대를 마련한다.

우리가 다문화가정에 대한 문화적 이해를 하는 것도 중요하지만, 이주민 2, 3세대에서의 상호 이해 및 공생을 위한 노력도 게을리해서는 안 된다. 또 그들에게 우리 문화를 교육하고, 그들이 우리나라에서도 자국의 문화를 즐길 수 있는 토대를 제공하는 것 또한 간과해서는 안 된다. 이러한 노력이 대한민국을 문화적으로 더욱 풍성하게 만들 것이다. 이 범위가 아시아를 넘어, 아프리카, 남미 등지로 확대돼야 한다.

한국적인 것에 대한 재조명이 필요하다

세계화, 글로벌화의 시대일수록 우리의 문화정체성을 다시금 주목하고 이를 통해 문화경쟁력을 강화하는 전략이 필요하다. 우리 문화를 객관적으로 들여다보는 전략과 깊이 들여다보는 전략이 둘 다 필요하다. 전통문화 기반의 문화콘텐츠 개발사업도 필요하고, 새로운 디지털 환경과 수요에 부합하는 문화콘텐츠를 우리 스타일로 새롭게 생성하는 것도 필요하다. 문화정체성 확립 프로그램 개발은 문화정체성 연구 확대와 함께 우리 문화를 세계문화의 중심축에 서게 하는 데 크게 기여할 것이다.

문화산업의 융성은 무형의 지적재산에 대한 보장에서 출발한다

문화콘텐츠는 그 자체로 더없이 소중한 지적재산임에도 불구하고 무형의 재산이고 개발자가 명확하지 않으며, 재산의 범위 또한 모호하고 복제유통이 손쉬워 그동안 지적재산으로서 제대로 보호받지 못했다. 그러나 그것은 문화산업의 육성을 갉아먹는 해충이다. 문화전략은 저작권 보호문제를 가장 중요한 이슈로 다루어야 한다. 특히 동남아 국가에서 이러한 문제는 한류 열풍의 해외유통을 방해하며, 우리 문화콘텐츠에 대한 저작권 침해사례는 실질적인 경제적 손실로 이어진다. 즉 저작권이 경제적 부가가치를 창출하는 하나의 산업이기에, 저작권 정책방향은 문화전략에서 중요한 위치를 차지해야 한다.

이를 위해 무엇보다도 문화예술분야에서 저작권 보호를 위한 권리정보의 표준화 등 지적재산권 보호체계를 구축하고, 저작권의 종합관리 및 이용 활성화를 위한 정책방안을 내놓아야 한다. 더불어 문화산업 유통과 관련해 공정경쟁 강화를 도와야 하며, 해외에서의 저작권 침해 방지를 위한 대책도 마련해야 한다.

문화향유의 양극화를 해소해야 한다

문화 소외계층이 생기지 않고 경제양극화가 문화양극화로 이어지지 않도록 각별히 노력하는 문화전략이 필요하다. 특히 문화분야 내부의 양극화 해결과 사회양극화 해소를 위한 문화적 해결정책이 동시에 추진돼야 한다. 문화 소외계층을 위한 문화 활성화정책 추진의 일환으로, 취약계층을 정책의 수혜자로 보지 않고, 그들 스스로 자신의 문화를 창조하고 향유할 수 있는 주체로 인식하는 정책개발이 추진돼야 한다. 고령화시대 노인들의 문화활동을 증진시키기 위한 민간시장 활성화 및 관련 제도 정비 등도 요구된다.

3

사회분야 미래전략

복지전략

30년 뒤의 복지와 고용을 예측하기는 쉽지 않다. 과학기술분야도 미래예측이 어렵거나 잘 맞지 않는 마당에, 사회경제적 상황이나 정치적 의지가 크게 작용하는 사회정책분야는 더욱 그러하다. 물론 우리보다 30년 정도 앞선 사회, 경제시스템을 가진 나라들, 즉 선진복지국가들의 현재 상황을 본다면 어느 정도 예측이 가능하지 않겠느냐는 기대를 해볼 수 있을 것이다.

그러나 이 역시 우리의 절대적인 기준이 되기는 어렵다. 경제수준 혹은 국민소득 수준에 따라 복지수준이 차이가 나는 것은 사실이지만, 그것은 어느 단계까지만이다. 경제결정론이라고 할 수 있는 이런 시각은 소득수준이 상당히 낮은 개발도상국가와 선진국을 비교할 때 성립되는 해석일 뿐이다. 한국 정도의 경제단계가 되면 선진국들과 사회경제적인 수준을 단계별로 비교하는 것이 쉽지 않다. 물가를 감안한 소득수준은 우리가 이미 선진국 수준이라 해도 과언이 아니다.

이처럼 현재의 앞선 나라들과 단순 비교를 통해 우리의 미래를 예측하는 데에도 한계가 있다. 대신 유력한 방법 중의 하나는 복지국가 발전의 경로 성격에 대한 비교, 분석을 통해 우리의 미래를 예측하는 것이다. 비록 복지정책, 노동정책이 정부의 의지나 사회적 합의에 의해 변하는 듯하지만, 이는 기본적으로 그 사회경제 시스템이 어떻게 구성되어 있는가에 따라 경로의존적으로 변한다는 것이 많은 학자들의 생각이다. 따라서 30년 후 한국의 고용과 복지는 현재 한국사회가 어떤 복지국가 경로를 따르고 있는지를 보면 어느 정도 예상 가능하다.

다만 여기서 중요한 것은 한번 경로가 정해지면, 미래도 그대로 결정되는 것은 아니라는 사실이다. 비록 경로의존적으로 변한다고 하더라도 정책의지와 사회적 노력을 통해 '어느 정도'의 변화와 개선을 기할 수 있기 때문이다. 이 대목이 바로 고용과 복지의 미래를 구상하는 전략이 필요한 부분이다. 그런 점에서 우리가 어떤 경로에 들어서 있는지, 그 경로의 범위 내에서 최선의 목표는 무엇이며 어떻게 이를 달성할 것인지를 전략적으로 사고할 필요가 있다.

동아시아 복지국가로서 우리의 미래

복지국가로서 한국의 발전경로를 생각하기 위해서는 이른바 복지국가 유형에 대해 생각해볼 필요가 있다. 애스핑 앤더슨 등 여러 학자들에 따르면 선진 자본주의국가의 복지국가 유형은 대체로 다섯 가지로 나눌 수 있다. 국민부담률과 사회지출 비중에 따라 그림에 나타내보면, 일부 예외적인 국가들이 있기는 하지만 고부담/고복지, 저부담/저복지의 스펙트럼 속에 이들 다섯 개 유형이 나름의 특색을 가지고 분포된다. 그런데 이런 분포는 조세부담과 복지지출만 차이를 보이는 것이 아니라, 정치적 성격, 노동시장의 구조 등에서도 뚜렷한 차이를 나타낸다. 복지국가 유형은 복지만이 아니라 노동과 자본의 관계까지도 반영한 유형인 것이다.

〈그림 6〉 국민부담, 사회지출 수준과 복지국가 유형

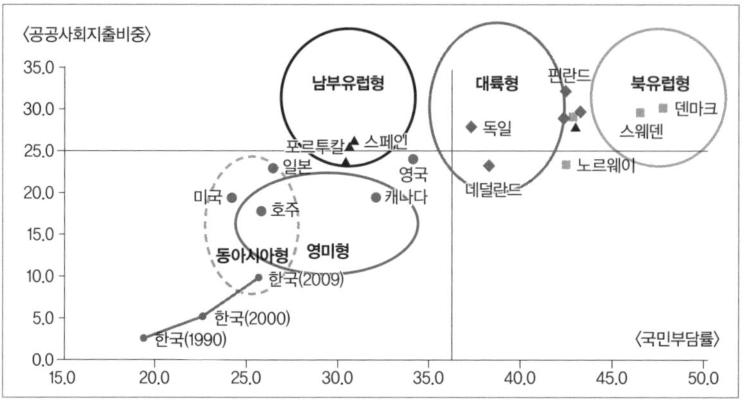

위 그림에서 보듯이 우리는 아직 복지국가 유형으로 볼 때는 가장 초보적인 단계에 있다. 국가의 역할이 크지도 않으며 복지지출 역시 가장 낮은 단계이다. 하지만 복지지출이 늘어나고 재정이 확대되면 저절로 선진국들의 어느 한 유형처럼 변하는 것은 아니다. 위에서도 설명했지만, 여기에는 노동시장 성격을 포함한 다양한 사회, 경제, 정치적 구조가 반영되어 있기 때문이다.

예를 들면 모두들 북유럽식 복지국가를 부러워하고 또한 우리가 도달해야 될 미래상처럼 생각하지만, 거기에는 특유의 노동시장, 사회시스템이 뒷받침되고 있다는 것을 잊어서는 안 된다. 이른바 코포라티즘corporatism(일부에서는 조합주의로 번역한다)으로 불리는 국가의 적극적인 조정 역할과 자본/노동의 관계가 우리와는 큰 차이가 있다. 스웨덴의 노동조합 조직률이 80%에 이른다는 사실을 생각하면 더욱 그렇다. 마찬가지로 독일과 같은 유럽대륙의 복지시스템도 우리와 다른 경로를 나타내고 있다. 사회보험을 중심으로 튼튼한 노후안전망을 구축해두었고, 이는 다당제와 사회적 합의구조에 의해 뒷받침되고 있다.

반면 우리나라는 그동안 특유의 발전주의 국가체제를 지속해왔다. 국가는 스스로 경제성장의 견인차 역할에만 집중했고 복지는 개인과 가족의 책임에 맡겨두었다 해도 과언이 아니다. 1990년대 후반부터 빠른 속도로 사회안전망을 강화하고 복지를 늘리고 있지만 우리는 이미 그 이전에 규정된 경로, 즉 높은 가족책임과 불균형적 노사관계, 과다한 자영업자 규모라는 특수한 환경 속에서 복지국가를 지향하고 있다. 더구나 선진국들이 고도성장 기간 중에 대대적인 복지확대를 동

〈표 19〉 복지국가 유형별 특징

유형	해당 국가 사례	복지정책 특징	사회경제적 특징
북유럽형	스웨덴, 핀란드, 노르웨이, 덴마크	고부담/고복지 사회서비스 발달	낮은 빈곤율 높은 여성경제참가 강한 코포라티즘 정치
대륙형	독일, 프랑스, 오스트리아	중부담/중복지 사회보험 중심 발달	낮은 빈곤율 노동시장 경직적 강한 코포라티즘 정치
영미형	미국, 영국, 호주	저부담/(중)저복지 극빈층 중심의 보호	높은 빈곤율 노동시장 유연성 높음 낮은 노동조합조직률
남부유럽형	스페인, 포르투갈, 그리스, 이탈리아	저부담/(중)저복지 복지 포퓰리즘 성향	가족주의 지속 재정위기 심각
동아시아형	일본, 한국, 대만	저부담/저복지 사회안전망 구축 단계로 고령화 등에 따라 복지확장 추세	가족주의 높음 노동시장 양극화 낮은 노동조합 조직률과 경직적 노사관계

시에 이루어냈다면, 우리의 경우 복지확대 필요성을 느꼈을 때는 이미 저성장 단계에 진입한 상태였다. 또한 저출산, 고령화가 이미 본격화된 상황에서 복지국가 경로를 밟아야 하는 특수성을 안고 있다.

그러므로 우리나라 복지국가의 미래상은 위에서 지적한 특수성을 충분히 고려하여 거기서 드러나는 문제점을 해결하는 방향으로 구상하고 설계할 필요가 있다.

한국형 복지국가의 과제

우리는 오랫동안 '성장이 가장 큰 복지'라거나 '경제성장이 어느 단계에 도달한 다음 복지투자를 늘려야 한다'는 식의 이른바 낙수효과 trickle-down effect 혹은 경제발전론에 입각한 복지정책을 시행해왔다. 워낙 빠른 경제성장과 생활향상을 경험했기에 낙수효과론은 수십 년 동안 한국의 사회경제정책을 규정하는 틀이었다. 하지만 외환위기 직후부터 사회안전망 위기를 겪은데다, 곧이어 저출산, 고령화 문제가 대두되면서 이제 '복지는 능력이 되면 하는 것'이 아니라 '복지를 하지 않으면 미래를 기약할 수 없는' 그런 상황이 되었다.

또한 우리가 지향하는 복지국가는 현재 직면하고 있는 다양한 문제들을 해결하고 극복하는 과제까지 떠안고 있다. 복지국가를 이루는 길은 노동시장 양극화, 청년실업, 새로운 경제활력과 성장의 둔화 등의 문제를 해소하는 과제와 배치되어서는 안 된다. 앞으로의 복지국가는 복지와 경제가 상쇄적인 것이 아니라 함께 발전하는 것이어야 하기 때문이다. 미래의 복지국가를 이루기 위해 우리가 해결해야 될 과제들은 다음과 같은 것들이다.

고령화문제 극복

인간 수명의 연장은 인류로서는 당연히 반겨야 될 축복이다. 하지만 준비되지 못한 고령화는 개인과 사회에 고통스러운 결과를 초래할 수 있다. 특히 연금과 같은 노후생활 대비책이 없는 상황에서 맞이하는 노후는 곧 빈곤상황을 의미한다. 우리나라는 노인빈곤율이 OECD국가 최고인 45.1%에 이른다. 노인 두 명 중의 한 명은 중위소득의 50%에 못 미치는 수입으로 생활하고 있다는 뜻이다. 따라서 우리 복지시스템은 무엇보다 이 문제를 해결하는 데서 시작해야 한다.

앞으로 30년을 내다볼 때 노인의료문제는 일종의 시한폭탄과 같다. 지금도 의료비문제가 논란이 되고 있지만, 고령화에 수반된 국가적인 의료비 증가는 심각한 재정부담을 초래할 것이다. 특히 직접 의료비 외에도 간병 관련 비용의 증가는 더이상 개별가계의 부담에만 맡겨둘 수 없다.

저출산문제 극복

저출산문제의 심각성은 새삼 재론할 필요조차 없다. 그 이유도 복합적인데 일종의 삶과 생활양식의 변화부터 양육과 교육비 부담, 여성의 일자리 연속성 부담 등 다양한 분야에 걸쳐 있다.

그 원인이 어떠하든 저출산문제는 향후 필수노동력 확보 차원만이 아니라 적절한 시장규모를 유지하기 위한 인구규모 차원에서도 해결해야 한다. 특히 소수의 청년이 다수의 노인을 부양하는 부담(부양비)을 낮추기 위해서는 적절한 인구규모가 필수적이다. 따라서 출산율을 높이고 인구를 늘리기 위한 차원의 복지정책은 국가의 미래를 위한 투자이기도 하다.

성장에 기여하는 복지

이제 더이상 복지가 소모적이거나 낭비적인 지출이 아니라는 점에는 많은 사람들이 동의하고 있다. 저출산, 고령화의 문제를 해결하기 위해서라도 복지투자와 지출은 불가피한 것이다. 그러나 여기에만 그쳐서는 안 된다. 복지가 성장을 뒷받침한다는 새로운 관점이 필요하다. 우리나라는 대외의존도가 매우 높은 국가이다. 내수는 취약한 반면 수출, 수입의 영향이 큰 것이다. 따라서 대외경제 환경의 변화는 국내경제에 큰 영향을 미친다. 이 때문에 네덜란드, 핀란드, 덴마크 등 유럽의 강소국가들은 튼튼한 사회안전망 구축을 통해 국민들이 안심하고 모험적인 대외도전을 할 수 있도록 뒷받침하고 있다. 우리나라와 같이 대외의존도가 높은 나라일수록 사회안전망이 튼튼해야 더 진취적이고 창조적이며, 모험적인 도전이 가능해진다.

이와 함께 내수확대 차원에서도 복지는 중요하다. 우리가 선진국들과 비교하면 고용분야에서 가장 취약한 부문이 사회서비스업이다. 보건, 복지, 보육 등 복지확대와 밀접한 관련이 있는 분야가 상대적으로 고용이 저조하고 처우가 열악한 것이다. 특히 보육, 복지분야의 처우개선의 필요성은 아무리 강조해도 지나치지 않을 정도로 절실하다. 따라서 고용환경만 적절히 개선된다면 이 분야는 고용이 늘어날 수 있는 잠재력이 충분하다. 복지확대가 곧 일자리 확대와 내수 증진으로 이어질 수 있는 것이다.

지속가능한 복지재정

복지를 늘려야 하는 당위성이 분명하고 그것이 국가경제와 고용구조 개선에도 기여할 것이라는 기대도 타당하다. 하지만 복지확대가 국가재정이 감당할 수 있는 범위를 넘어서도 안 된다. 복지지출의 낭비적인 요소를 줄이면서도 최대한 생산적인 영역, 즉 고용확대와 고용의 질 개선에 기여하는 영역에 집중투자해야 하는 것이다. 이와 함께 국민부담률을 점진적으로 높여감으로써 적정부담, 적정혜택의 규범이 지켜져야 한다.

문제는 이 과정에서 복지가 당장 필요한 현 세대는 부담을 지지 않으려 하고, 이를 미래세대에게 떠넘기려는 정치적인 태도이다. 즉 현재의 복지를 확대하는 데 소요되는 재정을 미래세대에 부채로 남기는 방식이다. 이른바 세대전쟁이 발생하는 지점이다. 이에 대한 국가적 차원의 사회적 합의가 마련돼야 한다.

복지한국의 미래전략

한국형 복지국가를 이루기 위해서는 첫째, 준비되지 않은 고령화에 따라 나타나고 있는 노후빈곤과 의료비 증가문제를 해결해야 하고, 둘째, 세계에서 가장 낮은 수준의 출산율을 반전시켜야 한다. 셋째, 후발 복지국가로서 선진국들이 경험한 다양한 부작용들을 피해가는 '생산적 복지'와 '지속가능한 복지시스템'을 구축해야 한다. 이것은 단순히 복지확대 속도를 늦추는 것을 정당화시키거나 포장하는 차원이 아니라, 실제로 복지확대와 삶의 질 향상을 추구하더라도 보다 튼튼한 복지국가를 이룬다는 차원에서 중요하다.

견고한 복지확대의 기조를 유지하면서도, 특히 우리가 중점을 두어야 할 과제를 생각해보면 아래와 같이 집약할 수 있다.

인구문제 해결을 위한 적극적 대비

저출산, 고령화문제는 다가올 미래위험의 대표적 상징이다. 결국 생산인구의 감소와 부양부담 증가, 국가생산동력 저하, 저성장 심화 등과 맞물리는 구조는 특단의 대책들이 필요한 영역이다. 이와 관련해서는 인구문제를 다루는 별도의 장에서 논의가 되겠지만 복지의 영역에서 기본적인 몇 가지 전략들을 제시하면 다음과 같다.

첫째, 저출산 타개를 위해 국가적, 사회적 차원의 과감한 육아지원 시설 확충 및 관련 법규 마련이다. 자녀양육에 대한 금전적 지원보다는 구조적, 제도적으로 육아를 쉽게 할 수 있도록 국가적, 사회적 차원의 시설을 대폭 확대해야 한다. 육아보육지원은 관련 세대에 대한 세재지원과 육아비용, 학자금 지원 및 교육지원 등을 대폭 강화함으로써 인구유지/확대의 문제가 해당 가족만의 문제가 아니라 전체 국가적 차원의 사회 구성원 모두의 공동부담, 공동책임의 영역임을 인식시켜야 한다.

둘째, 정년(은퇴) 연령 기준을 대폭 현실화할 필요가 있다. 더불어 고령화의 기준도 현실화할 필요가 있다. 현재의 고령화 기준은 시대적 변화를 반영하지 못하고 있다. 연금문제 등 여러 문제가 얽혀 있지만, 기본적으로 생산가능한 연령을 기준으로 본다면 현재의 획일적인 정년(은퇴) 연령인 60~65세는 적실성이 매우 떨어진다. 기존의 정년제도 자체를 조정(60~65세→65~70세, 분야별 자율 등)하거나 정년제 자체를 임금피크제와 연동시켜 폐지하는 방안 등도 연구될 수 있을 것이다.

한편 고령화문제와 연결될 수 있는 사안으로 존엄사 혹은 웰 다잉 well dying문제에 대해 국가, 사회적 차원에서 공감대를 형성하고 대책이 필요하다. 인간의 존엄이란 생존과 죽음 모두를 포괄하는 개념으로 볼 수 있다. 본인의 의사와 상관없이 의료기계에 의지하여 심장박동만 유지되는 적지 않은 장기환자들이 있다. 이것은 사회적 비용의 문제를 떠나 죽음을 온전히 맞이할 권리로 연결되는 인간존엄의 문제로써 국가적 차원의 법, 제도 마련이 필요하다.

셋째, 해외 우수인력의 유치다. 글로벌화가 심화되는 미래세계에서 국가 간 경계가 실지로 약화되면서 인구이동이 확대, 심화될 전망이다. 세계 각지의 우수인력들은 글로벌화에 따라 좀더 살기 좋은 환경의 나라나 도시들을 찾아 자유롭게 이동하는 시대가 본격화할 전망이다.

이러한 환경에 선도적으로 대비하기 위해 해외 유학생이나 고급인력의 적극적 유치를 통해 국가적 차원의 인구문제에 대비함과 더불어 국가경제 활성화에도 기여할 수 있는 복합적인 효과들을 취할 수 있다. 미국의 성장 이면에는 전 세계 고급두뇌들에 대한 자유로운 이민정책이 한몫했다는 역사적 평가에 유의할 필요가 있다. 인적 교류가 매우 쉽고 자유로워지는 글로벌화에 대비한 해외 고급인력 유치정책을 과감하게 진행할 필요가 있다.

효과적이고 집중적인 사회안전망 구축 관리

우리나라는 2013년 복지예산으로 103조 원을 사용했고, 30년 후면 매년 GDP의 20% 이상을 복지부문에 지출할 것으로 예상된다. 그럼에도 불구하고 빈곤과 소외 속에서 극단적인 선택을 했던 '송파 세 모녀 사건'과 같은 복지 사각지대가 사건이 빈발하고 있다. 높은 복지 지출에도 불구하고 '사각지대'가 존재하는가 하면, 그 반대 측면이라고 할 수 있는 '부정 및 중복수혜' 문제도 존재한다. 사각지대와 부정수혜는 동전의 양면이라고 할 수 있는데, 전달체계의 불완전성과 제도미비의 결과이다.

따라서 무엇보다 전달체계를 집중 강화하고 개선할 필요가 있다. 사회복지 전담공무원의 숫자가 절대적으로 부족하다는 얘기는 어제 오늘의 일이 아니다. 최소한 10년 이상의 장기 확충계획을 세우고 연차적으로 대폭 보강해야 한다. 복지담당 공무원들과 관련 기관 종사자들의 삶 자체가 복지의 대상이라고 할 정도로 우리 사회의 복지수요와 업무부담이 너무 방대하다. 그만큼 국가적 차원의 사회안전망이 미비한 구조의 문제를 일선 복지공무원들의 물리적 인력으로 감당하는 식의 후진적 구조가 반복되고 있다. 연이은 사회복지 공무원들의 자살은 그 모든 것을 상징적으로 나타내준다. 특히 행정분야 중에서 필요성이 떨어지는 부문을 복지분야로 전환 또는 전직시키는 일도 병행할 필요가 있다.

복지와 고용서비스를 통합하는 문제도 조만간 닥칠 과제이다. 선진국들 대부분이 청년실업과 장기실업자로 골머리를 앓고 있는 중이다. 이들에게 최저생활에 필요한 복지는 제공하지만, 어떻게든 노동시장으로 진입할 수 있도록 지원해야 하기 때문에 상당수 국가에서 복지와 고용서비스를 통합하는 방향으로 복지정책을 추진하고 있다.

이와 같은 전달체계의 강화와 개선을 바탕으로, 사회안전망에 대해서는 신속하고 적극적인 확대가 필요하다. 부끄럽게도 우리나라 노인 빈곤율과 자살률이 세계에서 가장 높다. 가난과 질병, 고독이 가장 큰 원인들이다. 결국 노후를 위한 사회안전망이 부실한 결과인 것이다. 노인빈곤문제는 우리 국민 모두가 책임져야 할 과제라고 할 수 있다. 노인들은 한국전쟁, 중동 일자리 등 역사의 고비마다 국가의 존립과 발전을 위해 헌신하셨던 분들이다. 고도성장기의 주역이기도 하다. 하지만 그들의 전성기에 노후보장 시스템은 생각지도 못했고, 자신들이 그러했던 것처럼 의당 가족들이 부양해줄 것이라고 믿었을 뿐이다. 결국 사회가 효도를 하는 도리밖에 없다. 기초연금을 포함한 노후소득 보장과 의료시스템을 보강해서 안전하고 건강한 노후를 보장해야 될 책임이 있다.

아직 노인이 되지 않았지만, 심각한 가난에 빠져있거나 만성질환이나 가족해체로 어려움을 겪고 있는 가정을 돌보아야 한다. 그러나 우리는 사회보험 사각지대가 넓고, 더구나 중고령 세대는 사회보험의 혜택을 보기 어려운 한계가 있다. 이미 불안정고용시대에 들어선 상황에서 안정된 직장을 전제로 한 사회보험 시스템만을 고집할 수도 없다. 따라서 기초생활보장제도를 보완해서 활용하는 것이 가장 효과적이다. 현재 기초생활보장제도는 보건복지부 예산의 20%[4] 가까이를 차지하는 핵심제도이다. 사회보험이 그 역할을 분담해야 된다는 주장이 많기는 하지만, 현실적으로는 그렇게 되기 어렵다. 따라서 기초생활보장제도를 욕구와 필요에 따라 다원화하는 방식으로 개선하여, 사회안전망의 중추 역할을 하도록 하는 것이 불가피하다. 즉 교육, 의료, 주거 등 다양한 복지욕구에 따라 개별적으로 지원하는 방식이다. 현재는 모든 종류의 지원책들이 하나의 틀로 묶여 있지만, 이를 필요로 하는 분야에 따라 다차원적으로 제공하는 것이다.

일자리 중심의 복지확대

복지선진국들이 20여 년 전부터 부심하고 있는 문제는 어떻게 하면 복지의존을 줄이고 취업을 늘릴 것인가 하는 점이다. 'workfare, jobfare, welfare to work' 등의 표현이 등장한 것도 이 때문이다. 일종의 근로연계형 복지를 주창한 것이다. 실업급여 수혜기간을 축소하고 직업훈련이나 구직활동과 연계한다거나 근로능력이 있는 사람들의 생활보호 수급기간을 제한한다거나 하는 시도가 있어왔다. 영국에서 근로연계형 뉴딜정책, 독일의 하르츠개혁, 슈뢰더개혁, 미국의 TANF 도입 등이 대표적이다.

아울러 연금재정이 지속적으로 부담이 되자 수급액을 낮추거나 시기를 늦추는 방안도 여러 나라에서 시행되고 있다. 물론 이 같은 시도들이 일종의 신자유주의적 복지축소정책이었다는 비판도 있지만, 중요한 것은 복지국가도 그 상황변화에 따라 끊임없이 변해야 한다는 사실이다. 후발국가인 우리로서는 어떻게든 선진국들이 겪은 문제를 미리 예방할 뿐 아니라 지속가능한 복지체제를 구축하는 것이 중요하다. 그런 점에서 고용구조를 개선하고 일자리를 늘리는 차원의 복지확대에 특히 주안점을 둘 필요가 있다.

우리 노동시장은 잘 알려져 있는 것처럼 자영자 비율이 30%를 넘는 등 전근대적 속성을 강하게 가지고 있다. 또한 낮은 고용률에도 불구하고 고령자 취업률은 전 세계에서 가장 높다. 연금 등 노후소득 안전망이 구축되어 있지 않기 때문에 나이가 들어서도 어떻게든 수입원을 가지려 하기 때문이다. 따라서 앞으로 노동시장은 자영자 비율을 줄이는 대신 선진국들에 비해 상대적으로 훨씬 부족한 분야라고 할 수 있는 사회서비스부문의 고용을 늘리는 전략으로 가야 한다. 이는 곧 복지정책에서도 보건, 보육, 간병, 교육 등 대인서비스 확대에 주안점을 두어야 한다는 뜻이기도 하다. 이를 통해 여성의 양육 및 간병부담을 줄여서 고용참가를 늘림으로써, 장기적으로 저출산에 따른 노동력 부족에도 대처할 수 있다.

이와 함께 현재 정규직/비정규직, 대기업/중소기업으로 분절화된 노동시장구조도 개선해야 한다. 양극화된 노동시장은 교육과열을 포함해서 다양한 사회경제적 문제를 야기하기 때문이다. 이를 해결하는 방법은 이미 학자들뿐 아니라 정부에서도 공감대를 이루고 있는 직무급 중심의 성과보상과 임금피크제 확대, 정규직/비정규직의 차별 철폐(정규직화 포함), 일자리 공유, 차별 없는 사회보험 적용 등이다. 이미 정부나 정당들이 입법을 추진하거나 입법이 완료된 내용이 대부분이지만, 문제는 기존의 이해관계가 얽혀 있어서 제대로 성과를 거두지 못하고 있다는 점이다. 특히 기존 노동시장의 기득권 구조가 굳어진 상황에서는 그 해결에 보다 큰 사회적 논의와 합의가 필요하다.

결국 우리 경제의 활력과 도약을 위해서는 노/사/정/시민사회가 일정한 사회적 합의를 통해 기존 노동시장의 한계를 극복할 수 있는 방안을 마련해야 한다. 정쟁이나 기득권을 지키려는 이유 때문에 이 문제가 10여 년 이상 표류하고 있는 것 자체가 우리의 미래를 어둡게 하는 징후다.

부담과 혜택의 균형

마지막으로 지속가능한 재정을 준비해야 한다. 앞에서도 강조했지만, 복지확대는 되면 좋은 것이 아니라, 한국의 미래를 위해서는 필수불가결한 요소이다. 하지만 복지확대에 따라 늘어날 수밖에 없는 복지재정 부담을 어떻게 해결할 것인가는 눈앞의 시급한 과제가 되었다. 현재의 저부담/저복지 체제에서 30년 후에는 중간 수준의 복지와 그에 상응하는 중간 수준의 부담이 될 수밖에 없기 때문이다. 하지만 이

중간 수준의 부담을 누가 하는가는 매우 정치적이면서 계층적인 문제이다. 만약 이 부담은 피하고 혜택만 누리려 할 경우 우리는 이미 익히 보아왔던 선진국들의 재정파탄과 국가부채 위험을 피할 수 없다.

이른바 '부자감세' 논란은 우리나라에서만 있는 현상이 아니다. 대부분의 선진국들도 비슷한 논쟁을 겪은 바 있고, 지금도 중요 정치쟁점인 나라들이 많다. 물론 나라별로 어느 계층이 어느 정도 부담한다고 일률적으로 말하는 것은 불가능하다. 각국의 역사적 과정이 다르고 이른바 복지국가 경로에서 차이가 있기 때문이다.

하지만 분명한 것은 우리의 조세부담률이 장기적으로 높아져야 하며, 이때 어느 계층, 어느 집단, 어느 세대에게 얼마를 부담지울 것인가 하는 문제가 정치적 쟁점이 될 것이라는 점이다. 이것은 결코 행정적이고 기술적인 문제가 아니며, 그 자체가 정치적으로 풀어야 될 과제이다. 다만 여기서 정치적이라 함은 정치공학적인 의미에서가 아니라 국가의 장래를 걱정하는 차원에서의 '부담과 혜택의 균형'을 이룬다는 의미이다. 다양한 분야별 복지들이 지속가능해야 한다. 그러기 위해서는 미래세대에 떠넘기는 세금구조가 아닌(그것 자체가 비정상이고, 심각한 문제를 내포한다) 현재의 구조 속에서, 혜택에 조응하는 부담이라는 완결성 있는 구조를 담보해야 한다. 그것은 '정의'의 문제이기도 하다.

한국형 복지국가는 결코 멀지 않았다

이제 우리에게 복지국가라는 말은 전혀 낯설지 않다. 한때 막연한 기대로 혹은 우리도 언젠가 도달해야 될 목표로 복지국가를 생각했었다면 이제는 어떤 복지국가에 어떻게 도달할 것인가가 고민거리가 되었다. 1998년 외환위기와 함께 사회안전망의 위기가 찾아왔고 이를 극복하는 차원에서 시작된 복지확대는 이후 복지국가라는 목표로 확장된다. 외환위기 직전에 GDP의 3%에 불과했던 복지예산은 2013년 10% 가깝게 늘어났다.

이와 함께 저출산, 고령화에 따른 지속적 복지수요가 제기되었다. 특히 고령화현상은 노후소득 보장, 의료비 확대가 수반되는데 이는 그 자체로서는 복지확대이지만 다른 차원에서 보자면 곧 미래세대의 부담이며 국가재정의 제약요인이다. 이 때문에 고령화문제에 제대로 대처하기 위해서라도 저출산문제를 해결해야 하는 것이 당연하다. 무엇보다 아이 낳고, 기르기 좋은 환경을 만들어야 하며 이를 위해 보육 등 다양한 사회서비스를 확장할 필요가 있다. 이 역시도 복지확대이며 막대한 재정이 소요되는 분야이다.

따라서 복지확대는 삶의 질을 높이고 수준 높은 문화생활에 이르게 하는 적극적이고 긍정적인 측면만이 아니라, 그에 소요되는 막대한 재정이나 복지의존에 따른 문제를 해결해야 하는 부정적 측면 역시 고려해야 되는 과제이다. 더구나 우리나라는 선발복지국가들이 걸었던 길과 다르게 저성장/저출산/고령화/양극화 상태에서 복지국가를 이룩해야 하는 과제를 가지고 있다. 전 세계적으로 아직 아무도 가보지 않은 길이다. 따라서 복지국가에 이르는 길 자체가 대안적 성장동력을 회복시키며, 양극화를 해소하는 과정이어야 한다. 또한 복지국가 확대가 출산율을 회복시키고 사회의 활력을 높이는 과정이 돼야 한다. 복지와 경제를 이분법적으로 나누는 것이 아니라, 이 둘이 함께 발전하는 과정이어야 하는 것이다. 그야말로 동반성장이 복지국가 구축 과정에서 실현될 수 있어야 한다. 지속가능한 복지가 지속가능한 성장을 담보하는 선결적 과제임을 분명히 통찰할 수 있어야 한다.

이러한 길은 사회적 연대와 합의에 의해 뒷받침되지 않으면 불가능하다. 누가 얼마를 부담하고 누가 어떤 혜택을 받을 것인가는 복지국가로의 성공 여부를 결정하는 핵심쟁점이다. 사회가 이에 대해 승복하지 않을 경우, 복지확대는 물론이고 사회통합도 요원해진다. 결국 정치가 중심에 서서 해결해야 된다. 적어도 한국형 복지국가를 이룩하는 과제는 정쟁의 대상이 되어서 안 된다. 이는 안보문제처럼 보수, 진보를 떠나 우리나라의 존립에 해당되는 문제이기 때문이다. 제2차 세계대전 직후 유럽 국가들이 경쟁적으로 복지국가 확대의 길에 나섰을 때, 든든한 사회적 대타협이 그 바탕에 있었음을 기억할 필요가 있다.

4 사회분야 미래전략 미디어전략

2014년 4월 16일, 세월호 참사는 대한민국이 처한 미디어환경의 변화를 생생하게 보여줬다. 인터넷 포털사이트와 유튜브를 검색하면 나오는 세월호 관련 동영상들은 여전히 우리의 아픈 상처를 헤집는다. 세월호 참사로 희생된 학생들의 스마트폰에서는 사고의 마지막 순간이 생생하게 기록되어 있다.

"아 어떡해." "아 무서워."
이렇게 말하고는 있지만 여학생들의 얼굴에는 장난기가 가득했다. 조금도 무서워하는 분위기가 아니다.
세월호 선박이 점점 기울어지는 것 같았다. "아 심하다. 이 정도는" "여기가 지금 복도입니다" "(과자를 먹으면서)구조 좀" 하다가 "헬리콥터다" 하는 환호성도 들린다. 학생들의 말은 계속된다.
"힘들어 살려줘." "어떻게 해, 나 너무 무서워."
이때 한 학생이 "엄마 정말 미안해, 아빠 미안하고"라고 말하자, "살 건데 뭔 개소리야. 살아서 보자"라는 답변이 돌아오면서 동영상은 끝난다.
동영상 중간 중간에 이런 안내방송이 여러 번 나온다. "방안에서 나오면 위험

> 하오니 안전사고에 대비해주시기 바랍니다." 잠시 후에 또다른 안내방송은 이렇게 기록됐다. "단원고 학생 여러분 및 승객 여러분께 안내말씀 드립니다. 현재 위치에서 이동하지 마시고 대기해주시기 바랍니다." 15분짜리 동영상에서 움직이지 마라는 안내방송이 무려 5번이나 나왔다.
> 정작 이들을 구조해야 할 밖에서는 전혀 다른 일이 벌어졌다. 해경 구조선은 희생자들이 몰려 있는 세월호 뒤쪽 출입구로 가지 않고 승무원이 있는 선박 앞쪽 조타실로 향했다. 해경 구조선마저 승객 구조 대신 승무원 구조에 우선순위를 두고 있었다.

대한민국이 이 정도 밖에 안 되는 나라였는가? 대한민국이 이토록 무기력한 나라였는가? 눈앞에서 300여 명의 학생들이 고통 속에 숨져가는 것을 두 눈 뜨고 멍하게 바라볼 수밖에 없는 이것이 사실이고 현실인가? 세월호사태는 온 국민을 무기력과 극심한 우울증으로 몰아갔다. 세월호 침몰은 대한민국의 침몰로 상징되었다. 세월호 참사를 그저 한때의 참사가 아니라 국가재건의 기회로 삼을 수 있을 것인가? 대한민국 국민이라면 누구나 가졌을 이 문제의식이 희석되거나 변질되지 않도록, 새로운 미래를 건설하려는 의지로 다지고 새로운 방향을 설정해야 한다.

세월호참사와 미디어 디바이드

미디어의 측면에서 보면, 세월호 참사는 '미디어 디바이드media divide'문제의 심각성을 여실히 드러냈다. 미디어의 어원 'medium'은 '어떤 것을 전달하는 매개물'을 뜻한다. 미디어는 무언가를 전달하는 수단을 말하는데 여기에서 소식을 전달하는 수단으로서 '언론 매체press media'라는 말이 나오다가 언론의 역할이 중요해지면서 '미디어'라고 하면 먼저 언론을 생각하게 됐다. 그런데 지금은 소식을 전달하는 수단으로써의 미디어가 기술의 발전으로 그 역할이 점점 더 다양해지다보니 옛 기술과 방식을 따르는 세대와 새로운 방식을 따르는 세대 간의 차이 또는 단절로 '미디어 디바이드media divide'를 발생시키게 되었다. 세월호 참사 당시 희생자들은 배 안에서 외부와 스마트폰과 문자를 주고받으면서 소통을 했다. 그런데 이 소통은 정작 이들의 구조에 중요한 역할을 해야 할 정부나 해경, 해수부, 경찰과는 연결이 되지 않았다. 선장을 비롯한 승무원들은 승객들과 소통하기보다 외부의 지시에 더 신경을 썼다. 당시 공중에 떠 있던 헬리콥터 역시 희생자들과는 아무런 소통이 이뤄지지 않았다. 만약 세월호 참사 당시에 정말 책임 있는 누군가가 학생들에게 빨리 구명조끼를 입고 바닷물로 뛰어내리라고 알렸으면 어땠을까? 수십 분이라는 그 긴 시간동안 거의 모든 희생자들은 목숨을 건졌을 것이다.

세월호 참사가 미디어 디바이드만의 문제는 아니다. 다만 그런 측면이 간과되어서는 안 된다는 것을 문제제기하는 것이다. 세월호 사건과 그 이후의 상황을 봐도 미디어 디바이드 문제가 지속적으로 나타났다.

총체적으로 세월호 참사는 다른 말로 표현하면 '소통의 대혼란'이 문제를 더 심화시킨 측면이 없지 않다. 피해 당사자의 대부분을 차지했던 10대들은 SNS를 통해 직접 소통한 반면, 사고수습을 맡은 정부는 전통 방식대로 언론브리핑만 챙겼다. 기존 언론은 당국의 브리핑을 통한 발표에만 의존해 뉴스를 보도했다. 결국 피해자인 10대들과 정부는 서로 다른 매스미디어를 통해 전혀 다른 소통을 하고 있었던 것이다. 국민들도 마찬가지였다. SNS에서 제기된 의혹은 순식간에 번져나갔다. SNS에서 증폭될 대로 증폭된 이후에야 당국이 인지하고 뒤늦게 해명 또는 경고를 발하는 악순환은 결국 불신과 혼란을 초래했다. 미디어환경의 급변속에 터진 대형사고는 미디어 불균형이 가져오는 사회적 비용이 얼마나 큰지를 단적으로 보여주었다.

미디어가 변하고 있다

미디어는 소통체계와 방식이다. 전통적으로 미디어는 신문, 방송과 같은 언론매체였다. 신문, 방송과 같은 매스미디어가 과점적 지위를 누렸던 시대의 잔상이다. 그러나 매스미디어 중심의 소통체계에는 이미 패러다임의 변화가 급격한 속도로 진행중이다.

2000년에는 매스미디어에 인터넷의 회오리가 불어 닥쳤다. 그로부터 10년 뒤 2010년에는 소셜 네트워크 서비스SNS라는 충격이 쓰나미처럼 덮쳤다. 특히 SNS의 보편화는 매스미디어가 가지고 있던 '불특정다수에 대한 정보확산력'이라는 과점적 기능을 크게 변화시켰다. 매스미디어가 아닌 개인이나 기업, 정부, 단체 할 것 없이 누구나 스스로 미디어 기능을 발휘하는, '모두가 미디어인 시대'로 바뀌었기 때문이다. 이제 미디어는 기능적인 구분으로 설명하기보다 새롭게 추가되는 미디어의 역할이 중요한 시대가 됐다. 미디어는 신문이냐 방송이냐 인터넷이냐로 구분하기보다, 미디어는 모든 사회주체의 소통의 방식이자 행태를 의미하는 것으로 변했다. 이미 인터넷 기반의 미디어는 현 상황에서 기존의 언론과 방송의 영역이었던 소통수단의 기능을 뛰어넘어 의식형성의 도구, 산업, 상거래시스템 등으로 질적 변화를 거듭하고 있다. 이것이 변화하고 있는 미디어의 미래모습의 핵심이다.

SNS가 몰고 온 직접소통구조에서 사회주체들은 훨씬 쉽고 빠르게

SNS에서 정보와 뉴스를 공유한다. 때로는 SNS 콘텐츠가 신문, 방송보다 상상을 초월하는 속도와 범위로 확산된다. 이런 사례가 반복되면서 점점 더 많은 사람들이 기존 미디어보다 SNS 비중을 늘리고 있다. 특히 젊은층의 SNS 이용률이 매우 높다. 페이스북 사용자의 연령분포에서 34세 이하가 약 74%를 차지한다.[5]

SNS에 익숙한 젊은 층은 기존 미디어의 영역을 넘어 SNS를 통한 직접소통에 더 익숙하다. 언론사에 의해 정제된 뉴스에만 의존하지 않고, SNS상에 떠도는 비정형화된 정보를 보고 스스로 결론을 내리는 데 더 익숙하다. 전통적인 매스미디어 시장에서의 뉴스 소비자들과는 행태 자체가 더욱 세분화하고 다양해졌다. 이들은 이미 단순한 뉴스 소비자가 아니고 스스로 뉴스의 생산과 확산에 참여하는 뉴스 참여자들이다. 이들은 비정형적인 정보와 전통적 의미의 뉴스를 가리지 않고 소비하고, 그에 대한 자신의 의견과 판단을 다른 사람들과 공유한다. 뉴스 참여자들에게 미디어란 기능이나 도구적 의미가 아니다. 누구나 생활 속에서 친구와 이야기를 나누듯 자신의 소식이나 의견을 복수의 친구들에게 직접 전파하고 다른 친구들의 소식이나 의견을 읽고 판단하고 재확산시키는 자연스러운 소통방식이자 행태이다.

뉴스 참여자에는 전통적 의미의 매스미디어도 포함된다. 동시에 기업이나 정부, 각종 단체 등 모든 사회주체가 똑같은 위상을 갖는다. 만일 미디어를 신문이나 방송 같은 전통적 매스미디어로만 범주를 설정한다면 미디어의 미래를 예측하는 것은 불가능하다. 미래의 미디어는 소통의 방식일 뿐이다.

매스미디어가 아닌 셀미디어의 시대로

모든 사회주체가 미디어 역할을 담당하는 환경은 기능적으로는 미디어의 극적인 분화를 예측하게 한다. 개인도 자신만의 1인 미디어를 운영할 수 있고, 소수의 개인들이 모여 소규모 미디어를 꾸릴 수 있다. 이 같은 환경에서 전통적인 매스미디어의 역할은 극적으로 축소된다. 매스미디어를 경유하지 않는 직접소통이 대세를 이루기 때문이다.

특히 기업들은 과거에 매스미디어에 의존했던 홍보, 광고, 마케팅을 자신의 미디어와 그 확산력을 이용해 진행한다. 이들은 자신과 관련된 뉴스에 관한 한 가장 강력한 미디어를 직접 운영한다. 자신과 관련된 뉴스를 가장 빠르게 속보로 전하고, 또 외부 매스미디어에 의존했을 때와는 비교할 수 없을 정도로 풍부한 뉴스를 제약 없이 뿌려댄다. 세상은 이 같은 기능을 담당하는 수많은 '셀 미디어cell media'로 뒤덮인다. 매스미디어 시대를 벗어나 셀 미디어 시대가 도래한다.

언어장벽의 붕괴, 언어 번역기의 등장

미디어환경의 근본을 뒤흔들 초특급 변화는 또 있다. 언어의 장벽이 무너지고 있다. 구글Google의 번역기능은 그 정확도가 그야말로 기하급수적인 속도로 빨라진다. 구글 번역 엔진은 유튜브YouTube 동영상에 탑재된 자동 자막 표시기능Auto Caption과 연결돼 동영상 속에서 어떤 언어가 나오든지 내가 원하는 언어로 된 자막을 볼 수 있다.

인터넷상의 언어장벽은 멀지 않은 장래에 완전히 무너진다. 굳이 앞으로 30년까지 내다볼 필요도 없다. 길어야 5년이면 충분하다는 전망도 있다. 번역엔진의 정확도가 높아지고 이 번역기능이 스마트폰과 클라우드로 연계되면서 일상대화에서도 언어장벽이 크게 낮아질 것이다. 서로 다른 언어를 쓰는 사람끼리 마주 앉아 스마트폰을 귀에 대고 대화하는 모습을 보게 될 지도 모른다. 각자 스마트폰 앱을 켜고 자신의 언어로 말하면서 상대방의 말도 자동번역된 자신의 언어로 듣기 때문이다. 외국인 사이에 대화하는 풍경이 달라진다.

언어장벽이 낮아진 환경에서는 어떤 소통이 일어날까? 전통적인 매스미디어들은 변화하지 않을 수 없다. 독자들은 매스미디어를 통해 얻었던 매우 제한적인 다른 나라의 정보를 벗어나 관심 있는 이슈나 관심 있는 나라면 어느 언어이든 해당 웹사이트를 접속해 정보를 바로 얻을 수 있다. 물론 관계자들과의 직접소통도 가능해진다. 이 같은 미디어환경의 변화는 미디어산업만의 변화에 국한되지 않기 때문에 종합적인 대응전략이 필요하다.

미디어와 전자상거래 시장의 결합

기업들은 시장을 다시 정의해야 한다. 상품시장에 국경의 개념이 모호해지기 때문이다. 소비자들도 국경과 언어의 장벽을 넘어서서 물건이나 서비스를 직접 구매하고 이용한다. 전자상거래를 담당하는 쇼핑몰은 SNS와 연동되어 정확한 타깃마케팅을 통해 소비자의 구매의사를 만들어낸다. 소비자가 어느 나라에 있는 지는 더이상 중요한 변수가 아니다. 소비자 개개인의 관심과 행태를 미리 파악해 필요할 상품을 골라내고 적절한 시기에 그 상품에 대한 이야기를 그 소비자의 동선 앞에 뚝 떨어뜨린다. 그러니까 시장은 지리적인 경계로 구분되기보다 지구촌 소비자 개개인의 관심과 행태가 중요해진다. 여기서 핵심은 사람들이 바이러스virus처럼, 상품이나 서비스에 대해 구매의사를 갖도록 설득하는 바이럴마케팅viral marketing이다.

온 세상을 세포처럼 뒤덮은 셀미디어들이 언어장벽 없이 상호 교류하면서 정확한 목표물을 바탕으로 상품이나 서비스를 직접 유통하는 환경을 상상해보자. 그 속에는 상상조차 힘든 어마어마한 기회가 내재하고 있다. 패러다임의 변화는 항상 새로운 기회를 동반하기 때문이다.

세대격차를 부르는 미디어 디바이드 문제를 해결하라

미디어 패러다임 변화는 이미 급변하고 있다. 그 변화의 속도는 더욱 빨라질 것이다. 토마스 백달Thomas Baekdal은 2015년이면 '전통적 단방향 인쇄매체'와 '소셜 상호연결 디지털매체' 간의 비중의 차이가 역전된다고 보고 있다. 백달이 저울 위의 추로 표현한 미디어의 비중 차이는 2001년 인터넷이 나타났을 때로부터 거의 균형점까지 다다른 2011년까지 10년의 시간이 경과됐지만 2012년에 이 균형이 반전된 후 역전되는 2015년까지는 3년밖에 걸리지 않는다. 미디어 대변혁이 진행되고 있는 것이다.

그 증거가 되는 현상은 수없이 발견된다. 가장 심각한 징후는 세대간에 '미디어 디바이드Media Divide'가 날이 갈수록 뚜렷해지고 있다는 점이다. 젊은층과 중장년층, 노년층 사이에 소비하는 미디어가 다르다. 50대 이상의 장년 또는 노년층은 전통적 미디어인 신문이나 방송을 통한 단방향 뉴스에 의존하는 반면 젊은 층은 SNS, 모바일, VODVideo on Demand를 통한 직접적인 상호소통과 필요할 때 꺼내보는 '온 디멘드On Demand'에 익숙하다. 뉴스와 정보의 내용도 다르지만 그것들을 대하는 태도도 다르다. 산업 측면에서도 문제는 심각하다. 국내 미디어산업은 심각하게 왜곡돼 있다. 무엇보다 미디어 밀도가 매우 높아시장규모를 감안했을 때 정상적인 기업활동이 매우 어려운 구조에 있다. 국내에서 발행되는 일간지와 주간지는 한국 ABC협회에 가입된 신문만 모두 781개로 인구 약 6만 2,800명 당 신문이 하나다.[6] 이에 비해 미국 플로리다주의 경우, 모두 61개로 인구 약 30만 명당 한 개의 신문이 발행된다.[7] 우리나라가 5배나 많은 신문이 발행되고 있는 셈이다. 결국 국내 미디어산업은 정상적인 시장논리로는 생존이 어려운 구조다. 더욱이 직접소통이 늘어나면서 독자는 물론 전통적인 매스미디어의 영향력이 급감하고 있다. 이러다보니 광고시장에서의 왜곡이 일어나 광고효과가 우선돼야 할 광고시장의 논리가 매스미디어와의 관계가 우선되는 기현상으로 나타난다. 이는 기업 측면에서 비용증가를 낳고 이는 소비자들의 구매부담으로 연결되는 악순환과 그에 따른 사회적 비용까지 발생시킨다. 놀랍게도 이 같은 행태를 지속하고 있는 매스미디어는 웬만해서는 흔들릴 기미도 없이 생존을 이어가고 있다.

미디어시장을 선도하는 미국의 사정은 많이 다르다. SNS가 몰고 온 미디어 패러다임의 변화라는 대변혁기를 맞아 미국의 미디어시장에는 '게임 체인저'들이 속속 등장하면서 초대박을 터뜨리고 있다. 허핑턴포스트Huffington Post의 폭발적 성장이 대표적 사례다. 즉 미국 미디어시장에는 초대박을 향한 '미디어 벤처 붐'이 뜨겁다. '올보이시스Allvoices' '버즈피드BuzzFeed' '뉴지Newsy' '더버지theVerge' 등 여러 새로운 형식의 미디어벤쳐들이 백가쟁명百家爭鳴을 이루고 있다. 이에 비춰보면 국내 미디어산업은 '미디어 벤처 붐'과는 거리가 멀다. 오히려 기존의 왜곡된 시장 속에서 시한부 생명을 예견하면서도 좀처럼 변화하려 하지 않는 관성적 상황이 이어지고 있다. 최근에 토마스 백달은 신문의 미래를 이야기하면서 '코닥 필름'의 비유를 든다. 세계 사진시장을 석권

했던 '코닥Kodak'은 이미 사라졌다. 아날로그 사진시장에서는 코닥필름이 없으면 사진을 만들 수 없었다. 그러나 사진이 디지털화하면서 이제는 더이상 필름이 사진 제작 사이클에서 핵심요소가 아니다. 디지털 사진은 필름을 온전히 우회했고, 그래서 코닥은 시장에서 사라졌다. 국내 전통적 신문시장은 어떻게 될 것인가? 독자는 물론 기업들마저 이탈하고 있다.

'직접소통'이 중요하다

미디어는 더이상 뉴스 서비스가 아니다. 미디어는 모든 사회주체 간의 소통의 방식이다. 소통의 효율은 사회적 비용을 줄이고 경제활동의 생산성을 끌어올린다. 동시에 소통의 진정성이 확보되면 사회가 안정되고 소모적인 사회적 논쟁이나 정쟁이 줄어든다. 과제는 새로운 미디어환경에서 새로운 소통의 방식을 어떻게 정착시키느냐다.

세월호 참사에서도 나타났듯이 소통의 내용만큼이나 소통의 방식, 어떤 소통의 채널을 이용하느냐 하는 것도 중요하다. 희생당한 학생들은 사고가 난 뒤에도 수십 분 동안 외부와 연결할 통로를 가지고 있었다. 그러나 참으로 불행하게도 이들에게 구조의 손길을 내밀어야 하는 중요한 위치에 있는 사람들과는 소통이 이뤄지지 않았다. 때늦은 가정이기는 하지만, 만약 학생들이 외부에 있는 해경이나 정부 또는 선박회사와 직접 대화를 하는 소통의 채널이 있었다면 어땠을까? 그래도 그토록 많은 희생자가 발생했을까? 학생들은 자기 주변사람들과 직접 소통하는 채널을 가지고 있었다. 세월호 참사에서 보듯이 앞으로 점점 더 중요해지는 새로운 소통방식은 직접소통이다. 매스미디어를 거치지 않고 개인이나 기업이나 정부나 기관, 단체 등이 자신의 목소리를 대중에게 직접 전달하는 것이다. 직접소통은 두 가지 단계로 이뤄진다. 낮은 단계는 SNS 계정 운영을 통한 직접 대화다. 지금 일반적인 SNS 사용자들이 하고 있는 방식이다. 높은 단계는 SNS를 기반으로 한 자신의 미디어를 구축하는 것이다. '나에 관한 한 가장 강한 미디어' 즉 '셀미디어'를 만들어 스스로 미디어 영향력을 발휘하는 것이다. SNS 환경에서는 운영 주체가 스스로 미디어파워를 확보해 스스로 영향력을 가진 '셀미디어'가 될 수 있다.

직접소통 채널 구축이 필요하다

정부가 미래에 대응하기 위해 해야 할 일 중 하나는 어떻게 국민들과 직접소통의 채널을 마련할 것인가이다. 정부와 국민 사이의 직접소통은 소통의 비용을 줄여주면서 효율적인 소통을 가능하게 할 것이다.

정부는 사회적 환경변화에 뒤처질 수밖에 없는 구조(정책과 예산, 법의 구조 등)를 가지고 있다. 이 같은 간극을 줄이기 위해서라도 정부는 국민과 직접 소통하는 장치와 방식을 고민해야 한다. 직접소통은 언어의 장벽이 무너진 환경에서 그 힘이 더욱 커진다. 세계는 이제 국경을 넘어 그 누구하고도 직접 대화를 나누고, 관심을 공유한 그룹을 만들며, 상품을 거래한다. 심지어 국경을 뛰어넘은 정치집단이 탄생할 수 있다. 그에 따라 대기업이 순식간에 몰락할 수도 있고 한 국가의 지도체제가 한순간에 전복될 수도 있다. 지구촌의 지형이 바뀌는, 지금까지 경험하지 못한 거대한 변화가 일어난다. 우리의 과제는 이 같은 변화를 예견하고 그 변화를 정확히 인지하고 그리고 행동하는 것이다. 도구는 이미 누구에게나 주어져 있기 때문이다.

미디어전략, 어떻게 이룰 것인가

그렇다면 미래 미디어전략을 구축하기 위해서는 무엇이 필요할까. 몇 가지를 살펴보면 다음과 같다.

글로벌 마인드가 필요하다

2013년 10월 류현진 선수 소속의 LA다저스가 우승했던 날, 구단 홍보팀 이본느 카라스코Yvonne Carrasco는 한국어로 축하 트윗을 보냈다. 내용은 "안녕하세요. 다음 날 당신을 감사하고 좋은 메시지를 위한 감사합니다. 다저스 이동!"이란 것이었다. 영문을 구글 번역을 통해 한글로 트윗한 내용이었다. 이것을 본 국내 SNS 이용자들은 한결같이 "구글 번역기 돌렸군요 ㅋㅋ"라면서 웃었다.

그러나 이 에피소드에서 미국 사회와 우리 사회의 중대한 차이가 있음을 발견해야 한다. 즉 영어권 사람들은 구글 번역을 일상적으로 사용하는 데 비해 우리는 아직 웃고만 있다는 점이다. 이뿐 아니다. 지금 당장 '구글 크롬Chrome' 웹브라우저를 이용해 영어권에서 사용되는 웹사이트와 국내에서 사용되는 웹사이트를 열어보라. 대부분의 영어권 웹사이트는 페이지가 통째로 번역되는 데 비해, 국내 사이트는 메뉴와 같은 중요한 부분이 번역되지 않은 채 이미지로 남아 있다. 심지어 네이버, 다음과 같은 대표적인 포털은 물론 언론사 웹페이지들도 그렇다. 이는 사이트를 설계하고 구축할 때 아예 글로벌 서비스는 발상조차 하지 않았기 때문이다.

'싸이월드'가 유사한 서비스 모델임에도 불구하고 '페이스북'에 밀렸다. '아이러브스쿨'도 '마이스페이스'에 밀렸다. 원인은 글로벌 마인드에 차이가 있었기 때문이다. 기술이나 아이디어의 문제가 아니라 문화와 인식의 차이에서 생긴 문제라는 뜻이다. 우리 사회의 글로벌 마인드 수준은 매우 낮다. 글로벌 마인드를 끌어올리는 것은 언어장벽을 뛰어 넘은 직접소통시대를 맞이하는 핵심과제다. 이는 비단 미디어에 국한된 이슈가 아니다. 미디어, 즉 소통의 방식은 인간 사회의 모든 부문에 직접적인 영향을 미친다. 평소 우리는 대수롭지 않게 여기고 있지만, 사람과 사람 사이의 대화는 인간의 창조활동을 가능케 하고 이를 지배하는 핵심 수단이기 때문이다. 소통의 방식이 바뀌면 세상이 바뀐다. 개개인의 사고방식과 관심사가 달라지고, 기업의 시장이 바뀌고, 상거래 시스템이 바뀌고, 정치가 바뀌고, 정치와 기업을 막론하고 거버넌스가 근본적인 변화를 겪게 된다. 여기에 언어의 장벽이 사라지면 그 변화는 국경을 넘어 전 세계적인 거버넌스 변화로 확장된다. 미디어뿐 아니다. 미래에 대한 우리의 과제는 우리 사회 전체의 글로벌 수준을 끌어올리는 것이다. 이는 우리의 생존을 위한 과제이기도 하다.

미디어의 미래변화는 사회적 소통수단 기능을 기본으로, 온라인 기반의 새로운 상거래시스템의 도구로써, 경제활동과 돈을 벌 수 있는 사업(산업)의 영역으로 무궁무진하게 확장되고 있다. 이에 대한 안목을 키우는 전략적 기조가 필요하다.

정부 직접소통 활성화

소통의 방식이 바뀌고, 직접소통이 활성화되는 데 정부의 역할은 제한적이다. 오히려 정부의 개입은 직접소통을 방해하는 요인으로 작용할 위험이 있다. 다만 정부는 직접소통에 선도적으로 참여함으로써 우리 사회의 소통방식의 변화를 앞당기는 역할을 할 수 있다. 왜냐하면 직접소통은 사회적 비용을 줄이고 경제의 효율을 끌어올리는 인프라이기 때문이다.

직접소통을 위해서 정부는 스스로 직접소통의 세계로 들어가야 한다. 정부 관련 사안에 대한 선도적 소통으로 소통방식의 대전환이 필요하다.

공공부문의 소통방식의 전환은 당연히 민간부문의 소통방식을 바꾸는 계기로 작용한다. 공공부문, 즉 정부와 공공기관의 소통방식이 바뀌면 예산과 인력이 직접소통에 맞는 실행기관이나 외주기업으로 흘러가고 이는 자연스럽게 민간부문의 새로운 소통문화를 만들어낸다. 정부는 물론 기업이나 기관, 그리고 개인에 이르기까지 자신의 목소리를 여과 없이 대중에 전파하고, 그 진위와 가치가 다수에 의해 평가되며, 그 속에서 국가적인 이슈가 논의되고 또 새로운 방향성을 만들어내는 직접소통의 시대가 열리게 된다. 바로 폭넓은 실시간 직접소통이 만들어내는 직접 민주주의의 모습이다.

미래 뉴미디어산업 진흥책 마련

차원이 다른 수준에서 전개될 급격한 미디어 변화에 대비하여 국가적 차원에서 미래 미디어시장에 대한 선도적이고 종합적인 대비가 필요하다. 급변하는 미디어환경을 위기가 아닌 기회로 삼아 한국의 미래 뉴미디어 산업진흥책을 마련해야 한다. 급변하는 미디어시장 변화에 따라 향후 10년 이내에 경쟁력 없는 대부분의 전통 언론사들은 퇴조와 몰락을 면하기 어려울 것이다. 더불어 현재의 기자라는 직업 자체가 매우 축소될 것이다.

예를 들어보자. 온라인 기반의 SNS가 전 세계적 차원에서 실시간으로 글로벌 이슈들뿐만 아니라 관심 있는 전문영역(다큐멘터리 혹은 탐사보도 등)까지 포괄적이고 다양하게 유통시킨다. 수많은 인터넷 포털사이트의 검색엔진들이 뉴스의 희소성을 떨어뜨린다. 사람들은 뉴스가 아닌 자신에게 맞는 정보만 취한다. 뉴스는 근대화, 산업화시대에 필요했던 정보였다. 지금은 빅데이터 시대다. 감당할 수 없는 정보의 홍수 속에서 무엇을 볼 것인가가 중요한 문제다. 무엇이 뉴스가 되는가? 바로 대중들이 원하는 것이 뉴스다. 예전처럼 언론사가 보도하는 것이 뉴스가 아니라는 것이다. 개념이 변하고 있다. 빅데이터 분석으로 대중들이 필요한 정보를 뽑아주는 사회가 미래사회다. 그런 미래사회에서 뉴스라는 개념이 그대로 온존할 수 있을까? 미디어의 변화는 대중들의 요구 속에서 이미 이만큼 변해 있는 것이다.

한편 뉴스 공급의 국가 간 경계도 무너지고 있다. 글로벌화는 언론환경에도 그대로 해당된다. 우리 국민들 중 적지 않은 사람들이 세월호 사태와 관련한 쟁점과 정보들을 신문과 방송이 아닌 SNS를 통해 직접 소통했고, 더 나아가서는 일본, 독일, 프랑스, 영국 등 해외언론사들이 다루는 세월호 관련 뉴스들을 직접 검색하면서 정보갈증을 해소했다. 해당 나라 언어를 몰라도 구글 검색기를 통해 맥락만 짚어도 되는 뉴스들이 대부분이다.

뉴스가 정확성, 공정성, 시의성이 떨어지면 그것은 뉴스가 아니다. 세월호 사태 초기 우리 언론사들이 보였던 보도행태는 국민들 사이에 '세월호 음모론'이라는 의구심을 증폭시킨 이유였다. '기레기(기자 쓰레기)'라는 사회적 신조어가 우리 언론에 대한 불신을 상징적으로 담아냈다. 적지 않은 국민들은 외신을 더 신뢰하게 되었다. 언어의 장벽이 사라지고 있는 상황에서 언론의 국가 간 경계는 무너지고 있다. 이런 상황에서 대한민국 언론의 경쟁력은 어느 정도 될 것인가? 미래에 대비해야 한다.

향후 세계 언론시장은 상당한 구조조정에 직면하게 될 것이다. 심화되는 위기와 경쟁 속에서 글로벌 언론사들이 언론영토 확장에 나설 것이다. 우리의 언론사들은 경쟁력이 있을 것인가? 해외 유수의 언론사들이 자본과 네트워크의 힘을 바탕으로 탐사보도, 전문성보도, 이슈성보도 등 새로운 형태의 뉴스로 전 세계 사람들과 소통하고 있다. 변화에 적응하지 못한 세계 유수의 언론사들이 몰락하고 그 자리에 새로운 온라인 기반의 미디어벤처들이 등장하고 있다. 뉴욕타임지의 몰락과 허핑턴 포스트 같은 새로운 언론사의 등장이 상징적이다. 포털사이트의 뉴스 기능이 이미 기존 언론사들의 입지를 거의 허물어버렸다. 앞으로 더욱 확대될 것이다. 전통적인 언론사들은 시대변화에 부응하지 못하는 한, 설 자리는 거의 없어진다.

결국 국내 언론사들에게 닥칠 위기에 대한 국가적 차원의 대비가 있어야 한다. 이것은 미디어 급변의 시기에 새로운 미디어산업을 육성시켜야 한다는 능동적인 전략적 사고일 뿐만 아니라, 우리나라의 언론을 이대로 방치할 경우 다른 나라 거대언론사들이 국내 언론시장을 삽시간에 장악할 수 있는 위기에 대한 대처적 관점에서도 필요한 사안이다.

마찬가지로 미디어영역만의 문제는 아니지만 영어의 글로벌 언어화 확대와 구글 번역의 확대에 따라 우리 언어인 한글의 퇴조 가능성에 대한 위기인식과 대책이 필요하다. 글로벌화의 심화는 글로벌 기준에 맞지 않는 모든 것들을 잠식시키거나 퇴조시킬 것이다. 영어 중심의 글로벌화가 시대적 흐름인 상황에서 언어 번역기의 발달로 언어장벽이 무너지고 있는 상황은 오히려 소규모 언어들을 퇴출시킬 것이다.

전 세계 소수언어들이 대규모로 사라지게 되는 상황이 향후 수십 년 안에 닥칠 현상이다. 사회적 합의에 불과한 언어의 기능상, 언어란 사용하지 않으면 사라진다. 한글의 글로벌화에 대한 대책이 국가적 차원에서 필요한 이유다. 글을 잃으면 정신을 잃는 것이다. 우리 사회의 정체성, 주체성, 정신문화를 올곧게 세우지 못하고 있는 국가적 위기 속에서 한글의 퇴조는 국가정신의 기본 자체를 흔드는 엄청난 영향을 불러올 것이다.

국가가 정부차원에서 새로운 미래 미디어 정책을 수립해서 조속히 실천에 옮기고, 한류의 본질인 한글, 우리 언어의 확산을 위한(최소한의 수성을 위한) 대대적 국가프로젝트를 가동해야 할 시점이다.

미래상거래 시스템 국가적 대비

오프라인 유통이 급격히 줄어들고 온라인 유통이 급격히 성장하고 있다. 온라인시장과 유통이 미래유통의 근간이 된다. 아마존과 알리바바, 국내의 유수의 온라인 유통회사들의 확장세는 가히 폭발적이다. 더이상 고가의 부동산 임대료를 주면서 오프로드off road 매장을 유지할 필요가 없다. 그 모든 것이 경쟁력 저하다. 다양하고 많은 온라인 상거래 플랫폼들이 전 세계적으로 지원되고 있다. 제품 사진만 있으면 언제든 손쉽게 싸고 질 좋은 물건을 팔 수도, 살 수도 있다. 자본력을 가진 기존 대기업 중심의 유통구조가 바뀌는 것이다. 대규모 자본을 투입한 광고 캠페인과 대대적인 마케팅을 통해 만들어낸 브랜드를 기반으로 한 상품 판매는 전통 미디어시대에 가능한 방식이었다.

그러나 직접소통 구조에서는 상품을 사용해본 소비자들이 상품에 대한 자발적인 이야기를 주고받는 과정에서, 다른 개인들이 한 번의 클릭으로 그 상품을 구매하는 '초연결 구매'가 이루어진다. '상품이야기-상품 페이지 연결-구매-추천'으로 이어지는 상품 구매 사이클에서 대기업의 브랜드와 이름 없는 브랜드는 동동한 기회를 갖게 된다. 상품에 대한 '바이럴 스토리viral story'에서 바로 '원 클릭 어웨이one click away', 즉 단 한 번의 클릭으로 상품을 구매할 수 있기 때문이다.

이처럼 '바이럴 스토리'가 앞서는 '초연결 구매'에 언어의 장벽이 무너지는 환경이 겹치면 전혀 새로운 시장과 소비자가 만나게 되는 시장의 혁신적 변화가 일어나게 된다. 상품의 가치만 있으면 온 세계로 그 상품이 팔려나가는 새로운 시장이 열리는 것이다. 결국 온라인에서는 전 세계가 하나의 시장이다.

SNS가 만들어내는 상거래환경에서는 기존의 브랜드 중심의 상거래 영향력이 줄어들고 상품성을 갖춘 경쟁력 있는 상품이 온 세계로 유통되게 된다. '꿈의 시장'이 열리는 것이다. 크고 작은 기업이나 손재주 좋은 개인에 이르기까지 '초연결 구매'가 작동하는 '꿈의 시장'에 대비해야 한다. 가장 효율적인 대비책은 바로 '직접소통'에 익숙해지는 것이다. 동시에 기억해야 할 점은 직접소통은 글로벌하게 이뤄진다는 사실이다.

미디어전략의 정책추진방안과 그 효과

미디어는 소통을 넘어 교역과 통상의 기제다. 미디어는 더이상 언론 매체만의 영역이 아니라, 소통의 방식과 행태의 영역까지 포괄한다. 이 새로운 소통의 방식과 행태는 전혀 새로운 글로벌 상거래와 이어지는 교역과 통상의 문제다. 직접소통이 글로벌하게 이뤄진다는 점에서 미디어는 이제 국가발전을 위한 핵심 인프라다.

글로벌 미디어 교육 추진

미디어 인프라는 도로나 항만, 철도와 같은 물리적 인프라와 다르다. 인터넷을 기반으로 하는 네트워크 인프라이면서 동시에 문화 인프라다. 미디어 인프라에 대한 올바른 인식과 제대로 된 활용이 국가적 가치 창조를 가능케 한다. 더불어 미디어 인프라 구축을 위한 창의성과 기술이 갖춰져야 한다. 이를 위한 선결적 과제는 결국 교육으로 다시 돌아간다. 미디어에 대한 제대로 된 이해가 부족하기 때문에 미디어의 미래를 논하면서 교육의 콘텐츠로써 미디어 교육을 강조하지 않을 수 없다. 여기서 말하는 미디어는 단순한 언론 미디어만 뜻하는 것이 아니라 인간의 모든 소통을 가능하게 하는 매개물로서의 미디어다. SNS 확산에 따른 '다수 대 다수의 실시간 소통'이라는 새로운 소통 방식이 등장한 만큼, 우리는 새로운 소통에 맞는 새로운 문화를 정립해야 한다. 이는 SNS를 기반으로 한 새로운 응용서비스의 개발이라는 기술적 성과를 창출하는 토양이 되기도 한다.

가장 중요한 과제는 미디어 교육이다. 초등학교부터 고등학교까지 소통예절을 포함한 미디어에 대한 이해와 올바른 태도에 대한 교육이 이뤄져야 한다. 나만의 미디어를 실제로 구축하고 운영해보는 실습이 포함돼야 함은 물론이다.

더불어 컴퓨터 프로그래밍 교육도 함께 이뤄져야 한다. 컴퓨터 프로그래밍 언어를 외국어 차원에서 교육시킬 필요가 있다. 컴퓨터 프로그래밍 언어는 인간이 컴퓨터에게 말하는 기계적 문법을 가진 원시적 언어이기 때문이다. 컴퓨터 프로그래밍이 갖고 있는 논리적 구조를 체득하면 컴퓨터 소프트웨어는 물론 인터넷상의 미디어서비스들을 쉽게 이해하고 빠르게 적응하게 된다. 무엇보다 SNS와 같은 새로운 플랫폼이 등장했을 때, 이를 기반으로 해서 창의적인 응용서비스를 만들어내는 원천이 된다. 인터넷 기반의 온라인 비즈니스 교육도 병행해야 한다. 자신의 노력으로 상품이나 서비스를 만들고 이를 스스로 판매하면서 소비자의 반응을 알고 이익의 개념을 이해하는 일련의 비즈니스 프로세스에 대한 체험적 교육이 필요하다. 미국사회에서 어린 아이들에게 레모네이드를 만들어 동네에서 직접 팔게 하거나, 자신이 속한 스포츠 팀을 위해 동네 쇼핑몰에서 직접 기금 모금을 하도록 하는 광경에서 이 체험적 비즈니스 교육의 가치를 엿볼 수 있다.

왜 미디어를 이해하기 위해 비즈니스 교육까지 해야 하는가? 이제 미디어는 소통의 인프라를 넘어 유통과 통상의 인프라로 자리잡았기 때문이다.

미디어에 대한 정확한 이해와 올바를 태도를 갖고 있으면 누구라도 상품 판매 페이지와 스토리를 만들어 온 세계에 판매할 수 있는 환경이 만들어진다. 여기서 핵심은 그 상품에 대한 '바이럴 스토리'다. 제대로 된 바이럴 스토리를 만들어내기 위해서는 역시 미디어에 대한 정확한 이해가 선행돼야 한다. 여기에는 SNS와 스마트환경 기반의 직접소통 시대에 맞는 스토리텔링 기법이 쓰여야 하고, 미디어에 대한 교육은 이 새로운 스토리텔링에 대한 교육까지 포함돼야 한다.

국가적 차원의 글로벌 플랫폼 개발

교육정책을 떠나 국가 차원의 개발 지원은 '글로벌 플랫폼'에 맞춰져야 한다. SNS 기반의 새로운 미디어를 포함해 어떤 인터넷 서비스라도 시작부터 글로벌에 초점을 맞추도록 해야 한다. 이를 위해서는 먼저 우리 상황에 대한 통렬한 반성이 선행돼야 한다. 다행히 '규제 철폐'가 진행되고 있지만, 아직도 글로벌 수준에서 보면 어이없는 규제들이 남아 있다. '액티브 X'를 이용한 공인인증서 제도는 그 상징이다. 나아가 우리의 금융규제에 따르면 '페이스북 크레딧'이나 '구글 체크아웃'과 같은 가상화폐는 탄생하기 어렵다. 결국 글로벌 차원에서 언어장벽을 넘어 이뤄지는 상거래에서 우리는 페이스북이나 구글이 만든 가상화폐를 이용해 대금을 결제해야 하는 '결제 통화의 속국'으로 전락할 수 있다. 우리나라가 '관치 인터넷'의 늪에 빠져 있다는 지탄을 면치 못하는 규제들이다. 글로벌 수준과의 동기화synchronization를 방해하는 모든 규제는 없어져야 한다. 동시에 미디어상의 소통을 통제하거나 규제하려는 정부의 시도는 물론, 그런 의도도 사라져야 한다. 미국 국무부는 지난 2010년 이후 '연결의 자유freedom to connect'를 외교방침의 하나로 강조했다. 웹을 국경을 초월해 사람들을 조직화하는 잠재력을 지닌 수단으로 공식적으로 인정했음을 의미한다. 우리 정부의 규제 위주의 태도와는 상당히 차이가 있다. 미래의 미디어환경에서 우리가 글로벌경쟁력을 확보하려면 통제와 규제 대신 제대로 된 미디어문화를 만들기 위한 지원과 정책으로 풀어나가야 한다. 앞서 미디어의 미래를 위해 교육이 중요함을 강조한 이유이기도 하다.

여기에는 직접소통에 대한 신뢰가 전제돼야 한다. 직접소통의 효율성을 믿지 않고 이를 당국의 규제와 감시로 단속하려고 하는 순간, 우리 사회는 끝없는 불신과 혼란이 이어지게 된다. 세월호 참사에서 보았듯이 직접소통의 바깥에 머물러 있던 당국의 위치 설정이 얼마나 많은 불신과 혼란을 초래했는지 돌아봐야 한다. 정부는 국가 차원의 제대로 된 직접소통을 선도적으로 보여줌으로써 미래를 위한 선진 미디어문화를 창출할 수 있다.

패러다임이 바뀐다

이제 미디어를 신문, 방송과 같은 언론매체로만 전제하는 시기는 지났다. 미디어는 사회 구성원들의 소통의 방식이다. 그리고 동시에 새로운 산업이면서, 인간의 의식형성에 관여하는 도구이며, 더 나아가 상거래 유통시스템이다. 물론 기존의 신문, 방송과 같은 매스미디어 기능을 포함해서다.

미디어의 미래는 개인, 기업, 정부, 단체 등 모든 사회주체들이 자신의 목소리를 직접 전파하는 직접소통 구조다. '일 대 다수'만이 아니라 '다수 대 다수'가 동시에 소통하는, 유례가 없었던 소통구조에서 우리에게 필요한 것은 새로운 미디어 환경에 대한 정확한 이해와 바른 적응이다.

특히 언어의 장벽이 무너지는 환경에서 직접소통은 국경을 초월한 '초연결시대'를 몰고 온다. 개인의 관심사와 미디어 이용의 변화는 물론, 기업들은 '초연결 구매'라는 전혀 새로운 시장 속으로 내던져진다. 국경을 초월한 이익집단들의 행동은 기존 국가체제의 변화를 야기할 수도 있다.

글로벌 인터넷망과 SNS가 몰고 온 직접소통 구조 위에 자동번역 엔진의 고도화가 몰고 오는 새로운 시대를 준비해야 하다. 우리의 과제는 글로벌 수준과 동기화되는 국가시스템의 확립, 그리고 직접소통이라는 미디어 환경에 필요한 문화, 또 이를 위한 새로운 교육의 준비다.

패러다임의 변화는 항상 엄청난 기회를 동반한다. 선도적으로 준비하고 대비해야 한다.

5

사회분야 미래전략

의료전략

수명은 늘고 비용은 급증하는 두 가지 난제가 미래 의료분야 문제의식의 핵심이다. 30년 후인 2045년, 장기적 관점에서 첨단의료의 새로운 기술과 새로운 의료 패러다임을 적극적으로 받아들여 적응할 것인가? 아니면 고령화와 양극화, 의료비용 급증의 고리를 끊지 못한 의료후진국이 될 것인가?

의료분야는 단순히 첨단의료기술의 발전만으로 미래를 예측하기에는 너무 복잡한 특성을 갖고 있다. 일반적인 시장의 원리가 적용되는 것이 아니라, 소비자와 공급자, 그리고 지불자가 따로 존재하며, 동시에 공공재적인 특징이 강하다. 정책과 규제를 적절한 시기에 적절히 적용하지 못하면 시스템이 붕괴하는 경우도 발생한다. 과학기술과 자본주의가 가장 발달한 국가가 의료분야에서도 가장 앞섰다고 이야기하려면, 오늘날 두 분야에서 가장 앞서 있는 미국의 국가 의료시스템이 세계 최고 수준에 있어야 할 것이다. 하지만 미국의 의료시스템은 OECD국가 중 최하위권 수준이라는 평가를 받고 있다. 이는 다른 분야와 달리 의료분야가 사회적인 측면이 크다는 것을 보여주는 것이다. 결국 대한민국의 의료분야 미래전략을 세우려면 보건정책의 변화나 사람들의 의료행태 및 행위의 변화에 대해 보다 세심하고 민감하게 예측하는 것이 중요하다.

그렇다면 우리나라의 의료정책은 어떤 방향으로 나가야 파국을 피하고 긍정적인 미래변화를 구현할 수 있을까? 2045년 의료기술의 발전에 따른 의료서비스 공급자와 소비자의 의료행위의 변화, 그리고 Health 2.0으로 통칭되는 새로운 의료패러다임의 확산, 고령화에 따른 의료비용의 확대와 이에 대처하기 위한 다양한 보건정책 등을 유기적으로 연결한다면 긍정적인 시나리오가 나올 것이다. 부정적인 시나리오를 동시에 제시하고, 조금이라도 긍정적인 시나리오에 가깝게 근접하기 위해서 어떤 정책과 대비를 해야 하는지 몇 가지 방안을 제시하고자 한다.

2045년 의료분야의 4대 메가트렌드

2045년 의료분야에 나타날 메가트렌드는 크게 4가지로 정리할 수 있다.

디지털 헬스케어의 일반화

거의 대부분의 사람들이 모바일기술을 바탕으로 연결될 것이다. 저렴하면서도 디자인이나 기능성이 뛰어난 각종 스마트 헬스케어 제품들의 보급이 확대될 것이다. 디지털 헬스케어산업이 기본적인 건강의료산업의 주류로 자리잡을 것으로 예상된다. 인터넷과 스마트 디바이스로 연결되는 다양한 가정용 의료기기들이 보급되어 건강한 삶을 영위하기 위한 활동들과 간단한 질병의 진단 및 치료, 관리 등은 집에서 이루어질 것으로 전망된다. 편의점 같은 동네병원이 부활할지 모른다. 이미 미국에서는 편의점형 의원이 나타났다. 헬스스팟HealthSpot이라고 하는, 일종의 자동판매기 또는 동네 편의점형 의원으로 2013년부터 미국의 미네소타 주에서 진료를 시작했다. 그렇다고 진료가 허술하지 않다. 한 명의 간호사가 관리하는 무인진료실에 들어서면 전 세계의 다양한 의사들과 원격진료로 만날 수 있다. 필요하면 원격진료기기를 이용해서 각종 검사를 직접 받을 수 있는 시스템을 패키지화했다. 미국식과 반드시 같을지는 모르나 원격진료시스템이 다양한 방식으로 보급될 것이다.

유전자 검사와 개인의료시대

과거에는 개인의 유전자 염기서열 해독에 상당한 비용과 시간이 소요되었지만, 비용과 시간이 줄어드는 속도가 더욱 빠르게 진행되고 있다. 30년이 지난 2045년에는 태아가 태어날 때 필수적으로 받는 검사가 될 정도로 저렴해질 것이다. 실제 DNA 염기서열 해독비용은 18개월에 용량은 2배, 가격은 반으로 떨어진다는 무어의 법칙보다 훨씬 빠르게 속도와 가격이 떨어지고 있다.[8]

이와 같은 유전자 분석기술의 발전은 의료서비스 모델도 바꾸기 시작했다. 최근 암 치료에 대한 개인화된 의료를 지향하는 곳으로 미국의 '파운데이션 메디슨Foundation Medicine'이 있다. 이곳은 암과 연관된 200여 개의 유전자를 분석하여 가장 적합한 암 치료방법을 제시하는 서비스를 제공한다. 현재 이 테스트의 가격은 5천 달러 정도로 책정되어 있는데, 앞으로 서비스를 이용하는 환자들이 많아지고 경쟁구도가 심화됨에 따라 가격은 빠르게 하락할 것으로 예상된다. 개인화된 의료가 성공하기 위해서는 DNA를 해독하는 비용이 줄고, DNA 정보가 치료에 영향을 줄 수 있을 정도의 가치가 있어야 하며, 이런 정보를 이용한 적절한 치료법이나 약제를 제약회사에서 만들어야 한다.

개인화된 의료는 제약산업에도 큰 영향을 미칠 것이다. 전 세계에서 항암제 치료를 위해 지불하는 비용은 2013년 기준으로 매년 약 800억 달러에 이르며, 이는 약제들 중에서 가장 커다란 비중을 차지한다. 문제는 아직도 이들 항암제 중 효과가 있는 것은 25% 정도에 불과하다. 암과 연관된 유전자들을 확인하고, 이들에 대한 전 세계의 약제들의 관계와 부작용 등을 증거로 리포트를 제출하고, 의사들이 정확한 판단을 내리는 데 도움을 주는 유형의 새로운 서비스들은 임상적, 사회경제적인 유효성을 가질 가능성이 높다.

여러 가지 부작용이나 비용 등에 대한 우려에도 불구하고 현재 속도로 경제성이 개선되고, 쉽게 유전자를 검사하면서 개인화된 의료가 가능해진다면 현재의 대량생산과 표준화된 지침을 중심으로 하는 보험체계나 진료방식에도 상당한 변화가 불가피하다.

소비자 중심 의료패러다임과 Health 2.0

보건의료산업에 다른 어떤 산업보다 규제가 많은 것은 '지식의 비대칭성'이 가져오는 시장실패 때문이다. 이러한 기본 가정이 최근 '구글 환자Google Patient'로 대별되는 스마트 환자집단의 등장과 소셜미디어와 네트워크의 확장으로 깨지는 사례가 많아졌다. 의료 소비자로서 수동적인 역할만 했던 환자들이 능동적으로 바뀌고 공유와 참여, 집단지성으로 대표되는 웹 2.0기술은 이러한 판도의 변화를 촉진시켰다. 이런 경향성을 대별하기 위해 등장한 용어가 바로 'Health 2.0'이다.

Health 2.0 패러다임은 전통적인 공급자 중심의 의료서비스 체계에 도전장을 던지는 의미가 있어, 이를 제도화하는데 강한 저항이 있을 수밖에 없다. 이런 사회적 혼란을 적절하게 중재하지 못하면 국가적인 비용의 증가와 사회적 갈등을 초래할 수 있다.

앞으로는 적극적인 환자들의 건강행위가 스마트폰, 스마트 시계 등의 첨단 ICT기기의 보급과 이를 지원한 앱세서리Appcessory에 의해 더욱 일상화될 것이다. 따라서 다양한 형태의 ICT 융합형 의료서비스가 2045년에는 다양하게 실용화될 것이다. MIT의 뉴미디어 의학그룹에서 진행하고 있는 컬래버리듬CollaboRhythm의 경우, 의사와 환자 상호작용의 새로운 패러다임을 위한 기술적인 프레임워크 프로젝트이다. 컬래버리듬의 목표는 '주머니 속의 주치의'이다. 주머니 속에 스마트폰 크기의 기기를 넣어두고 다니면서, 이 기기가 주치의와 같은 역할을 하도록 하는 목표를 설정했다. 다양한 무선접속망을 통해 협업의사를 결정하고, 환자에게 효과적인 교육을 시키는 데 필요한, 편리하고 시각적인 인터페이스를 갖췄다. 이와 같이 새로운 개념의 개인의료기기들이 더 활성화될 전망이다.

대형의료기관의 발전과 의사의 역할 변화

의료의 발전에는 다양한 기술의 발전이 필연적 관계로 많이 엮여 있다. 앞으로도 수술이나 정확한 진단과 관련한 분야에서 기술의존적인 경향은 심해질 것이다. 이는 결국 의사의 능력보다는 첨단기술에 대한 의존도와 병원운영기관의 투자 등에 의해 의료서비스의 질이 좌우될 수 있음을 의미한다. 대형 병원과 자본력이 뒷받침된 의료서비스 공급자들의 영향력이 점점 커질 것이라는 전망이다.

그렇다면 동네형 소규모 병원들과 의사들의 역할은 어떻게 될 것인가? 건강관리 및 질병관리 서비스를 받아야 하는 대상이 많아질 것이고, 이러한 요구를 충실하게 만족시킬 능력을 가진 소형병원들이 중요한 역할을 하게 될 것이다. 이는 개인의료와 관련한 지식과 기술이 늘어나고, 집에서 건강을 관리하는 메가트렌드의 등장과 함께 의사의 역할을 새롭게 정립하게 할 것이다. 이런 커다란 변화에 따라 의료인들의 활동범위가 임상뿐만 아니라 건강상담, 연구개발과 의공학분야로 확대될 것이다.

저출산, 고령화의 덫

우리나라는 2000년에 고령인구비율 7%의 고령화사회에 진입한 이후 2018년에는 고령인구비율 14%의 고령사회, 2026년에는 고령인구비율 20%의 초고령사회에 도달할 것으로 예측된다. 이런 고령화속도는 의료기술의 발달과 저출산율이 지속되면서 계속 가속화될 것으로 보인다.

기대수명도 꾸준히 높아져서 1980년 65.7세, 1990년 71.3세, 2000년 76세를 기록한 추세를 반영했을 때, 2040년에는 84.6세가 될 것으로 추정된다. 이로 인해 우리나라의 중위 연령은 2005년 34.8세, 2010년 38세, 2020년 43.8세, 2040년에는 53.4세가 될 것으로 예측된다. 결국 2040년에는 65세 이상이 32.5%를 차지하여 2010년 대비 65세 이상 고령층이 3배 정도 증가할 것으로 추정된다. 고령화와 높아진 기대수명은 장기적으로 의료비용과 관련한 보험재정과 이를 부담하는 인구 사이의 갈등과 반목을 심화시킬 것으로 예상된다. 심각할 경우 시스템이 전혀 작동하지 않는 파산의 가능성도 있다.

이와 같은 인구구조의 변화와 의료기술발전의 메가트렌드를 기본적인 사실들로 가정하고, 2045년의 전반적인 미래의료 시나리오를 비관적인 시나리오와 낙관적인 시나리오로 나누어 생각한다면 비관적인 시나리오를 막기 위한 해결과제와 낙관적인 시나리오로 가기 위한 진흥방안을 생각할 수 있을 것이다.

비관적 시나리오

생산가능인구의 감소와 고령화로 의료보험재정은 고갈되고, 단일보험체계에 의존하는 우리나라의 보건의료시스템은 심각한 위기에 빠질 수 있다. 공공보건의료와 관련한 정책당국과 건강보험관리공단, 건강보험심사평가원 등에서는 재정부족으로 인해 의료 공급자들에게 적절한 수가를 지급하지 못하게 될지도 모른다. 이는 정책당국에 대한 불신을 불러와 의료서비스 공급자는 의료보험 의무지정에서 탈피하여 경제력이 있는 부유층을 대상으로 의료서비스를 하려는 방향으로 전환하고, 국민들은 부실한 의료서비스에 대한 반발로 의료보험료를 내지 않는 악순환을 맞이하게 될 것이다.

공공의료시스템은 약화되고 부유층을 중심으로 시장 중심의 의료시스템을 적극 도입하여 의료시스템을 재건하려고 노력하면서 의료서비스 공급자들은 새로운 시장 중심의 의료시스템에 몰려들 것이다. 시장 중심의 민간의료 시스템은 의료서비스 양극화를 가져와서 부유층과 빈곤층의 의료서비스 격차는 크게 벌어질 것이다. 이런 의료의 양극화는 정치적 불안정과 전체 경제에도 타격을 입혀 추가적인 경제불황의 요인이 되고 세수부족은 다시 의료보험 재정을 약화시키는 악순환에 빠져든다. 일반화된 소셜미디어와 온라인 네트워크는 이런 악순환을 끊는 역할을 하는 것이 아니라, 불신과 집단이기주의를 가속화시켜 정부정책에 대한 불신과 이해집단의 충돌을 일으키는 기제가 된다.

정부정책에 대한 불신은 필수적인 예방백신 등에 대한 접종 거부로 이어지며, 독감 등과 같은 유행성 전염병에 대한 백신접종이 제대로 이루어지지 않으면서 전국 규모의 대규모 전염병이 유행하는 등 전체적인 보건의료 시스템이 붕괴되는 초유의 사태들로 진전될 수 있다. 이런 위기상황에 공공의료시스템을 지키기 위해 노력하는 의료서비스 제공자들은 부족한 재정과 정부 및 국민과의 소통의 원활하지 않은 문제, 그리고 과로로 효과적인 대처를 하지 못한다. 이와 같은 문제에 봉착해 공공의료시스템을 지켰던 사람들과 국민들, 그리고 정치인들 사이에 반목과 책임 떠넘기기가 가속화되어 결국 전면적인 민간의료시스템으로의 이양을 선언하게 만들고, 공공의료시스템은 결국 붕괴한다.

공공의료시스템을 믿지 못한 일부 시민들은 '시민과학citizen science' 서비스를 통해 자신들이 직접 건강을 지키기 위한 의료시스템 구축에 나서기 시작한다. 이들은 초기에 질병의 감시와 모니터링을 중심으로 하는 크라우드소싱 작업을 시작으로 점차 지역사회를 기반으로 하는 협동조합 체계를 갖추어 나갈 것이다.

이들이 만든 네트워크와 이들이 수집한 데이터들은 새로운 시민협동 의료시스템의 탄생을 유도하며, 과거에는 없었던 새로운 의료전달체계와 시스템이 등장한다. 그러나 이런 움직임은 중산층 이상의 기술에 익숙하고 초연결사회를 잘 받아들이는 계층의 전유물로, 빈곤층은 이런 네트워크에 포함되지 못하면서 의료의 사각지대에 놓이게 된다.

낙관적 시나리오

다양한 환경 관련 기술의 발달로 깨끗한 물과 공기가 공급되어 환경과 관련한 다양한 건강의 위해요소들이 제어된다. 물의 수질이나 공기의 질 등은 인터넷 등으로 실시간으로 알 수 있다. 차량에는 체온, 심전도 등과 같은 생체신호를 이용하여 건강관리시스템이 있고 상용화된 무인자동차는 교통사고의 발생률을 크게 낮춘다. 백신기술의 발달로 다양한 전염병을 예방하고 알츠하이머병이나 암, 각종 만성질환 치료에도 이용되어 저렴한 비용으로 건강한 생활을 유지할 수 있게 된다. 개인 유전자 분석의 일반화는 맞춤형 치료제 사용을 유도하여 의료비를 절감시키고 약의 부작용이 최소화되며, 건강수명이 연장되고 예방적인 건강행위를 활성화시켜 전반적으로 의료비용이 감소하게 된다.

늘어나는 고령인구는 삶의 질이 좋아지면서 실질적인 노동을 할 수 있는 연령이 늘어나게 되며, 현재 많은 비용이 들어가는 질병의 치료에도 새로운 신약과 면역치료제, 세포치료제 및 자동화 치료기기의 발달로 건강한 고령화 시대를 열게 되어 고령화로 인한 의료보험재정의 위기를 극복하게 만든다.

노화나 비만 등을 자연현상이 아닌 질병으로 인식하여 노화와 비만 등을 치료하는 의학기술이 발전하여 건강한 삶을 유지하는 수명기간이 크게 늘어 고령화에 대한 인식과 연령 기준 자체가 변하게 된다. 유전자 재조합, 세포기술 등의 바이오기술과 ICT기술의 발전은 보다 싸고 안전한 치료 및 예방목적의 의약품 생산을 가능하게 한다. 또한 제품의 효능과 안전성 예측을 용이하게 만들어 적은 자본으로 수익성 있는 많은 건강의료, 제약회사들이 등장할 수 있게 된다. 바이오 장기, 세포치료제 기술, 인체와 연결하여 동작할 수 있는 사이보그 의체기술의 발전은 질병을 앓고 있는 환자들의 희망이 된다.

공공보건과 의료기관 및 가정에서 모든 국민들이 건강 데이터 수집과 관리 서비스를 무상으로 받으며 비영리기관이나 지역사회 공동체에서 더욱 건강한 삶을 위한 서비스를 발표하고 많은 사람들이 이를 이용한다. 지역사회에서 누구나 참여할 수 있는 바이오해커 연구실이 활성화되어 어렸을 때부터 바이오와 ICT기술을 융합한 다양한 과학기술 개발을 할 수 있게 된다. 이런 변화는 전문가들에게 의존하지 않고 국민들 스스로가 건강관리와 건강행위를 할 수 있는 Health 2.0 운동이 또다른 차원으로 발전하게 만든다. 의사들은 더이상 의료서비스 공급을 독점하는 역할보다 국민들의 정신적, 사회적 상담사 역할을 포함한 전반적인 생활을 봐주는 전인적인 자문, 상담사 역할을 하며 국민들이 수집한 다양한 데이터를 해석하고 설명해주는 새로운 역할을 하게 된다. 물론 대형병원이나 전문화된 병원에 취직한 소수의 의사들은 기존의 의사들과 비슷한 역할을 수행하게 된다.

미래를 어떻게 준비할 것인가

기술의 발전과 인구 및 수명의 변화에 맞춰 미래지향적이고 혁신적인 의료기술이 쉽게 도입되고 테스트될 수 있도록 제도를 정비해야 한다. 고령화사회에 대비한 국가 의료비의 상승에 대처할 수 있는 중장기 재정계획과 의료전달체계의 재정비가 수반돼야 한다. 또한 개방화 정책을 통하여 경쟁력을 확보하고 세계로 진출하려는 자세가 필요하다.

인간의 생명을 다루기에 규제가 없을 수 없으나, 규제는 미래지향적인 의료로 발전될 수 있도록 순기능적 역할을 하는 '스마트 규제'여야 한다. 이와 함께 중장기적인 의료보험시스템의 재정건전성을 확보하는 방안을 마련해야 한다. 지나친 과학기술 중심 연구개발R&D에서, 총체적인 미래도 대비하는 연구개발로 방향을 전환하는 것이 바람직하다.

한국의 의료기술은 선진국 수준에 육박하고 있다는 평가를 받고 있다. 이러한 저력을 바탕으로 해외로 진출한다면 더 큰 시장을 개척할 수 있고, 더 높은 경쟁력을 확보할 수 있을 것이다. 그러기 위해서는 적극적인 개방화 전략이 필요하다. 초기에 개방은 두려운 대상일 수 있으나, 우리는 개방을 통하여 한 단계 도약하여 세계적으로 진출한 많은 경험을 가지고 있다.

의료전략의 정책추진방안과 그 효과

안전성은 유지하되, 위험도가 낮은 신기술이라면 혁신과 실험을 쉽게 할 수 있도록 의약품 및 의료기기, 서비스 등에 대한 스마트 규제 시스템으로 전환하는 것이 바람직하다. 식품의약품안전청의 규제기능과 보건산업진흥원의 산업진흥의 역할, 그리고 건강보험관리공단 및 심사평가원의 의료서비스에 대한 수가 결정 및 지불자로서의 역할에 대한 충돌을 줄이는 정책을 마련해야 한다. 기존의 안전과 관련된 규제영역은 여전히 식품의약품안전청의 소관으로 유지해야 할 것이다.

미래지향적인 신기술의 개발과 시범적 시행 및 일반 도입의 근거를 마련하는 역할은 보건산업진흥원이 담당한다. 새로운 미래지향적인 기술도입과 관련하여 의료부분 이외의 분야도 다루는 것은 제3의 신규기관 또는 기존기관에 역할을 부여해 진행한다. 시범서비스 등을 통해 그 유효성이 입증되거나 커다란 부작용이 없다고 판단되는 서비스나 기술은 쉽게 도입될 수 있도록 수가책정을 해주거나 시장에서 가격을 매길 수 있도록 신속하게 결정해주는 프로세스가 필요하다. 현재의 의료보험시스템과 의료공급체계를 유지한다고 가정할 경우, 중장기적인 재정건전성 확보를 위한 현실적인 대안을 도입하여야 하며 의료서비스 제공자들의 면허제도 및 공급량에 대해, 미래지향적인 기술들의 도입을 전제로 한 전문팀을 구성해서 연구해야 한다.

인구와 재정을 중심으로 하는 단순한 통계로 진행하는 추계 이외에 새로운 신규기술과 서비스 등의 도입으로 인한 효과 등을 미래지향적으로 예측할 수 있는 보다 적극적인 미래 시나리오를 연구하는 조직이나 연구개발이 필요하다.

Health 2.0 기술의 확산과 커뮤니티 헬스케어, 인공지능 기술의 도입 등으로 예측되는 의료서비스 공급자의 역할 변화에 대한 대비가 있어야 하며 과거 패러다임에 맞추어 의과대학 등을 신설하기보다 파괴적 의료혁신 기술의 도입에 따른 의료서비스 공급자들의 역할변화에 대한 사회적 합의를 점진적으로 마련해가야 한다.

이 과정에서 이해관계가 있는 단체 등의 갈등 관리를 위해 급진적 정책추진보다는 공감대 형성을 위한 중장기적인 논의를 지속해야 한다. 경우에 따라서는 애플의 아이폰이 도입되어 국내 이동통신 환경이 혁신되었듯이 국제적인 공조와 선진화된 글로벌 서비스를 도입해 미래 변화에 적응력을 기르는 정책이 필요하다. 현재의 지나친 기술기반 연구개발 예산에서 사회시스템과 시나리오, 미래지향적인 제도의 개편, 의료전달체계의 혁신방안 등과 같은 보다 총체적인 미래를 준비할 수 있는 R&D의 비중을 대폭 늘려야 한다.

보건의료와 같은 규제산업 영역에서는 처음부터 기술의 사회적 파급력, 변화하는 시나리오, 법률과 규제상황 등을 다양하게 검토하여 보다 넓은 범위의 기획과 R&D가 진행돼야 효과를 거둘 수 있다. 그리고 시야를 한국으로 고정시키지 말고, 세계를 바라보는 정책이 필요하다. 세계에는 한국의 의료기술을 원하는 지역이 많이 있다. 한국 내에서만 논의하면 시장이 좁아 보이지만, 세계로 나아가면 더욱 넓은 시장을 확보할 수 있다.

두 마리 토끼를 잡자

미래지향적인 의료가 정착될 수 있도록 도와주는 스마트규제가 돼야 한다. 국내외에서 개발되는 혁신기술이나 서비스들이 국내에서 쉽게 시작할 수 있도록 문호를 개방해야 한다. 그래야 미래사회 적응력도 키우고 국내에서 세계적인 기술이나 서비스, 제품 등이 탄생할 수 있는 기반을 닦을 수 있다.

중장기적인 의료보험시스템의 재정건전성 확보와 관련한 중장기적인 제도 개편은 비관적 시나리오를 막는데 가장 핵심적인 정책들이다. 어렵지만 지속적인 논의를 통해 점진적으로 변화를 이끌어내야 한다.

총체적인 미래를 준비하는 R&D 비중을 높이는 정책은 의료부분의 과학기술연구의 생산성을 높이는 지름길이다. 연구자들이 현재와 같이 SCI 논문이나 대학 및 연구소들의 연구를 위한 연구에서 벗어나야 한다. 사회혁신을 유도하는 사업자들이나 국민들과 소통하면서 더 많은 성취를 이루게 된다면 R&D 전반의 생산성 향상과 사회혁신이라는 두 마리 토끼를 모두 잡을 수 있을 것이다.

의료서비스와 시스템을 개혁하라

의료서비스가 과학기술의 발전에 영향을 받는 것은 다른 분야와 비슷하지만, 기본적으로 국가 차원의 규제를 받고 있으며 공공재적인 성격을 가지고 있다. 그리고 전문가 집단 및 서비스 공급자와 소비자, 그리고 지불자가 다르기 때문에 나타나는 매우 복잡한 요인들이 맞물려 쉽게 미래를 예측하기 어렵다. 또한 고령화라는 메가트렌드에 가장 직접적인 영향을 받고 있으며 공공시스템과 민간의 역할이 상호작용하기 때문에 낙관적인 미래만 기대하기 어렵고 비관적인 시나리오에도 대비할 필요가 있다.

특히 우리나라는 상대적으로 의료서비스 생산성이 뛰어나고 효율도 높으며 의료의 질에 있어서도 높은 평가를 받고 있다. 이런 상대적 우위는 좋게 생각될 수도 있지만, 파괴적 혁신이 일어나는 장기적 미래를 상정할 때는 미래 대비 사회적 합의를 어렵게 만든다. 그렇다고 현재의 상대적으로 좋은 제도와 시스템을 무턱대고 손질하겠다고 하면 국민적 불만과 저항만 커지고 혁신은 하지 못하는 딜레마가 있다. 그러므로 중장기적인 시나리오를 면밀하게 짜고 상대적으로 쉽게 받아들여질 수 있는 혁신기술 도입을 시작으로 의료서비스와 시스템 전반에 개혁을 하는 것이 올바른 접근방법이다. 한편, 논의범위를 국내로 국한시키지 말고 전 세계를 대상으로 확장하여 시장을 확대하는 전략적 사고도 필요하다.

4장

기술분야 미래전략

1. 산업전략

2. 연구개발전략

3. 지식재산전략

4. 정보통신전략

1

기술분야 미래전략

산업전략

이번 장에서는 우리나라가 새롭게 육성해야 할 산업분야와 산업별 육성전략을 제시하고자 한다. 이를 위해 지난 50년간 우리나라 산업이 발전되어온 자취를 살펴보고, 전 세계적인 시장변화와 기술, 사회, 환경 등의 변화추세를 조망할 예정이다. 우리가 육성해야 할 산업을 크게 현재 성장을 주도하고 있는 산업과 향후 성장가능성이 큰 산업으로 대별하고, 각각 1등전략, 즉 선도자전략과 2등전략, 즉 추격자전략을 적용해야 한다는 점을 제시할 것이다. 그리고 새롭게 육성해야 할 5대 전략산업분야로 MESIA를 제시하고자 한다. 지난 7년간 우리나라가 겪고 있는 1인당 국민소득 2만 달러의 덫에서 탈출할 수 있는 방법은 무엇인가를 고민하고, 한국산업이 가야 할 방향을 성찰하는 것이 이 장의 목표다.

미래산업에는 어떤 변화가 불어닥칠 것인가

우리나라의 산업전략을 설계하는 데 필요한 주요 미래변화요소는 특허(산업적 가치가 있는 대표적 지식재산), 논문, 연구인력, 연구개발능력 등이다.

특허의 경우 우리나라는 미국, 일본, 중국, 독일과 더불어 5대 특허 강국이며, 특허의 성장률에 있어서는 중국 다음으로 높다. 지난 5년간의 변화추세가 그대로 유지된다면, 2017년경에는 중국, 일본, 미국 다음으로 한국이 될 수 있다. 특허 관점에서는 우리의 경쟁상대가 일본이 아니라 독일이라는 점이 주목할 만하다.

논문 수를 보면 현재 유럽, 미국, 아시아가 거의 대등한 가운데, 조만간 아시아가 가장 많은 논문을 배출하는 대륙이 된다. 특히 이미 7년 전에 일본을 앞지른 중국이 새로운 지식생산의 창구인 논문 수에서 향후 10년을 전후해 미국을 앞지를 수도 있을 것으로 전망된다.

연구인력의 경우, 중국이 현재 전 세계 기술인력의 34%를 배출하고 있어 4%인 미국의 8배 이상이고 연구인력의 증가율에 있어서도 가장 높다. 향후 중국이 산업경쟁력 확보는 물론 경제, 안보를 주도할 첨단과학기술 인력 면에서도 최소한 양적으로는 주도해나갈 것임을 예측할 수 있다. 우리나라가 중국 다음으로 연구개발인력 증가율을 보이고 있어, 과학기술강국의 가능성은 열려 있다.

연구비 규모는 미국과 중국, 일본, 독일이 가장 크고 우리나라는 프랑스, 영국, 인도와 유사한 수준을 유지하고 있다. 그리고 '혁신역량'이라고 할 수 있는, GDP에서 차지하는 연구개발비 비중과 인구 100만 명당 과학기술인의 수에 있어서는 우리나라가 일본, 미국과 유사한 수준이고, 독일, 프랑스, 영국, 중국, 인도보다 앞서는 수준이다. 현재의 국력은 GDP이지만 미래의 국력은 연구개발R&D이라고 볼 때, 우리나라의 미래는 어둡지 않다.

엘빈 토플러 이후 주목받고 있는 미래학자 중 한 명인 레이 커즈와일은 미래를 주도할 기술로 GNR, 즉 유전자공학Genetics, 나노Nano, 로봇Robot기술을 들고 있다. 그동안의 발전추세를 보면, 이중에서 나노기술은 상대적으로 세상변화에 영향을 미치는 시기가 늦어질 것으로 예상된다.

한 해에만 각각 20만 건 이상 쏟아지는 과학기술 논문이나 특허를 모두 읽고 기술변화를 알아내기는 어렵기 때문에, 체계화된 각 기술의 핵심특징을 이해하고 이를 바탕으로 미래를 예측하기에는 '기술사상技術思想'을 활용하는 것이 유용하다. 기술사상은 '동양사상' '서양사상'처럼 세상을 바꾼 사상체계를 의미한다. 특허법상 발명의 개념을 '자연법칙을 이용한 기술적 사상의 창작으로서 고도한 것'이라고 정의하는데, 여기서 말하는 '기술적 사상'에서 연유한 것이 기술사상이다. 이런 차원에서 볼 때 미래를 바꿀 두 가지 기술사상으로는 로봇사상과 바이오사상을 거론할 수 있다.

먼저 로봇사상은 '인간의 연장선에 로봇이 있으며, 이러한 로봇이 인간을 대신하여 세상을 바꾼다'는 사상이다. 이러한 로봇사상은 인간이 도구를 사용하기 시작한 수백만 년 전으로 연원을 찾을 수 있다. 이에 의하면 '지능화된 도구'가 로봇이기 때문에, 이를 미래의 존재로 볼 필요가 없다. 중요한 것은 이미 20세기 후반에 진행된 자동화와 로봇화에 의해 산업현장은 대부분 로봇화되었다는 점이다. 앞으로 더욱 확대될 로봇시대에 대비해 로봇과 인간이 공존하게 될 미래사회를 연구하고 준비하는 것이 현명한 자세다.

정보통신기술Information Technology에 이어 새로운 산업을 일으킬 것으로 전망되는 생명기술Bio Technology에 기초한 바이오사상은 인간과 생명에 대한 본질의 탐구에서 연원을 찾을 수 있다. 더이상 인간과 동물의 근본적 차별을 주장할 수 없게 된 20세기 후반부터 생명사상이 대두되었지만, 생명과 비생명 간에도 근본적인 차이가 없고 그 경계가 불확실하다는 것이 현대과학에 의해 확인되면서 이조차도 도전받고 있다. 이에 따라 생명과 비생명을 구분하지 않고 인간과 지구, 자연을 하나의 유기체로 보려는 것이 바이오사상이다.

나아가 로봇사상과 바이오사상을 결합하여 '인간과 로봇, 인공지능, 동식물, 자연이 하나의 유기체'라고 보는 바이오 로봇사상이 미래사회를 주도할 것으로 전망할 때 우리가 육성해야 할 산업방향은 이러한 변화에 부응하는 형태가 돼야 할 것이다.

우리 산업의 문제점과 해결과제

우리 산업이 안고 있는 문제는 무엇인가? 이에 답하기 위해, 먼저 우리나라가 갖고 있는 산업의 속성을 분석해보면, 우리나라는 미국, 영국, 프랑스와는 달리 제조업 비중이 유난히 높은 나라이며, 우리와 유사한 국가는 일본, 독일, 중국 등이다. 산업은 한 국가의 역사와 경제구조를 반영하는 것이다. 세계적인 경쟁력을 가졌을 경우에만 글로벌산업구조의 일부로 참여할 수 있으므로, 쉽게 바뀔 수 있는 것이 아니다.

〈그림 7〉 세계 각국의 제조업 비율(OECD STAN Database)

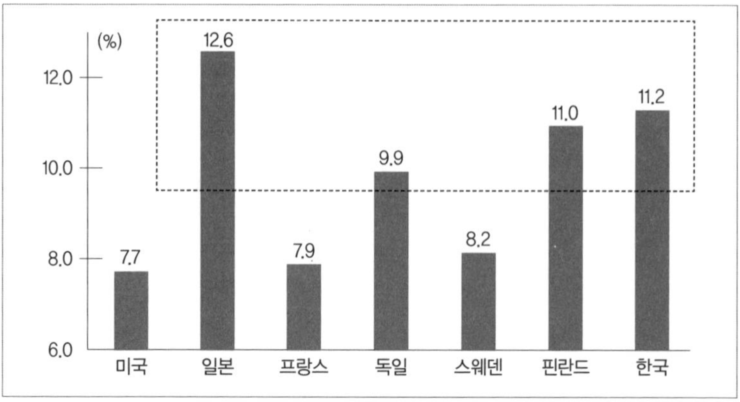

〈표 20〉 한국 산업 발전의 역사

1960년대	경공업	섬유, 합판, 가발 등
1970년대	중화학공업	철강, 기계, 화학 등
1980년대	중공업	조선, 자동차 등
1990년대	IT산업	반도체, 휴대폰 등
2000년대	?	?

자료: 신성장동력사업단

우리나라가 지난 50년간 육성해온 주력산업을 보면, 일본 등으로부터 기술이나 장비를 이전받아 노동집약형 산업을 시작해 꾸준히 변화와 발전을 거듭한 결과, 지금은 철강, 조선, 자동차, 화학, 전자 등 현대문명을 뒷받침하고 있는 5대 기간산업분야에서 경쟁력을 갖게 되었다. 하지만 2000년대에 들어선 후에는 이렇다 할 새로운 주력산업을 개척하지 못하고 있다. 그사이 우리를 추격해오고 있는 중국, 인도 등이 5대 기간산업에 있어서 점차 우리를 앞서가고 있다. 확실한 대안이 필요한 시점이다.

이와 관련하여, 과거 산업전략에서 얻을 수 있는 교훈은 무엇일까? 최근에 '우리가 살 길은 1등이 되는 것뿐이다' 같은 슬로건이 유행하고 있다. 디스플레이, 메모리반도체, 스마트폰, 가전 등에서 세계 1등을 차지함으로써 2등 이하일 때 써오던 추격자전략을 사용할 수 없게 되었으니 그럴 만도 하다. 하지만 모든 경쟁에는 2등이 있고 모든 2등이 도태되지는 않듯이 1등전략, 즉 개척자전략이 반드시 모든 산업분야에 적용돼야 하는 것도 아니고, 2등전략, 즉 추격자전략이 반드시 나쁘기만 한 것도 아니라는 사실에 주목할 필요가 있다.

우리 산업은 그동안 추격자전략에 주로 의존해 성장해왔다. 자동차는 현대자동차가 일본으로부터 기술을 이전받아 포니승용차를 만들기 시작해 현재는 세계 5대 자동차생산국이 되었다. 통신기술도 처음에는 해외기술을 도입해 생산했으나 지금은 CDMA를 SK가 세계 최초로 상용화하고 무선인터넷인 와이브로를 한국전자통신연구원ETRI이 개발하여 상용화시킬 정도로 무선통신분야는 세계를 선도하는 위치에 올라섰다. 인공위성도 초창기에는 영국 서레이대학에 가서 배워 우리별위성 시리즈를 만들었으나 지금은 아리랑위성이나 과학위성 시리즈를 우리 주도로 만들 수 있는 수준이 되었다. 원자력발전도 캐나다의 CANDU원자로와 미국으로부터 이전받은 기술로 시작했지만 APR-1400을 수출함으로써 세계 원자력강국의 반열에 올랐다. 국방기술에 있어서도 초창기에는 소총이나 박격포 정도를 생산하거나 NIKE미사일을 미국으로부터 기술도입하여 생산하는 수준이었으나 이제는 사거리 2,000km 급의 장거리 순항미사일을 독자개발할 수 있는 수준이 되었다. 실로 추격자전략의 성공국가라고 할만하다.

비록 많지는 않지만 개척자전략을 펴서 성공한 사례들도 있다. 산림녹화사업은 1962년 이후 108억 그루를 심어 국토의 64%를 녹화하는 데 성공함으로써 개발도상국 중에서는 유일하게 성공한 사례로 기록되었다. 새만금사업은 34km에 달하는 세계 최대 길이의 방조제를 쌓아 국토를 넓힌 사업이다. 한때 민영화한다고 문제가 되었던 인천공항은 8년 연속 세계 공항 서비스평가ASQ에서 1위를 차지해 공공서비스는 민간서비스보다 경쟁력이 낮다는 통념을 깬 사례로도 기록되었다.

앞으로 다가올 기회를 잘 활용해 '희망 미래'를 만들어갈 수도 있다. 지구온난화로 새롭게 열리고 있는 북극항로를 허브항구로 발전시키면 '부산항을 동아시아의 싱가포르'로 만들 수 있다. 또 한국의 지식재산강국 특성을 살려 '한국을 특허소송의 메카'로 만들면 세계 특허허브국가가 될 수 있다.

과거의 전략 실패에서 교훈을 얻을 수 있을 뿐만 아니라 이를 미래의 자산으로 바꿀 수도 있다. 예컨대 실패했던 동북아 금융허브국가도 첨단 벤처기업 육성정책과 모바일금융이 만난다면 해볼 만하다. 실패했다던 제1벤처 육성정책은 미국발 IT버블 붕괴를 한국발 벤처버블로 착각한 데서 비롯된 것임에 착안해 제2벤처 육성정책을 펼친다면 크게 성공할 것임에 틀림없다. 우리나라가 육성에 실패했던 항공산업은 중형항공기 실패를 교훈으로 삼고, 변화하는 국방, 민수시장 환경변화를 반영해 무인비행기와 항공전자를 집중육성하면 신산업으로 성장시킬 수 있다. 그 외에도 실패했다던 청계 고가도로, 화폐개혁, 태양광산업 등도 과거의 교훈을 바탕으로 새로운 환경변화에 맞게 미래전략을 잘 수립한다면 성공의 기회로 바꿀 수 있다.

육성해야 할 산업

앞으로 우리나라가 육성해야 할 산업분야와 관련하여, 2008년 신성장동력사업단이 분석한 자료가 시사하는 바가 크다. 아래 그림에서와 같이 현재 한국의 점유율이 큰 산업분야는 새로운 IT기술과 융합하여 경쟁력을 지속적으로 확보해나가고, 지금은 비록 시장 규모가 작지만 향후 성장가능성이 큰 산업분야인 바이오, 에너지/환경, 지식서비스 등은 적극투자를 해야 한다는 것이다. 즉 우리 산업의 특성을 고려하여 2개의 큰 범주로 나누고 서로 다른 전략을 적용했다는 데 주목할 필요가 있다.

〈그림 8〉 신성장동력사업단의 한국 산업전략

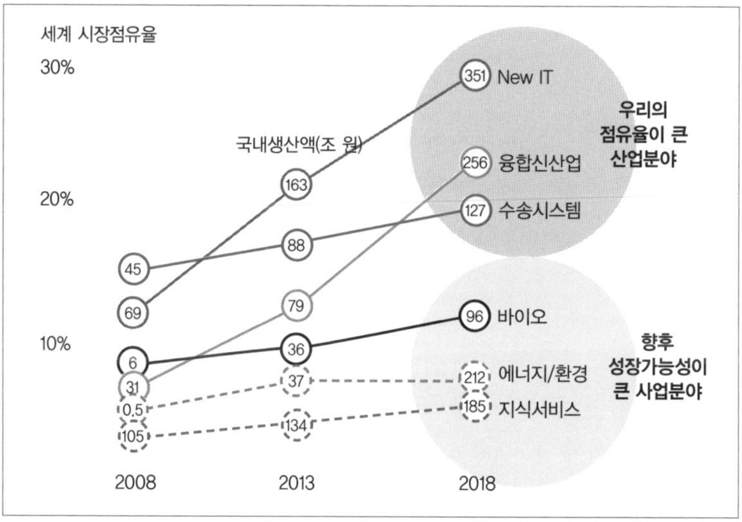

자료: 신성장동력사업단

한편 앨빈 토플러는 2001년 6월에 한국정부에 제출한 『21세기의 한국 비전』 보고서에서, 한국은 선택의 기로에 서 있으며, 한국이 IMF 경제위기를 겪은 것은 산업화시대 경제발전모델의 한계이기 때문에 혁신적인 지식기반 경제를 만들어가야 한다고 주문했다. 그러면서 생명공학BT과 정보통신IT의 집중 육성을 제안했다. 그 결과 IT는 세계적인 경쟁력을 갖추게 되었는데, 이제 남은 것은 BT라는 것을 알 수 있다.

MESIA 육성 중심의 쌍두마차전략

우리나라 산업의 미래전략은 한마디로 'MESIA 육성 중심의 쌍두마차전략'으로 요약할 수 있다. 현재의 창조경제는 지나치게 유행에 따라 단기필마單騎匹馬형의 개척자전략에만 치우치는 것을 경계해야 한다. 즉, 한국의 모든 산업을 창조경제의 패러다임에 맞춰 1등을 추구하는 개척자전략을 적용할 필요는 없다. 그렇게 할 여건이 안 되는 분야도 많다. 2009년에 신성장동력사업단이 했던 것처럼, 현재 이미 세계적인 경쟁력을 갖고 있는 산업과 아직은 미미하지만 미래에 한국경제의 효자노릇을 할 미래산업 육성을 병행하는 쌍두마차雙頭馬車형 전략이 돼야 한다.

구체적으로 한국이 일본, 독일과 더불어 세계적 경쟁력을 가지고 있는 5대 기간산업(전자, 기계, 조선/해양, 석유/화학, 철강)은 IT융합에 의한 기술창조전략, 즉 개척자전략을 적용해야 한다. 반면 현재 미국, 일본, 프랑스 등 선진국들이 높은 기술과 규제장벽을 형성하고 있는 5대 전략산업(의료/바이오, 에너지환경, 안전, 지적서비스, 항공우주)은 IT, BT, ET, RT, NT에서 신기술로 인해 지배적인 기술패권이 변화되고 새로운 기술사상이 출현할 때 1등이 될 수 있도록 2등전략인 추격자전략을 적용할 필요가 있다.

〈표 21〉 쌍두마차 전략

현재 한국이 세계적 경쟁력을 갖고 있는 5대 기간산업: 개척자전략
– 전자(반도체, 통신, 가전), 기계(자동차, 정밀부품), 조선/해양, 석유/화학, 철강
* 현재 독일, 일본과 한국만이 5대 기간산업 모두 세계적 경쟁력을 보유
* 과거 미국 주도: 전자(GE), 자동차(포드, GM), 석유화학(록펠러), 철강(카네기)
→ IT 융합으로 기술사상(발명, 디자인)을 창조해, 중국과 인도 추격 차단

현재 선진국들이 주도하고 있는 세계적 5대 전략산업: 추격자전략
– 의료/바이오, 에너지, 안전(사회안전, 소방방재, 교통, 국방), 지적서비스(지식, SW, 금융, 교육, 문화), 항공우주
* 현재 미국을 위시로 독일, 일본, 프랑스 등이 높은 기술, 규제장벽 형성
→ 기술사상의 변화(IT, BT, ET, RT)에 편승해, 민관협동으로 선진국 추월

그런데 과연 이를 우리가 해낼 수 있을 것인가? 결론적으로 말하면, 지금 중국, 인도와 기간산업을 놓고 경쟁하는 것보다 미국, 일본과 전략산업을 놓고 경쟁하는 것이 훨씬 쉽기 때문에 가능하다. 우리는 지난 50여 년의 산업발전 과정을 통해 선진국들을 추격자전략을 통해 따라잡은 경험이 있다.

지난 100년간 미국의 전자산업은 GE가, 자동차산업은 포드, GM이, 석유화학은 록펠러가, 철강산업은 카네기 등이 각각 리더십을 갖고 이끌어왔다. 하지만 5대 기간산업에 대한 세계적 경쟁력을 모두 보유하고 있는 국가는 이제 더이상 미국이 아니고, 전 세계적으로 일본, 독일, 한국뿐이다. 다만 중국과 인도가 부분적으로 세계시장에서 두각을 나타내고 있어서, 머지않아 이들 국가들이 이 시장을 상당 부분 잠식할 것으로 예상되고 있다. 따라서 이 분야에서는 우리나라가 현재 선도적 경쟁력을 갖고 있는 IT기술을 바탕으로 기술융합을 하여

중국, 인도 등 신흥국들의 추격을 최대한 차단하는 개척자전략이 필요하다.

현재 5대 기간산업은 삼성, 현대, 포스코, LG 등 기업을 중심으로 기술개발과 시장개척 등을 활발히 해오고 있어서 정부가 직접 나서서 할 역할이 거의 없다. 반면 5대 전략산업은 정부의 공공서비스와 밀접하게 결합되어 있고, 정부가 육성하지 않으면 자생적으로 성장하거나 민간기업이 감당하기가 어렵기 때문에 정부 주도로 육성을 해야 한다. 예컨대 방위산업이나 항공우주산업을 순수한 기업논리나 글로벌시장에 맡겨서 육성될 리 없다. 의료나 안전서비스, 지적서비스도 정부의 복지정책이나 사회정책, 행정규제 등에 민감하기 때문에 민간기업 주도로 성장하는 것에는 한계가 있다. 그래서 이러한 전략산업은 선진국들도 정부 주도로 육성한 것이며, 오로지 선진국들만이 할 수 있는 산업이고, 이러한 산업을 할 수 있을 때 진정한 선진국이 될 수 있기도 한 것이다.

MESIA는 5대 전략산업인 의료/바이오Medical-Bio, 에너지/환경Energy-Environment, 안전Safety, 지식서비스Intellectual Service, 항공우주Aerospace의 영문자 앞 글자를 딴 것으로, 세부적으로는 아래 표와 같이 구분할 수 있다. 여기서 중요한 것은 그동안 정부가 육성에 실패했다고 봐야 하는 BT산업을 의료산업과 결합해서 추진하는 것이다. 즉 거대한 의료서비스와 의료장비시장을 별도로 놓고 첨단기술 중심의 BT 육성만으로는 전략산업 육성이 어렵다는 것이다. 특히 한 해 예산이 100조 원을 넘는 보건복지부에 의료정책을 맡긴다고 해도, 복지와 성격이 크게 달라 보건산업 육성이 어렵다는 것을 주목해야 한다. 따라서 보건복지부를 분리하여 복지서비스 분야는 실버산업 육성의 임무를 맡기고, 생명의료부와 같은 새로운 부처를 만들어서 의료바이오 산업 육성의 임무를 맡길 필요가 있다.

〈표 22〉 정부가 중점 육성해야 할 5대 전략산업인 MESIA의 세부 산업분야

5대 전략산업	세부 산업분야
Medical-Bio 의료/바이오산업	수출의료: 스마트헬스(U헬스), 디지털병원/연구중심병원, 의료관광, 의료기기 내수의료: 의료서비스(병원/의원/실버), 의료정보, 소모품 생명기술: 제약/신약, 유전자치료, 농업(종묘), 식품(가공, 저장, 유통) 융합기술: 바이오칩, 바이오정보, 바이오화학, 수술/재활로봇
Energy-Environment 에너지/환경산업	에너지: 대체/재생 에너지(태양력/풍력/조력, 바이오매스), 미래형 원전(피동형, 고속증식로), 핵융합, 수소/암모니아/메탄하이드레이트, 스마트 에너지그리드 환경: 물(식수/관개/상하수도/재처리), CO2 저감/저장, 폐기물(처리/관리), 생물다양성 관리, 바이오환경기술, 오염감지/관리, 환경호르몬
Safety 안전산업	사회보호: 사이버/건물보안, 방범/경호 장비/서비스, 호신용품, 구호체계 소방방재: 소방(로봇, 장비), 산업재해/자연재해 예방, 구조/구난체계 감시경계: 출입국/해안선 감시, 무인감시/경계로봇/자동화 사회기술: 법의학/범죄수사기술, 교통안전, SNS기반 복지 국방: 무인/로봇(경계, 정보, 작전), 사이버/정보, 비살상/대테러
Intellectual Service 지식서비스산업	지식산업: 지재권 생산/유통, 특허소송, 엔젤투자, 벤처 M&A, 고객관리(CR) 소프트산업: 콘텐츠(3D), 모바일SW, 모바일앱, 빅데이터, 클라우드 금융/보험: 모바일금융, 창조금융, 온라인/모바일 보험 교육산업: 웹/모바일교육, 인강/사이버강의, Education 3.0 문화산업: 영화/음악, 게임/애니/오락, 관광/레포츠, SF산업(스토리, CG)
Aerospace 항공우주산업	항공: 민항기/개인항공, 군용기, 무인기(감시/관제/통신/성층권), 항공전자/정보 우주: 위성(탑재장비), 발사체, 위성정보, 위성측지, 우주감시

한편 〈표 23〉과 같이 MESIA를 STEPPER 관점으로 분석해본 결과, 지적서비스(I), 사회안전(S), 의료바이오(M)의 종합 점수가 더 높게 산출되었다. 따라서 MESIA 중에서도 특히 세 분야에 집중할 필요가 있으며, 각 분야의 유망한 미래전략을 기술하면 다음과 같다.

〈표 23〉 MESIA에 대한 STEPPER분석

구분	S 사회	T 기술	E 환경	P 인구	P 정치	E 경제	R 자원	종합 점수
M 의료바이오	○	X	○	○	○	○	○	5
E 에너지환경	△	△	○	○	△	○	△	3
S 사회안전	○	△	○	○	○	○	○	6
I 지적서비스	○	△	○	○	○	○	○	6
A 항공우주	○	△	△	△	△	○	○	3

먼저, 안전산업(국방)은 향후 연간 9조 원의 시장규모가 형성될 수 있다. 첫째, 무인/로봇산업은 경계자동화, 무인감시, 통신/정찰/작전 UAV, 작업/감시/작전로봇 분야가, 둘째, 사이버정보산업은 암호/보안, 전자전/정보전항공/위성정보 분야가, 셋째, 비살상/대테러산업은 음향/마비/EMP탄 분야 등이 중점 육성대상이다.

또한 의료/바이오산업은 연간 300조 원의 시장규모가 창출될 수 있다. 첫째, 의료산업은 스마트헬스, 제약, 의료기기, 소모품, 의료서비스, 의료관광, 디지털병원 분야가 유망하며, 둘째, 바이오산업은 바이오의약 및 유전자치료 등의 의/약학분야, 고기능작물, 기능성식품 등의 농식품분야, 바이오매스Biomass 등의 에너지환경분야, 바이오 매커닉스 등의 기계분야, 바이오 일렉트로닉스Electronics 등의 전자분야, 생물정보학 등의 정보분야가 유망하다.

마지막으로 한국전자통신연구원ETRI이 발표한 '공공정보 민간활용 시장 및 파급효과'에 따르면, 지식정보 서비스시장 규모는 2012년 5천억 원에서 2017년 7천 400억 원으로 시장규모가 확대될 전망이다. 지식서비스 산업은 콘텐츠, 모바일 SW/앱, 인공지능AI, 모바일금융, 웹교육, 게임 등 문화사업과 SFScience Fiction분야가 유망할 것으로 전망된다.

기술전략의 정책추진방안과 그 효과

먼저, MESIA 육성 관련 부처별 역할분담 방안은 다음과 같다.

정부가 5대 전략산업인 MESIA를 적극 육성하기 위해서는 미래창조과학부가 종합기획하고 제도마련 등을 통해 공통으로 지원하되, 각 부처별로 주력산업을 담당토록 하는 것이 필요하다. 예를 들어, 의료바이오는 생명의료부(창설), 농림부, 해양수산부, 식약처 등이 담당하고, 안전산업은 국방부/방위사업청, 경찰청, 안전행정부, 미래창조과학부(ICT 차관), 국정원 등이 담당하며, 지적서비스는 문화관광부, 지식경제부, 법무부, 교육부 등이 담당할 수 있다.

분야별로 육성해야 할 구체적인 정책은 다음과 같이 표로 정리할 수 있다.

〈표24〉 지속가능한 발전을 위한 융복합형 신성장동력 발굴

정책분야	고려사항
스마트 도로	도로 IT, 스마트 그리드, 전기자동차용 등
실용형 로봇산업	소방/방재/원전/경비/국방 등 공안로봇 및 장애인/노약자용 복지로봇
플랜트/체계기술산업	석유 화학 및 조선 해양 산업의 위축에 따른 대안으로서 추진
안전/보안/경호/치안산업	기술발전으로 인한 공공 안녕질서 분야의 기업화/개인화 추세 반영

한국형 신재생 에너지원	대형 조력발전, 고공 풍력발전, 해상 태양광발전, 바이오매스 등
나노재료, 신물질/화학	기술 파급효과가 큰 재료/화학분야에서 원천기술 발굴
국방 연구개발	선진국들처럼 20%를 기초과학연구와 혁신형 기술개발에 투자

〈표25〉 IT 기술혁신과 미디어/문화산업 발전

정책분야	고려사항
차세대 모바일 혁명을 위한 기반기술	5세대 무선통신, 3D 무안경 TV, 변신형 모바일기기, 사물 인터넷(IoT), 웨어러블 디바이스 등
전통산업의 IT화	항공우주, 원자력/에너지, 국방과학, 조선해양/물류 등 기계전통이 강한 분야의 IT화로 무인기, 항공전자, 위성정보, 원전IT, 국방IT 육성
소셜미디어 및 콘텐츠 산업	SNS 기반 서비스 및 다양한 디지털 콘텐츠 육성
미디어/문화산업	과학문화, 과학저널, SF 영화산업, 문화기술 등
디지털 민주주의 및 디지털 문화예술	모바일 선거, 모바일 투표 등의 시행 인터넷 검열, 실명제 등 웹 활동 제약요소 제거

〈표26〉 BT 기술혁신과 생명의료산업 발전

정책분야	고려사항
차세대 생명공학 기술혁명을 위한 제도	바이오사상에 기반하여 보다 보편적이고도 새로운 생명윤리에 입각한 기술혁명 추진
기초 의학연구 및 첨단의료기술 개발	독자적인 의학 지식과 의료기술의 개발로 세계적인 바이오의료분야 리더십 확보
차세대 식품, 의약품 연구 지원	식품과 의약품분야에서 미래시장을 선점할 수 있는 새로운 제품 연구
동아시아 의료서비스 메카 성장	디지털 병원, 원격 진료, 의료관광 등을 통해 전 세계적으로 가장 앞선 의료서비스 제공
연구중심 병원 설립	100세 시대(Homo hundred) 도래에 따른 노인성질환, 불치병 연구
의료전문인력 대폭 증원	의과학, 의공학, 수의과학 연구인력, 글로벌 의료서비스산업 육성
의과학대학 설립	과학기술과 법, 의학/의료/약학분야 등을 융복합한 의료교육

한편 세계 최고 수준의 산업재해율을 선진국 수준으로 낮추기 위해, 안전사고가 없고 공해가 없는 친환경/안전산업, 즉 명품산업을 육성하는 것도 경쟁력 있는 산업의 내실을 도모하는 측면에서 강구될 필요가 있다. MESIA 중에서 바이오의료 분야에서만 2018년에 300조원의 GDP 창출이 가능할 것으로 전망된다. 향후 30년 정도 꾸준히 5대 전략산업을 육성할 경우, 현재의 5대 기간산업의 경쟁력이 쇠퇴하더라도 2045년경에는 현재의 선진국들의 위치를 차지할 수 있을 것으로 전망된다. 이렇게 되면 1인당 국민소득 10만 달러 달성도 불가능하지만은 않을 것이다.

과학기술을 핵심동력으로

향후 30년간 우리나라가 5대 기간산업에 대한 개척자전략(1등전략), 5대 전략산업에 대한 추격자전략(2등전략)을 병행추진한다면, 2045년까지 꾸준히 성장하여 선진국 중에서도 최상위권에 드는 국가가 될 것이다. 이를 위해 IT부처 중심의 5대 기간산업의 대대적인 혁신과 BT부처 창설에 의한 5대 전략산업의 육성을 적극 추진해야 한다. 이를 위해 청와대 미래전략수석을 과학기술이나 연구개발 육성 중심으로 활용하지 말고, 전략산업의 육성과 과학국정 구현을 위한 컨트롤타워로 활용하는 것이 필요하다. 과학기술이 산업의 하부구조가 아니라 경제와 안보 및 사회변화를 이끄는 핵심동력으로 자리해야 우리나라에 미래가 있다.

2

기술분야 미래전략

연구개발전략

OECD는 연구개발R&D을 '사물에 대한 새로운 지식을 얻거나, 이미 얻은 지식을 이용해 응용하는 체계적이고 창조적인 활동'이라고 정의하고 있다. 이를 좀더 확장해서 생각해보면 연구개발은 인간의 지적 호기심에 기초한 새로운 지식을 탐구하는 활동에서부터 경제, 사회, 문화 등 모든 영역에 대한 창조활동이라고 할 수 있다. 미래사회에 대한 전략을 구상하고 설계하는 데 있어서 연구개발은 가장 기본적이고 핵심적인 분야다.

연구개발은 인간의 축적된 지식을 바탕으로 현재의 기술적 난제들을 풀어가는 과정의 연속이며, 이는 곧 미래를 만들어가는 과정이다. 농경사회, 산업사회, 그리고 정보사회로 이어지는 인류의 발전은 기술진보에 의한 것이며, 향후 도래하는 미래 또한 기술의 진보에 의해 이루어질 것이다. 연구개발은 과일을 심고 따먹는 것으로 지난 300년간은 좋았으나 최근 40년간에 과일이 소진되어 혁신은 고갈되어간다는 타일러 코웬Tylor owen, 밥 고돈Bob Gordon의 주장도 있다. 하지만 브라

이언 아서Brian Arthur, 폴 로머Paul Romer 등 대부분의 기술경제학자들은, 혁신은 기존요소building block들의 결합이므로 무한히 계속될 것이라고 주장하고 있다. 경제사학자 마틴 와이츠만Martin Wetzman은 52개의 아이디어가 있다고 하면 가능한 조합 수는 태양계의 원자 수보다 많다고 하면서 혁신이 고갈될 수 없다고 말했다. 이처럼 연구개발은 인류가 존재하는 한 무한정 계속될 것으로 보인다.

2045년에 다가올 미래의 모습으로 예견되는 인구통계학적, 자원/환경적, 사회구조적 문제의 대부분은 과학기술을 통해 해결할 수밖에 없는 것들이다. 인구감소에 따른 생산력 저하, 고령화에 따른 보건의료 수요증가, 기후변화와 환경문제의 심화, 에너지, 물, 식량 등의 자원부족, 정보통신기술 발달에 기인한 사회구조의 변화 등은 연구개발의 산물인 기술의 진보에 의해 촉발되고 해결될 것이며 가속화될 것이다.

2045년 미래 대한민국의 모습을 주요 미래예측기관이 발표한 메가트렌드를 중심으로 예측하고, 이를 준비하고 해결하기 위해 과학기술적 과제를 중심으로 연구개발의 미래전략을 구상하고자 한다.

미래의 연구개발은 어떻게 펼쳐질 것인가

대한민국은 한국전쟁 이후, 1953년 국민 1인당 소득이 50달러에 불과했던 최빈국에서 2007년 2만 달러를 돌파하고, 2012년에는 세계 8대 무역국가로 성장했다. 이러한 압축성장의 원인은 다양한 경제사회적 측면에서 찾을 수 있지만, 그 중심에는 수출 중심, 중공업 우선, 과학기술자 우대, 추격자전략 등의 정책 또는 전략이 있었다.

연구개발분야도 이러한 전략은 유효했다. 1962년 제1차 과학기술진흥 5개년 계획이 발표될 당시, 1963년 우리나라 총 연구개발투자(정부+민간)는 12억 원에 불과했다. 이는 GDP 대비 0.25% 규모이며, 이 중에서 약 96%를 정부가 부담했다. 2012년 현재 총 연구개발투자는 55조 4,501억 원이며, GDP 대비 4.36%로, 정부 부담은 24.9%이다. 말 그대로 폭발적인 증가다.

2012년 GDP 대비 연구개발투자 규모는 세계 1위다. 우리나라가 경제규모에 비해 연구개발에 얼마나 열심이었는가를 확인할 수 있는 수치다. 연구개발에 대한 집중적인 투자는 현재 우리나라의 위상을 만드는 데 매우 긍정적이고 핵심적인 영향을 끼쳤다. 연구개발에 대한 정부와 민간의 투자는 앞으로도 확대돼야 하지만, 경제여건 등을 고려할 때 지금까지와 같은 증가는 쉽지 않을 것이다. 따라서 그간의 투자를 통해 축적한 기술을 바탕으로 보다 혁신적이고 창의적인 방식으로 효율적이고 효과적인 기술혁신을 이루어내는 지혜가 필요하다.

미래사회에 대해 세계의 유수기관들은 다양한 전망을 발표하고 있는데, 이를 종합해보면 미래사회는 글로벌화의 심화, 갈등의 심화, 인구구조의 변화, 문화적 다양성 증가, 에너지/자원의 고갈, 기후변화 및 환경문제 심화, 과학기술의 발달과 융복합화, 중국의 부상 등으로 분류할 수 있다.[1] 우리나라의 경우도 마찬가지다.

다만 우리나라의 미래에서는 남북한의 통합, 통일을 추가해서 고려해야 한다. 시기를 정확히 예측할 수는 없으나, 2045년 '아시아 평화 중심국가'인 대한민국은 분단을 전제하고는 성립될 수 없기 때문이다. 남북한의 통합이나 통일은 정치, 사회, 문화 측면에서 뿐만 아니라 과학기술 측면에서도 뒷받침돼야 가능하다.

우리나라는 저출산, 고령화, 에너지 부족, 중국의 부상, 통일에 의한 갈등의 심화 등 미래 문제를 다른 국가보다 먼저 맞이하게 될 가능성이 높다. 이는 시련임에는 분명하나 기회이기도 하다. 문제해결과정에서의 경험과 기술혁신의 결과물인 글로벌표준이 새로운 성장동력이 될 것이다. 이를 실현하기 위해서는 위기를 기회로 삼는 지혜가 발휘돼야 할 것이며, 그 핵심에는 IT기술과 융합기술을 기반으로 한 혁신이 있다.

앞으로의 목표

미래 메가트렌드 중에서 연구개발과 직접적인 관련이 있는 것을 뽑으라면 인구구조 변화, 에너지/자원 고갈, 기후변화 및 환경문제, 과학기술의 발달과 융복합화, 통일이다. 이를 연구개발을 통한 기술혁신으로 얼마나 효과적으로 준비하고 대처하느냐에 대한민국의 미래가 달려 있다.

인구통계에 의하면 2050년 우리나라의 인구는 통일이 되지 않은 상태에서 4,200만 명으로 5,120만 명인 2014년 현재보다 약 920만 명 감소할 것이다. 또한 2026년에 만 65세 이상 노인인구가 전체의 20%를 넘은 초고령사회가 될 것이며, 2045년에는 약 35%에 달할 것으로 예측된다. 인구감소는 구매력 감소, 시장 감소, 일자리 감소, 경쟁력 저하로 이어질 것이다. 고령화사회에서는 생산성의 저하, 복지 및 의료비용 증가 등이 예상된다. 이를 해결하기 위해서는 로봇기술, 첨단제조기술, 정보통신기술, 바이오융합기술, 맞춤형 의료기술 등의 기술혁신이 필요하다.

에너지 부족문제도 심각하다. 전력수요 증가, 화석에너지 고갈, 중국의 급격한 산업화는 자원이 부족한 우리에게는 안보적 위협으로까지 발전할 수 있다. 안전성 및 사회적 수용의 문제로 원자력발전에 의존하는 것도 한계가 있다. 대체에너지, 재생에너지 등 신에너지원을 확보하는 것이 필요하다. 해양에너지[2] 등 우리나라의 지정학적 특성을 고려한 신에너지원 개발과 친환경적이고 지속가능한 에너지 수급체계를 구축해야 할 것이다.

통일은 남북한 사회구조의 통합이므로 경제, 문화, 정보, 기술 등의 불균형과 이로 인한 갈등을 해소하는 것이 중요한 이슈다. 한편으로 통일은 중국을 중심으로 한 대륙과 일본을 관문으로 한 해양을 연결하는 중심국가로서의 위상을 갖게 하는 계기가 될 것이다. 남북의 기술혁신체계를 통합하는 과정은 시간이 걸리겠으나, 기술력의 통합을 통한 시너지효과는 클 것이다. 또한 통일은 인구의 증가, 일자리 창출, 건설산업의 부활, IT인프라 수요 확대 등 새로운 기회를 제공할 것이다. 그리고 과학기술분야의 남북협력은 통일을 앞당기는 효과를 가져올 것이다.

대한민국이 아시아평화의 중심국가로 자리매김하기 위해서는 예견되는 문제를 기술혁신을 통해 적극적으로 대처해야 한다. 기술혁신을 통해 만들어야 할 2045년 대한민국의 모습은 지속가능한 장수사회, 신에너지 수급체계 확보를 통해 에너지 독립국가, 정보/기술의 글로벌 네트워크 중심국가다.

'지속가능한 장수사회'는 저출산, 고령화, 인구감소로 수반되는 생산력 감소를 해소하고 지속가능한 지능형 제조/생산시스템을 갖춘 사회로 전체 인구의 40%에 육박하는 고령인구가 건강하고 행복한 생활을 영위할 수 있는 사회시스템을 구축하는 것이다.

'에너지 독립국가'가 되기 위해 신에너지원을 확보하고 이를 안정적이고 효율적으로 공급할 수 있는 에너지 네트워크를 구축한다. 지리적 여건으로 태양, 풍력 등 전통적인 재생에너지의 확대도 쉽지 않아 핵융합, 해양에너지 등 새로운 에너지원을 확보하기 위해 노력해야 한다.

지속가능한 지능형 제조생산시스템, 건강하고 행복한 장수사회, 신에너지원 및 에너지네트워크는 '정보'와 '네트워크'의 도움으로 구현될 수 있다. 빅데이터 등 정보의 수집/분석/활용기술, 사물인터넷 등 사람, 사물, 정보를 연결하는 네트워크 기술의 혁신과 이를 실현할 수 있는 인프라도 구축해야 한다. 이 인프라는 글로벌 네트워크와 연결되며, 연결된 사회connected world의 중심이 될 것이다. 이러한 '정보/기술의 글로벌 중심국가'의 모습이 2045년 대한민국을 위한 연구개발의 목표다.

미래를 위한 연구개발전략

향후 기술혁신은 민간과 개인이 중심이 돼야 한다. 민간과 개인의 혁신역량을 강화하고 이를 체계화하는 시스템을 갖추는 것이 중요하다. 정부는 이러한 시스템이 조기에 정착될 수 있도록 연구개발에 지속적으로 투자를 확대해야 한다. 연구개발은 미래의 사회상을 실현하기 위한 기술분야, 즉 ICT를 중심으로 한 융합분야에 집중한다. 정보화기술의 발달에 따라 미래사회에서는 '개방성'이 핵심가치가 될 것이다. '초연결사회hyper connection society' '공유의 시대'가 도래하기 때문이다.

개인과 민간을 기술혁신의 주체로

국가과학기술위원회는 제4회 과학기술예측조사에서 652개 미래기술을 도출하고 기술별로 실현시기와 기술수준을 분석했다. 향후 10년 이내에 기술적으로 실현이 가능한 기술이 479개이고, 이중에서 344개 기술에서 우리나라 수준이 선도그룹 혹은 추격그룹에 속해 있는 것으로 발표했다.

연구개발에 대한 적절한 투자와 지원이 있어야 미래기술 선도와 추격이 가능하다. 고령화 등 복지수요가 증가하는 상황에서 정부의 투자여력은 녹록치 않다. 따라서 연구개발투자의 중심은 민간으로 넘어가야 한다. 기술혁신은 민간을 중심으로 이루어질 것이다. 민간은 기업체와 네트워크로 연결되어 글로벌정보를 쉽게 활용할 수 있는 개인도 포함된다. 정보화, 소셜네트워크 활성화 등으로 개인의 힘은 지속적으로 확대될 것이며, 연구개발 분야에서도 예외는 아니다. 따라서 정부와 공공은 이를 촉진하고 유인할 수 있도록 시스템을 효율화하는 데 집중해야 한다.[3]

ICT 기술 중심의 기술융합에 '선택과 집중'

'선택과 집중'은 자원이 부족한 우리나라에서는 필수불가결한 전략이다. 과거에도 그랬으며 앞으로도 그럴 것이다. 때문에 그간의 연구개발투자도 전체의 60% 이상을 '산업생산 및 기술분야'에 투자할 수밖에 없었던 것이다.[4] 물론 기초/원천기술의 토대가 취약하게 되었다는 비판은 있으나, 한정된 자원을 효율적으로 활용해야 하는 한국적 상황에서는 최선의 선택이었을 것이다. '선택과 집중'은 어느 분야를 선택하고, 어떻게 집중하느냐의 문제다. 현실과 여건에 대한 냉철한 분석, 미래에 대한 정확한 예측, 과감한 이행이 필요하다.

2045년 대한민국은 지속가능한 장수사회, 에너지 독립국가, 정보/

기술의 글로벌 네트워크의 중심이 돼야 한다. ICT기술을 중심에 놓고 대한민국의 미래상 구현에 필요한 융합기술, 인프라 구축에 집중해야 한다. 또한 개인과 민간의 요구 및 수요가 중심이 돼야 하며, 정부의 역할은 이를 촉진하기 위한 규제완화, 지원체계 구축 등이 돼야 한다.

모든 것에 연결되기 위한 '개방성'

미래사회는 '초연결사회'다. ICT기술의 발달은 인간과 인간, 인간과 사물, 사물과 사물 등이 모두 연결되는 사회를 만들 것이다. 초연결사회에서 가장 중요한 것은 '개방성openness'이다. 국가, 국경, 민족의 개념은 미래사회에서 가치를 잃게 될 가능성이 많다. 정보화시대, 초연결사회에서는 모든 것을 개방해야 모든 것에 연결되고, 연결돼야만 생존할 수 있다. 월드와이드웹www, 오픈소스 소프트웨어oss 등에서 알 수 있듯이 공개하면 새로운 혁신이 생기고 그것이 또 새로운 기회가 된다.

연구개발도 특정한 연구집단과 실험실에 한정해서는 성공하기 쉽지 않으며, 기술개발에 성공해도 시장에서의 생존은 쉽지 않다. 네트워크에 가상연구실을 두고 전 세계 연구자가 시공간 개념을 초월해 연구하고 연구성과를 세계가 공유하는 '공유non ownership의 시대'를 준비해야 한다. 물론 지식재산제도 등의 변화가 수반될 것이다.

연구개발전략의 정책추진방안과 그 효과

그렇다면 연구개발전략이 효과적으로 추진되기 위해서는 어떤 정책들이 필요할까. 정리해보면 다음과 같다.

지능형 제조업 혁신정책 추진

주요국은 현재 제조업 혁신을 위한 다양한 정책을 추진 중이다.[5] 3D 프린팅의 등장으로 제조업에서 혁명적 변화가 일어나고 있다. 정보화 사회에서도 제조업은 사회의 지속가능성을 담보하는 산업일 수밖에 없다. 하지만 그 양상은 현재와는 많이 다를 것이다. 개인이 네트워크에 연결되어 분산적으로 물건을 만들어 사용하는 '사회적 제조social fabrication'[6]의 시대가 될 것이라는 예상도 있다.

제조업 자체의 변화와 함께 우리나라는 생산인구 감소라는 도전에도 직면하고 있다. 생산인구 감소는 생산공장의 해외 유출을 가속화시키고, 인구의 이동을 촉진하는 악순환이 될 것이다. 바로 옆에는 세계 최고의 인구를 보유하고 첨단제조역량과 소비시장을 갖춘 중국도 존재한다. 이러한 측면에서 네트워크화, 지능화, 자동화, 분산화 등 제조업 혁신은 매우 중요하다. 한국형 제조업 혁신을 위해 필요한 IT, 로봇, 엔지니어링, 융/복합 등 관련 기술을 개발하고 실증하기 위한 대규모 정부 프로그램이 조속히 기획, 추진돼야 한다. 또한 이를 뒷받침해 줄 사회문화적 안목과 식견을 가진 공학전문가 등 인력을 양성할 수 있도록 고등교육, 직업교육 시스템도 개선돼야 한다.

건강한 장수사회로의 전환정책

건강한 장수사회는 고령자가 건강하고 행복한 삶을 살 수 있는 시스템을 갖춘 사회다. 이는 단순히 복지정책만을 의미하는 것이 아니며, 생명공학과 의료 기술의 융합, 수명연장과 장수과학의 혁신을 통해 만들어지는 시스템 사회다. 원격 질병관리 및 치료, 휴먼 오그멘테이션human augmentation,[7] 모바일 헬스 어플리케이션, 개인맞춤형 치료제 등의 기술개발이 요구된다.

건강한 장수사회를 위한 시스템은 미래의 새로운 성장동력이 될 것이다. 일본은 이미 실버산업을 전략시장을 창조하는 제1의 테마로 선정했다.[8] 고령화는 세계적인 문제이므로 이는 새로운 시장을 의미한다. 초고령사회를 새로운 성장동력으로 삼기 위한 적극적인 정책 추진이 필요하다.

에너지 자립을 넘어 에너지 허브로

세계는 대체에너지, 신재생에너지 등 신에너지원 개발을 위해 치열한 경쟁을 진행중이다.[9] 우리나라의 제2차 에너지기본계획에 의하면 2035년 석유, 석탄 등 화석연료의 비중은 52%다. 장기적으로 화석연료는 고갈될 것이며 중국, 인도의 산업화 및 인구증가로 불안정성이 높다. 새로운 에너지원 확보는 늦출 수 없는 과제다.

에너지원의 확보와 함께 중요한 것은 지속가능한 에너지 네트워크의 구축이다. 산재한 다양한 에너지원에서부터 효율적으로 에너지를 공급하고 사용할 수 있는 스마트그리드 구축이 우선돼야 한다. 에너지수급망은 국내만이 아니라 중장기적으로는 중국, 러시아, 유럽, 일본 등과도 에너지 네트워크를 구축해야 한다. 이를 위한 기술적 과제들이 산재해 있다.

좁은 국토, 수도권 등 도시집중화는 국내 에너지 네트워크 체계의 효율화에 유리한 측면이 있다. 또한 통일 이후 중국, 일본 등과의 연결을 통한 에너지 허브로서의 역할도 지정학적 장점을 적극 활용할 수 있는 정책이 될 수 있을 것이다.

창의적 과학기술 시스템 구축

과학기술의 융복합화, 제품과 서비스의 복잡 다기화 등으로 인해 선형적 연구개발 모형은 적용상 한계가 드러나고 있다. 과학기술정책도 창의적이고 유연한 시스템을 구축해야 한다.

첫째, 창의적 지식창출 기반 강화를 위해서는 창의적 지식생태계 구축과 국가지식 융합연구거점 역할을 할 수 있는 유연한 정부출연 연구기관이 필요하다.

둘째, 창의적 기술인력 육성을 위해, 핵심 기술인력의 수급 불균형에 선제적 대응체제 구축, 이공계 인력의 경력개발 지원이 요구된다.

셋째, 창의지향적 지식재산Intellectual Property, IP 인프라 강화를 위해 Hard IP와 Soft IP의 조화가 요구된다. 즉 기존의 pro- 관점의 지식재산보호를 강화하는 Hard IP환경 조성과 아울러 anti-적 관점에서 지식재산의 독점적 권리보다는 유연한 접근을 허용함으로써 기존 지식재산 활용을 활발히 하는 Soft IP환경 조성으로 지식재산의 공유기반을 구축해야 한다.

넷째, R&D 정책구조 전환이다. 공공성과 안전, 행복한 삶에 걸맞는 경제사회 수요 중심의 정부 R&D예산 배분과 창조산업 육성을 위한 R&D정책 재설계가 요구된다. 기존의 R&D→ 상용화→ 제조/생산→ 마케팅 등의 선형Linear 방식의 지원정책 대신 R&D, 인력, 상용화, 기업지원, 금융, 세제 등 패키지형 정책구조Policy Mix를 반영한 R&D정책으로의 전환이 필요하다.

다섯째, 사회문제 해결형 과학기술의 역할 확대를 위해 기술획득 중심형 연구개발체제에서 빠져 있던 고리인 '사회기술기획' 활동과 사용자 참여 및 사회적 성과지표 도입 등 사회문제해결형 R&D사업 추진체제 구축이 필요하다. 국제사회 기여를 위해 기존의 하드웨어적 원조에 인적 역량, 제도 등 소프트웨어 요소와 정책 지원을 포함하는 패키지형 대외원조정책이 요구된다.

특히 통일을 앞두고 이루어진 서독과 동독의 과학기술 협력에 대하여 주목할 필요가 있다. 기초과학은 비정치적이기 때문에, 비교적 쉽게 협력체제를 구축하기 용이한 분야다. 남북 평화통일을 준비하기 위한 과정으로 사회기술과 기초과학분야의 교류를 적극 검토하는 것이 필요하다.

기대효과

'한국형 지능형 제조시스템'은 2045년까지 대한민국이 안정적으로 성장할 수 있는 새로운 기반이 될 것이다. 제조업 혁명을 위한 관련 기술의 개발은 제조업뿐 아니라 새로운 산업과 서비스를 창출할 것이다. 이는 민간의 기술혁신 역량을 강화하고 수익을 개선하게 될 것이며, 연구개발에 재투자되는 선순환구조를 갖게 될 것이다.

생명공학과 의학, 그리고 기술과 복지시스템의 융합을 통한 '건강한 장수사회' 시스템은 초고령사회의 불안을 극복하고 사회를 안정화시킬 것이다. 이의 성장동력화는 대한민국이 지속적으로 성장할 수 있는 대표적이고 새로운 먹거리로 성장할 가능성이 충분하다.

신에너지원의 확보는 화석연료, 원자력발전에 대한 의존을 줄여서 미래사회의 안보 및 안전에 기여할 것이다. 지속가능한 에너지 네트워크를 구축하는 것은 에너지기반의 초연결사회를 의미하며 글로벌 네트워크 중심국가의 위상을 유지할 수 있는 기반이 될 것이다.

창의적 과학기술 시스템 구축은 과학기술 정책의 실효성을 확보하여 어제의 꿈이 오늘의 희망이 되고 내일의 현실이 되도록 해줄 것이다.

융복합을 통한 기술의 혁신이 미래다

인간은 내일을 알 수 없다. 하지만 항상 내일을 계획하고 준비해야 한다. 준비된 내일은 그렇지 않은 경우보다 많은 기회를 제공한다. 2045년 대한민국의 미래도 마찬가지다. 그간의 축적된 경험과 기술, 미래에 대한 정책과 전략이 있다면 우리에게 기회로 다가올 것이다.

융/복합을 통한 기술혁신은 대한민국의 미래를 밝혀주는 등불이다. 기술이 이러한 역할을 제대로 수행하기 위해서는 연구개발을 위해 정부, 민간, 구성원 모두의 역량이 결집돼야 한다. 미래는 기술혁신을 통해 수정, 보완되면서 현실화된다.

기술, 정보의 글로벌 중심국가로서 지속가능한 장수사회, 에너지 독립국가라는 대한민국의 미래상도 기술혁신을 통해 현실화될 것이다. 김진현 장관의 단군적인 현상론, 이용태 박사의 가상현실의 신대륙론, 윤덕용 총장의 벤처국부론, 김훈철 박사의 스타계획론 등은 모두가 한국의 미래를 낙관하고 있다. 그러나 낙관만으로는 충분하지 않다.

이를 위해 개인과 민간의 역량을 최대한 강화하고, ICT기술을 기반으로 한 기술융합에 집중하여 적극적인 개방을 전제로 한, 모든 것의 연결로 미래 대한민국을 만들어야 한다.

3

기술분야 미래전략

지식재산전략

여기서는 현재 국내 지식재산제도와 정책, 글로벌 경제환경, 기술발전의 양상을 종합하여 향후 예상되는 지식재산분야의 논점들을 도출하고, 각 논점에 대한 국가정책과제와 미래전략을 제시하고자 한다. 먼저 용어의 개념을 정의해보자.

- **지식재산**Intellectual Property, IP: 인간의 지적활동의 소산물로서 그 재산적 가치가 법적 보호를 받는 특허patents, 상표trademarks, 디자인designs, 저작권copyrights, 영업비밀trade secrets 등을 총칭하는 개념이다. 학술이나 실무상 지적재산知的財産도 동일한 개념으로 쓰이지만 정부는 이를 '지식재산'으로 통일했다.
- **지식재산권**Intellectual Property Right, IPR: 지식재산의 법적 권리를 강조하는 용어로서 학술, 실무에서 지식재산IP과 혼용되고 있다. 마찬가지로 특허와 특허권, 상표와 상표권, 디자인과 디자인권도 각각 혼용되고 있다.

• **무형자산**intangible asset: 기업의 경제적 가치자산이지만 전통 회계상 포착이 어려운 지식과 노하우를 총칭하는 개념이다. 문헌에 따라 이를 지식자본intellectual capital, 지식자산intellectual asset 등 다양한 용어로 부르고 있다. 무형자산의 경제적 정의는 '기업의 시장가치market value-장부가치book value'로 표현된다.

• **IP5**: 특허를 비롯한 지식재산 제도의 운영을 주도하고 있는 미국, EU, 일본, 한국, 중국 특허청을 지칭한다. 경우에 따라 이들 5개 국가 자체를 IP5로 칭하기도 한다. 기존의 특허3국trilateral patent offices인 미국, EU, 일본 특허청의 협력이 계속되어왔는데, 최근 한국과 중국이 추가된 별도의 협력체인 IP5가 형성되었다. IP5는 전 세계 특허출원의 80%, PCT 출원의 95%를 소화할 정도로 세계 특허제도와 정책을 주도하고 있다.[10]

• **특허괴물**patent troll: 인텔Intel 사내 변호사였던 피터 뎃킨Peter Detkin이 최초로 사용했던 표현으로서 '특허를 실시practice한 적도 없고, 현재 실시하고 있지도 않으며, 앞으로 실시할 의도도 없이, 다만 관련 특허로 돈을 벌기 원하는 회사'를 의미하는 것이었다. 그러나 뎃킨이 세계 최대의 특허괴물로 알려진 인털렉추얼 벤처스Intellectual Ventures 설립에 참여하고 이 회사의 운영이사가 된 후 그의 특허괴물에 대한 개념정의는 '실효성이 의심스러운 소수의 특허만 가지고 있으면서 특허와 관계없는 비즈니스에 종사하는 회사'로 바뀌었다.

• **비실시기업**Non-Practicing Entity, NPE: '특허괴물'에 대한 완곡한 어법euphemism으로서 가장 일반적인 용어이다. 특허관리회사Patent Management Company, 창의자본Invention Capital, 특허지주회사Patent Holding Company 등도 대동소이한 의미로 사용되고 있다.

- **특허심사 하이웨이Patent Prosecution Highway, PPH**: 출원인이 자신의 발명을 2개국 이상에 출원하는 경우, 먼저 심사하여 특허등록이 가능하다고 판단한 국가의 심사서류를 나중에 심사가 진행되는 다른 국가에 제출하면 기존의 등록사실을 참고하여 해당 출원을 일반 출원에 비해 빨리 심사해주는 제도를 말한다. 우리나라는 2007년 일본과의 PPH 시행을 시작으로 미국과 유럽 국가들과 PPH 시행을 확대해왔으며 PCT 출원의 국내진입 단계 출원도 PPH 혜택을 받을 수 있다. 2014년부터는 IP5국가들의 합의에 따른 PPH제도도 추가로 시행되고 있다.

지식재산의 미래는 어떻게 펼쳐질 것인가

첫째, 현행 특허제도의 수정 논의가 활발해질 것이다. 특허제도가 오히려 기술혁신의 장애가 된다는 특허 무용론無用論은 주기적으로 등장했다가 사라지곤 했다. 최근의 특허덤불이 혁신의 장애가 된다는 비판도 이러한 반특허 정서의 연장선상에서 이해할 수 있다.[11] 그러나 미국, EU, 중국, 일본 등 지식재산 선진국들은 오히려 친특허정책을 강화하는 추세이다. 다만 저개발국들은 여전히 특허제도의 수정을 요구할 것이다. 특히 이들은 자국이 보유한 유전자원과 전통지식 등이 특허제도의 독점권과 충돌하는 부분에 매우 민감한데, 나고야 의정서Nagoya Protocol on Access and Benefit Sharing, 'ABS Protocol'가 이러한 충돌 가능성을 내포한 대표적인 사례다.[12] 여기서 '접근Access'은 유전자원 및 전통지식에 대한 투명한 접근 및 관련 절차 마련과 국가 책임기관으로부터 사전통보승인서 발급을, '이익공유Benefit Sharing'는 자원제공자와 상호합의조건서 체결 및 자원이용으로부터 발생한 금전적, 비금전적 이익 공유를, '준법Compliance'은 사전통보승인서 및 상호합의 조건서에 대한 국내 규정 마련, 절차 이해 여부 모니터링 및 강제이행을 위한 점검기관 설치를 규정하고 있다. 현재 본 의정서의 대상인 유전자원, 미생물 등은 특허권의 대상이 되는 것들도 상당히 존재하는 관계로, 이 시스템과 유전자원, 미생물 등의 전통지식에 대한 권리와의 충돌 가능성이 있다.

둘째, 산업분야별로 특허제도에 대한 논의양상이 달라질 것이다. 가령 제약산업에서는 하나의 신약 개발에 통상 10년 정도의 오랜 기간이 소요되고 1조 원 이상의 비용이 소요되어 결과적으로 소수의 특허가 창출된다. 반면 정보통신기술 분야에서 스마트폰 하나에 25만 개 이상의 특허가 덤불을 형성하고 있다.[13] IT분야에서는 표준특허 논의가 매우 중요하지만 제약분야에서는 크게 중요하지 않다. 이에 따라 제약분야와 IT분야가 같은 특허제도의 우산 안에 공존할 수 있을지 여부에 대한 논의가 심화될 가능성이 있다. 특허 존속기간 및 심사절차와 관련하여 명백히 다른 특색을 갖는 양 분야에 동일한 심사절차와 동일한 특허권 존속기간을 적용하는 것이 합당한지, 분쟁 발생시 금지청구권이 필요한지, 손해배상액수는 어떻게 산정할 것인지 등 기본적인 논점들에 대하여 양 분야가 다른 법리로 갈 가능성이 있다.

셋째, 공정거래법과 특허제도의 조화에 대한 논의가 지속될 것이다. 독과점을 규제하기 위한 공정거래법의 정신과 혁신기술에 대한 독과점을 인정하는 특허제도를 현재 경제시스템 내에서 충돌되지 않게 해석하고 적용하는 방안에 대한 논의가 꾸준히 지속될 것이다.

넷째, 디자인권과 트레이드 드레스 등 특허 이외의 지식재산과 관련한 논의가 더욱 중요해질 것이다. 삼성과 애플 간의 세기적인 분쟁에서 디자인, 트레이드 드레스의 가치를 확인한 만큼 관련 산업의 중요성이 더욱 강조되어 해당 지식재산분야의 제도 및 법리에 관한 논의가 활발해질 것으로 예상된다.

주요국 지식재산 동향

IP5국가들이 공통적으로 추진하는 핵심정책은 특허심사에 소요되는 기간을 단축하면서 특허심사의 품질을 확보하는 것과 각 국가마다 다른 특허제도를 국제적으로 조화하려는 것이다. 특허제도의 국제적인 조화는 단기적으로는 특허심사 기간을 단축하고 특허의 품질을 높이는 방안을 모색하기 위한 것이지만, 장기적으로는 미래에 요구될 특허제도의 변화에 대비하려는 것이다. 최근 지식재산분야의 국제공조가 더욱 강조되는 이유는 지식재산정책이 국내의 산업 발전을 도모하는 것을 뛰어넘어 국가 간 경쟁 속에서 국제적 리더십을 확보하는 수단이 되고 있기 때문이다. 예를 들어, 양질의 특허심사관을 육성하여야 한다는 과제는 과거에 자국 특허심사의 품질을 높인다는 측면에서만 논의되었으나, 이제는 심사품질의 고도화를 통해 국제사회에서 경쟁력을 갖고 리더십을 발휘할 수 있다는 측면에서 논의된다.

특허제도 미래전망

특허제도의 미래는 크게 세 가지로 전망할 수 있다.

첫째, 심사품질 개선 및 인재양성, 지식재산의 국제적 리더십 논의가 활발해질 것이다. 미국 특허청US Patent and Trademark Office, USPTO은 '2014~2018 전략계획'에서 특허심사 품질개선 및 국제적인 지식재산 리더십을 강조했다. 일본과 유럽 특허청도 공통적으로 특허심사 품질 향상 및 국제적 인재육성이라는 두 가지 정책을 추진하고 있다. 중국은 2000년 WTO 가입 이후 지속적으로 지식재산의 중요성을 강조하고 있고, 국가 주도로 지식재산 분야의 경쟁력을 높이기 위한 정책을 적극적으로 펼치고 있다. 우리나라도 IP5의 일원으로서 국제사회에서 지식재산 선진국의 위상을 갖추어나가고 있지만, 정책과 제도의 과감한 개혁을 두려워하지 않아야 세계 지식재산 허브로 도약할 수 있다. 풍부한 이공계 전문인력이 지식재산정책에 기여할 수 있는 환경 조성과 중국과 일본 사이의 지정학적 위치를 활용한 외교적 노력, 정부의 과감한 제도개선을 통한 지식재산 법제도의 선진화가 신속히 이루어져야 한다.

둘째, 지식재산 집약산업의 중요성이 강조될 것이다. 2012년 미국 상무부는 미국 특허청 데이터를 기준으로 전체 313개 산업 중에서 특허와 상표 등 지식재산을 가장 집중적으로 활용하고 있는 산업 75개를 선별하고 이를 지식재산 집약산업IP-Intensive Industries이라 명명했다. 상무부 보고서에 따르면 2010년을 기준으로 지식재산 집약산업이 2,710만 개의 일자리를 창출하여 전체 미국 내 고용의 18.8%를 담당했고, 5.06조 달러의 부가가치를 창출하여 전체 GDP의 34.8%를, 지식재산 집약산업의 수출액이 7,750억 달러로 전체 공산품 수출의 60.7%를 차지했다. EU 특허청European Patent Office, EPO과 상표/디자인청Office for Harmonization in the Internal Market, OHIM이 2013년 공동으로 공표한 보고서도 EU 총 GDP의 39%(4조 7천억 유로)가 지식재산 집약산업에서 창출되며, EU의 5천 600만 개 일자리(전체의 26%)가 지식재산 집약산업에 의해 제공된다. 이 지표들의 의미는 특허, 상표, 저작권 등 지식재산을 집중적으로 창출하는 산업에 국가적 역량을 집중하는 것이 그렇지 않은 경우에 비해 일자리 창출과 거시경제 성장에 훨씬 효율적이라는 점이다. 미국과 EU는 이러한 관찰 결과에 근거하여 향후 지식재산 집약산업에 집중투자할 예정이며, 이는 중국, 일본을 비롯하여 지식재산에 국가경제의 사활을 걸고 있는 나라들의 공통적인 정책방향이 될 것이다.

셋째, 지식재산의 국가별 조화노력이 가속화될 것이다. 미국의 전 특허청장 카포스David Kappos는 특허제도의 국제적 조화harmonization 운동에 열성적이었다. 그는 미국의 개정 특허법America Invents Act, AIA이 특허출원 규범의 조화를 통한 세계적인 특허제도 개혁에 응하기 위한 것이라고 평가했다. 미국이 1790년 특허제도를 실시한 이후 200년 이상 유지하던 선발명주의First-to-invent Rule를 포기하고 선출원주의First-to-File Rule를 채택한 것은 이를 상징적으로 보여주는 개혁이었다. 미국과 EU, 일본 등 지식재산 선진국들은 특허제도의 실체적, 절차적 규범을 조화시킴으로써 자국 기업들이 국제시장에서 특허기술의 독점적 가치를 최대한 보장받을 수 있도록 지원하고자 하는데, 앞으로도 이러한 노력들이 계속될 것이다. 최근 주목할 움직임은 2013년 EU에서 이른바 단일특허unitary patent 제도가 도입된 점이다.[14] 이 새로운 특허는 기존의 개별국 특허와 유럽특허청에 의한 유럽특허European Patent를 대체하지는 않지만, 유럽 내 어디서든 통용될 수 있는 특허라는 점에서 중요한 의미를 가진다. 이와 더불어 유럽의 통합 특허법원인 유럽특허법원Unified Patent Court, UPC이 2015년 초 활동을 시작할 목표로 준비중이다.[15] 유럽 단일특허도 유럽특허법원의 활동이 개시되는 시점부터 효력이 발생되도록 규정되어 있다. 유럽의 이와 같은 움직임은 향후 지식재산분야에서 특허출원과 분쟁해결에 대한 국가별 규범의 조화노력이 가속화될 수 있다는 점을 시사하고 있다. 우리나라가 중국, 일본을 비롯한 아시아 지역에서 이러한 조화노력을 주도하는 것이 세계 지식재산 허브로서의 위상 정립에 결정적인 역할을 할 것으로 전망된다.

지식재산 패러다임의 전환에 따른 해결과제

지식재산기본법의 제정과 국가지식재산위원회의 설치, 창조경제 활성화를 위한 다양한 정책의 실시로 국내에서 지식재산의 중요성에 대한 인식은 점차 확산되고 있다. 그러나 정부와 기업의 지식재산분야에 대한 정확한 이해와 전문적인 접근은 여전히 미흡한 실정이다. 우리나라는 연간 특허출원 규모로는 세계 5위의 위상을 가지고 있지만, 지식재산의 질적 경쟁력을 키울 수 있도록 범국가적인 관심과 지원은 여전히 부족하다. 주요 선진국들은 지식재산의 미래를 예측하면서 발 빠르게 움직이고 있다. 특히 요구되는 것은 지식재산을 바라보는 시각의 변화다.

지식재산은 이제 '국내용'이 아니고 '국제용' 자원이다. 비유적으로 말하자면 '우리나라 군대가 우리나라 영토만 지키는 역할에 그칠 것인가, 아니면 해외파병을 통해 세계평화에 기여하고 국제적 리더십도 유지할 것인가' 하는 폭넓은 시각으로 지식재산분야를 바라보아야 한다. 안타깝게도 우리나라의 행정, 입법, 사법 각 분야의 지도자들이 지식재산을 바라보는 시각은 대부분 과거 우리나라가 저개발국 시절에 가졌던 인식에 머물러 있는 실정이다. 과거 미국의 압력으로 마지못해 지식재산 입법을 하던 시절에 가졌던 시각이 지도자들의 사고에 아직도 남아 있다. 이것을 신속하게 교정해야 지식재산을 기반으로 한 우리의 미래를 기약할 수 있다. 현재 우리나라 지식재산 법제도의 수준도 그동안 이룩해온 경제발전의 수준에 비해 턱없이 낮은 실정이다. 많은 제도의 수정과 선진국 수준으로의 법의식 향상이 요망되는 시점이다. 또한 국내 지식재산제도를 보완해가면서 국제적 상황도 계속 주시하지 않을 수 없다. 급박한 변화가 나타나고 있는 이 시기에 제대로 지식재산의 제도적 보완을 이루지 못한다면 미래의 변화된 국제환경 속에서 단기간에 회복하기 어려운 정도로 지식재산 후진국이 될 가능성이 크다.

특허제도 미래전망에 따른 목표

위에서 언급한 미래전망별로 목표를 정한다면, 첫째, '지식재산을 통한 산업발전'을 넘어서 '지식재산을 통한 국제적 리더십의 획득'이 향후 주요 화두가 될 것이다. 지식재산에 대한 국제적 담론을 우리나라가 주도하고 지식재산을 통하여 대한민국의 발전 및 국제적 리더십을 획득하기 위하여 우리가 장기적, 중기적, 단기적으로 할 일을 논의하여야 한다.

둘째, 우리나라 GDP 대비 지식재산 집약산업의 비중이 향후 10년 내에 적어도 미국과 EU 수준이 돼야 하고, 그 후 10년 내에 두 국가 수준을 넘어서는 목표를 설정해야 한다. 이를 위해서는 지식재산 집약산업의 중요성이 더욱 강조돼야 하고 국가적 차원에서 국정핵심과제가 돼야 한다.

셋째, 지식재산 통합의 시대에 발휘할 수 있는 국제적 리더십을 확보하고 준비된 인재를 육성하는 것이 목표가 돼야 한다. 아시아 특허청, 아시아 특허법원 시대가 도래할 가능성이 있는데, 이를 주도할 국제적 역량을 갖춘 인력 양성을 지금부터 해나가야 한다. 더 나아가 '지식재산 허브국가'로 발전하여, 아시아에서 지식재산에 관한 소송과 조정을 한국에서 하게 만들자는 것이다. 국제 분쟁해결의 허브가 되면 법관, 변호사, 변리사의 수요가 늘고 호텔/식당/관광산업이 호황을 이루게 된다.

지식재산정책의 국정과제화가 필요하다

근본적인 지식재산정책은 국내 각 기업들의 지식재산역량을 강화하고, 지식재산이 존중되는 기업생태계를 조성하여 국가경쟁력을 강화하는 것이다. 이를 위해 지식재산 기반의 국가경쟁력 강화가 국정핵심과제가 돼야 한다. 경제정책, 외교정책, 통일정책 등과 병렬적으로 지식재산정책을 논하기보다는 지식재산정책을 중심에 놓고 이와 유기적으로 결합된 각 분야의 정책이 마련되고 실행될 수 있는 제도적 환경을 조성해야 한다. 이를 위해 지식재산정책을 통하여 해결할 수 있는 과제와 달성할 수 있는 목표에 대한 검토 및 정책적 시야의 확대가 필요하다. 지식재산정책이 다른 정책의 목표달성을 위한 단순한 수단 내지 별개의 정책에 머물러서는 안 된다. 이를 위해서는 다음과 같은 기본 전략이 필요하다.

첫째, 우리나라의 지식재산 분야 위상을 세계적인 특허출원 및 분쟁해결의 '지식재산 허브국가'로 발전시킨다.

둘째, 지식재산 전문인력을 집중양성하여 국제적 리더십을 확보한다.
셋째, 정책목표를 달성하기 위해 지식재산 정책을 총괄하는 지식재산위원회의 위상을 강화한다.

지식재산전략의 정책추진방안과 그 효과

세 가지 기본전략에 대한 정책목표를 달성하기 위해서는 정부 차원의 정책역량과 세계적 수준으로 성장한 우리 기업들의 경영역량, 실무와 학계 전문가집단의 경험과 지식역량을 집중하고 강화할 수 있는 세부정책들을 구상하고 실행해야 한다.

특허심사 품질향상과 부실특허에 대한 책임성

우리나라가 특허허브가 되려면 먼저 특허 품질이 세계 최고가 돼야 한다. 일본은 2005년 당시 특허무효율이 64.9%로 우리보다 높았지만, 2012년에는 33.4%로 크게 낮아졌다.[16] 2009년 이후 일본의 지식재산 입국 정책기조와 법원의 진보성 판단기준, 사회분위기 변화에 따른 것으로 보인다. 그러나 우리나라의 특허무효율은 2005년 62.1%였던 것이 2012년에 오히려 높아져 64.5%에 달했다. 이렇게 높은 특허무효율의 궁극적 피해자는 우리 국민이다. 특허등록의 효력을 신뢰하여 특허청에 유지료를 납부하고, 라이선스 계약도 체결하고 사업을 수행하지만, 등록특허 100건 중 60건 이상이 무효가 되므로 특허제도에 대한 불신이 조장되고, 경제적 피해도 극심하다. 이러한 상황을 극복하기 위해서는 특허무효율에 직접적 영향을 미치는 특허품질을 획기적으로 높여야 한다.

현재 각국 특허청은 특허심사 속도와 품질의 '두 마리 토끼'를 잡기 위해 경쟁하고 있다. 그런데 심사 속도와 품질은 본질적으로 상충trade-off관계이므로 자원의 추가투입이 없다면 동시에 향상될 수 없다. 2014년 특허청의 업무보고에 따르면 우리나라 특허심사 속도는 2012년 기준 14.8개월로 세계 1위인데, 2위인 일본(20.1개월)을 큰 격차로 앞서고 있다. 2015년 이후로는 이를 10개월 이내로 유지할 계획이다. 그러나 품질을 희생한 '심사속도 세계 1위'의 함정에 빠지는 것을 경계해야 한다. 2013년 국정감사자료에 따르면 우리나라 심사관 1인당 심사처리건수는 2008년 187건에서 2012년 254건으로 점차 증가하고 있다. EU 47건, 미국 72건, 중국 54건과 비교할 때 우리 심사관의 업무부담은 지나치게 높으며, 일본 239건 보다도 높다.

특허청은 심사관 수를 획기적으로 늘리되, 세계 어느 특허청도 시도하지 못했던 수준으로 도전적인 정책목표를 잡을 필요가 있다. 가령 심사기간을 6개월로 단축하고 무효율도 10% 이내로 떨어뜨릴 수 있는 획기적인 특허심사 역량을 확보하는 것이다.

이와 더불어 신뢰 가능하고 절차적으로 투명한 심사를 위한 보완이 필요하다. 심사단계에서 검토한 문헌은 추후에 무효증거로 할 수 없도록 법리적 보완을 하는 것이 한 가지 예이다. 이를 통해 우리 특허청이 특허출원의 테스트베드test bed로 유용하다는 국제적인 인식이 형성되어 세계 특허출원 허브를 구축할 수 있다. 우리 특허청에서 6개월이라는 최단기간에 고품질 심사결과를 낸다는 인식이 국제적으로 확산돼야 한다. 각국 특허청이 한국 특허청 심사결과를 기다리고 존중하는 국제적 실무절차와 관행을 만들어야 한다.

우리나라 심사관 인력구성은 IP5 특허청과 비교할 때 전문분야별

박사급 비중이 어느 특허청보다 높고, IT 등 특정 분야 한중일 선행 문헌 이해와 분석능력은 최고 수준이다. 영어 외에도 중국어 또는 일본어 문헌을 이해하고 분석할 수 있는 심사관이 다수 있으며, 이는 최근 MS 등 IT 기업들이 주된 PCT 출원국을 한국으로 삼는 중요한 이유가 되고 있다. IT 분야에서 한국어 특허문헌도 중시되는 현실 또한 PCT 출원 유치에 일조하고 있다. 그러나 큰 장애물은 특허청 스스로 심사관을 확충할 권한이 없다는 점이다. 특허청 자체 재원은 충분하지만, 안전행정부의 승인이 없이는 인력확충이 불가능하고, 기획재정부의 승인이 없이는 예산사용도 불가능하다. 특허 심사능력 제고를 위한 적극적인 지원이 필요하다.

한편, 정부기관인 특허청이 발행한 특허등록증을 믿고 사업을 시작한 국민이 훗날 특허가 무효화되어 당하는 손실을 생각해봐야 한다. 이것은 부실한 특허증을 발행한 특허청의 책임도 있다. 하지만 현실은 그렇지 않다. 부실특허 피해는 부실특허를 믿었던 국민의 몫이고, 부실특허를 발행한 특허청은 책임이 없다. 이러한 모순 때문에 특허무효율이 개선되지 않고 있다. 만일 특허청이 자신이 발행한 특허가 무효 판정을 받으면, 어느 정도 책임을 지는 피드백이 존재한다면, 특허청은 특허를 발행할 때 더욱 심사숙고할 것이고, 한번 발행한 특허는 보호해주려 노력할 것이다.

지식재산 전문인력 양성 고도화

고품질 특허 양산을 위해 지식재산 생태계의 이해관계자들이 글로벌경쟁력을 가져야 한다. 첫째, 민간 차원에서 변리사의 역량 고도화는 당연히 요구된다. 대표적인 특허출원인인 삼성전자, 엘지화학, 현대

자동차 등이 국내출원 비용을 과감히 증액하는 분위기가 조성된다면 변리사 역량 강화에 크게 도움이 될 것이다.

둘째, 정부도 지식재산 전문인력 양성에 힘을 기울여야 한다. 국가지식재산위원회의 지식재산인력양성 종합계획에 의하면 2012년의 지식재산 서비스 인력 3만 명(변리사 2,700명, 변호사 800명 포함)을 2017년에는 5만 명으로 늘릴 예정인데, 장기적 수요를 고려할 때 최소한 10만 명 수준이 돼야 한다. 이러한 종합계획의 실행 여부를 국민이 잘 체감하지 못하는 것도 지식재산 제도개선이 국가의 핵심정책과제가 아니라는 사실의 반증이다.

셋째, 지식재산 전문교수요원을 양성해야 한다. 국내 대학의 지식재산 교수가 약 70명이며 이중 특허분야의 강의를 맡은 교수는 10명 내외에 불과하다. 현재 로스쿨에서 지식재산 과목은 전혀 중시되지 않고 있고, 이공계 출신 로스쿨 학생도 오히려 줄어들고 있다. 로스쿨에서 우수한 인력이 지식재산연구 분야로 진출하게 하려면 일본 동경대학교와 교토대학교의 '조수제도'를 참고할 필요가 있다. 대학생 중 우수인력을 조수로 임명하고, 졸업 후 3~4년 내에 작성한 논문을 근거로 조교수로 임명하는 제도인데, 교수 선발을 위해 석박사학위를 요구하지 않는다는 점이 특징이다.

지식재산 교육플랫폼 설치로 국제적 리더십 확보

우리나라의 지식재산제도가 세계적 수준으로 정비돼야 함은 물론, 체계적인 교육플랫폼을 제공하여 국제적 리더십을 확보해야 한다. 미국, 일본, 중국은 최근 국제적인 리더십 확보를 위한 정책경쟁을 하고 있다. 일본이 미얀마에 특허청 직원을 파견하고, 우리 특허청도 최근

아랍에미리트연방의 특허심사 업무지원을 위해 국장급 직원을 파견한 것도 같은 맥락이다.

우리나라가 세계 지식재산 리더가 되는 장기적인 포석은 KAIST와 서울대학교 등 대표적인 대학에 중국, 일본, 동남아, 중동, 중남미 등의 젊은 우수인력들을 지식재산 전문가로 양성하는 교육플랫폼을 만드는 것이다. 가령 WIPO와 특허청, 한국발명진흥회가 KAIST와 MOU를 체결하고 2010년부터 진행해 온 단기 지식재산 교육프로그램에는 해마다 약 40명의 외국 학생들이 방한하여 3일간 집중교육을 받고 있다. 우수한 지식재산 인력들이 지원하여 경쟁률이 높으며, 참여 학생들과의 국제적인 연대 형성 및 우리나라 지식재산제도와 문화의 전파에 큰 기여를 하고 있다. 특히 우리나라와 중국, 일본 학생들이 모여서 석사과정 수준의 지식재산 전문교육을 받을 수 있는 국제지식재산대학원을 설치한다면 세계적 지식재산 리더십 확립에 결정적인 도구가 될 수 있다.

IP5와 WIPO를 통한 지식재산외교 주도

지식재산분야 국제관계는 다른 분야와 매우 다른 점이 있다. IP5라는 선진국 특허청장들의 회의가 지속적으로 개최된다는 점이다. 이를 고려할 때 특허청장은 지식재산분야 최고 전문가 중에서 선발하고, 그 임기를 4년 이상으로 보장할 필요가 있다. 그것이 지식재산 대외정책의 연속성과 국제적 유대 강화에 필수적이기 때문이다. 우리나라 지식재산 정책의 최고 전문가로서 특허청장은 IP5의 논의를 주도해갈 수 있는 국제적인 역량과 혜안을 가진 인사여야 한다. 우리 특허청이 IP5의 일원이 된 기회를 살려 지식재산의 국제적 논의를 주도할 특허청장을 선발하고, 제도적으로 그 활동을 충분히 지원하는 것이 필요하다. 이렇게 할 때 우리나라가 WIPO 사무총장도 배출할 수 있을 것이다.

지식재산 전문판사 육성

지식재산 분야 국제관계의 또다른 특징은 각국 사법부 간에도 활발한 교류와 협력이 가능하다는 점이다. 그 실례로 2013년 10월, 서울에서 한-미 지식재산 컨퍼런스가 개최되었다. 두 나라의 특허청은 물론 지식재산 전문법원의 수장들과 판사, 지식재산 전문 변호사들이 한자리에 모여 다양한 주제로 토론하고 모의소송을 통해 양 국가 간의 실무를 비교하기도 했다. 사법부가 지식재산 재판 경험이 풍부하고 국제적 역량을 가진 전문판사들을 양성해야 하는데, 이를 위해 사법부 내에서 지식재산 전문판사에 대한 특별한 배려가 필요하다. 순환보직제의 예외를 인정하여 장기간 지식재산 재판을 풍부하게 경험하게 함으로써 최고 실력의 판사가 되도록 해야 한다. 우리나라에서도 세계적 수준의 지식재산 전문판사가 배출될 때 지식재산 허브로서의 위상이 한층 강화될 것이다.

국가지식재산위원장 위상 강화

국가지식재산위원회는 지식재산정책을 현실적으로 총괄하는 권한과 기능을 가져야 한다. 현재의 국가지식재산위원회 위상으로는 지식재산정책을 종합적, 거시적으로 주도하기 어렵다. 2011년 지식재산기본법이 제정되고 대통령 '소속'으로 국가지식재산위원회가 설치되었으며 국무총리와 총리급의 민간위원장이 공동위원장으로 선임되었으나,

현 정부에서 위원회 사무국을 미래창조과학부로 옮기면서 그 위상이 낮아졌다는 지적을 받고 있다.

첫째, 국가지식재산위원장이 우리나라 모든 지식재산 정책의 컨트롤타워 역할을 수행할 수 있도록 위상을 강화해야 한다. 둘째, 청와대 내에 지식재산 전담수석 내지 비서관을 신설해야 한다. 오바마 행정부가 전략적으로 백악관에 지식재산 집행조정관IP Enforcement Coordinator, IPEC을 설치하고, 이를 통해 대통령이 국무부, 상무부, 법무부, 무역대표부와 직접 지식재산정책을 기획 및 집행하는 이유에 주목해야 할 것이다.

지식재산제도 국제 수준 정비

지식재산분야의 제도 정비는 국내의 창조경제 생태계 조성만을 목표로 하는 것이 되어서는 안 된다. 세계 여러 나라에 우리의 지식재산제도를 수출하여 해당 국가에 우리와 친화적인 지식재산규범이 형성되도록 유도하는 것도 중요한 정책목표가 돼야 한다. 세계적으로 통용될 수 있는 지식재산법과 제도, 실무관행이 빨리 정착돼야 하고, 이에 맞지 않는 것들은 과감히 수정해야 한다. 그동안 손해배상액 현실화, 특허전문법원 설립, 증거절차 개선, 전문가 참여제도 개선, 지식재산 전문판사 양성, 진보성 판단기준 정립 등 중요한 이슈에 대한 논의가 다수 진행되어왔으나, 구체적인 정책에 반영되지 못하고 표류하고 있다.

특허권자는 특허기술의 사업화를 통해 수익을 창출하지만, 경쟁업체들의 침해가 시작되면 소송을 통한 손해배상액 획득 또는 소송 외 합의를 통한 실시료를 획득할 수 있어야 투자자금 회수가 가능하고,

〈그림9〉 특허 침해소송 절차

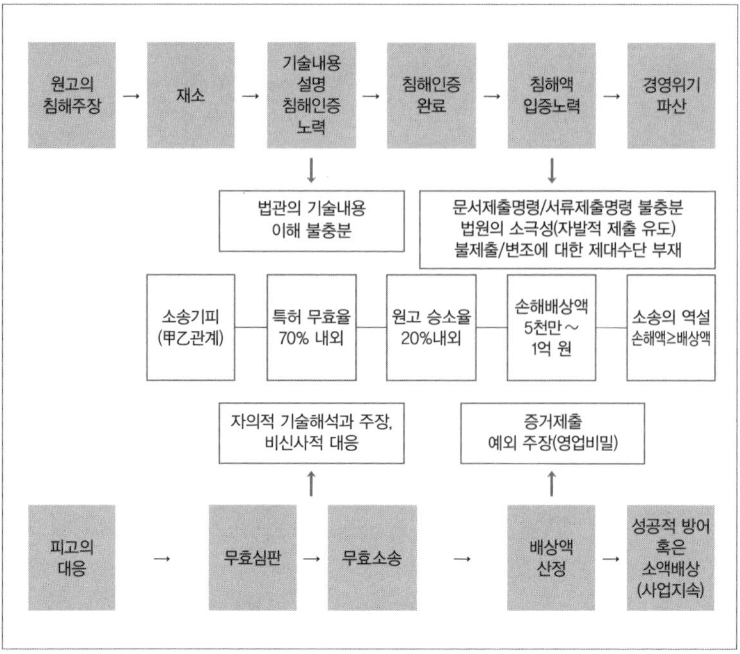

추가적인 혁신을 위해 투자할 수 있다. 그러나 우리나라 기업생태계에서는 침해소송을 제기하면 대부분 피고측에서 무효심판과 소송을 제기하는데, 이로 인한 소송지연과 70%에 육박하는 특허무효율로 특허권자의 입지는 극도로 위축되고 있다.

원고가 특허내용을 입증하여 법원을 이해시키려 노력해도, 법관의 기술이해도 부족으로 실패하는 경우가 흔하다. 특허가 유효 판정을 받아도 침해 입증에 어려움이 많다. 피해내용을 입증하기 위한 증거수집 절차가 원고에게 불리하게 되어 있기 때문이다. 결국 몇 년을 다투어 이긴다 해도 손해배상액이 1억 원 이하가 되는 상황이 비일비재하다.

현재 민사소송법상 문서제출명령과 특허법상 서류제출명령이 내려지더라도, 피고측에서 영업비밀이라 주장할 경우, 대부분 법원에 의해 인용되고 있다. 그나마 문서제출이 이루어지는 경우에도, 피고가 자발적으로 제출하는 형식이 대부분이다. 나아가 증거의 제출을 거부하거나 허위증거를 제출하는 경우에도, 이를 마땅히 확인하고 제재할 방안이 마련되어 있지 않아, 원고의 권리구제상 근본적인 결함이 존재한다.

부처 간 유기적 협력체계 구축

특허제도와 반독점anti-trust제도는 제도의 취지가 근본적으로 상반된다. 특허제도는 발명에 일정 기간 독점권을 부여하여 권리자를 보호하고 혁신의 동기를 제공하는 반면, 반독점제도는 자유시장경제체제의 근간을 무너뜨리는 독과점을 통제한다. 그러나 특허제도도 기술내용 공개를 통한 사회 전체의 이익과 기술발전을 강조한다는 점, 반독점제도 역시 독과점을 제한하되 시장에 미치는 영향을 충분히 고려하도록 각종 장치를 마련하고 있는 점에 비추어 두 제도 사이의 조화로운 해석 또한 가능하다. 공정거래위원회가 지식재산보호와 독과점 방지의 균형에 대해 관심을 가지기 시작한 것은 최근의 일이지만, 국가지식재산위원회를 중심으로 특허청, 공정거래위원회 및 기타 관련 부처 간 소통을 지속해나가야 한다.

지식재산 세계적 기업 육성

지식재산정책의 실효성은 국내 기업들이 세계시장에서 지식재산 경영으로 성과를 냄으로써 검증받게 된다. 정부는 우리 기업들, 특히 중소기업들이 세계적인 경쟁업체들의 고도화된 지식재산 경영역량을 뛰어넘을 수 있는 최소한의 기반을 마련해주어야 한다.

우리나라 기업들이 대부분 '방어목적 권리화Defensive'와 '비용절감Cost Control' 단계에 머물러 있으며, 심지어 중소/벤처기업 중에는 방어 단계에도 못 미치는 경우도 많다. 다만 일부 선도적 대기업이 대규모의 지식재산 전담부서를 통해 '가치창출Profit Center'과 '통합적 지식재산경영Integrative' 수준까지 활동하는 것으로 파악된다.

우리 기업들의 지식재산 경영역량을 다른 선진기업들 수준으로 강화시키기 위해서는 특히 다음과 같은 정책들이 집중적으로 시행돼야 한다.

첫째, 정책수립 및 집행에서 '지식재산=특허'라는 고정관념에서 벗어나야 한다. '지식재산=특허+저작권'도 잘못된 개념이다. 디자인, 영업비밀, 상표 등 모든 유형의 지식재산과 더불어 기업의 가치 있는 모든 무형자산의 창출, 활용, 보호정책이 필요하다.

최근 전통적인 상표유형 이외에 소리, 냄새, 입체형상 등 신종 상표들이 대거 등장하고 있다. 그러나 자유무역협정의 결과 속속 입법화되고 있는 이러한 신종 지식재산을 우리 기업들이 전략적으로 활용하지 못하고 있다. 정부가 특히 중소기업을 중심으로 각 기업의 디자인, 브랜드전략을 강화시킬 수 있는 교육컨설팅, 실무연수를 지원하고, 이들 분야의 법해석을 위한 다양한 법리 개발과 국제회의에 파견할 수 있는 전문가집단을 양성하여 세계적 논의를 주도해야 할 것이다.

둘째, 기업의 지식재산 전담부서 설치를 확산시켜야 한다. 우리나라에서 특허전담 최고책임자Chief Patent Officer, CPO 혹은 지식재산 최고책임자Chief IP Office, CIPO 제도가 도입된 것은 매우 최근의 일이다. 삼성전자가 부사장급의 CPO를 임명한 것이 불과 2006년 초반의 일이었다. 그나마 대기업들의 경우 공학적 지식과 법률전문성을 갖춘 임원들로 하여금 지식재산업무를 총괄하게 하는 경우가 조금씩 늘어가고 있지만, 아직 전문가를 두지 않거나 지식재산 전담부서가 없는 경우도 드물지 않다. 정부가 특히 중소기업을 중심으로 지식재산 전담부서 설치와 전담임원 고용에 대한 촉진제도의 시행과 해당 인력에 대한 교육연수 기회 제공 등 다양한 경로로 기업들의 지식재산 경영역량 강화를 유도해야 한다.

셋째, 지식재산 경영을 기업의 전사적 경영활동과 통합할 수 있도록 지원해야 한다. 지식재산 경영활동이 여러 기업 활동 중의 하나가 아니라 다른 모든 경영활동의 방향과 강도, 기간 등을 결정하는 핵심지표가 될 수 있도록 유도해야 한다.

기대효과

전술한 지식재산정책이 전격적으로 수립되고 실행된다면 국내적으로는 지식재산제도의 선진화에 따른 역동적인 기업생태계가 조성되어 기업들의 혁신활동이 활발해질 것이다. 나아가 국제사회에서도 우리나라가 지식재산 정책의 모범국가가 되어 IP5, WIPO, 향후 설립될 것으로 기대하는 아시아 특허법원, 아시아 특허청 등에서 국제적인 리더십을 발휘하게 될 것이다. 우리나라가 중국, 일본과의 지식재산 협력을 주도할 수 있다면 미국과 EU를 포함한 IP5 전체의 국제적 협력도 주도하여 지식재산 허브로 도약할 수 있다.

특허 허브국가의 꿈은 멀지 않았다

지식재산 기반의 국가경쟁력 향상을 국정과제로 추진해야 한다. 지식재산이 국제적인 리더십 획득의 수단으로 급격히 변화하고 있다. 우리나라도 시급히 지식재산정책을 국정핵심과제로 승격시키고, 지식재산 전문인력 양성에 힘써야 한다. 미국이 1790년 특허법 제정 이래 유지하던 선발명주의를 2011년 미국특허개혁법America Invents Act, AIA을 통해 포기하고 선출원주의를 채택한 이유는 미국 내 출원인의 편의나 이익을 도모하기 위한 것이라기보다는, 미국 자신만이 고집했던 제도를 포기하고 국제적인 조화노력에 동참하려는 포석이었다.

이제 지식재산은 자국 산업을 일으키는 단순한 역할에서 벗어나 국제적 리더십 확보와 자국의 제도를 국제규범화하기 위한 치열한 경쟁목표가 되고 있다. 이는 지식재산 관련 통합 움직임(유럽 특허청 설립, 유럽 특허법원 설립 예정 등)과 맞물려 있다. 지식재산이 국정핵심과제가 되는 날이 빨리 와야 한다. 국제적 명성이 있는 지식재산 인사들이 성장할 수 있도록 국가적인 노력을 집중해야 할 때다. 늦었다고 생각할 때, 본격 시작하면 된다. 특허 허브국가의 꿈이 멀지만은 않다.

4 기술분야 미래전략
정보통신전략

2045년의 미래에는 정보와 통신이 밀접하게 결합되어 지구상 어디에서든 사람과 사물 및 컴퓨터 상호간의 멀티미디어 입체 통신 및 정보 서비스가 보편화되고 우주 통신 및 정보 서비스를 이용할 수 있게 될 것이다. 미래 정보통신서비스는 모든 사람과 사물 및 컴퓨팅자원이 상호연결 되는 초연결망을 통해서 홀로그램 같은 3차원 실감 서비스를 제공할 것이며 다음과 같은 특징을 갖게 될 것이다.

정보통신전략은 미래에 어떻게 펼쳐질 것인가

정보통신분야의 미래는 크게 세 가지 전망이 가능하다.

통신 발전

첫째, 모든 지역에서 항상 사물통신 및 정보처리가 가능해야 하기 때문에 서비스 제공 지역이 육상에서 사람이 활동하는 지역뿐만 아니라 오지를 포함한 온 지구로 확장될 것이며 해저자원 발굴과 해저도시 건설을 위해서 극지를 포함한 해상과 해저에서도 입체통신 및 정보서비스가 가능하게 될 것이다. 또한 비행기를 포함한 공중 및 우주 어느 곳에서도 홀로그램서비스를 제공할 수 있을 것이다. 즉 2차원 통신시대에서 3차원 통신시대로 전환될 것이다.

둘째, 지구의 우주상에 있는 모든 사람과 사물들이 상호연결되어 통신 및 정보교환이 가능하고 사람의 수보다 사물의 수가 훨씬 방대하므로 사람과 사람, 사람과 컴퓨터 간의 트래픽 양보다 사물과 사물, 사물과 컴퓨터, 컴퓨터와 컴퓨터 사이의 트래픽이 폭증할 것이다.

셋째, 정보 전송속도가 획기적으로 개선되어 지구의 육해공과 우주 어디서나 3D 입체 영상 서비스를 사용할 수 있게 될 것이다. 이를 위해서 종파 변조, 패턴, 편파, 빔, 다중 안테나 기술을 활용하여 스펙트럼 효율을 높이고, 밀리미터파를 사용하여 광대역 대역폭을 확보할 뿐 만 아니라 다양한 내장형 소형셀기술을 사용할 것이다.

정보시스템 발전

첫째, 지능형 초저전력 센서가 개발되어 다양한 사물에 내재되고 초저전력으로 통신 및 정보처리가 이루어지며 센서 간의 협력 통신 및 정보처리가 수행될 것이다. 아울러 센서의 에너지 하베스팅이 이루어지고 필요시 자기유도, RF 무선충전기술이 접목되어 지능형 센서가 배터리 교환 없이도 지속 동작하게 된다.

둘째, 모든 컴퓨팅 시스템이 의복을 포함한 모든 사물에 내재되고 분산 클라우드 컴퓨팅 시스템으로서 상호 협력하여 수집된 빅데이터를 분석하여 여러 다양한 분야에서 부가가치가 있는 3차원 멀티미디어 정보 통신 서비스를 제공할 것이다.

셋째, 사물인터넷을 통해 삼라만상으로부터 수집된 정보를 기반으로 분산 클라우드 컴퓨팅시스템에서 육해공 교통시스템 혹은 시설물에서 안전에 문제가 있다고 판단되면 실시간으로 사이버 물리시스템이 작동하여 신속하고 정확하게 안전문제를 해결할 것이다.

신산업 창출

정보통신 관련 콘텐츠Contents, 플랫폼Platform, 네트워크Network, 디바이스Device 사업이 밀접하게 결합되어, 서비스를 제공하는 사업자가 플랫폼 기반으로 영향력을 극대화할 것이다. 콘텐츠 제공사업자, 유무선 통신사업자, 시스템 제조업체 및 단말 제조업체와 공동협력하여 가정, 교육, 도시, 교통, 물류, 제조 등의 분야에 사물지능통신기술, 클라우드 컴퓨팅 기반의 빅데이터 처리기술, 사이버 물리시스템기술이 활용될 것이다.

결국 미래에는 우주와 지구의 삼라만상과 사람에게 지능형 센서와 컴퓨팅 시스템이 내재되고, 상호협력 통신과 빅데이터 정보처리를 통해서 다양한 개인 맞춤형 3차원 실시간 입체 서비스가 제공되며, 수집된 정보를 바탕으로 사이버 물리시스템이 사전에 위험을 인지하여 예방하거나 실시간으로 처리하여 다양한 위험피해를 최소화할 것이다.

미래변화 대비를 위한 분야별 해결과제

이러한 거시 전망에 따라 미래변화에 대비하기 위해 세부적으로 해결해야 할 과제들이 있다. 통신분야, 정보시스템 분야, 신산업 창출분

〈그림 10〉 동북아 5대도시 간 거리

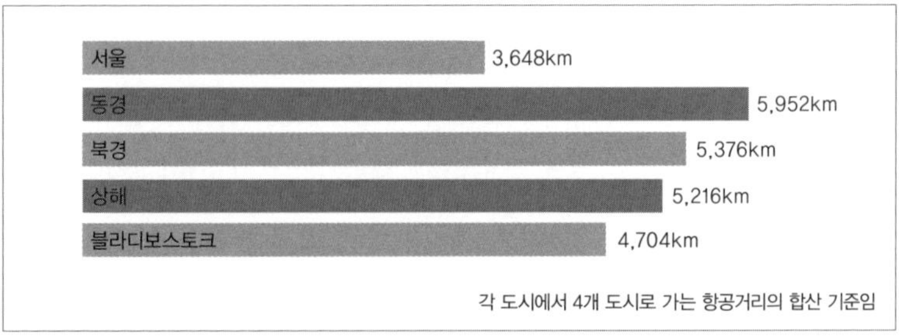

야로 나누어 상세히 살펴보면 다음과 같다.

통신

첫째, 지구의 육지, 해양, 공중 전체를 서비스 대상으로 통신 커버리지를 확장하고 우주통신까지 가능하려면, 지금의 육상에 설치된 기지국으로서는 해결방안을 강구하는 것이 불가능한 상황이다. 이를 위해서는 공중과 해상 및 해저에 기지국을 설치하고 관련 통신기술을 개발하는 것이 필요할 것이다.

둘째, 사물, 컴퓨터, 사람 상호간에 폭증하는 트래픽을 능동적으로 수용하는 것이 현존 유무선 통신망으로는 불가능한 상황이므로 새로운 3차원 대용량 확장가능 망 구조 및 전송기술 개발이 필요할 것이다. 특히 사물, 컴퓨터, 사람 상호간의 원활한 통신을 위해서는 대용량 트래픽을 저전력으로 처리하는 것이 필요하며 호환성을 위해서 국제표준을 제정하는 것이 필요하다. 아울러 사물, 컴퓨터, 사람 상호 간에 오가는 트래픽에 대한 정보 누출이 심각한 사회문제를 초래할 수 있으므로 정보 보안에 대한 각별한 대책이 필요하다. 이외에 다양한 전파를 통해서 실시간 입체 멀티미디어 트래픽 서비스가 인간 주변에서 제공되면 전자파의 인체에 미치는 영향이 사회적 문제로 대두될 수 있으므로 규격을 재정비하는 등의 노력이 필요하다.

셋째, 모든 통신장치는 전력을 필요로 하고 있어서 육해공을 완벽하게 보장하기 위해서는 오지, 공중 및 해저에 설치된 관련 통신장치에 전력을 효율적으로 공급하는 것이 필요하다. 각 통신장치에서 에너지 하베스팅 기법을 이용하여 자체적으로 전력을 확보하는 방안과 무선주파수RF 또는 레이저를 이용하여 무선으로 원거리에 있는 통신장치에 효율적으로 전력을 공급하는 것이 중요하다.

정보시스템

첫째, 현재의 센서는 크기도 크고, 상당한 전력을 소모하고 지능도 없을 뿐만 아니라 가격이 비싸므로 인간과 삼라만상에 내재되는 초소형 저전력 다기능 지능형 센서가 개발돼야 사람, 컴퓨터, 사물 사이의 정보 교환이 가능할 것이다. 이를 위해서는 나노기술을 이용하여 하드웨어적인 혁신을 도모하고 저전력 지능형 소프트웨어를 개발하면서 하드웨어와 소프트웨어의 협력 설계가 추진돼야 할 것이다. 이때 센서는 어느 곳에 설치되어도 에너지 하베스팅 기술을 사용하거나 자기유도, RF 및 레이저를 이용한 무선전력기술을 사용하여 배터리 교환문제를 해결해야 한다.

둘째, 초소형 저전력 지능형 분산 플랫폼이 지구 곳곳에 내재되거나 분산 설치돼야 여러 다양한 센서로부터 취득한 정보를 실시간으로 처리하여 유익한 부가서비스를 제공할 수 있을 것이다. 이를 위해서는 크기가 크고, 전력 소모량이 많으며 정보처리능력이 부족한 현존 플랫폼과는 달리 모듈화되고 확장 가능하며 재구성이 편하며 전력 소모가 작고 고도의 지능을 갖는 분산 플랫폼을 개발하는 것이 필요하다. 또한 초소형 저전력 지능형 멀티코어 분산 플랫폼은 빅데이터의 실시간 정보 수집 분석을 통해 시설물, 육해공 교통시스템의 안전을 도모하고 모든 산업의 무인 자동화, 무인 자율화를 통한 스마트화를 달성할 필요가 있다. 이때 미래의 편재 플랫폼은 에너지 하베스팅 혹은 다양한 무선전력 기술을 활용하여 전원공급 문제를 해결해야 한다.

셋째, 사용자 입장에서는 지금의 전력 소모가 크고 디스플레이 화면이 작으며 시각 및 청각 처리만 가능한 스마트폰보다는 대형 프로세서가 없어서 전력 소모가 작고 화면이 확장 가능하며 오감처리가 가능할 뿐만 아니라 쉽게 접을 수 있으며 입출력 기능을 갖고 있는 디바이스를 필요로 할 것이다. 이때 입출력 디바이스는 편재된 플랫폼으로부터 전력을 공급받거나 자체적으로 에너지 하베스팅을 통해서 전력을 확보한다.

신산업 창출

첫째, ICT기술과 첨단 과학기술이 타산업과 결합되어 진화 혁신이 아니라 혁명적 혁신이 일어나 신산업이 창출되면 이해관계가 상충되는 집단 상호 간에 이견이 발생하여 큰 국가 문제로 비화될 수 있다. 사전에 국가적인 차원에서 법제도 개선과 과도기에서의 이행 전략을 수립하는 것이 필요하다. 특히 미래정보통신 서비스에 걸맞도록 정부 부처의 조직을 혁신하는 것이 중요하다.

둘째, 신산업을 체계적으로 지원하여 선도연구개발의 모형을 제시하고 이를 통해서 부품, 소프트웨어, 단말, 시스템, 인프라, 서비스의 동반성장을 도모하는 것이 필요하다. 즉 신산업을 통해서 관련 모든 산업이 국제적 경쟁력을 확보하고 상생하는 것이 중요하다. 특히 세계 최초의 융합 연구개발품일 경우에는, 안전 관련 다양한 분야의 인증 없이는 사업화가 불가능하므로 이를 해결하기 위해서는 정부 부처 상호 간의 긴밀한 협력 체제가 갖추어져 있어야 한다. 즉 우리나라가 세계 최초로 사업화 관련 인증 규격을 제정하고 시범사업을 통해서 인증을 완벽하게 검증할 뿐만 아니라 국제 인증 규격을 주도적으로 제정해야 한다.

네 가지 미래전략

첫째, 소비자 행동, 사회적 트렌드, 기술적 트렌드, 기후변화 등을 고려하여 미래사회를 예측한 후에 미래의 정보통신 세계를 예측하면서 예상되는 문제점을 도출하는 것이 매우 중요하다. 이때 여러 분야의 전문가들이 참여하여 2045년 미래정보통신상을 결정짓는 중요한 핵심요인들을 선정하여 시나리오별로 다양하고 의미 있는 미래정보 통신모습을 제시하고 해결해야 할 문제점을 도출해야 한다. 또한 기술, 사회, 환경이 계속 변화하므로 일정 주기별로 미래사회를 예측하면서 미래정보통신분야의 문제점을 수정, 보완해야 한다.

둘째, 도출된 문제에 대해서는 해결방안을 세계시장 기반의 사업화 관점에서 찾아야 한다. 대부분의 도출된 문제가 융합적인 성격을 갖는 난제이므로 산학연관이 협력하여 시장 관점, 소비자 관점, 서비스 관점에서 문제를 해결해야 한다. 즉 세계시장을 향한 사업화 관점에서 법제도 개선, 인증 및 표준규격 제정, 시범사업을 통한 시장 창출 등을 고려하면서 상용 제품의 규격을 고려한 핵심원천기술 연구개발과 상용 연구개발이 추진돼야 한다.

셋째, 현존 서비스, 콘텐츠, 플랫폼, 네트워크, 단말의 개별 독립적인 기술 개발보다는 고객이 필요로 하는 미래정보통신 융합서비스에 적합하도록 나노소자기술, 무선 전력전송기술, 통신기술, 컴퓨팅기술, 보안기술 등을 융합하여 최적의 융합서비스를 개발해야 한다.

넷째, ICT와 타산업의 융합을 통해서 타산업의 경쟁력을 높이고 부가가치를 창출하는 전략뿐만 아니라 신산업을 창출하는 전략도 구사해야 한다. 미래세계에서 필요로 하는 디지털 물류, 유통, 제조, 교통, 가정, 교육, 도시 서비스 등의 신산업 분야에서 관련 부품, 소프트웨어, 단말, 시스템 및 인프라 산업이 동반 성장할 수 있는 창조적 생태계를 구축해야 한다.

정보통신전략의 정책추진방안과 그 효과

첫째, 미래정보통신 세상에서 개인 및 기업 고객이 필요로 하는 서비스를 발굴하여 단계별 서비스 제공계획을 세우고, 관련 인프라 구축계획과 시장 창출계획을 준비한다. 아울러 기술 및 시장 분석을 통하여 국가가 개발해야 할 기술과 아웃소싱할 기술을 선별한다. 특히 신규 융합서비스 제공시 발생할 수 있는 보안 등 모든 문제를 사전에 시뮬레이션하여 문제 발생시 실시간으로 대처할 수 있도록 준비한다.

둘째, 디지털 신산업구조에 적합하도록 정부 부처 조직과 기능을 재정립한다. 또한 융합 신산업에 적합하도록 규제정책을 완화하고 신규 융합서비스 제공시 문제가 될 수 있는 관련 법제도를 사전에 개선한다. 아울러 세계 최초 서비스 및 제품에 대한 인증 규정 및 시험절차를 연구개발시 병행하여 준비한다.

셋째, 미래정보통신 신규 서비스를 제공하기 위해서 기존의 기술 개발 및 사업화 조직의 추종형 R&D 기획, 평가, 관리, 사업화 체계를 선도형 체계로 전환한다. 창의혁신형 R&D가 이루어지도록 연구개발도 창의 아이디어 기반 혁신연구를 적극 지원한다. 특히 재료, 무선전력, 보안, 통신, 컴퓨팅, 지식서비스가 융합된 미래서비스 및 제품에 있어서 정확하게 문제점을 도출하고 여러 분야의 융합 전문가들이 핵심 한계문제를 해결하도록 유도한다. 산업분야별 국제표준도 적극적으로 지원한다.

앞으로 다가올 미래 정보통신시대에서 개인, 기업, 사회, 국가, 인류가 원하는 서비스 변화를 예측하고 문제점을 파악한 후에 해결 방안을 강구하는 것은 중요한 일이다. 우리가 먼저 융합연구를 통하여 이러한 문제에 대한 해결책을 확보하려면 미래 정보통신서비스와 연계된 디지털 물류, 유통, 제조, 교통, 가정, 교육, 도시서비스에 걸쳐 미래 디지털 신산업의 창조적 생태계를 구축해야 한다.

산학연이 미래 정보통신서비스를 개발하고 관련 제품을 상용화하며 정부는 선도적으로 관련 인프라를 구축하고 법제도 개선을 통하여 시장 창출을 지원하는 협업이 필요하다. 이렇게 하면 미래 정보통신 기반의 다양한 디지털 신산업 부품, 소프트웨어, 단말, 시스템, 인프라, 서비스산업 국가경쟁력을 확보할 수 있다.

5장

인구/환경/자원분야 미래전략

1. 인구전략
2. 기후전략
3. 환경전략
4. 자원전략

1

인구/환경/자원분야 미래전략

인구전략

오늘의 한국사회는 지난 반세기 동안 우리가 겪어왔던 사회변동 그 이상의 기술적, 경제적, 사회적, 환경적 특이점에 직면해 있다. 사회변동은 과학기술의 발전, 자연환경, 인구구조, 가치관 등의 여러 요인들에 의해 견인된다. 그중에서도 인구구조의 변화는 미래의 경제, 정치, 사회, 교육 등 거의 모든 분야에 있어서 중요한 단초를 제공한다. 현재 미래 한국사회의 인구구조변화를 결정지을 가장 중요한 요인으로는 저출산, 고령화, 외국인구의 유입이 지목되고 있다. 지난 10여 년간 우리나라는 세계 최저 수준의 출산율을 기록하고 있으며, 출산율 저하와 맞물려 고령화도 세계에서 그 유례를 찾아볼 수 없을 정도로 빠른 속도로 진행되고 있다. 저출산과 고령화는 선진국들도 겪는 현상이지만, 한국의 속도는 예상치를 훨씬 뛰어넘고 있다. 이와 함께 한국사회로의 외국인 유입도 지속적으로 증가하고 있다. 저출산, 고령화, 외국인구의 유입 증가는 상호 밀접하게 연계되면서 미래 한국의 인구구조 변화를 견인하고 있다.

저출산, 고령화, 무엇이 문제인가

인구구조의 변화 가운데 가장 시급히 해결해야 할 문제가 저출산이다. 저출산문제가 국가적 최우선 과제로 대두된 지 10년이 되었으나, 출산율은 회복될 기미가 보이지 않고 있다. 2014년 7월 미국 중앙정보국CIA이 발간한 월드팩트북The world Factbook에 따르면 우리나라의 합계출산율[1]은 1.25명으로 분석 대상 224개국 중 219위를 기록했다. 이는 세계 최하위권으로 OECD 국가들 중 가장 낮은 수치이다. 통계청이 집계한 우리나라의 2013년도 합계출산율은 1.19로 CIA의 자료보다도 낮은 수치이다. 지난 10여 년간 천문학적인 예산이 출산율 제고를 위해 투입되었음에도 불구하고, 우리나라의 합계출산율은 2003년 1.18에서 2013년 1.19로 0.01 증가하는 데 그쳤다.

〈표 27〉 우리나라의 합계 출산율(2003~2013)

연도	2003	2004	2005	2006	2007	2008	2009	2010	2011	2012	2013
출산율	1.18	1.15	1.08	1.12	1.25	1.19	1.15	1.23	1.24	1.30	1.19

자료: 통계청(2014), 인구동향조사

이러한 저출산 현상으로 인해 미래의 인구감소는 피할 수 없을 전망이다. 통계청이 2011년에 발표한 인구증감 중위가정에 따르면, 우리나라의 총인구는 2010년 4,941만 명에서 2030년 5,216만 명까지 증가할 것이나, 이후 감소하여 2060년에 4,396만 명 수준이 될 것으로 추계한 바 있다. 인구증감을 저위가정으로 추계할 경우 우리나라의 총인구는 2016년 5,002만 명을 정점으로 지속적으로 감소하여 2060년에는 3,447만 명까지 줄어들 것으로 전망하고 있다.

〈그림 11〉 인구성장 가정별 총인구(1960~2060)

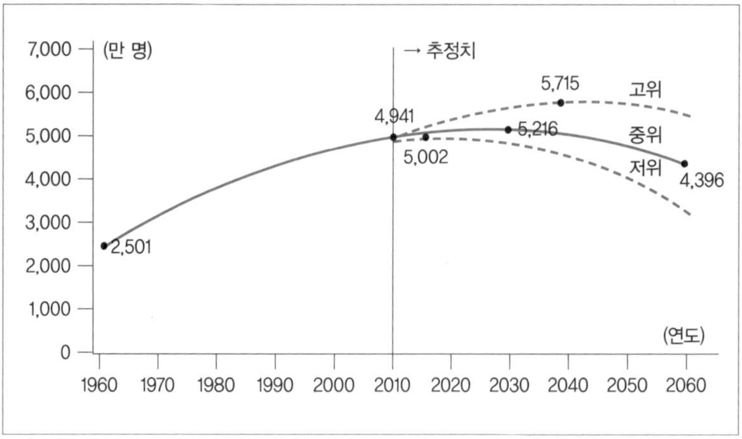

자료: 통계청(2011), 장래인구추계 2010-2060, 보도자료

급격한 출산율 저하는 고령화문제와 필연적으로 직결된다. 평균기대수명은 지속적으로 증가하고 있는 반면, 출산율 저하로 아동 및 청장년층의 인구가 감소할 경우 인구구성은 자연적으로 고령화될 수밖에 없다. 2000년 우리나라의 65세 이상 노인인구 비율은 7.2%였으나, 2020년엔 15.7%, 2030년엔 24.3%, 2060년에는 40.1%로 세계 최고 수준에 이를 전망이다. 특히 85세 이상 초고령인구는 2010년 37만 명(0.7%)에서 2060년 448만 명(10.2%)으로 2010년 대비 10배 이상 증가할 것으로 추계되고 있다. 현행 추세가 지속될 경우, 향후 10년 안에 생산가능인구 감소, 고령사회 진입, 총인구 감소 등 본격적인 인구구조의 변화가 나타날 것으로 전망된다.

인구감소, 고령화와 관련해 주목할 만한 또하나의 특징은 인구감소 및 고령화의 속도가 국가 전체적으로 균일하지 않고, 지역별로 중요한 차이점들이 관찰된다는 점이다. 2014년 현재 이미 지역별로 인구감

〈그림 12〉 연령계층별 인구 구성비(1960～2060)

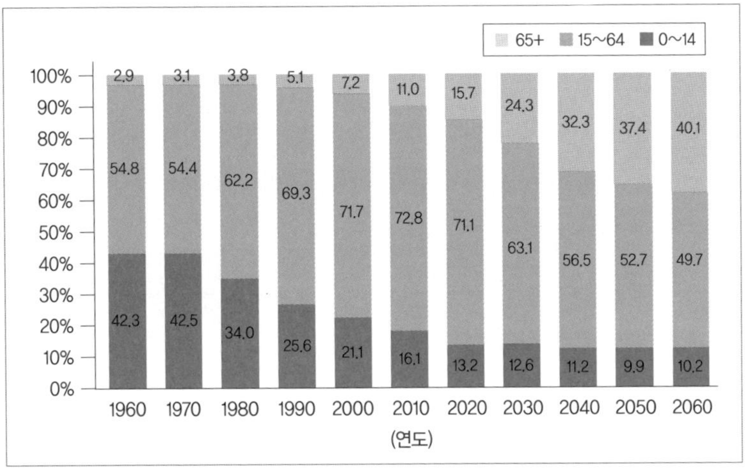

자료: 통계청(2011), 장래인구추계 2010～2060, 보도자료 재수정

소, 고령화의 진전 정도가 상당한 차이를 보이고 있으며, 전라남도의 경우 인구가 감소하면서 고령인구가 가장 빠른 속도로 증가하고 있다. 2010년 호남권의 고령인구 비중은 이미 15%를 넘어섰으며, 특히 전남은 20.1%로 전국에서 가장 높은 고령화 비중을 보이고 있다. 2040년에는 경기를 제외한 모든 도道지역에서는 고령자가 전체 인구 3명중 1명을 넘을 것으로 전망되고 있다.

저출산, 고령화와 더불어 외국인구의 국내유입 증가는 한국사회의 인구구조변화에 중요한 동인으로 작용할 전망이다. 이는 국내 노동력 부족에 따른 외국인 근로자 유입이 가장 큰 원인이겠으나, 국제결혼 증가, 외국인 유학생 증가, 해외동포에 대한 입국문호 확대도 주요 원인으로 작용하고 있다. 법무부의 체류외국인 통계에 따르면 2003년 67만 9천 명 수준이었던 체류외국인은 2013년 157만 6천여 명으로 거의 2배 이상 증가한 것으로 나타났다. 1990년 약 5만 명에 불과했던 점을 고려해 볼 때, 23년간 30배 이상 증가한 셈이다. 한국사회의 저출산, 고령화 추세와 맞물려 한국으로의 외국인 유입은 더욱 가속화될 전망이다. 법무부 미래예측 보고서에 따르면 국내 체류 외국인은 2020년 254만 명으로 증가한 후, 2050년에는 409만 명을 기록하여 전체 인구의 9.2%를 차지할 것으로 전망된다.

〈표 28〉 우리나라의 외국인 등록 인구(2004~2013)

(단위: 천 명)

	2003	2004	2005	2006	2007	2008	2009	2010	2011	2012	2013
체류 외국인	679	751	747	910	1,066	1,159	1,168	1,261	1,395	1,445	1,576
불법 체류자	154	210	204	212	223	200	178	168	168	178	183

* 천 명 이하 숫자는 반올림 처리

자료: 법무부(2014). 출입국관리소 외국인정책 통계연보. www.index.go.kr

인구구조 변화에 따른 미래전망

저출산, 고령화, 외국인 증가는 인구구조의 변화뿐만 아니라, 미래 한국의 정치, 경제, 사회, 문화 모든 분야에서 지대한 영향을 미칠 것으로 예상된다. 특히 생산과 소비가 축소되면서 전 사회가 '다이어트' 고통을 겪게 될 것이며, 저성장 기조하에서 맞이하는 다이어트의 고통은 또다른 사회갈등을 유발할 가능성이 있다.

먼저 저출산, 고령화의 진전은 노동력 감소로 인한 생산능력 저하 및 경제성장의 둔화와 노인부양비의 급증을 가져올 것으로 예측된다.

OECD에 따르면 한국의 노인 1명당 부양 생산인구는 2014년 5.26명에서 2022년 3.81명으로 줄어들 것이며, 2036년에는 1.96명까지 하락할 것으로 전망하고 있다. 이에 따른 노년부양비도 2011년 15.6%에서 2017년 19.2%, 2020년 22.1%, 2040년 57.2%로 지속적으로 증가할 것으로 전망되고 있다. 결국 저출산, 고령화는 연금, 보험, 의료 및 기타 사회복지 등의 수요 증가를 가져올 것이며, 이는 정부의 사회보장비용 지출의 급격한 증가로 이어질 것이다. 경제활력이 떨어지고 세수는 감소하는데 반해, 복지수요는 폭증함에 따라 국가의 재정적 부담은 커질 수밖에 없다.[2] 고령화로 인한 사회비용의 증가는 미래세대에게 과도한 부담과 근로의욕을 저하시킬 수 있으며, 심각한 세대갈등으로 이어질 수 있다. 특히 일자리와 연금을 둘러싼 세대갈등 문제가 우리 사회의 주요쟁점으로 부상할 수 있다.

수도권과 농촌간의 인구구성 격차 확대로 인한 지역발전의 불균형 심화도 한국적 인구구조변화의 특징이자 문제점이라고 할 수 있다. 따라서 지역에 따라서는 인구감소와 고령화로 인해 생산가능인구의 급감과 함께, 사용하지 않는 주택, 건물, 철도, 도로 등이 늘어나게 되면서 국가기반시설의 유휴화가 예상된다. 또한 초고령화사회로의 진전에 따른 노인집단의 과도한 정치세력화 및 사회전반의 보수화도 예견된다. 아울러 노인빈곤, 노인자살, 노인범죄 등에 대한 사회문제도 크게 대두될 것이다. 고령화가 진전되면서 노인들은 점차 편의시설이 집중되어 있는 도시로 몰리면서 도시의 과밀화를 더욱 심화시킬 수 있다.

한편 국내체류 외국인 증가로 인해 한국사회는 이미 심각한 문제를 노출하고 있다. 외국인에 대한 공포증 또는 혐오증으로 해석할 수 있는 '제노포비아Xenophobia'가 급격히 확산되고 있는 것이 한 예이다. 특히 온라인상에서 국내 체류 외국인들에 대한 혐오성 발언들을 자주 발견할 수 있다. 이런 상황에도 불구하고 국내로의 외국인력 유입은 앞으로도 지속될 전망이다. 출산율 제고, 여성, 노인 등 유휴인력 활용 등이 이루어진다 하더라도 내국인만으로는 인력수급 불일치를 완전히 해소하기에는 한계가 있기 때문이다.[3] 결국 한국으로의 외국인 유입은 국제적 인구이동의 증가와 함께 한국사회의 저출산, 고령화 추세와 맞물려 꾸준히 증가할 전망이다. 외국 인구의 증가는 우리 사회에 인종, 민족, 문화 간 갈등이라는 새로운 차원의 갈등원인을 제공할 수 있다. 저숙련/저임금 인력이 대부분인 현재의 외국인력 유입구조는 새로운 하층계급을 우리 사회에 형성할 수 있으며, 도시의 슬럼화, 게토화, 치안문제 등의 사회문제를 가져올 수 있다. 내국인과 외국인과의 일자리 경쟁, 다문화사회로의 이동으로 인한 민족, 문화 간 이질감 확대는 사회갈등의 새로운 요소로 작용할 수 있다.

옵션1. 인구구조변화에 대한 능동적 대응

인구구조변화는 한 번 진전되면 되돌리기 힘든 불가역不可逆적 속성 때문에 변화 초기에 정책방향을 견고히 하는 선제적 대응이 필요하다. 고령화는 기대수명과 의료기술의 발달 추이로 볼 때, 그 추세가 완화될 가능성은 대단히 희박하다. 저출산은 정부의 의지와 정책 여하에 따라 어느 정도 완화될 가능성은 있지만, 저출산의 추세 자체가 바뀌기는 쉽지 않다. 인구구조변화의 또다른 한 축인 외국인 유입은 정부가 어떠한 정책을 펴는가에 따라 유동적이며 조절이 가능하다. 따라서 외국인 유입에 대해 어떠한 정책을 펴나갈 것인가는 향후 인구구조변화의 중요한 변수가 될 수 있다. 결국 인구구조변화 대응의 핵심은 출산율 제고 또는 해외인구 유입을 통한 고령화속도를 완화시키는 데 있다고 할 수 있다. 궁극적으로 인구감소를 막을 수 없다 하더라도 '목표 인구'를 설정하고, 그에 맞는 전략을 준비하는 것도 고려해볼 수 있다. 이와 같은 인구구조변화 대응의 핵심논리를 기반으로 다음과 같은 정책적 목표들을 설정해볼 수 있다.

고비용 저효율 구조의 저출산정책의 개선

인구구조변화의 특성상 극적인 정책적 효과를 바로 기대하기 어려울 것이다. 그러나 저출산 정책의 비용 대비 효과성에 대해서는 면밀히 검토할 필요가 있다. 정부는 2006년부터 2010년까지 제1차 '저출산 고령사회 기본계획' 기간 중 총 43.3조의 정부예산을 투입하였다. 이중 저출산 관련 예산이 19.7조 원이었다. 그리고 2011년부터 시작해 2015년까지 진행될 '제2차 기본계획' 기간 중에는 총 75.8조 원의 예산이 투입될 예정이다. 여기에는 저출산 관련 예산이 39.7조 원으로 제1차 기본계획기간에 비해 100% 이상 증액되었다. 제1차 기본계획과 제2차 기본계획 기간 중 저출산영역에만 총 59.4조 원이라는 천문학적인 예산이 투입되고 있는 것이다. 그럼에도 불구하고, 우리나라의 합계출산율은 2006년 1.12에서 2013년 1.19로 0.07 증가하는 데 그쳤다. 특히 저출산 예산의 대부분이 소요된 양육비 지원과 출산수당 등 소득보전책은 전형적인 고비용, 저효율 정책이라고 할 수 있다.

분명 출산율 제고 노력은 지속되어야 한다. 다만 천문학적 예산을 투입하는 현재의 저출산대책이 과연 정책의 최우선순위로서 적절한지, 투자대비 효과성이 얼마나 있는지는 면밀한 검토가 필요하다. 무엇보다도 현재의 고비용, 저효율 구조의 저출산정책을 저비용, 고효율 구조로 전환할 필요가 있다. 이를 통해 고령화의 속도를 완화시키면서 우리의 경제, 사회시스템이 충분히 적응할 시간을 확보해나가는 전략이 필요하다.

이민정책의 정비와 해외동포의 입국문호 확대

인구감소와 고령화속도를 완화시킬 수 있는 또하나의 대안으로 자주 거론되는 것이 이민문호의 개방이다. 외국인구의 유입은 부족한 노동력을 채우고, 지속적인 경제성장을 가능하게 할 수 있다. 특히 20~30대의 젊은 연령으로 구성된 외국인구의 국내 유입은 급속히 진행되고 있는 고령화추세를 완화시킬 수 있을 뿐만 아니라, 인구감소로 인한 조세 기반과 내수시장 축소를 방지하는 순기능을 발휘할 수 있다. 아울러 다른 문화 간의 융합으로 인한 창발력과 시너지효과 향상을 기대해볼 수 있다. 특히 한국에 유학하여 이공계 박사학위를 받은 고급인력에게 영주권이나 국적을 부여하는 방법을 적극 고려할 필요가 있다. 이는 인구 확보뿐만 아니라 산업현장의 기술 인력난을 해소하는 데 도움이 되고, 이공계 기피로 위축되고 있는 대학 연구를 활성화할 수 있는 장점이 있다. 이 방법은 이미 미국과 캐나다, 싱가포르 등지에서 시행되고 있다.

이민문호의 개방과 더불어 해외 한인의 입국문호 확대도 고려해볼 수 있다. 현재 중국, 미국, 러시아, 일본 등에 퍼져 있는 한인의 수는 약 600만 명으로 파악되고 있다. 저출산, 고령화현상이 가속되면서 이들의 국내 유입 가능성도 배제할 수 없다. 한 세기가 넘는 우리나라의 해외 이주 역사를 감안할 때 대부분의 해외 한인들은 이민 3세나 4세로 구성되어 있다. 중국 등 일부 지역의 동포들이 아직까지 한국어를 구사하고는 있지만, 대부분의 해외 한인들은 현재 거주국가의 언어를 사용하며 거주국가의 문화와 사회에 동화되어 있는 경우가 대부분이다. 따라서 외국인들과 마찬가지로 해외 한인들도 한국사회에 적응하고 통합되는 데는 상당한 비용과 시일이 소요될 것이다. 이러한 과정에서 발생할 수 있는 문화 간, 민족 간, 인종 간 갈등으로 인한 사회비용 증가에 대한 종합적인 전략도 함께 요구된다.

남북통일 상황(와일드카드)

통일은 불확실성이 크지만 현실화되었을 경우 우리나라의 인구구조변화에 미치는 영향은 상당하다고 할 수 있다. 2010년 현재 북한의 인구는 2,419만 명으로 추정되고 있으며,[4] 합계출산율은 2.0으로 세계 평균(2.5)보다 낮은 것으로 조사되고 있다. 남북통일은 한민족의 감소와 고령화를 완화시키는 데 분명 기여할 것이다. 7천만이라는 내수시장의 확보를 통해 성장잠재력 확충에도 크게 기여할 수 있다. 한편으로는 북한인구의 질적 향상에 대한 시간 및 비용 소요와 사회갈등으로 인한 중단기적인 비용 발생이 예상된다. 통일을 대비해 북한 인구구조변화에 대한 세심한 관찰과 급격한 통일시 인구구조상의 변화에 대한 대비가 요구되는 부분이다. 그러나 남북통일은 어디까지나 와일드카드로서만[5] 기능할 뿐, 인구구조변화 대응을 위한 실질적인 정책목표로 활용하기에는 무리가 있다.

옵션2. 인구감소, 고령사회에의 탄력적 적응

첫번째 전략옵션이 능동적 대응에 관한 것이라면, 두번째 옵션은 새로운 환경변화에의 탄력적 적응이다. 출산제고정책을 통해 단기적으로는 소폭의 출산율 상승이 가능하겠지만 중장기적으로 출산율 저하 경향은 돌이키기 어려울 것이며, 우리가 무엇을 하든지 간에 고령화율은 급상승할 것이다. 외국인구의 국내유입이 하나의 해결방안이 될 수는 있으나, 장기적인 사회적 비용을 고려할 때 개방적 이민정책은 보다 신중히 접근할 필요가 있다.

현재 전 세계적으로도 인구와 경제가 지속적으로 성장하던 시대는 끝을 향해 치닫고 있으며, '인구감소와 저성장시대'라는 새로운 패러다임 변화가 일어나고 있다. 저출산으로 인한 인구감소와 고령화는 선진국에서 나타나는 보편적인 경향이며, 인구가 다시 증가추세로 돌아서기는 쉽지 않아 보인다. 이러한 환경변화를 멈추게 할 수 없다면, 우리가 할 수 있는 것은 이러한 새로운 환경에 탄력적으로 적응하는 것이다. 즉 저출산, 고령화를 시대의 대세로 받아들이고 인구감소, 고령화시대에 적응할 수 있는 인식과 정책기조의 변화이다. 탄력적 적응을 위해서는 저출산, 고령화가 가져올 위기들을 최소화하면서 한편으로는 기회요인들을 적극 발굴하고 활용할 수 있는 새로운 발상의 전환이 요구된다. 이를 위해서는 출산제고라는 관점을 넘어, 경제성장과 인구증가에 기반을 두고 있는 현재의 경제, 사회시스템을 되돌아볼 필요가 있다.

인구의 '양'보다 '질'을 우선시하는 기조로의 전환

현재 우리나라의 출산정책은 인구의 양을 늘리거나 현상유지를 하는 데 초점이 맞추어져 있다. 그러나 한번 저출산 국면에 접어든 사회는 '저출산의 덫'[6]으로 인해 이를 다시 회복하기가 매우 어려우며, 설령 출산율이 일부 회복된다 하더라도 비용 대비 그 효과는 미미하다는 것이 여러 경험적 연구로 밝혀진 바 있다. 따라서 현재를 유지하거나 과거를 되돌리기 위해 에너지를 소모하기보다는 미래를 준비하는 데 그 역량을 기울여야 할 필요가 있다. 결국 인구감소, 고령화시대에 적응하기 위한 가장 핵심적인 요소는 인구의 양보다 질을 높이는 정책으로의 전환이다. 인재에 대한 투자를 최우선정책으로 삼아 출산제고를 위해 투입될 국가역량과 재원의 상당 부분을 인구의 질을 향상시키는 데 투입할 필요가 있다.

다이어트 슬림화 시스템으로의 전환

인구감소, 고령사회라는 시대적 변화에 능동적으로 적응하기 위해서는 자율적이며 순환적인 정치경제 구조로의 전환이 필요하다. 다가올 인구감소사회를 밝은 미래로 바꾸기 위해서는 정부뿐만 아니라 기업과 개인도 발상의 전환과 함께 시스템 전반에 걸친 대폭적인 변혁이 필요하다. 먼저 정부 차원에서는 인구감소시대에 적응할 수 있는 새로운 정치/경제/사회의 패러다임으로의 전환을 최우선 정책순위로 선정하고 역량을 집중해야 할 것이다. 즉 사회 각 부분에서 다이어트를 하면서 고령인구를 부양하는 일에 적응해야 한다.

이를 위해서는 풍부한 공공역역의 창출과 저비용, 고효율 사회시스템 구축이 선행되어야 한다. 이를 통해 고령화사회의 비용을 낮추고 가능한 많은 사람들이, 공공영역이 창출하는 경제활동에 참여할 수 있도록 해야 할 것이다. 아울러 피라미드식 인구구성에 구조화되어 있는 현재의 경제, 사회시스템을 다수의 고령자들과 소수의 젊은이들에게 적합한 역逆피라미드식 구조로 개편해야 할 것이다. 또한 행정의 효율성과 생산성 향상을 위해 슬림하면서도 효율적인 정부조직으로의 변환이 필요하며, 중앙과 지방정부 간의 상호협력을 통해 정부예산의 중복 및 낭비 등을 최소화해야 할 것이다.

인구가 감소함에 따라 정부 혼자서 공공의 영역을 담당하기가 점점 어려워질 것이다. 따라서 민간과 시민사회의 적극적인 협력이 필요하다. 정부, 민간, 시민사회 간의 협력은 풍부한 공공영역 창출과 저비용, 고효율사회 구축의 핵심이라고 할 수 있다. 이는 정부, 민간기업, 시민사회의 적극적인 역할 분담과 책임성 강화로 구현될 수 있을 것이다. 특히 시민사회의 역량 강화는 보다 풍부한 공공영역 구축을 위해 매우 중요한 요소이다.

기업 차원에서는 지난 반세기 동안 한국경제가 전제로 했던 '인구확대경제'의 지양이다. 인구확대경제의 특징은 청년노동자의 저임금을 기초로 한 고용과 임금제도, 이익보다 매출을 중시하는 확대 설비투자, 외부 차입에 의한 자금조달 등을 들 수 있다. 결국 인구확대경제가 가장 중요시하는 것은 '규모의 경제'이며, 인구감소 고령사회에는 이러한 전제로는 적응할 수 없다. 따라서 기업들은 외연 확대의 '양적 경영'에서 수익 극대화의 '질적 경영'으로 체질전환을 시도해야 한다.

죽음에 대한 새로운 논의: '죽음의 질Qualtiy of Death' 향상

현대사회는 과학기술과 의술의 발달로 인간의 수명이 늘어나고 백세까지 사는 시대를 바라보고 있다. 그러면서 과잉의료로 인해 원하지 않는 인위적 수명 연장이 강제되는 반인권적 피해가 나타나고 있다. 피해는 개인과 가정 그리고 사회적인 큰 부담으로 나타나고 있다. 현대사회 관념과 법체계는 개인이 존엄하게 생을 마감할 수 있는 길이 보장되어 있지 않다. 따라서 개인이 피할 수 없는 죽음을 어떻게 맞이할 것인지에 대한 사전준비를 할 수 있는 개념적, 실질적 논의가 있어야 할 것이다. 여기에는 유럽의 일부 선진국처럼 인공수명 연장을 거부하는 자연사, 질병의 고통으로부터 해방되는 안락사 등의 개념 정립과 시행방안이 논의되어야 할 것이다. 다가올 미래에는 '어떻게 살 것인가'와 함께 '어떻게 삶을 마감할 것인가'도 매우 중요한 문제가 될 것이다.

인구전략의 정책추진방안과 그 효과

효과적인 인구전략 추진을 위해서는 어떤 정책이 필요할까. 정리해 보자면 다음과 같다.

인구의 '질quality' 제고를 통한 1인당 노동생산성 향상

앞서 언급한 바와 같이 우리나라의 생산가능인구는 향후 크게 감소할 전망이다. 출산율 회복이 극적으로 이루어지지 않는 한 현재의 경제상태를 유지하기 위해서는 노동력 감소분을 해외 인력이나 생산성 향상으로 채울 수밖에 없다. 대량의 해외인력 유입에 따른 사회적 비용을 감안할 때, 인구의 질을 높여 1인당 노동생산성을 향상시키는 것이 최적의 대안일 것이다. 1인당 노동생산성 향상에는 교육과 인재에 대한 투자가 관건일 것이다. 또한 학교의 혁신 노력을 전제로 한 정부의 적극적인 재정 지원도 필요할 것이다. 인구감소 고령사회의 수요를 감안한 학제 개편 및 커리큘럼 정비, 학교별 특성화, 산학 협력 등의 추진을 통해 인재 양성에 기폭제로 활용되어야 한다. 아울러 학생 1인당 공교육비를 선진국 수준으로 대폭 상향하되, 재원의 효과적 배분과 엄격한 성과관리가 병행되어야 할 것이다. 한편 사회가 전반적으로 축소되는 과정을 겪게 되면 양극화가 더욱 심화될 가능성이 있다. 사회 다이어트에 따르는 양극화현상을 완화시키는 각별한 노력과 대책이 요구된다.

경제활동수명 개념 도입을 통한 고령자들의 적극적 사회활동 참여

고령인구가 급격히 증가하고, 고령인구 자체도 더욱 고령화되는 미래의 추세를 감안할 때, 새로운 '고령'의 기준에 대한 논의가 요구된다. 고령의 새로운 기준을 정립하는 데 있어서 기대수명과 더불어 '경제활동수명'이라는 개념의 도입을 고려해볼 필요가 있다. 경제활동수명이란 경제적 활동을 영위할 수 있는 신체적, 정신적 건강상태를 과학적으로 측정하여 일할 수 있는 기간을 예측하는 것이다. 이를 통해 고령이나 정년의 기준도 개개인의 건강상태에 따라 산정하고, 세금과 연금제도를 연동해볼 수 있다. 경제활동수명이 연장되면 축적된 지식과 경험을 더 많이 활용할 수 있고, 건강한 사회활동시간을 연장하여 연금과 보험 등 사회비용을 감소시킬 수 있을 것이다. 아울러 노인인구의 삶의 질을 확보하기 위해서는 고령자들의 적극적 사회활동 참여 촉진과 지원이 필요하다. 미래의 고령자는 체력적으로나 신체적으로도 매우 건강할 것이다.[7] 이러한 고령자의 지혜나 경험을 공공행정 운영에 활용하는 것은 행정의 효율화뿐만 아니라, 고령자의 가치 있는 노년기 삶에도 크게 기여할 것이다.

협력적 거버넌스를 통한 풍부한 공공영역의 창출

지금까지 '공공public'이란 정부가 담당하는 영역을 의미하며, 공공서비스는 행정public administration을 통해 정부가 제공하는 것이 일반적인 현상이었다. 그러나 인구구조변화를 포함하여 저성장 기조의 고착화, 복지수요의 증가, 국가채무 증가 등 급변하는 행정환경에 적응하고, 보다 다양화되고 고도화되어가는 시민들의 행정수요를 충족시키기에는 국가가 제공하는 공공서비스만으로는 한계가 있다. 따라서 국가가 단독으로 담당해온 공공서비스를 기업, 비영리단체, 시민들과 분담하고 정부가 이를 지원하는 형태로 바꿀 필요가 있다. 이는 정부가 독점하고 있는 공공서비스 분야에 민간과 시민사회가 참여할 수 있는 기회를 제공하는 것으로부터 시작될 수 있다. 예를 들어 치안, 보육/돌봄, 환경보호 등 지금까지 공공행정의 영역이라고 생각되었던 분야에 민간의 적극적인 참여를 독려해 협력적 거버넌스를 구상해볼 수 있다. 시민들은 자발적인 참여를 통해 마을 또는 커뮤니티 차원에서의 역할 분담이 가능하다. 이윤을 추구하는 민간기업의 경우는 정부의 아웃소싱과 사회적 기업의 형태로 공공서비스의 역할 분담에 참여할 수 있을 것이다. 이를 통해 보다 풍부한 공공영역을 창출할 수 있을 것이며, 사회 전반에 활력을 불어넣을 수 있을 것이다.

작지만 유능한 정부

인구감소, 고령화시대의 정부재정 건전성 확보를 위해서는 작지만 유능한 정부조직이 필요하다. 인구감소와 고령화는 세수 감소로 이어지고, 이는 곧 행정서비스를 위한 재정자원 감소로 이어진다. 따라서 행정서비스의 질이나 양에 대한 재검토와 함께, 행정비용의 효율성 측면에서도 검토가 필요하다. 이를 위해서는 먼저 효율적인 행정시스템 구축이 선행되어야 한다. 이는 중앙 및 지방정부의 업무량을 현격히 줄임으로써 가능하다. 예를 들어, 외교, 국방, 치안, 국민생활보호, 기반시설유지 등을 제외한 정부업무를 민간에 이전하는 방안을 고려해볼 수 있다. 더불어 국민의 생명이나 건강과 관련된 업무를 제외한 정부의 규제완화도 함께 추진되어야 할 것이다. 민영화는 정부의 업무량을 경감할 뿐만 아니라, 정부 본연의 업무에 집중할 수 있는 환경을 조성할 수 있다. 또한 정부업무에 있어서도 중앙 및 지방정부 간, 또한 정부부처 간 상호협력을 통해 초과 및 중복투자를 최소화할 필요가 있다. 무엇보다도 작지만 유능한 정부는 시장과 시민사회의 역할을 중시하면서, 이들과의 협업을 이끌어낼 수 있어야 한다.

신규 개발에서 유지와 관리 기능으로의 전환

인구감소와 고령화로 인해 사용하지 않는 주택, 건물, 철도, 도로 등이 늘어나게 되면서 국가기반시설의 유휴화가 예상된다. 따라서 신규 개발보다는 유지와 관리의 국토정책으로의 기조 전환이 요구된다. 이를 위해서는 인구구조변화에 기반한 정확한 수요예측과 국가 인프라에 대한 유지 및 관리역량을 강화할 필요가 있다. 지금까지의 국토계획의 초점은 주택건설, 국토기반시설 확충 등 주로 '개발'에 초점이 맞추어져 왔다. 그러나 이러한 전략은 인구가 감소하고 고령자가 증가하는 미래의 환경변화에는 더이상 유효하지 않다. 따라서 새로운 개발보다는 기존 인프라에 대한 유지와 관리 측면에 국가의 역량이 집중되어야 할 것이다.

국가, 지역 단위의 이원적 접근

우리나라의 인구감소 및 고령화 추이는 지역별로 상이하게 나타나고 있다. 이처럼 지역별로 인구구조 변화의 차이가 심할 경우, 향후 지역별로 생산인력구조, 성장잠재력 등에서도 커다란 차이가 나타날 것으로 전망된다. 따라서 고령화와 인구감소에 대한 적응책은 국가적(중앙정부) 단위와 지역적(지방정부) 단위로 구분해서 마련되어야 할 것이다. 국가적 수준에서는 조세/재정, 고용, 연금, 사회보장, 국토계획, 기반시설투자 등에 있어서의 적합성 여부를 검토하여 조정을 시도할 필요가 있다. 지역적 단위에서는 인구규모 및 분포, 토지사용, 도시계획 등 지역상황을 고려한 지방행정이나 공공서비스에 대한 대책이 요구된다. 급속한 저출산, 고령화의 진전은 지방정부의 재정을 급속도로 약화시켜 지방정부의 생존 자체에 심각한 타격을 입힐 수도 있다. 따라서 지방정부의 통합된 행정체계를 마련하는 것도 고려할 필요가 있다.

연금제도의 개혁

앞서 지적한 바와 같이 급격한 저출산, 고령화에 따라 우리나라가 미래에 부담해야 할 노인 부양비용의 충격은 그 어느 나라보다 클 것이다. '저부담, 고급여' 방식으로 설계된 우리나라의 연금제도는 중장기적으로 유지되기는 어려우며, 2007년에 개정된 연금법으로도 장기적인 재정건전성 확보가 어렵다. 따라서 인구가 지속적으로 줄어들고 고령화가 급속히 진행되는 상황에서 연금개혁은 선택이 아니라 필수사항이다. 특히 국민연금은 지금 개혁하지 않으면 재원고갈과 부실보장은 미래의 예정된 수순이다. 국민연금기금의 재원고갈을 막고, 노후보장성을 높일 수 있는 유일한 방법은 OECD국가들 중 가장 낮은 수준인 연금보험료를 미래의 상황에 맞게 인상하는 것이다. 보험료 인상은 사회적으로 매우 민감한 사안이다. 그러나 개혁을 미루면 미룰수록 연금부실화로 인한 사회적 파장은 더욱 커지고, 개혁을 위한 사회적 합의의 가능성은 더욱 어려워질 것이다. 연금개혁의 과제를 미래세대의 부담으로 전가하지 말고, 현 세대가 해결해야 할 과제로 삼아야 할 것이다.

세대 간 형평성 확보를 통한 세대갈등 관리

세대 간 경제적 기회의 공정한 배분과 관리를 위해서는 세대 간 공정성 확보를 담보할 수 있는 법제도 정비가 요구된다. 한정된 자원 및 재정 등의 사용에 따른 부담을 기성세대와 미래세대가 공평하게 분담할 수 있도록 국가 차원에서 미래세대의 목소리를 현실 정책에 반영할 수 있는 제도적 장치가 필요하다. 먼저 형평성을 확보할 수 있는 주요지표를 설정할 필요가 있다. 예를 들어 국가채무, 경제 안전성, 복지(연금), 교육 등의 분야에서 세대 간 형평성을 담보할 수 있는 주요지표나 지수들을 개발하는 것이다. 그리고 미래의 특정 시점까지의 목표 및 기준치를 설정하고 이를 달성하기 위한 노력과 점검을 실시하는 것이다. 두번째로 입법부 내 미래세대를 대표할 수 있는 '미래세대위원회'를 상임위원회의 형태로 구성해 미래세대의 정치적 대표성을 보다 강화해볼 수 있다. 이러한 구상은 기성세대의 권익과 미래세대의 권익 간의 균형 모색을 통해 앞으로 일어날 세대갈등을 최소화할 수 있을 것이며, 세대 간 기회의 공정성 실현에도 기여할 수 있을 것이다.

다문화정책과 이민정책의 이원적 접근

외국인구의 국내유입 증가는 문화/민족/인종 간 갈등으로 이어질 수 있다. 국내체류 외국인 증가가 야기할 사회적 비용을 줄이기 위해서는 다문화정책과 이민정책으로 특화되고 이원화된 접근이 요구된다.

먼저 다문화정책의 성공적 시행과 정착을 위해서는 정부(중앙 및 지방), 민간단체, 학교, 기업 등 범국민적인 협력과 인식의 변화가 요구된다. 특히 청소년들에게 바른 외국인관을 갖게 하는 것이 중요하다. 이를 위해 학교교육에서 다문화 관련 커리큘럼을 개발하고 활용하도록 해야 한다. 일반 시민에게는 외국인과의 문화교류를 위한 커뮤니티 활동을 장려할 필요가 있다. 지방자치단체별로 다문화에 대한 교육과 홍보를 강화하고 고용, 처우, 차별에 대한 상담창구 설치 등도 요구된다. 아울러 국제결혼자, 다문화가정, 이주 노동자들을 대상으로 한 체계적인 한국어 교육을 통해 이들이 진학과 취업, 내국인과의 소통, 한국의 문화와 가치관, 사고방식을 이해하는 데 적극적인 노력을 기울여야 할 것이다.

이민정책과 관련해서는 우수인력 중심의 선별적 이민정책을 고수하면서 이들이 가지고 들어오는 기술과 지식을 자연스럽게 흡수할 수 있는 방안이 강구되어야 할 것이다. 가급적 젊은 우수인력을 중심으로 수혈하여 사회적 활력과 역동성을 복원하는 방안도 함께 모색되어야 할 것이다. 이를 위해 총리실 산하에 '해외인재개발청' 설립을 고려해볼 필요가 있다. 해외인재개발청에서는 해외의 우수인력 유치업무와 함께, 외국인에 관한 출입국정책 및 노동 전반에 관한 정책을 일괄적으로 수행하도록 한다. 이외에도 외국인이 전문직에 취업할 수 있는 직업분야의 확대, 외국인 거주지역과 내국인 거주지역 간의 연계 확대 등도 관할하도록 한다. 또한 해외의 우수인재들에게 국내 정주를 위해 언어, 교육, 주택, 의료 등에 맞춤형 서비스를 제공하는 방안도 모색할 필요가 있다.

인구감소의 변화에 대응하라

미래는 선택과 결정의 문제이다. 우리가 지금 어떠한 선택과 결정을 하느냐에 따라 우리의 미래모습은 크게 달라질 수 있다. 이 장에서는 인구구조변화와 관련한 '능동적 대응'과 '탄력적 적응'이라는 2가지 전략옵션을 제시했다. '능동적 대응'이 인구구조변화의 추세를 바꾸기 위한 적극적 노력이라면, '탄력적 적응'은 그 추세를 거스르지 않고 편승하는 전략이다.

현재 급격히 진행중인 인구구조변화는 우리 사회가 정면으로부터 마주하지 않으면 안 될 중요한 환경변화이다. 기존 정책의 단순한 강화나 수정을 통한 대응이 아닌 정치, 사회, 경제 시스템의 근본적인 변혁을 가지고 적응해야만 하는 거대한 환경변화이다. 따라서 인구감소사회라는 시대적 변화에 탄력적으로 적응할 수 있는 자율적이며 순환적인 경제, 사회구조로의 전환이 요구된다. 다가올 인구감소, 고령사회를 밝은 미래로 바꾸기 위해서는 정부뿐만 아니라 기업과 개인도 발상의 전환과 시스템 전반에 걸친 대폭적인 변혁이 필요하다. 인구감소사회의 도래가 불가피하다는 것을 전제로 중장기적인 변화를 인식하면서, 새로운 패러다임에 맞는 바람직한 시스템을 모색해야 할 것이다. 환경변화에 대한 우리의 적응이 늦으면 늦을수록 지연에 대한 비용은 높아지게 될 것이며, 적응이 빠르면 빠를수록 우리의 미래는 밝아질 것이다.

2

인구/환경/자원분야 미래전략

기후전략

미래를 어떻게 규정할 것인가? 미래未來는 '아직 오지 않은 것'이다. 현안 해결도 급급한데 '아직 오지 않은 것'에 대해 과연 전략을 마련하고 정책을 펴나갈 수 있을까?

현대 경영학의 시조 피터 드러커는 다른 발상을 요구한다. SF작가가 아니라 정책을 다루는 입장이라면 미래는 '아직 오지 않은 것yet to come'이 아니라 '이미 와 있는 것already come'으로 봐야 대응할 수 있다는 것이다. 특히 이미 와 있는 것 중에서도 앞으로 더욱 커질 기회나 도전이라면 정책적 대응의 정당성이 더욱 커진다고 강조한다. '미래를 예측하는 최선의 방법은 미래를 창조하는 것이다The best way to predict the future is to create it'라는 명제는 그렇게 성립된 것이다.

그렇다면 우리에게 있어서 무엇이 이미 와 있는 현래現來 혹은 기래既來일까? 아마도 인구변동demographic change과 더불어 기후변화climate change야말로 우리의 미래를 '이미 규정하고 있는 핵심요소predetermined key element'로 평가해도 무방할 것이다.[8]

인류문명사를 살펴보면 사람이 살아가는 데 인구구조가 바뀌고 기후환경이 바뀌는 것만큼 중요한 것은 없다. 그럼에도 불구하고 이에 대한 관심이나 대책은 상대적으로 미약하다. 기후변화의 경우 워낙 장기적 추세로 진행되고 있기에 '현안'에서 밀려나기 쉽다. 특히 기후변화 예측 시나리오는 2050년, 2100년과 같은 형식으로 제시되는 경향이기에 '먼 미래'로 취급되곤 한다.

'기후변화의 정치학'을 저술한 앤서니 기든스Anthony Giddens는 그래서 기후변화 대응전략의 핵심은 사람들의 '인식의 후면back of the mind' 에서 '인식의 전면front of the mind'로 바꾸는 데에 있다고 강조한다. 즉 미래의 현재화가 기후변화 미래전략의 출발점인 셈이다.[9]

기후변화 위기와 미래전망

기후는 인간은 물론 모든 생물의 생존과 번식의 공간으로, 현재 기후는 중대한 변화가 매우 빠른 속도와 규모로 발생하고 있다. 이에 대한 과학적 설명에 앞서 세계경제를 이끄는 사람들이 모인다는 세계경제포럼(일명 다보스 포럼)이 2014년 1월 발표한 '글로벌 위험전망Global

〈표 29〉 세계경제포럼이 지목한 10대 글로벌 리스크

1	선진국 재정위기	6	자연재해
2	구조적 실업	7	글로벌 거버넌스 실패
3	물부족	8	식량위기
4	소득 불균형	9	금융 메커니즘 실패
5	기후변화 대응 실패	10	정치, 사회적 불안정성

자료: World Economic Forum, Global Risk 2014 Ninth Edition

Risk Landscape'을 먼저 살펴보고자 한다.

기후변화 대응 실패가 5위에 있는 것을 비롯해 물부족, 자연재해, 식량위기 등 기후변화와 관계를 맺고 있는 위험이 많이 나타나 있음을 볼 수 있다. 특히 이를 규율할 글로벌 거버넌스의 취약성까지 감안한다면 변화에 민감한 세계경제 지도자들은 기후변화의 위험을 매우 크게 인식하고 있음을 알 수 있다. 이는 주관적 인식이 아니라 기후과학의 발전에 힘입은 바 크다.[10]

기후변화에 대한 과학적 전망의 중심에는 3천 명에 가까운 각 분야 전문가로 구성된 IPCC(기후변화에 대한 정부간 패널)가 있다. 이 IPCC가 2014년 9월 UN기후정상회의와 연말의 COP20(기후변화총회)를 앞두고 승인한 '제5차 평가보고서Climate Change 2014: Impacts, Adaptation and Vulnerability'의 주요내용은 다음과 같다.

관측된 기후변화 영향 및 취약성

기후변화로 인한 강수량 변화, 눈과 얼음의 융해가 지구의 수문학적 시스템을 변화시키고 있으며, 빙하 및 영구동토층 감소, 생물종 서식범위와 개체수 변동 등이 나타나고 있다. 농작물 생산 저하와 곡물가격 급등, 폭염, 가뭄, 홍수, 산불 등은 인류의 시스템이 기후변화에 상당히 취약함을 보여주며, 특히 빈곤층에게 추가적인 부담이 된다. 아시아에서는 시베리아/중앙아시아의 영구동토층 감소, 열대아시아 해양의 산호초 감소, 동아시아 식물생육 변동, 남아시아 밀 생산량 감소 등이 나타난다.

부문별, 지역별 미래위험

기후변화 전망에 따른 미래의 주요 위험요소들로 첫째, 해수면 상승, 연안 홍수 및 폭풍 해일로 인한 생명과 재산피해, 둘째, 홍수로 인한 재해 및 질병, 셋째, 사회기반시설과 핵심 공공서비스의 와해, 넷째, 극한의 장기간 혹서로 인한 취약 도시인구의 사망, 질병 및 기타 재해위험, 다섯째, 농업생산성 저하 및 식량불안정 등이다.

미래변화 전망의 경우 현 추세로 온실가스를 배출하면(RCP 8.5) 2081~2100년에 지구 평균기온 3.7℃ 증가, 해수면 63cm 상승, 2020년 이후 온실가스 감축정책이 적극 실현되는 경우(RCP 2.6) 기온은 1.0℃, 해수면은 40cm 상승할 전망이다.

〈표 30〉 RCP 시나리오별 기후변화전망(21세기말 기준)

RCP	CO2 (ppm)	온도(℃)		해수면(cm)		강수량(%)	
		(ppm)전지구	우리나라	전지구	우리나라	동아시아	우리나라
RCP 8.5	936	3.7	5.9	63	65(남/서해안) 99(동해안)	–	18
RCP 6.0	670	2.2	–	48	–	–	–
RCP 4.5	538	1.8	3.0	47	53(남/서해안) 74(동해안)	7	16
RCP 2.6	421	1.0	–	40	–	–	–

자료: IPCC, 제5차 평가보고서

이와 관련해 국립기상연구소의 전망에 따르면 2050년 기준, 우리나라 기온은 3.2℃ 상승, 연강수량은 15.6%, 해수면은 27cm 증가할 전망이다. 지난 112년간 지구 평균기온이 0.89℃ 상승한 것에 비해 한국의 기온상승은 1.7℃로 두 배 가량 높아졌다 현재 추세로 온실가스를 배출하면 한국의 경우 이 역시 두 배 가량 높은 5.9℃ 상승이 예상되며 해수면상승 역시 세계평균을 상회하는 추세다. 특히 한반도를 포함한 동북아지역은 아열대화 기후변화, 홍수로 인한 사회기반시설의 파괴, 폭염으로 인한 사망 그리고 가뭄 등으로 인한 물과 식량부족 등과 같은 기후변화의 취약성이 세계 평균보다 높을 것으로 전망된다.

더 큰 실질적 문제는 이로 인해 경제가 직격탄을 맞게 되리란 점이다. 노벨 물리학상을 받은 스티븐 추 미국 에너지부 장관은 재보험회사의 통계를 인용, "2013년 한해에 기후변화로 인한 직접적 재앙으로 2천억 달러의 경제적 손실이 발생했다"고 밝혔다. 기후경제학의 선구자 니콜라스 스턴 런던정치경제대학 교수는 '스턴 리포트'를 통해 현 추세가 방치될 경우 21세기 말이면 기후변화로 글로벌GDP의 20%까지 손실을 입을 수 있다고 전망했다. 또한 한국환경정책평가연구원은 한국의 기후변화 취약성을 감안할 때 21세기말까지 90년간 2,800조원의 경제적 손실이 누적될 것이라고 전망했다.

기후문제의 해결과제와 방향

위에서 살펴본 바와 같이 위기에 처한 기후문제를 어떻게 해결할 것인가. 그 대안을 모색해보면 다음과 같다.

경제성장과 온실가스 배출의 '탈동조화'

주지하듯이 온실가스 배출의 주된 원인은 석유, 석탄, 가스와 같은 화석연료 사용에 있다. 에너지 집약 산업구조를 갖고 있는 한국의 경우 경제규모는 세계 13위권이지만 에너지는 세계 4대 수입국이다. 필요한 에너지의 97%를 해외에서 수입하는데 이는 자동차와 철강, 조선을 합친 수출규모를 훨씬 초과하는 규모다. 동전의 양면과도 같이 한국의 온실가스 배출은 세계 7위로 짧은 산업화 역사에도 불구하고 누적기준으로는 세계 19위를 차지하고 있다.

이런 가운데 경제성장과 온실가스 배출의 탈동조화decoupling를 이룰 수 있다면 온실가스 감축은 물론 막대한 에너지 비용절감으로 새로운 부를 창출하는 것과 같은 효과를 거둘 수 있다. 실제로 독일이나 덴마크의 경우 기후변화 대응의 기본방향이라 할 탈동조화를 국가전략으로 추진, 상당한 효과를 거두고 있다. 아래 그림에서 보듯, 한국의 경우 탈동조화는 지극히 어려운 모습이다. 2007년부터 2011까지 온실가스 배출량 증가율은 GDP성장률을 상회하고 있다.

〈그림 13〉 GDP성장률과 관리업체 배출량 증가율

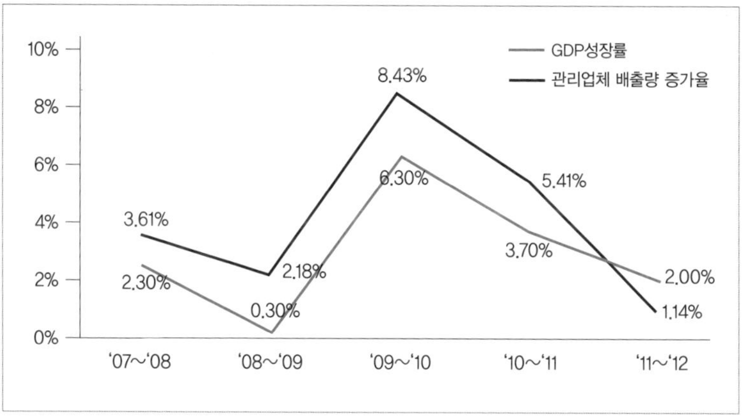

자료: 국가온실가스종합정보센터, 온실가스감축 정책현황과 과제, 2014

그러나 2009년 한국 역사상 최초로 오는 2020년까지 중기 온실가스 감축목표(BAU대비 30% 감축)를 설정한데 이어 2011년 434개 온실가스 다량 배출업체(전체 국가배출량의 약 61% 차지)를 대상으로 온실가스 목표관리제를 도입, 2012년부터 이행한 결과는 '탈동조화'의 가능성을 보여주고 있다. 2012년 감축목표 이행실적 평가결과, 2007년도 이래 처음으로 이들 관리업체 온실가스 배출량 증가율(1.13%)이 GDP 성장률(2.00%)보다 낮아지는 양상을 보인 것이다.

전력난(원자력발전의 장애로 화력발전 증가)등 여러 제약조건으로 속단하기는 어렵지만 배출권거래제가 도입되는 2015년에는 국가 온실가스 감축률 전망치 대비 10%로 절대배출량 감소도 가능할 것이라는 예상도 조심스럽게 나오고 있다. 물론 이를 위해서는 국가 온실가스 감축 로드맵을 바탕으로 합리적 할당을 비롯한 배출권거래제의 차질 없는 이행, 온실가스 관리의 체계적 일원화가 요구된다.[11]

에너지 패러다임, 공급에서 수요관리 중심으로 전환

온실가스 배출과 경제성장의 '탈동조화'와 방향을 같이하는 기본정책이 에너지효율성 향상과 화석연료 의존도 줄이기다. 정부 에너지 기본계획에 따르면 에너지소비는 연평균 0.9% 증가로 증가세가 둔화(연평균 1.4%)되나, 전력은 연평균 2.5%씩 늘어나 에너지원 중 가장 빠르게 증가할 것으로 전망된다(1차 계획에서는 연평균 2.2% 증가).

문제는 이 같은 전력수요 증가에 대응해온 기존 정책이 한계를 드러냈다는 점이다. 원자력 발전은 물론, 밀양 송전탑의 사례에서 보듯 공급중심의 정책은 이제 현실적 장벽에 부딪히고 있다. 그동안 공급일변도의 수요추종정책에 밀려 사실상 도외시되어온 수요관리정책이 본격화되어야 할 국면에 접어든 것이다. 특히 에너지효율성이 OECD 평균

〈표 31〉 제2차 에너지 기본계획

	전 력	석 유	석 탄	도시가스	열에너지 등	최종에너지
'11년 (백만TOE)	39.1 (19.0%)	102.0 (49.5%)	33.5 (16.3%)	23.7 (11.5%)	7.5 (3.6%)	205.9 (100%)
'35년 (백만TOE)	70.2 (27.6%)	99.3 (39.1%)	38.6 (15.2%)	35.3 (13.9%)	10.7 (5.7%)	254.1 (100%)
연평균증가율 (%)	2.5	△0.11	0.6	1.7	1.6	0.9

자료: 산업자원통상부, 제2차 에너지 기본계획, 2014

의 절반, 일본의 3분의 1 수준인 우리나라는 여러 측면에서 이의 개선이 요구되었지만 국내산업의 가격경쟁력 보호와 물가관리 등의 이유로 제대로 실천되지 못했다.

이런 면에서 2차 에너지 기본계획은 비록 미흡하기는 하지만 에너지 수요를 오는 2035년까지 13% 감축하겠다는 목표를 제시했다. 전력의 경우에는 에너지 가격체계 개편, 스마트 그리드 등 ICT 기반의 수요관리시장 활성화, ESS/EMS 등 에너지관리 시스템 확대 보급 등을 통해 그 수요를 15% 감축하여, 2035년 최종에너지의 27% 수준으로 억제하기로 했다(2011년 일본의 전력비중은 26% 수준). 이 계획은 신산업 육성, 고용창출 등의 효과도 있다. 아울러 입지, 환경문제 등으로 한계를 겪고 있는 대규모 발전설비에서 탈피, 자가용 발전기, 집단에너지 등 분산형 전원 공급을 현재 전체 발전량의 5%에서 15%로 늘리기로 한 것도 패러다임의 변화로 풀이된다. 에너지믹스에 있어서도 안정적 수급과 기후변화에 대응할 수 있도록 석유, 석탄 의존도는 낮아지는 반면, 청정연료인 도시가스, 신재생 비중은 늘어나도록 하겠다는 계획이다.

〈표 32-1〉 제2차 에너지 기본계획의 특징 1

에너지원	'11년	'35년	비 고
전 력	19.0%	27.2%	선진국 수준으로 억제
석유+석탄	65.8%	54.3%	화석연료 의존도 감소
도시 가스	11.5%	13.9%	셰일가스 등에 따라 보급 확대
열에너지 등	3.6%	5.7%	태양열, 지열, 바이오연료 등 포함

〈표 32-2〉 제2차 에너지 기본계획의 특징 2

에너지원	태양광	태양열	풍 력	지 열	폐기물	바이오	수 력	해 양
1차→2차(%)	4→14	6→8	13→18	4→9	33→29	31→18	4→3	5→1

자료: 산업자원통상부, 제2차 에너지 기본계획 보도자료, 2014

하지만 재생에너지의 경우 2030년까지 보급을 11%로 늘리고자 한 제1차 에너지 기본계획 목표가 제2차 에너지 마감연도인 2035년으로 연장된 것은 기후대응의 관점에서 여러모로 아쉬움을 준다.[12] 그럼에도 불구하고 이번 제2차 에너지 기본계획은 우리나라의 에너지정책 역사상 처음으로 수요관리에 초점을 둔 것으로 2009년 설정된 온실가스 감축 중기계획과 기본맥락을 같이 하고 있다는 점에 의미가 있다.

기후변화 미래전략

기후변화의 미래전략은 미래형 의제의 현재화와 미래전략의 제도화, 국제화로 나누어 생각할 수 있다.

미래형 의제의 현재화

미래상황을 상정해 국가전략으로 현실화하는 것은 그 중요성에도 불구하고 쉽지 않은 일이다. 특히 기후변화처럼 당장 체감되지 않는 중장기 의제의 경우 좀처럼 국가의 핵심정책으로 채택하기 어려운 것이 현실이다. 이에 대처하기 위해서는 의제를 다른 방식으로 전환할 필요가 있다. 기후변화를 국정과제의 우선순위로 끌어올리기 위해서는 의제의 재해석이 필요하다.

첫째, 기후변화는 우선 '나만이 아니라 우리' '현 세대뿐 아니라 다음 세대와 연결'되는 '공동의 사안'으로 초당적 협력을 이끌어낼 사안이다.

둘째, 기후변화는 글로벌 속성을 갖고 있는데, 한국의 경우는 기후변화를 통해 선진국과 개도국의 중간에서 '가교 역할'을 할 공간을 갖고 있다.

셋째, 기후변화는 그 위험도 실제적이지만 여기에 제대로 대응한다면 새로운 산업과 기술의 주도권을 잡아 새로운 성장동력이 될 수 있다.

미래전략의 제도화, 국제화

기후변화 대응과 같은 미래전략은 안정적인 추진체계의 구축과 더불어 이를 추진할 법적 기반을 마련하는 '제도화institutionalization'가 중요하다.

일례로 녹색성장의 경우 2008년 8.15 선언 이후 세계금융위기로 위기를 맞았으나 경기부양과 미래투자를 겸한 대규모 '그린뉴딜' 조치(2009년 1월)로 돌파구를 마련한데 이어 총리실의 기후대책조직, 지식경제부의 국가에너지위원회, 환경부의 지속가능발전위원회를 통합, 대통령 직속의 녹색성장위원회를 조직하였다.

위원회는 청와대를 컨트롤타워로 하고 환경 담당부처와 에너지, 산업 담당부처는 물론, 재정과 세제, 금융과 과학기술, 교통과 건물, 국제협력을 담당하는 주요부처를 포괄하였다. 이 기구를 통해 녹색성장기본법, 배출권거래제법등 주요법안의 토대가 마련되었고 국회의 지원으로 입법이 이뤄진 것은 여타 미래전략의 추진에 있어서도 시사점이 크다.

이와 함께 지속적 추진을 위해 '국제화internationalization'에도 주력했다. 5년 단임제와 정치문화의 특성상 정권이 교체되면 정치적 이유로 법안의 폐기 또는 수정을 통해 법적 기반이 손상될 수 있는 만큼, 녹색성장을 국제사회가 공유하는 자산으로 만들고자 한 것이다.

이 같은 노력은 2009년 OECD 각료회의에서 녹색성장 의제를 공식 채택함으로써 본격 시작되었고 이후 UNEP, 세계은행 등을 거쳐 2010년 G20 서울정상회의의 공동의제가 되기에 이르렀다. 이와 더불어 이를 국제기구 차원에서 수행할 체제구축regime building에도 주력, GGGI(글로벌 녹색성장기구)를 한국 주도로 설립하고, GCF(녹색기후기금)본부를 유치하였다. 녹색기술센터GTC, 녹색대학원GSGG 설립 등 녹색 아키텍처의 보강작업도 그 뒤를 이었다.

기후전략의 정책추진방안과 그 효과

기후전략을 효과적으로 추진하기 위해서는 보다 구체적인 정책의 고민이 필요하다. 정리하면 다음과 같다.

기후에너지부 신설

기후변화 미래전략의 구현을 위한 제도적 방안으로 정부조직 차원에서 이를 상설 추진할 체계의 구축이다. 녹색성장위원회의 경우 자문위원회의 성격을 갖고 있어 정책집행에는 한계가 있었다. 그런 면에서 가칭 기후에너지부 신설을 추진할 필요가 있다. 산업화에 착수할 당시 정부조직의 구성 원칙은 분업을 통한 효율과 생산성 증대에 있었다. 이에 따라 수직적이고 위계적인 칸막이형 조직이 정부조직의 주류를 이루었다. 그러나 산업화 후기 또는 탈산업화로 갈수록 수평적이고 융합적인 조직이 요청되고 있다.

기후변화와 관련해서는 기후는 환경 담당부처, 에너지는 산업 담당부처로 양분되어온 것이 우리 정부조직의 역사다. 에너지의 경우 1993년 정부조직개편으로 동력자원부가 해체되면서 산업부처로 흡수되어 독립적 부처로서 기능을 상실했다. 기후변화의 또 다른 이면인 물문제와 관련해서도 수량水量은 국토 담당부처가, 수질水質은 환경 담당부처로 분할되어 있다. 그러나 기후변화의 도전이 갈수록 커지고 있는 국면에서 독일, 영국, 프랑스 등 주요 선진국들은 관련 정부조직을 통합하는 추세다.

기후변화 대응의 경제적 경로 설정

기후변화는 경제적 영향을 직접적으로 수반한다. 이른바 외부효과externality를 내부화internalization하는 새로운 기후경제학New Climate Economics이 그래서 요청된다. 이와 관련해 니콜라스 스턴을 비롯한 일군의 학자들은 경제성장을 개선하면서 온실가스 배출을 감소하기 위한 기회를 창출하고 이를 저해하는 요소를 제거하는 '경제적 경로

economic pathway' 설정을 기후변화 대응의 핵심으로 삼고 있다. 실제로 UNFCCC가 주관하는 국제적 기후협상장에는 과거 환경 담당부처 일색에서 국가재정과 에너지, 산업을 담당하는 부처의 참여가 크게 늘고 있는데 이 역시 기후변화 대응이 본질적으로는 경제정책의 속성을 갖고 있기 때문이다.[13] 이전 정부에서 온실가스 배출권거래제에 관한 법을 제정하면서 핵심이라 할 위원장을 기재부 장관이 맡도록 한 것 역시 같은 맥락이라 하겠다.

경제적 경로 설정을 위해서는 온실가스 감축이나 적응과 같은 기후대응조치가 성장과 고용을 비롯하여, 주요 거시경제지표에 미치는 영향을 체계적으로 조사해야 한다. 아울러 화석연료에 대한 의존을 줄이고 저탄소 에너지체계를 확대하기 위해서는 이에 대한 비용분석과 금융조달방안도 치밀하게 다뤄져야 한다. 이에 발맞춰 경제는 물론 정치와 사회, 기술과 문화, 생활 전반의 '재설계'도 함께 이뤄져야 한다.

기후 대응산업의 성장동력화

기후변화 대응을 성공적으로 이끌기 위해서는 관련 기술과 산업, 일자리를 새로운 성장동력으로 만드는 것이 중요하다. 일부 환경주의적 관점에서는 신기술의존을 비판하며 '역성장'을 기후변화에 대한 해법으로 제시하고 있으나 페달을 밟지 않으면 자전거에서 내려와야 하듯이 환경보전과 성장 모두 중요한 화두다.

하지만 아직은 녹색기술과 산업은 초입단계인 만큼 지속적인 투자가 긴요하다. 기후변화의 위기를 적극적 기회로 삼아가려는 창조적 마인드로 창조경제의 핵심 분야로 육성할 수 있는 여지들이 많은 것이 기후에너지 산업이다.

기후산업의 신성장 동력화를 위한 법적 기반(녹색성장기본법, 스마트 그리드법, 녹색건축지원법, 배출권 거래제법 등) 마련으로 어느 정도 틀이 마련된 만큼 이제는 관련 산업이 생태계를 구성해 함께 발전할수 있도록 '그린 빅뱅' 전략이 필요하다. 특히 한국이 세계적 경쟁력을 보유한 ICT를 기반으로 한 쌍방향 스마트 그리드를 본격적으로 전개하고 제2의 발전소로 불리는 에너지저장시스템ESS을 필두로 전기자동차, 재생에너지를 연계하는 전략이 요청된다. 이는 최근 전기사업법 개정으로 기존의 발전소뿐 아니라 에너지를 절약하는 사업체도 발전소의 법적 지위를 확보하게 되어 더욱 탄력을 받을 수 있다.[14]

〈그림 14〉 그린빅뱅 전략

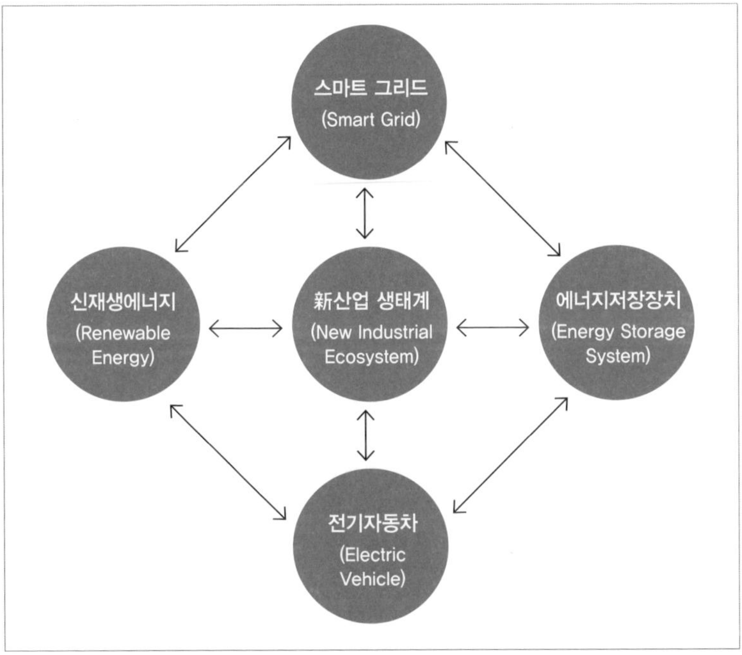

자료: 김상협, 녹색성장에서 본 창조경제에의 시사점, 국회 창조경제특위 2014

장기적 국익추구를 위한 국가 거버넌스 정비

기후변화 미래전략을 성공적으로 추진하기 위해서는 중장기적 국익 추구를 뒷받침 할 수 있는 국가 거버넌스가 개편되어야 한다.

1980년대 이후 고착화된 대통령 단임제는 국가정책의 연속성을 파괴하는 역작용을 가져온 측면이 적지 않다. 즉 5년 단임의 정권이 교체될 때마다 '차별화'의 정치논리가 득세하며 주요 국가정책이 중단, 부정, 폐기되는 풍토가 계속되어 백년대계의 관점에서 추진되어야 할 미래전략은 일시적 슬로건 또는 정치적 수사에 그치는 양상이 강했다.

더불어 단임제의 국가 거버넌스는 국정의 컨트롤타워가 학습을 통한 발전 여지를 원천적으로 차단하고 정권이 바뀔 때마다 시행착오를 반복케 하는 원인이 되고 있다. 이런 점에서 기후변화에 따른 대응과 장기적 국익 추구를 위한 권력구조 개편 등이 필요하다.[15]

3

인구/환경/자원분야 미래전략

환경전략

지구환경 파괴에 대한 국제사회의 경고 수준은 점점 높아지고 있다. 유엔환경계획UNEP의 지구환경전망(2012년)에 따르면 지구환경이 생물학적으로 견딜 수 있는 한계에 이르렀으며, 이 한계점을 넘어서면 돌이킬 수 없는 재앙이 발생할 것으로 예측한다. 지구의 나이 45억 년에서 인류는 거의 끝자락에 등장하여 지구에 가장 큰 영향을 미치면서 지구의 존속 자체를 위협하는 수준에 이르고 있기 때문이다.

현대 인류문명은 과도한 산업개발로 생태계를 훼손시키고 지구온난화, 기상이변, 생물다양성 위기를 초래하고 있다. 오늘날의 지구촌은 물부족과 오염, 에너지를 비롯한 자원의 고갈, 감염성 질병의 위협, 식량부족, 자연재난 등으로 지속가능한 발전은 물론 생물권의 생존에 위협을 받고 있는 상황이다. 이미 1972년 로마클럽은 '성장의 한계The Limits To Growth'에서 이러한 상황을 경고한 바 있다.

1992년 브라질 리우Rio Summit 회의에서는 세계 175개국 정상들이 모여 환경과 개발의 조화를 모색하기 위해 지속가능한 개발이라는 공동의 합의를 바탕으로 기후변화협약UNFCCC과 생물다양성협약Convention on Biological Diversity, CBD, 사막화방지협약을 체결했다. 이는 단편적으로 진행되던 온난화 등 환경문제에 대한 대응이 전 지구적 차원에서 통합적으로 이루어질 때 성과를 거둘 수 있다는 인식에 기초한 것이었다. 여기서 주목되는 것은 '생물다양성'이 지속가능 발전과 인간생존의 필수조건으로 부각되었다는 사실이다.

생물다양성은 육상, 해상, 수중 생태계와 이들 생태계가 부분을 이루는 복합생태계 등 모든 영역의 생물체 간의 변이성을 가리키는 개념이다. 이는 생물종 내의 다양성과 생물종 간의 다양성, 그리고 생태계 다양성을 포함한다. 생물다양성의 중요성은 생태계가 에너지와 자원을 공급해주는 것은 물론, 환경을 정화하고 조절해주고 과학적 연구와 산업의 근간이 되기 때문이다. 인간은 생물종 다양성을 이용하여 생산품을 만들고 생태적 서비스를 받고 있다. 우리나라의 경우 우리 땅에 자생하고 있는 5천여 종의 식물 가운데 20% 정도는 식생활에 이용되고 있다. 그리고 삼림자원을 나무, 벽지, 탄화보드 등으로 주거환경에 쓰고 있다. 생물자원에서 추출한 유용한 성분은 의약품과 기능성 화장품 등으로 산업에 기여하고 있다. 최근에는 생물에서 얻는 바이오매스Biomass로 대체에너지를 얻는 등 연구개발이 활성화되고 있다.

그러나 기후변화의 위협은 점점 심각해져서 생물다양성을 훼손하고 있다. 지구온난화는 단순히 지구 평균기온의 상승이 아니라 북극지역에서의 급속한 해빙과 해수면 상승, 그에 따르는 해수순환변동 등으로 가뭄, 홍수, 냉해 등을 유발하고 지구촌 도처에서 자연재난을 빈발시키고 있다. 이로 인해 인류사회의 생존기반인 생태계 파괴로 농수산업이 심각한 타격을 입고 곡물시장이 교란되고 있다. 전반적으로 생물다양성이 상실되는 가운데, 새로운 바이러스와 세균으로 인한 환경성 전염병이 번지고 있다.

최근 과학기술계는 바이오분야의 활성화에 주목하고 있다. 예를 들어 OECD는 2030년경 바이오기술이 다른 분야와 융합하여 세계경제를 선도하게 되는 '바이오경제시대Bionomics'가 열릴 것이라 전망하고 있다. 바이오경제에서는 생물다양성을 기반으로 생물자원의 중요성이 과학기술과 경제산업 분야에서 각광을 받게 될 것이다. 세계적으로 생물자원의 가치는 약 700조 원으로 추정되고 있다. 2002~2003년 사이에 새로 발견된 의약물질의 80%는 생물자원에서 유래한 것이다.

생물다양성을 기반으로 하는 바이오기술산업Biotechnology의 세계 시장규모는 2013년 330조 원이다. 2020년에는 635조 원이 될 것으로 전망된다. 이는 연평균 성장률 9.8%를 뜻한다. 우리나라의 바이오 시장규모는 2013년 7.9조 원에서 연평균 11%가량 성장해 2020년 16조 원 규모로 성장할 것으로 전망된다.

환경생태의 미래

UN의 제3차 생물다양성 전망보고서에 따르면, 1970년부터 2006년까지 지구상에서 살고 있는 생물종의 31%가 사라져버렸다. 이런 추세로 간다면 해마다 2만 5천~5만 종의 생물종이 사라지게 된다. 그리고 20~30년 내에 지구 전체 생물종의 25%가 멸종하게 된다.

생물다양성을 통해 생태계의 건강을 나타내는 지역별 생물종 지수Living Planet Index를 살펴보면 온대지방에서는 자생 생물종이 15% 정도 늘어나고 있다. 그러나 열대지방에서는 생물종이 60% 정도가 급격히 감소하고 있다. 전체적으로 보면 지구 생물종 수는 약 30%가 감소하고 있는 것이다. 열대지방에 지구 생물종의 반수 이상이 서식하고 있으므로 열대지방의 생태계 손실이 큰 문제가 된다.

OECD는 육상생물의 다양성은 아시아, 유럽, 남아프리카 등에서 심각하게 감소하고 있고, 세계적으로 생물다양성이 2050년까지 추가로 약 10% 감소할 것으로 예상하고 있다. 전 세계적으로 조성된 산림지역은 약 13% 감소할 것으로 전망된다. 담수생물의 다양성은 이미 1/3이 상실되었고 2050년까지 계속 더 상실될 것으로 추정된다.

생물종별로 보면 2007년을 기준으로 양서류의 30%, 포유류의 23%, 조류의 12%가 멸종 위기에 처해 있다. 멸종위기 동물의 리스트를 나타내는 멸종위기종 지수Red List Index에 따르면, 산호류, 포유류, 양서류, 조류 모두가 심각한 생존위협을 받고 있다. 멸종위험도가 가장 급속하게 높아지고 있는 것은 산호류이다. 양서류는 멸종위기 지수가 가장 높은 것으로 나타났다.

〈표 33〉 발굴 생물종 현황

구분	계(종수)	동물	식물	기타
세계(2010년 기준)	1,768,000	1,356,000	342,000	70,000
한국(2014년 기준)	41,788	24,733	7,528	9,527

자료: 백운기, 생물다양성연구동향 2013, 국가생물자원종합관리시스템(www.kbr.go.kr) 바탕으로 정리

우리나라의 생물종은 약 10만여 종으로 추산되며 2014년 7월 기준으로 4만 1,788종을 발굴, 관리하고 있다. 그러나 지난 30년간 1인당 녹지면적이 25.2a에서 17.3a로 급격히 감소하고 있고, 전국 산림

의 0.8%(1991~2010년), 갯벌의 22.6%(1987~2008년)가 감소하고 있다. 생물종의 서식지가 급격히 사라지고 있는 것이다. 산림면적은 2003~2010년 사이에 375㎢(여의도 면적의 44배)가 줄었다. 생물이 살아가면서 이동하는 경로인 생태축이 단절된 곳도 987개소이다. 생물의 이동이 원활하지 못하게 되면 생물종 보존은 어려워진다.

결국 야생생물의 서식지 감소뿐만 아니라 섭식원의 파괴, 이동경로 파괴로 인해 생태계가 위협받고 있다. 멸종위기 야생동식물 지정 수도 2005년 221종에서 2012년 246종으로 늘어났다. 이렇듯 우리나라 생물다양성은 확연히 감소세를 보이고 있다. 개발에 따른 서식지 감소, 야생 동식물 남획, 외래종 침입 등의 요인과 환경오염과 기후변화 등으로 인해 생물종 개체 수는 더욱 급격히 감소될 것으로 우려된다. 매년 국내에서만 500종의 생물이 멸종할 것으로 추정되고 있어 생물종의 보호가 시급한 과제로 대두되고 있다.

생물다양성은 보존되어야 한다

OECD는 생물다양성 감소의 주요원인으로 환경오염과 기후변화뿐만 아니라 농업경작을 위한 야생지의 토지이용 변경, 산업적 임업지역의 확장, 사회간접자본의 확대, 인구증가로 인한 자연지역 잠식, 생물의 자연 서식지 파편화破片化 등을 지적하고 있다. 그리고 생물다양성 감소의 가장 중요한 원인으로 지금까지는 농업생산성 증대를 위한 농지 확장이라고 보았으나, 2050년까지는 기후변화가 가장 심각한 원인이 될 것으로 전망했다.

영국의 과학저술가 마크 리나스Mark Lynas는 1980~1999년 대비 지구 연평균기온이 1.5~2.5℃ 상승한다고 가정하는 경우 그린란드의 얼음층이 녹고 생물종은 최대 30%까지 멸종위기에 처할 것으로 예상한다. 연평균 기온이 3℃ 이상 오르면 전 세계 해안지역 습지대의 30%가 소실될 것으로 추정되며, 만약 5℃가 상승하는 경우에는 해저의 메탄가스가 유출되어 온난화가 더욱 가속되어 남북극의 빙하가 사라지고 지구 도처의 생태계 파괴로 멸종이 심각해질 것이다. 지구 평균기온이 6℃ 상승하는 경우에는 핵폭발에 버금가는 황화수소가스와 메탄 불덩어리가 지구를 덮쳐 산소농도가 현재 21%에서 15%로 급감하게 될 것이다. 그렇게 되면 지구 생명체는 거의 다 멸종되고 곰팡이 종류만 살아남아 생물체가 살 수 없는 태초의 지구상태로 돌아가게 된다.

지구온난화로 인한 평균기온 상승은 생물 서식지의 북상을 초래한다. 이때 인간과 달리 생물은 서식지 이동이 어렵기 때문에 해당 지역에서 생존하는 토착생물이 사멸하게 된다. 현재 우리나라의 남해지역도 아열대로 바뀌면서 어류와 해조류의 분포가 달라지고 있다. 제주지역에서 잡히던 자리돔은 이미 독도지역에서도 볼 수 있게 됐고, 남해에서 볼 수 없던 아열대 어종인 청새치, 귀상어, 노랑가오리를 볼 수 있게 된 것은 온도 상승에 의한 서식지 북상의 예로 들 수 있다. 기후변화는 그 속도가 빨라서 생태계가 적응할 시간적 여유가 부족한 것이 문제인데, 이 경우 생물다양성 감소가 더 심하게 나타난다.

고위도에서 1~3℃ 기온이 오를 때 일부 지역에서는 농업 생산량이 늘어나지만 지구 전체적으로는 수확량 감소로 식량부족을 초래하게 된다. 연간 평균기온이 1~2℃ 상승하는 경우에는 물공급이 어려운 지역이 확대될 것이다. 해수면도 1993~2009년을 기준으로 연평균 3.2mm씩 상승하고 있는데, 지구 연평균기온이 3℃ 이상 상승하면 뉴욕시가 물에 잠기게 될 것이다. 4℃ 이상 상승하는 경우에는 지중해지역을 포기해야 할 것으로 전망된다.

반면 생물다양성을 유지하면서 생태계의 복원력을 높이는 경우에는 기후변화의 속도를 완화시킬 수도 있다. 지구온난화의 원인물질로는 이산화탄소CO_2가 56%, 메탄Methane이 18%, 프레온가스CFCs가 13%, 오존Ozone이 7%, 질소산화물Nitrous Oxide이 6%를 기여하는 것으로 분석된다. 만일 산림생태계를 충분히 복원시켜 이산화탄소를 광합성에 많이 쓰이도록 한다면 기후변화 물질을 줄일 수 있는 방안이 된다. 그리고 산업체 등에서 배출하는 이산화탄소의 양을 줄일 수 있도록 녹색기술을 개발, 보급하면 효과적인 대응방안이 될 것이다. 메탄가스는 이산화탄소에 비해 23배 정도 더 강한 온실효과물질이다. 축산에서 소가 내뿜는 방귀에서 발생되는 메탄가스도 온난화의 원인이 된다. 이 메탄발생을 규제하기 위해 에스토니아는 2009년부터 방귀세를 부과하는 기묘한 정책을 도입하고 있다. 같은 풀을 먹더라도 메탄을 거의 내뿜지 않는 호주의 캥거루를 연구하여 소가 메탄을 배출하지 않는 방안까지 연구하고 있다고 한다.

생물다양성 감소는 생물종 하나가 사라지는 단순한 문제가 아니다. 국가적 측면에서는 생물자원의 손실이자 인류문명으로서는 생존 기반의 약화를 의미한다. 생물다양성이 훼손되는 것은 복합적인 기능의 훼손을 뜻한다. 생존 지원(영양순환, 토양형성), 원료 공급(음식, 신선한 물, 목재, 연료 등), 환경 조절(기후, 홍수, 질병, 수질 정화), 문화 향유(교육, 여가, 종교, 심미적 차원) 등의 다양한 차원의 생태계 서비스를 잃게 되는 것을 뜻하기 때문이다.

그리고 생물자원을 이용하여 다양한 가치를 창출해내는 경제산업

활동이 심각한 지장을 받게 된다. 의약품, 화장품, 식품, 종자산업 등의 주요분야에서 생물 유전자원은 부가가치를 창출하는 핵심자원이기 때문이다. 특히 의약시장은 타미플루[16] 등 천연물 신약 개발로 각광을 받고 있다. 이러한 식품, 의약품에서 발생하는 경제적 가치가 생물다양성 감소로 인해 타격을 받고 기반을 상실하게 되는 것이다.

생물다양성 감소에 대한 국제적 노력으로 생물다양성협약이 있다. 생물다양성협약은 생물다양성의 보전과 지속가능한 이용을 위한 포괄적 국제협력을 유도하는 국제환경규범이다. 최근 관심을 끌고 있는 ABS는 생물유전자원 이용을 위해서 자원 제공국으로부터 사전통보승인(PIC)을 얻어야 하며 상호합의조건MAT에 따라 이익을 공유하도록 규정하고 있다. 이는 유전자원을 인류공동의 자산으로 여기는 취지다. 기존의 이익을 개발국가가 가져가고 유전자원 제공국가는 이렇다 할 이익이 없었던 불평등을 개선한 조치다. ABS 의정서, 일명 나고야 의정서에서는 유전자원을 기반으로 한 이익이 발생하는 경우 개발국과 자원 제공국이 공유하도록 하고 있다. 즉 국가 간에 이익을 공유하여 경제적 격차를 완화하자는 것이다.

또한 자원 이용의 투명성을 부여하여 생물다양성 보전과 지속가능한 이용을 촉진하는 데 목적을 두고 있다. ABS 의정서는 현재 50개국이 비준을 마친 상태로, 의정서가 발효되면 국제적으로 생물주권이 강화되고 자원 확보 경쟁이 심화될 것으로 예상된다. 우리나라는 국내 제약, 화장품, 식품업체가 60% 이상의 원천소재를 해외 생물자원에 의존하고 있는 실정이다. 따라서 ABS 국제의정서가 발효되면 산업계에 연간 3,500~5,000억 원의 부담이 발생할 것으로 추정된다. 따라서 국내 생물자원 확보와 더불어 ABS 등 국제협약에 대한 적극적인 대비가 필요하다.

생물다양성이 보존돼야 하는 이유는 너무도 분명하다. 그렇다면 그 정책 목표와 방향은 어떠해야 하는가. 우선 우리나라의 생물다양성을 발굴하고 보호하고 복원하는 정책이 필요하다. 그리고 국제적 공조를 통해 해외 생물자원을 공동으로 연구개발하고 국제적 생물다양성 감소를 극복할 수 있는 국제협력을 강화해야 한다. 이러한 노력을 통해 생태계를 보전하고 생물자원을 균형 있게 이용하여 지속가능성을 담보해야 한다.

또한 모든 일이 그렇듯이, 변화 속에는 동시에 기회가 있다. 환경 변화에 따른 생물자원의 변화는 우리가 어떻게 하느냐에 따라서, 우리에게 큰 기회로 만들 수 있다. 예를 들어서, 환경 변화로 인하여 없어지는 생물도 있지만, 새로 생기는 생물도 있다. 생물자원의 다양성이 확대될 가능성이 있다. 변화를 긍정적인 자세로 바라볼 필요도 있다.

환경생태분야 정책수립의 원칙

생물다양성 복원문제는 단일한 정책으로 해결되기에는 매우 복합적인 사안이다. 전 지구적 기후변화로 인해 전반적으로 생물다양성이 위협받는 측면이 있고, 생물다양성 감소로 인해 온실가스 배출이 증가하고 기후변화가 가속화되는 측면도 있기 때문이다. 따라서 정책 수립에 있어서도 이들 양방향의 상관관계에 대한 통찰과 정책 반영을 통해 실효성 있는 접근을 해야 한다.

UN 세계환경 개발위원회World Commission on Environment and Development는 1987년 브룬트란트 보고서Brundtland Report 『우리 공통

의 미래』를 통해 인류가 재앙을 피하고 책임 있는 생활양식으로 돌아갈 수 있는 길을 모색하는 데 유용한 개념을 제시했다. 그것이 '지속가능발전'이다. 지속가능한 생물자원의 이용은 장기적이고 환경적으로 건전한 생물자원의 이용을 뜻한다. 여기서 지속가능발전이란 '미래세대가 그들의 욕구를 충족시킬 수 있는 능력에 위협을 주지 않으면서 현 세대의 욕구를 충족시키는 발전'을 의미하는 것이다. 그리고 지속가능발전의 핵심 원칙은 지속성, 형평성, 효율성이다. 생물다양성 보존 정책의 추진에서도 유의해야 할 개념이자 원칙이다.

미래세대에 물려주어야 할 생태환경의 훼손을 줄이기 위해서는 보다 통합적이고 장기적인 관점이 필요하다. 사후처리보다는 사전예방에 초점을 맞추어야 하고, 그것을 가능케 하는 생태환경 시스템 구축과 지속가능한 사회 시스템으로 전환하는 것이 필수적이다. 그것이 비용대비 성과 측면에서 훨씬 더 효과적이기 때문이다. 또한 동시에 변화를 기회로 바라보는 긍정적인 자세를 강조한다.

환경생태분야 정책수립의 원칙은 사전예방, 현상 개선, 통합적 접근이 중요하다.

첫째, 사전예방이란 위험을 야기할 수 있는 행동을 사전에 차단하도록 하는 전략적인 계획과 행동을 뜻한다. 이를 위해서는 위험한 결과를 방지하기 위해 행동을 변화시킬 수 있어야 한다. 환경생태분야의 경우 문제가 발생하는 경우, 그 영향이 크고 되돌리기가 어려운 비가역성의 특성이 있다. 따라서 예방정책이 더욱 중요하다.

둘째, 생태환경의 위협이 심화되는 상황이므로 현 상태를 진단하고 개선할 수 있는 정책이 추진되어야 한다. 그동안 생물다양성을 비롯한 환경정책이 장기적 비전보다는 단기적 현안 해결 위주로 부처별로 분산되어 추진되는 과정에서 시너지효과를 거두지 못하고 있는 점은 개선될 필요가 있다.

셋째, 생물다양성 관련 이슈의 근본적 접근에서는 국내와 더불어 국제적 관점과 동향을 고려하는 정책 수립과 추진이 필요하다. 국내의 경우 중앙정부와 지방정부의 협력과 공조가 필요하고, 민간부문과 공공부문의 협력이 중요하다. 국제적으로는 우리나라는 선진국과 기술과 정보를 공유하고 협력하며, 생물자원이 풍부한 개도국과는 자원개발 협력과 이익공유의 윈윈 관계를 강화하는 것이 필요하다.

넷째, 환경변화는 새로운 기회가 될 수도 있다. 없어지는 생물도 있지만, 새로운 아열대성 생물의 출현 사례도 많이 있다. 새로운 생물을 외래종이라 하여 배척하기만 할 일이 아니다. 생물자원 다양성의 관점에서 보면 긍정적인 측면도 없지 않다. 이를 적극 활용하는 창조적 자세도 필요하다.

환경전략의 정책추진방안과 그 효과

앞서 말했듯 환경전략은 통합적으로 진행되어야 그 효과를 볼 수 있다. 정책 역시 마찬가지다.

체계적 생물다양성 모니터링, 관리시스템 구축

우리나라에 서식하는 총 10만여 종의 자생종 가운데 생물정보가 확인된 생물종은 4만여 종 정도다. 앞으로 한반도의 자생 생물종을 적극 발굴하여 국가 생물종 DB를 구축하고 체계적으로 관리하는 것이 선행돼야 한다. 생물종에 대한 DB를 제대로 갖추지 못해 자생종이

외국에 반출되고 거꾸로 고가로 역수입[17]하는 경우가 생기는 일은 더 이상 없어야 할 것이다.

또한 생태발자국Ecological Footprint 작성으로 생물다양성 훼손을 모니터링해야 한다. 생태발자국은 인간의 생산, 소비, 여가활동이 생태계에 미치는 영향을 구체적인 수치로 환산한 지표이다. 이 지수를 통해 자연자원의 이용강도를 사전에 파악할 수 있다면 무분별한 자원 남용을 방지하고 지속가능한 자원이용계획을 수립할 수 있다.

생물다양성과 국가 생명연구 자원정보에 대한 통합 DB가 구축돼야 한다. 구체적으로 한국생명공학연구원의 국가생명연구자원 통합정보시스템KOBIS과 국가적 차원에서의 생물다양성 정보공유체계를 연계하여 통합시스템으로 확장해야 한다.

생물자원 보전과 변화가 가져오는 생물자원 다양성 활용

우리나라는 개발 위주의 급속한 발전의 결과 무분별한 자연자원의 남용과 환경오염으로 생물다양성이 심각하게 훼손되었다. 백두대간, 비무장지대와 접경지역, 도서 연안지역 등 자연환경이 우수한 지역은 생태계 보전지역으로 지정되어 별도의 정책으로 보전 관리되고 있다. 그러나 국토면적 대비 보호지역 비율이 10.3%에 그치고 있어, OECD 평균치인 16.4%에 못 미친다. 국제적인 환경성과지수EPI 평가에서도 우리나라는 132개국 가운데 43위, 그 중 생물군보호 부문은 96위다. 보전정책의 실효성이 부족하다. 인구과밀, 열악한 생태용량의 조건에서 산업화와 개발위주의 불도저식 경제발전을 추진한 결과다. 자연환경 보호지역을 더 확대하고 규정을 강화하는 등 더욱 적극적인 정책을 펴야 한다.

정부의 정책은 멸종위기종에 대한 복원사업에 주력하여 생물다양성 증진을 위한 서식처 복원사업은 본격화되지 못했다. 생물종과 생태계를 모두 포함하는 생물다양성 사업을 강화해야 한다.

생물다양성 보전을 위해서는 멸종위기 종에 대한 보호 강화, 외래종 유입에 대한 인식 전환도 필요하다. 기후변화에 따라 유입되는 외래종은 궁극적으로 변화된 한반도 환경에 적응하여 주인이 될 것이다. 이를 다양성 측면에서 긍정적인 태도로 접근하여, 새로운 활용방안을 찾는 노력을 해야 한다.

생물자원 이용 관련 과학기술 개발과 안전성 강화

환경생태분야는 바이오산업의 발전과 함께 미래 전략산업 분야이다. 따라서 생물자원 이용에 대한 연구개발과 다양한 생산품 제조, 고부가가치화를 위한 기술 개발과 안전성 강화가 요구된다. 특히 생물자원 관련 연구개발에 의한 재조명으로 부가가치를 높이는 전략이 중요하다. 최근 개발된 의약품 중 60%는 생물연구자원에서 유래한 천연물로 알려져 있다. 나아가 유전자변형생물체LMO 관련 기술개발은 바이오 경제시대의 핵심 영역으로 경쟁이 치열해지고 있다.

국제사회의 과학기술 협력Bio-Bridge Initiative을 위한 대응도 중요하다. 생물다양성협약의 핵심내용인 국가생물다양성전략NBSAP 수립과 집행에 필요한 과학기술정보를 구축하고 정보 제공과 수요, 공급 간의 연결을 하는 과학적 접근이 필요하다. 개도국의 NBSAP 수립과 집행에 필요한 과학기술 수요조사를 시행하고, 관련 과학기술 정보의 체계적 관리와 생산, 선진국과 개도국 사이의 과학기술 네트워크 구축도 이루어져야 한다.

바이오기술에서 발생할 수 있는 잠재적 위험에 대한 대응체제도 갖추어야 한다. 유전자변형생물체 관련 제품의 생산, 유통, 소비에 대해서는 안전성이 입증되고 이해될 수 있도록 하는 책임이 필요하다.

ICT 분야와 생물다양성 분야를 접목하는 노력도 필요하다. 빅데이터를 활용하여 자생생물의 유전정보를 수집하여 산업적인 활용성을 높이고, 생태복원 기반을 확대하는 데 기여할 수도 있다. 미래 에너지원인 바이오에너지기술은 생물다양성을 훼손하지 않는 방향으로 전환되어야 한다. 2차 바이오에너지는 옥수수, 목재 등 산림자원을 바탕으로 하기에 생물다양성을 해치는 측면이 있다. 또한 식량자원을 에너지로 돌리고, 농작물 경작지를 줄인다는 등의 비판적 반응이 만만치 않다.

통합적 정책 추진과 공감대 형성

사회시스템을 환경, 지속가능성, 생태자원을 고려하는 방향으로 바꾸기 위해서는 지속가능발전을 가능케 하는 사회 시스템으로의 전환이 전제돼야 한다. 생태계는 농업생태계, 해양생물계, 산림생태계 등으로 다양해서 관리 부처도 여럿이다. 따라서 각 부처의 생물자원 보전관리와 활용 정책을 통합조정하는 제도적 장치가 필요하다. 중앙과 지방정부 간의 업무 분담 등을 포함한 효율적인 거버넌스 체제도 구축돼야 한다.

국가 생물자원 관리를 위해 생물자원에 대한 탐사와 발굴, 수집과 평가와 등록, 보존과 권리보호, 이용에 이르기까지 일련의 과정은 생물자원 규제의 다양한 법규를 토대로 체계화되어 있다. 따라서 국가 차원의 생물자원 확보, 보존, 관리, 이용을 일관성 있게 체계화하고, 통합적인 생물자원 정책과 계획이 수립돼야 한다.

생물다양성 보전과 복원 시스템 구축은 부처 간 협력은 물론 중앙과 지방정부를 아우르는 포괄적인 시각에서 이루어져야 한다. 그리고 생태계 건전성에 대한 국민인식과 생물다양성 보전을 위한 사회적 공감대 형성이 필요하다. 2013년 환경보전 국민인식조사에 의하면, '자연환경 및 생태계(27.8%)' 분야를 최우선적으로 개선해야 할 문제로 인식하고 있다. 생물다양성에 대한 국민적 관심이 높아지고 있는 것이다.

국제협력 및 협약 대응체제 구축

생물다양성 손실을 줄이고 복원하는 방안에서는 생태 네트워크의 개념이 중요하다. 이 개념은 유럽에서 시작되어 2001년부터 유럽지역의 생태네트워크 이니셔티브 42개가 활동을 시작했다. 국제생태네트워크는 국가별로 진행되던 개별 서식처와 생물종의 보전, 복원 방식에서 탈피하여 인접국가 간의 연결 측면에서 생물종과 서식처를 어떻게 보전할 것인가를 다루고 있다.

한반도의 경우 분단이라는 특수 안보상황으로 DMZ라는 천연 생태 자원공간을 갖게 됐다. DMZ는 장기간 개발의 손길이 미치지 않아 한반도 특유의 생물다양성이 보전되고 있다. 이러한 미개발의 자연적 공간을 이용하여 생물다양성 증진과 한반도 평화정착을 위한 협력사업을 창출하는 것은 환경적 측면 이외에 여러 가지 의미가 있다. 생태계 보전을 주제로 남북한이 대화하고 협력한다면 새로운 가능성을 열 수 있을 것이다. 예를 들어 가칭 'DMZ 평화공원'을 조성하여, DMZ의 생물다양성 정보를 공동수집하고 생물다양성 관련 의제를 발굴하는 등 사업을 전개한다면 환경을 중심으로 하는 윈윈의 장을 열 수 있을 것이다.

앞으로 생물다양성협약에 대한 국제적 압력은 커질 것으로 예상된다. 따라서 이에 대한 경제적 대응 체제가 마련되어야 할 것이다. 자원국과의 유기적 협력관계를 통해 신뢰를 쌓고 생물자원을 이용한 산업을 활성화시켜 서로 상생하는 협력모델을 창출하는 지혜가 필요하다.

기대효과

생물다양성 보전은 경제적 가치를 창출한다. UNEP는 생태계 파괴를 막는 대책을 세우지 않으면 전 세계적으로 2조~4조 5천억 달러의 손실을 추산했다. 또한 인류가 자연으로부터 받는 혜택을 돈으로 환산하면 연간 4조 1천억 달러에 달하며, 이중 가장 큰 혜택을 주는 것은 삼림으로 연간 4,100조 원에 이른다.

국립산림과학원의 우리나라 산림의 생태계 서비스 가치 평가 결과에 따르면 수자원 함양 서비스 18조 5천억 원, 정수 서비스 6조 2천억 원, 토사 유출방지 서비스 13조 5천억 원, 토사 붕괴방지 서비스 4조 7천억 원, 대기정화 서비스 16조 8천억 원, 산림휴양 11조 7천억 원, 야생동물 보호 1조 8천억 원 등 모두 73조 2천억 원에 달한다고 한다. 이는 국내 총생산액의 7%에 상당하는 금액이다. 이처럼 생물다양성은 훼손되게 되면 복원하는 데 큰 비용이 드는 반면 잘 보전하면 막대한 사회적 편익을 불러올 수 있다. 정책적으로 사전에 생물다양성을 위협하는 요인을 진단하고 미리 막을 수 있다면 추후에 복구하기 위해 드는 거대한 경제적 손실을 막을 수 있다.

우리나라는 생태용량이 특히 열악하기 때문에 환경생태분야 정책이 더욱 중요하다. 또한 ICT와 접목한 생물다양성 기술을 통해 아시아 전역의 미래 환경변화를 예측하고 대응체제를 마련해나간다면 환경문제 해결의 국제적 논의에 기여할 수 있을 것이다. 대한민국이라고 하면 떠오르는 것이 기술Technology이고, 국제사회에서 선진국과 개발도상국의 가교 역할이라는 여론조사 결과처럼 환경생태분야에서도 아시아의 중심국가로 성장할 수 있도록 정책과 전략을 재조망할 필요가 있다.

무엇보다 개발과 환경의 공존을 중심으로 하는 인식 전환이 필요하다. 생물자원을 이용하는 것이 불가피하다면 효율적으로 해야 한다. 그것이 한정적인 생태자원의 사용을 효율적으로 하고, 지구 자체의 자정능력을 강화하는 길이다.

인류문명의 지속을 위하여

인류문명의 지속가능성을 위해서는 에너지자원, 생물자원, 생태계의 생활터전이 필수요건이다. 그러나 삶의 현장은 그것과는 거리가 멀다. 급격한 인구 증가와 과도한 물질주의로 인한 자원고갈과 오염 가중으로 생태계는 자정능력과 회복능력의 한계치를 벗어나고 있다. 지속가능한 소비와 생산이라는 새로운 패러다임으로 전환되지 못한다면, 생존의 기반이 되는 생태계의 온전성을 상실하고 인류 자체의 존속에 위협을 맞게 될 상황이다.

환경생태분야가 중요한 이유는 인간이 환경의 일부이며, 생태계의 파괴로 인한 피해가 인류사회에 부메랑이 되어 돌아오기 때문이다. 지구온난화로 인한 생태환경 변화가 심화되고 있다. 재래종에게는 위험이 될 수 있고, 또한 새로운 생물의 유입을 가져온다. 우리가 어떠한 대응을 하느냐에 따라서 생물자원의 다양성으로 활용될 수도 있다.

생물다양성협약이 발효(1993년)된 지 20년이 지났으나 환경생태 이슈에 대한 국제적 논의의 실천적 결실은 미흡한 형편이다. 그러나 국제사회의 공동대응이 필수불가결하고, 구체적인 행동계획이 수립돼야 한다는 인식은 점차 강화되고 있다.

현재 우리나라의 환경생태분야 위기에 대한 실상을 정확히 파악하고 지속가능성에 기초한 비전과 대비책을 마련해야 한다. 그리고 중앙정부와 지방정부, 공공부문이 기업과 시민사회의 협력과 동참을 이끌어낼 수 있는 협력 기반과 구체적 프로그램을 만들어 실천해야 한다. 관련 주체가 공동체 의식 아래 함께 나설 때 성과를 거둘 수 있는 사안이기 때문이다.

4

인구/환경/자원분야 미래전략

자원전략

우리나라는 철강, 자동차, 조선, 전자 등을 주력산업으로 하는 에너지/자원 다소비형 산업구조를 가진 세계 5위의 자원 소비국[18]이다. 유연탄, 철, 구리 등 6대 전략광종[19]을 비롯한 광물자원은 제조업의 필수 원료로서 국가경제의 지속적인 성장을 이끄는 원동력이다. 그러나 제조업의 꾸준한 성장에도 불구하고 국내 부존자원이 빈약하여 2000년 84%였던 광산물 수입의존도는 2013년 95%까지 증가했다. 앞으로도 제조업 중심의 산업구조는 지속될 것으로 전망되어 원료광물의 수요 및 수입의존도 증가는 불가피한 실정이다.

이와 같은 수입의존적 자원 수급구조는 글로벌 자원시장의 수급불안정성이 높아질 경우 우리 경제의 안정적 성장을 가로막는 잠재적인 위험이 될 수 있다. 따라서 우리 경제의 미래성장동력 유지를 위해서는 안정적인 원료광물의 확보를 위한 국가차원의 중장기전략 마련이 필요하다. 이 장에서는 전체적으로 자원분야를 중심으로 미래전략을 강구하되, 필요한 부분에서는 에너지전략도 함께 다루고자 한다.

자원분야의 미래전망

우리나라는 1960년대에 노동집약적 경공업을 중심으로 산업화를 시작한 이후 1970년대의 중화학공업 육성기를 거쳐 1980년대부터는 가전, 반도체, 조선 등 수출주도형 제조업이 국가경제의 주축을 이루었다. 그 결과 제조업의 원재료인 광물 수요량이 빠른 속도로 증가하여 1985년 11억 달러 수준이었던 6대 전략광종 수입규모는 2013년 304억 달러로 약 28배 증가했다.[20] 특히 2000년대 이후 중국 등 신흥국들의 자원수요량 급증으로 자원시장의 수급 불안정성이 커지면서 국제 광물가격이 급등하여 우리나라의 전략광종 수입액도 크게 증가했다. 향후에도 우리나라는 제조업 중심의 경제구조가 지속될 전망이므로 6대 전략광종 수입규모는 연평균 3% 내외로 꾸준히 증가하여 2045년에는 현재의 2배가 넘는 약 672억 달러에 이를 것으로 전망된다.

한편 30년 후를 바라보는 한반도 평화의 미래전략적 관점에서 향후 남북경협의 확대를 넘어 평화가 정착될 경우, 북한 지역의 지하자원 활용문제는 새로운 성장동력으로 평가될 수 있을 만큼 상당한 가능성으로 평가할 수 있다. 일종의 와일드카드인 셈이다. 북한의 광물자원 규모와 분포는 북한 당국의 공식적인 발표가 없어 추정에 그치고 있으나 중국과 러시아 등 북한과 교역을 하고 있는 여러 나라들의 관련 자료들을 종합할 경우, 상당한 규모의 경제적 파급효과를 낼 만큼 파괴력이 있는 것으로 평가되고 있다.

에너지전략과 관련한 미래전망은 사회변화의 메가트렌드인 '사회구조'와 '가치' 측면에서 볼 수 있다. 사회구조의 메가트렌드는 ICT형 첨단도시 출현과 도시환경 이슈의 증대로 에너지 효율화 인프라 투자가 증대할 것이다. 더불어 온난화에 따른 온실가스 규제로 친환경신재생

에너지 활용(태양, 풍력 등)이 높아지고 새로운 에너지 자원(바이오, 희귀금속, 신석유가스 등) 활용과 에너지기술에 대한 국제협력이 두드러질 것이다.

더불어 사회문화적으로는 에너지 효율화와 합리적 사용을 위한 법제도 마련과 관련 사회적 인식이 보편화되는 사회문화적 환경이 조성될 것이다. 가치 측면에서의 주요변화는 물질적 풍요로 정신적 가치에 대한 열망 증가, 인간이 자연을 이용하는 시대에서 자연과 인간이 공존하는 친환경사회 가치 중시, 삶의 질 향상과 미래를 위한 에너지 효율적인 쾌적한 환경사회로의 가치 증대를 들 수 있다.

자원의 확보는 어렵지만 그 부가가치는 매우 크다

현재의 세계 자원시장 환경은 안정적인 원료광물 공급원을 확보해야 하는 우리에게 커다란 시련과 도전을 예고하고 있다. 대외적으로는 자원시장의 수급불안과 변동성의 확대, 대내적으로는 원료확보를 위한 우리의 역량, 즉 경쟁력 부족 등으로 우리의 자원확보 노력이 안팎으로 많은 장애요소에 부딪히고 있는 실정이다.

대외적으로는 첫째, 메이저기업을 중심으로 하는 시장체제가 형성되어 이들에 의한 독과점이 확대됨으로써 우리나라와 같은 수요자들은 수급불안 위기에 그대로 노출될 수밖에 없는 구조가 되고 있다. 둘째, 신흥 자원보유국들을 중심으로 자원을 자국의 산업발전 수단으로 활용하려는 신자원민족주의가 심화됨으로써 수요자들의 자원확보 장벽이 날로 높아지고 있다. 셋째, 계속된 자원개발로 인해 개발 가능한 광체의 품위가 점차 낮아지고 심도는 깊어지는 등 개발여건이 악화됨으로써 개발비용 증가는 물론 중장기 공급여력도 점차 약화되고 있다.

대내적으로는 이와 같은 장벽을 극복하고 안정적 자원확보를 위해 국내 자원기업들의 경쟁력 확보가 선행되어야 하나, 후발주자로서의 경험 부족, 전문인력 양성시스템 미흡 등으로 인해 메이저 기업에 비해 사업역량과 자원개발 경쟁력이 취약한 실정이다. 이를 해결하기 위해서는 국가 차원에서의 장기적인 경쟁력 강화전략이 절실하다.

한편 에너지전략적 측면에서 현재 우리나라 온실가스배출량은 지구 평균 증가치의 약 3배이고, 기후변화협약 가입 후 온실가스 감축압력이 가중되어 2020년까지 온실가스 30% 감축목표 달성을 위한 정책 방안이 필요한 상황이다. 이처럼 에너지환경이 변화함에 따라 공급정책보다 수요관리정책이 필요하며, 지속가능한 건물에너지 절감기술과 온실가스 배출 관리기술이 필요한 상황이다.

해외자원 개발사업은 국가경제의 안정적 운영과 지속적인 성장동력 유지를 위한 원료 확보방안으로서 매우 중요한 국가적 과제이다. 그러나 향후에는 안정적 원료광물 공급원이라는 기존의 목표 외에 해외자원개발이 새로운 부가가치 창출사업이라는 인식전환과 함께 이에 따른 실행방안이 요구된다. 자원산업은 광산뿐만 아니라 대규모 플랜트와 전력, 도로 등 인프라 건설이 동반되고 이들 각 부분은 물론 이후의 소재, 제품화단계에 이르기까지 추가적인 부가가치를 창출하는 복합사업이기 때문이다.

실례로 최근 자료에 따르면 미국 내에서 생산된 광산물이 최종 제품에 이르기까지 약 34배의 부가가치를 창출하였고, 우리나라의 경우도 수입된 광산물로부터 약 10배의 부가가치를 창출한 것으로 조사되었다. 또한 광물분야의 세계 최대 기업인 브라질 발레Vale의 경우 자원

산업이 활황기였던 지난 2011년 영업이익이 약 33조 원으로, 지난해 국내 S전자의 영업이익 37조 원에 버금가는 실적을 올린 바 있다.

이와 같이 자원개발사업은 전통산업이지만 모든 산업의 뿌리가 되는 고부가가치 산업으로서 독자적인 현장기술력을 갖출 경우 첨단산업 못지않은 부가가치 창출이 가능하므로 그간의 자원 수급안정을 뛰어넘어 국가 차원에서 새로운 미래의 성장동력으로 발전시키겠다는 목표를 설정하여야 할 것이다.

자원 확보전략

우리나라는 자원보유국들의 산업화 정책에 적극 부응하여 경제개발 경험을 공유할 수 있는 최적의 산업화 파트너로 자리매김해야 한다. 즉 우리나라가 보유한 전체 제조업 영역을 아우르는 산업경쟁력을 플랜트 엔지니어링 산업과 유기적으로 결합해야 한다. 이러한 기술을 바탕으로 세계 자원시장에서 경쟁력 있는 가격으로 각종 광물 및 금속 원자재를 생산하면서 자원보유국의 산업화전략에 동참해야 한다. 결국 자원과 시장을 동시에 확보함으로써 해외에서 새로운 고부가가치산업을 창출하는 것이다.

이와 함께 국가차원의 자원재활용 시스템을 구축하는 등 자원순환형사회로의 전환을 도모함으로써 부존자원의 빈약에서 오는 국민경제적 취약성을 해결하기 위한 노력도 한층 강화해야 할 것이다.

자원산업을 통해 중장기적으로 안정적인 원료광물 공급원을 확보하고 미래의 부가가치 사업을 창출하기 위해서는 크게 두 방향으로의 전략적 접근이 필요하다.

먼저 해외자원 개발사업은 자원전쟁이라 불릴 만큼 국가 간, 기업 간 경쟁이 격화되고 있는 자원확보의 핵심전략이다. 우리의 경쟁국인 중국은 막대한 외환보유고를 무기로, 일본은 기술력과 구매력 등을 내세워 우리보다 한발 앞서 아프리카 등 자원보유국들을 공략중이다. 이들 국가에 비해 자금, 기술 등 경쟁력이 열세인 우리나라로서는 우리의 강점을 활용한 차별화된 전략 마련이 필요하다. 자원보유 개도국의 산업화에 대한 강한 의지를 고려할 때 우리의 산업화 경험 전수와 연계한 해외자원개발 진출전략이 이들 국가와 상생할 수 있는 효율적인 방안이 될 수 있다.

다음으로 국내산업에 필요한 원료광물의 확보를 위해서는 자원순환, 즉 리사이클링도 전략적으로 중요하다. 현재 구리, 니켈, 아연 등 일부 금속자원의 가채년수는 40년 이하에 불과하고, 광체의 저품위화, 심부화 등으로 개발비용이 날로 증가하여 자원순환의 필요성이 지속적으로 높아지고 있다.

자원순환을 위해서는 폐금속자원으로부터의 유용금속을 분리, 회수하는 기술력 제고는 물론 물질흐름에 대한 면밀한 분석을 통해 회수율을 극대화하는 것이 중요하다. 따라서 자원순환 관련 R&D 확대를 통해 핵심기술을 확보하고 물질흐름을 체계적으로 추적하고 회수할 수 있는 사회, 경제적 시스템 구축에 힘을 기울여야 한다.

이 책의 대전략인 평화전략적 관점에서 앞서 미래전망에서 서술한 바와 같이 남북의 평화가 제도화된 이후, 북한의 지하자원 활용 문제도 전략적 관점에서 주요하게 다루어질 수 있다. 남북의 자원협력은 그 자체로 우리나라의 자원문제 해결에 상당한 도움이 될 뿐만 아니라 새로운 차원의 경제성장의 기회로 활용될 수 있다. 북한의 지하자

〈표 34〉 광종별 가채년수(2013년 매장량 및 생산량 기준)

금속	아연	19년
	니켈	30년
	동	39년
	철	58년
에너지	석유	53년
	가스	55년
	석탄	113년

* 가채년수: 채굴 가능한 매장량을 연간 생산량으로 나누어 산출한 지표로 향후 몇 년간 생산할 수 있는가를 표현

자료: USGS Mineral Commodity Summaries 2014, BP Statistical Review 2014, AME Strategic Market Study 2011 3Q&4Q

원 부존량 자체가 매우 상당한 규모로 알려지고 있어, 우리의 기술과 결합하면 그 경제적 시너지효과는 막대할 것으로 전망된다.

미래에너지전략은 앞서 미래전망에서 제시한 사회구조적, 문화적, 가치적 측면의 미래변화들을 기반으로 제시된다. 우리나라의 미래에너지전략은 'ICT 융합형 에너지효율화 전략'으로 모여진다. 'ICT 융합형 에너지효율화 전략'이란 ICT 및 디지털기술과 인간의 감성을 창의적으로 융합한 에너지 효율화기술을 의미한다. 우리에게 세계 최고 수준의 ICT와 디지털기술이 있으므로 이를 미래사회의 인간의 감성과 가치 중심의 에너지 전략으로 융합하는 것을 의미한다. 기존에 우리가 확보하고 있는 에너지자원과 에너지 관련 산업들을 고도로 발달된 ICT와 창조적으로 융합시키면서 스마트 그리드형 에너지산업으로 발전시켜가는 것이다.

〈표 35〉 남북측 주요자원 현황 비교

광종	한국			북한	내수의 50% 북측 조달시 가용 연한
	보유규모 (억 달러)	내수규모 (억 달러)	자급률 (%)	보유규모 (억 달러)	
금	18	14.1	4	857	122년
아연	3	13.1	0	185	28년
철	7	231.6	1	8,775	76년
동	1	42.5	0	73	3년
몰리브덴	5	4.0	4	11	6년
마그네사이트	–	0.8	0	24,048	60,120년
인상흑연	2	0.2	0	30	300년
인회석	–	1.5	0	270	360년
총계	36	307.8		34,249	

* 주: 보유규모 및 내수규모는 2011년 수입단가 기준

자료: 지식경제부, 한국지질자원연구원, 광산물 수급 현황 2011, 2012. 6

자원전략의 정책추진방안과 그 효과

자원전략의 성공을 위해서는 다음과 같은 정책의 추진이 반드시 필요하다.

자원산업의 신성장산업화

해외자원개발을 통한 원료광물의 안정적 확보를 위해서는 심화되고 있는 신자원민족주의를 극복하고 자원메이저 기업과 경쟁할 수 있는 우리나라 고유의 차별화된 사업전략이 필요하다. 향후 진출 잠재성이 높은 아프리카, 중남미 등의 자원보유 개도국들은 세제 강화나 원광수출 금지, 가공시설 의무화 등을 통해, 외국인 투자가 고용창출, 산

업발전 등 자국 경제에 실질적으로 기여하기를 기대하고 있다. 따라서 이들 국가에 진출하기 위해서는 산업화에 대한 이들의 욕구를 충족시킴으로써 신자원민족주의 경향과 진입장벽을 완화시키는 전략이 필요하다.

전 세계로부터 성공신화로 인정받고 있는 우리나라의 단기성장 및 산업화 경험은 후발 개도국들이 가장 공유하기를 희망하는 우리 고유의 장점이다. 따라서 우리의 산업화 경험 전수를 포함하는 '자원보유개도국 산업화 파트너십 구축전략(가칭)'을 구체화하여 중장기적인 원료광물 확보 전략을 실행해 나가는 것이 효과적이다.

본 전략의 기본방향은 해외자원개발사업 진출시 프로젝트에 동반된 발전소의 잉여전력을 이용해 인근지역에 현지 노동력을 활용한 노동집약형 경공업을 동반 진출한다는 데 있다(그림 15). 본 전략은 국내 중소기업에는 해외진출 기회를 제공하고, 진출국에는 고용창출은 물론, 현지에서 필요로 하는 경공업을 제공하여 산업단지화함으로써 산업발전의 기반을 마련하도록 협력하는 상생과 동반성장 전략이다.

본 전략을 실효성 있게 추진하여 산업원료 확보와 함께 새로운 부가가치 창출사업으로 발전시키기 위해서는 정부내 컨트롤타워를 설치하여 다음과 같은 정부 주도의 체계적인 기반조성 작업이 필요하다.

우선 본 전략을 국내기업 주도로 이끌어나가기 위해서는 자원개발사업의 운영권 확보, 즉 운영사업 투자진출이 우선되어야 한다. 이를 위해 운영권 확보사업에 대한 정책적 지원 및 국내 기업간 협력 확대 등 정부 차원의 적극적인 노력이 필요하다.

둘째, 사업운영을 위해서는 자원개발 전주기에 적용되는 핵심기술과 CSR, 인사, 노무, 환경 등 원활한 사업추진에 필요한 운영역량을 확

〈그림 15〉 한국형 자원개발 협력모델인
'자원보유 개도국 산업화 파트너십 구축 전략' 개념도

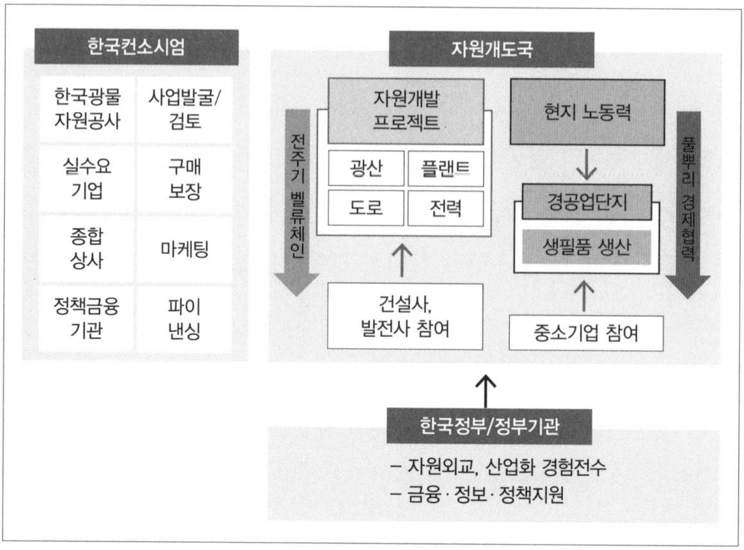

보해야 한다. 특히 자원개발사업은 과거 및 현재에 통용되고 있는 전통적 기술을 숙지하고 이에 기반하여 생산기술을 점진적으로 개량함으로써 성공적 사업운영과 부가가치 창출이 가능하므로 생산현장 핵심기술 확보가 최대의 과제이다. 따라서 현재 첨단 신기술산업 분야에 치우친 정부의 R&D 지원금을 자원개발 분야의 현장 기술력 확보를 위해서도 지원함으로써 기술의 완성도와 효율성을 높임과 동시에 이 분야에서 최고 수준의 기술력을 확보하려는 노력과 정책적 지원이 필요하다.

셋째, 이와 같은 사업운영과 핵심역량 확보를 위해서는 실무형 인재 육성이 반드시 뒤따라야 한다. 우리나라는 1980년대 이후 국내 광업의 쇠퇴와 함께 자원산업 유지에 필요한 최소한의 전문인력 양성을 위한 교육시스템마저 붕괴되어 있다. 정부도 이러한 인력문제의 심각성을 인지하고 자원개발 특성화대학 사업을 추진하는 등 다각적인 노력을 기울여왔으나, 산업계가 필요로 하는 핵심인력을 배출하기까지는 상당한 시간이 걸릴 전망이다. 따라서 본 전략을 안정적으로 실행하고 자원산업계가 필요로 하는 지질, 광산, 화학 및 금속, 기계공학의 융복합 전문인력 확보를 위해, 훨씬 많은 노력과 체계적 인재육성 프로그램이 필요하다.

마지막으로 본 전략의 성공적 추진을 위해서는 진출국과의 상생에 대한 확고한 의지와 철학이 필요하다. 자원보유 개도국들은 과거와는 달리 외국자본에 의한 자국 자원의 해외유출에 대해 경계심을 나타내고 있다. 따라서 본 전략이 기본방향으로 삼고 있는 상생과 동반성장 정신을 바탕으로 진정성 있는 CSR을 통해 상호 신뢰관계를 구축하고 파트너십을 강화하는 것이 역량강화나 인재육성 못지 않게 중요한 과제이다.

자원순환형 사회 구축

최근 자원순환을 통한 금속회수는 일본, 미국, 우리나라 등 자원소비국을 중심으로, 수급불안에 대비한 미래의 자원 확보를 위한 대안으로 부상하고 있다. 우리나라는 일본[21] 등 경쟁국에 비해 다소 늦기는 했으나 자원순환에 관한 법률 제정(2008)과 희유금속 확보 방안(2009) 등을 통해 정부 차원에서 자원순환 활성화를 추진하고 있다. 그러나 미래의 수급불안에 대비하고 안정적 원료확보를 위해서는 자원의 개발에서부터 생산, 가공, 유통 및 재활용 단계가 상호 유기적으로 순환되는 자원순환형 사회시스템 구축이 필요하며 이를 위해서는 보다 체계적인 전략과 정책마련이 필요하다.

우선 재활용 의무대상 품목의 확대, 주요 제품별 재활용률 법정기준 마련과 같은 적절한 규제를 통해 금속회수율을 제고하는 한편, 회수금속을 활용하는 재제조산업을 적극적으로 육성하는 등 자원순환사업을 실효성 있게 추진하기 위한 정책마련이 선행되어야 한다. 또한 고도의 기술형사업인 자원순환에 종사하는 기업이 대부분 기술력이 취약한 영세업체임을 감안하여 상용화 기술개발을 위한 정부의 R&D 투자를 확대하여 자원순환 시스템이 정착될 수 있도록 정부 차원에서 적극 나서야 한다.

둘째, 재활용 자원 소비자 및 자원순환 사업자에 대한 인센티브나 세제상의 혜택을 제공하여 자원순환에 동참할 수 있는 동기부여가 필요하다. 국내 자원순환 사업이 기존의 고철이나 금, 은 등의 귀금속 회수 수준을 벗어나 미래의 먹거리와 자원확보를 위한 대안으로 성장하기 위해서는 기업들의 적극적인 참여가 반드시 필요한 것이다.

셋째, 민관협력과 역할분담으로 자원 회수사업을 공동 추진할 필요가 있다. 우선 완제품 또는 중간소재사업자의 폐제품 회수 노력과 지방자치단체의 수거체계 효율화를 통해 순환대상 물량의 회수율을 높여 경제성을 확보하는 한편, 정부차원에서는 기술력이 부족한 부문에 R&D 투자를 하고, 기업은 상용화된 기술의 고도화 기술개발에 투자하여 자원순환 시스템을 완성하는 것이 필요하다.

에너지 수요관리에서 공급관리로 전환

에너지전략과 관련한 정책방안으로 에너지 수요관리적 측면이 아닌 효율적 공급관리 측면에서 건물에너지 절감기술과 온실가스 배출 관리기술이 유효한 방법이 될 수 있다. 건물 부분의 에너지 절감과 온실가스 절감은 우리나라의 에너지 소비특성에 매우 부합하며, 경제성도 높아 미국도 우선적으로 추진하고 있다.

그밖에 합리적 수요관리를 통한 공급자원 확충, 부담 경감, 에너지 가격기능 강화 등을 정책적으로 추진해야 한다. 사업방식도 정부재정 지원에서 민간과 시장 중심으로 바뀌어야 한다.

남북지하자원 협력

남북의 평화가 정착되면, 남북경협을 통한 북한지하자원 활용은 우리 경제에 부담으로 작용하고 있는 불안정한 원자재 수입 구조를 개선할 수 있고, 북한경제 역시 활력을 불어넣을 수 있다. 우리 입장에서 보면, 우선 광물 수입 비용을 크게 줄일 수 있다. 2010년 기준으로 우리나라는 유연탄, 우라늄, 철, 동, 아연, 니켈 등 6대 전략광물 수입 비용으로 300억 3,100만 달러를 사용했다.

그런데 〈표 38〉과 같이 한국은 북한 광물자원을 국제가격의 절반 이하 수준으로 도입해왔던 경험이 있다. '민족내부 거래'로 규정되어 수입관세가 없고, 물류비용 절감 외에도 광물자원 단가가 특혜를 받아 낮게 책정되었던 까닭이다.

한반도 평화의 미래전략적 관점에서 장기적으로 북한의 광물자원 개발이 일정 수준에 도달해서, 우리나라가 6대 전략 광물의 절반을 북한에서 공급받는다고 가정하면, 도입 가격차로 인한 이익만 매년 80억 달러로 추산된다. 동시에 광물자원 수입비용이 절약되는 만큼 기업의 투자여력도 확대되고 해당 산업 종사자들에게 돌아갈 몫도 커지게 된다. 원자재 해외의존에 따른 피해를 고스란히 이익으로 만들 수 있는

〈표 36〉 남북 광물자원 협력으로 인한 수입대체 효과

	반입가격(A)	국제가격(B)	B-A (달러)	반입규모(MT)	이익(만 달러)
마그네사이트	192.61	467.27	274.66	124,539	3,420.6
인상흑연	197.82	401.59	203.77	24,139	491.9
규석	53.67	174.87	121.20	3,585,286	43,453.7
고령토	185.18	187.56	2.38	2,583,027	614.8
합계				6,316,991	47,981

* 단위당 가격은 북한에서 반입할 때의 금액/물량을 계산한 가격
* 반입가격과 국제가격의 경우 인상흑연은 2007년 평균가격 기준, 마그네사이트, 규석과 고령토는 2009년 평균가격 기준
* 반입규모의 경우 2009년 내수 기준

자료: 지식경제부, 광산물 수급 현황, 각호 참조

것이다. 더불어 해당 제품들의 가격경쟁력 제고와 소비자 이익은 또 얼마나 크겠는가? 모두가 원원하는 새로운 신성장동력인 셈이다.

자원과 미래

'자원보유 개도국 산업화 파트너십 전략'은 해외자원개발을 기반으로 하여 우리의 산업화 노하우를 자원보유 개도국에 전수함으로써 유망사업 발굴단계에서부터 경쟁력을 높이고 안정적인 원료확보 기반을 다지기 위한 우리나라 고유의 차별화된 자원확보 전략이다. 자원개발과 경공업을 연계한 본 전략이 성공적으로 실행될 경우 자원보유 개도국 국민들의 기저에 자리잡고 있는 자국의 국부유출 우려나 외국인 투자에 대한 반감을 해소하는 데 많은 도움이 될 것으로 기대된다. 또한 우리나라 고유의 차별화된 투자전략을 통해 자금력, 기술력 등의

열세를 극복하고 유망사업 선점기회를 확보함으로써 원료광물의 안정적 공급원을 확보하는데 크게 기여할 전망이다.

또한 국내 중소기업의 사업다각화와 해외진출 기회를 확대하고 정/제련 단계까지 포함하는 자원개발사업을 직접 운영하여 수익성을 제고함으로써, 자원산업이 단순한 원료확보 차원을 넘어 새로운 부가가치를 창출하는 미래의 성장동력 사업으로 자리매김하는 계기가 될 것으로 기대된다.

더욱이 폐금속 자원의 재활용을 위한 자원순환 시스템이 안정적으로 정착된다면 미래의 수급불안에 대비한 금속자원의 확보는 물론 새로운 부가가치 창출사업으로서도 큰 역할을 할 수 있을 것으로 전망된다.

현재 세계 자원시장은 글로벌 경기침체의 장기화에 따른 수요감소와 광물가격 하락 등의 여파로 자원개발 기업들의 수익성이 악화되고, 국내 자원개발 기업들도 해외자원개발사업 구조조정에 나서는 등 자원산업계가 위축되고 있는 실정이다. 또한 정부에서도 그간의 양적 성장 위주의 해외자원 개발사업에 대한 문제점을 지적하고 사업내실화와 공기업 재무건전성 강화에 정책적 우선 순위를 두고 있다.

그러나 이러한 국내외 자원산업 분위기가 국가경제에 필수적인 자원 확보의 당위성과 필요성이 훼손되거나 해외자원 개발사업이 후퇴하는 일로까지 이어져서는 안 될 것이다. 해외자원 개발사업은 원료광물의 안정적 확보를 통한 우리경제의 성장동력 유지와 미래의 부가가치 창출을 위해 국민경제적으로 매우 중요한 국가적 정책과제이다.

따라서 경쟁국에 비해 경쟁우위를 점할 수 있는 '자원보유 개도국 산업화 파트너십 전략'을 구체화하여 자원보유국의 신자원민족주의를 극복하고 상생관계를 구축함으로써 국내 산업에서 필요로 하는 원료 광물의 확보는 물론 향후 한반도의 통일에 대비한 성장 기틀을 지금부터 준비해나가야 할 것이다.

6장

정치분야 미래전략

1. 정치제도
2. 외교전략
3. 국방전략
4. 정보전략

1

정치분야 미래전략
정치제도

제도란 한 사회의 다양한 조직과 개인들의 관계에 대한 합의된 규범을 의미한다. 정치제도는 정치영역을 구성하는 다양한 조직과 개인들의 관계에 관한 규범이다. 하지만 이 장에서 정치제도는 '선출된 정부와 시민사회의 관계에 관한 제도'로 한정지어 다룰 예정이다. 선출된 정부란 자유롭고 공정한 선거로 선출된 대표들로 운영되는 정부로, 현실에서는 행정부와 입법부가 된다. 사법부 또한 중요한 제도영역이지만 이 장에서는 국가정책 입안 및 집행을 중추적으로 담당하는 행정부, 입법부가 시민사회와 형성하는 관계를 집중적으로 다룬다.

시민사회는 자본주의시장과 민주주의체제의 공존을 뒷받침하는 다양한 민간조직과 사적 개인들의 관계와 상호작용이 일어나는 공간이다. 한국정치의 특수한 맥락에서 시민사회는 '자신의 목소리를 낼 수 있는 적극적 시민들의 조직, 언론, 관계'만을 의미하거나, 1987년 이후 형성된 '시민단체들의 목소리를 대변하는 공간'으로 한정되어 이해되기도 한다. 그러나 이 장에서 시민사회는 한국 자본주의 경제구성원이

자 한국 민주주의 정치공동체의 구성원으로서 유권자, 이익집단, 공익집단 등의 다양한 존재형태를 가진, 협의적 의미의 정부제도 밖에 존재하는 모든 개인과 집단의 사회를 의미한다.

앞으로의 30년, 한국정치는 어떻게 전개될 것인가

민주주의 정치체제로서 한국정치의 출발점은 군사정권이 대규모 민주화항쟁으로 물러난 1987년으로 볼 수 있다. 당시의 한국정치는 오랜 권위주의 정치문화의 결과, 뿌리 깊은 제도적, 행태적 유산을 안고 있었다. 현재적 시점에서 볼 때, 30년이 채 안 되는 지난 역사는 이 유산을 청산하고 민주주의체제에 부합하도록 전환시키는 지난한 과정이었다. 앞으로 다가올 30년 한국정치 역시 이 궤도 위에서 움직이게 될 것이다.

과거 한국 권위주의 정치제도는 행정부 주요 권력기관이 입법부와 '정치 연계 시민사회'를 직접 지배하는 체제와 광범위한 '정치 소외 시민사회'가 공존하는 정치구조를 뒷받침했다. 정치 연계 시민사회란 개인이나 조직이 정치에 영향력을 행사하거나 국가주도 후원, 수혜관계망에 포괄되어 있는 시민들의 사회를 말한다. 반면 이 관계망에 배제된 시민들은 정치 소외 시민사회에 속하는 것으로 볼 수 있다. 정부주도 경제개발정책에 연계된 기업, 권위주의 국가기관의 작동과 운영에 기여한 개인 및 조직 등이 전자에 해당한다면, 정치적으로 배제 혹은 과소 대표되거나 정책적으로 배려받지 못했던 다양한 개인과 집단은 후자에 속했다.

〈그림 16〉 한국정치구조의 변화: 1987년과 2014년

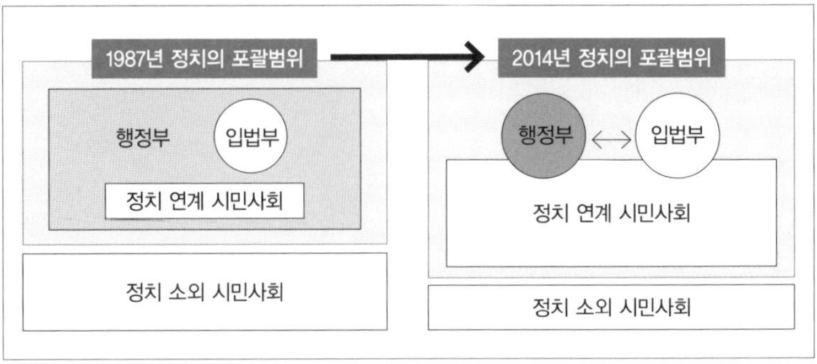

민주화 이후 지난 27년간 한국 정치제도의 구조적 변화는 '행정부와 입법부의 관계'와 '행정부, 입법부와 시민사회의 관계'의 변화를 반영하고 추동했다. 경쟁적 정당체제와 주기적인 직접선거로 입법부는 행정부 권력의 영향력으로부터 점차 독립하게 되었다. 정치 연계 시민사회의 크기와 영역은 커졌고 정치행위 양상도 변화했다. 또한 행정부의 지배적 영향력에서 벗어난 다양한 이익집단, 공익집단, 정치결사체들이 등장했다. 과거 위로부터의 정책적 혜택과 정치동원에 익숙해 있던 시민들 중 일부가 아래로부터의 요구를 조직해 행정부와 입법부가 대표해주기를 요구했고, 정치 소외 시민사회의 크기는 줄어들었다.

그러나 앞으로 가야 할 길도 멀다. 입법부가 행정부로부터 독립하기는 했으나 여전히 행정부 우위의 비대칭적 관계는 지속되고 있다. 행정부와 입법부의 갈등에서 시민들의 생계와 생활을 다루는 의제영역은 지배적인 지위를 차지하지 못하고 있다. 정치 연계 시민사회와 행정부, 입법부 관계는 불안정하며 단절적이다. 권위주의시대에 비해 정치 소외 시민사회의 크기는 줄었지만, 여전히 다른 민주주의 국가들과 비

교할 때 민주주의 체제의 작동에 위협이 될 정도의 규모를 갖는다. 최근 다소 반등하기는 했지만 지나치게 낮은 투표율은 정치 소외 시민사회의 크기를 짐작하게 해준다. 제도로 정치와 연계되지 못한 시민들은 주기적으로 '거리의 정치'를 만들어내고 새로운 정치집단에 대한 열망으로 부유浮遊하며 정치의 예측불가능성을 높인다.

〈그림 17〉 한국정치구조의 미래전망: 2014년과 2045년

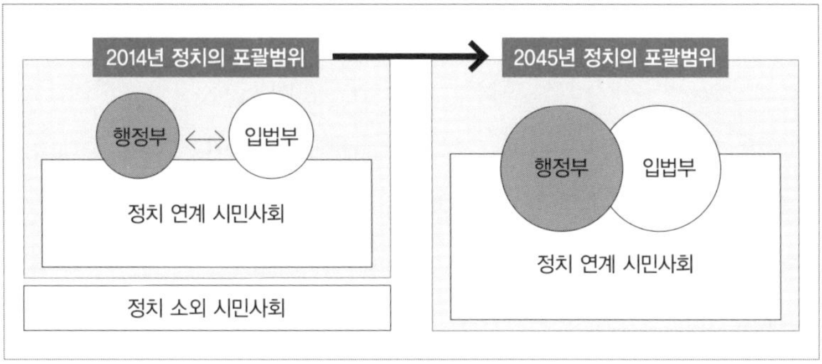

앞으로 30년 동안의 한국정치는 단선적인 민주주의의 확대보다 민주주의적 진전과 후퇴를 오가는 나선형의 과정을 거치겠지만, 과거 27년간의 흐름에 비추어볼 때 다음과 같이 전망할 수 있다.

이미 대한민국 정치공동체는 세계화, 양극화, 고령화, 다문화화 등의 다층적 충격을 정치적으로 해결해야 하는 과제에 직면해 있는데, 향후 30년 동안 이러한 충격은 더욱 가속화될 전망이다. 2008년 이후 누구도 세계 자본주의의 향방을 가늠할 수 없게 되었고, 미래에 대한 모색은 세계적 혹은 지역적 수준에서 공조가 이루어지기보다는 개별 국가 수준에서 각개약진의 방식으로 이루어지게 될 것이다. 이런 환경

변화는 한국사회가 맞게 될 충격이 점점 더 예측 불가능한 방향으로 움직이게 될 가능성을 높이고 있다.

국내적으로 보면 이런 외부적 조건은 지금보다 더 복잡한 정책수요를 창출시킬 것이며, 정치의 정책대응능력을 획기적으로 제고할 것을 요구한다. 민주주의 정치체제로서 한국정치의 경험은 27년에 불과하며 그 시간의 대부분은 권위주의 정치체제의 유산을 청산하는 데 쓰였고 아직 한국 민주주의의 제도적 모델은 제대로 정립되지 않은 상황이다. 따라서 향후 30년 동안 한국정치는 한편으로 새로운 민주주의 모델을 확립해가면서, 다른 한편으로 정책대응능력을 획기적으로 제고할 수 있는 거대기획을 만들고 실천해가야 한다. 또한 증대하고 있는 복지수요와 민주주의의 결합이 만들어내는 정치인들의 무책임 현상을 해결해야 한다. 정치인은 정권을 잡기 위하여 감당하기 어려운 공약을 하고, 정권을 잡으면 적자재정을 편성하여 미래세대에 부담을 넘기는 일이 발생한다. 아무리 공약이라 하더라도 지나친 공약은 시행하지 않게 하는 제도가 구상될 필요가 있다. 즉 무책임한 정치인들을 견제할 수 있는 장치의 개발이 필요하다.

한편, 제도정치와 시민 사이의 관계망에 근본적 변화를 야기하고 있는 사회변동으로 정보화에 주목할 필요가 있다. 전 지구적 수준에서 2013년 기준으로 20억 명의 인터넷 사용자와 60억 휴대폰 가입자, 10억 개 이상의 수많은 하드웨어장치들이 광대한 실시간 다중네트워크 안에서 통신을 하는 초연결사회(사물인터넷)가 눈앞에 도래하고 있다. 정보통신기술의 발전이라는 측면에서 한국은 이미 1990년대부터 세계 주요국들을 앞서왔다. 이러한 기술발전은 시민들 사이에 정보공유의 범위를 넓히고 정보흐름의 속도를 가속화시키며 집단적 의견형성과정을 효율화하면서 다른 형태의 관계망을 창출하고 있다.

정치영역에서도 이런 기술발전은 과거와 다른 기획들을 추동했다. 이미 오래 전부터 행정부는 '전자정부' 기획을 발전시켜왔고 정당들도 '전자정당'을 표방했다. 정보통신기술을 활용한 정부와 시민의 소통은 일반화되었고 정당들은 공직후보 지명과정이나 일상적인 당내 소통과정에 정보통신기술을 접목하고 있다. 향후 이런 경향은 더욱 강화될 것으로 전망된다.

그러나 앞선 기술을 접목하려는 발 빠른 기획들이 항상 민주주의의 진전에 긍정적 효과만을 보였던 것은 아니었다. 전자정당을 표방했지만 기술을 활용한 정당과 유권자 관계는 점점 더 불안정해지고 있으며, 전자정부의 관계망은 정보 기득권층과 정보 소외층의 간극을 확대하는 부정적 결과를 낳기도 했다. 이런 경험은 앞선 기술의 적극적 활용계획이 그로 인한 부정적 효과를 통제할 수 있는 섬세한 기획과 함께 고민되어야 함을 보여준다. 향후 30년간 정보화의 속도는 더욱 가속화될 것이며, 점점 더 사이클이 짧아지는 신규 정보통신기술의 발전을 정치에 접목해야 하는 요구도 강해질 것이다. 전자투표 등 새로운 형태의 참여민주주의가 대두될 것이다.

정치, 행정부에 대한 진단과 해결과제

현재의 비대칭적인 행정부 우위형 모델은 선출된 정부의 민주적 대표성 확보와 원활한 정책순환 구조를 창출하는 데 걸림돌이 되고 있다. 입법부는 크기와 영향력, 능력 면에서 모두 시민사회의 수요를 입법의 방식으로 정책화하는 데 한계를 드러내고 있다. 정책수요는 기하급수적으로 늘어나지만 이를 사회적 합의에 기초해 입법화하는 능력이 부족하기 때문에, 정책수요와 공급의 시간격차가 반복적으로 일어나고 있다. 시민들의 정책수요가 입법부의 결정과 행정부의 집행을 통해 생산적으로 순환되는 구조에서 입법부가 병목현상을 만들어내고 있는 것이다. 이런 구조적 한계는 행정부의 집행능력을 약화시키고 시민들의 삶의 질을 떨어뜨린다.

한편 현재의 분립형 행정부, 입법부 관계는 세계화로 비롯된 다차원적인 사회변동의 충격을 감당하는 데 한계에 직면해 있다. 국가경계를 넘나드는 사회변동은 과거보다 훨씬 복합적인 정책수요를 낳는다. 이러한 정책수요에 반응하기 위해서는 정책의 형성, 집행, 평가에 관한 정보를 가능한 한 신속하고 유연하게 집약할 수 있어야 하며, 이렇게 집약된 정보는 행정부와 입법부 어느 일방이 독점하는 것이 아니라 신속히 효과적으로 공유되어야 한다. 그런데 현재와 같이 분절화된 권력구조와 운영행태는 이를 방해한다.

게다가 원자화된 개인들로 구성된 시민사회는 사회 전체적인 정책효율성을 저해한다. 공동의 이해를 갖더라도 원자화된 개인들은 저마다 다른 정책요구를 할 것이기 때문에, 어떤 요구에 반응해 정책을 만들어도 내부의 다른 불만을 충족하기가 쉽지 않다. 정책과정에서 이렇게 원자화되고 분절된 정책수요가 투입되면 짧은 주기로 계속 정책이 변동되는 불안정성을 피하기 어렵다. 정책합의의 비용을 시민들 스스로 질 수 있도록 해야 한다.

역대 정부는 정책집행 관련 행정부처 내 정보를 집약하고 이를 토대로 부처 간 협업구조를 창출하며 국민들과 쌍방향소통을 추진하는 방향으로 노력해왔다. 이런 노력은 정보통신기술의 발전에 힘입어 과거 대면 관계 중심의 양식을 인터넷과 SNS를 활용한 비대면 관계 양식으로 변화시키는 흐름과 접목되었다. 박근혜 정부가 추진하는 '정부 3.0'기획도 이런 노력의 연장에서 이해할 수 있다. '개방, 공유, 소통, 협력'이라는 정부 3.0의 핵심가치는 정부부처 간 분절된 정보를 집중하고 공유하며 개방함으로써 정책집행과 전달의 효율성을 높이는 사업들로 구체화되고 있다. 정보공유에 기초한 부처 간 협업구조 창출은 이명박 정부에서도 공유되었던 목표였고, 사회복지통합전산망 구축 등의 사업으로 구체화되었다. 박근혜 정부의 '정부 3.0'기획은 한발 더 나아가 이렇게 모아진 정보를 행정부 내부로 제한하지 않고 외부의 개인과 기관과도 공유하는 것을 표방하고 있다.

현재까지 추진된 행정부 내 정보통합에 기초한 협업 기획은 미래지향적 행정부 구조를 창출하는 데 토대가 되는 작업임에는 분명하다. 그러나 원자화된 개인을 대상으로 정책집행을 원활히 하기 위한 이런 기획은 새로운 정책수요를 파악하고 정책전달의 지속성과 안정성을 담보하기에 한계가 있다. 예컨대 사회복지통합전산망을 통해 보건복지부, 국세청과 출입국기록관리소 등의 개인기록을 교차 체크하여 복지정책 전달과정의 누수와 비효율성을 해결하고자 했던 이명박 정부의 기획은 이미 정책 전달망에 들어와 있는 사람들만을 대상으로 집행효율성을 추구하는 데는 효과가 있으나, 새로운 정책수요를 파악하고 이를 매개로 유관부처 간의 협업체제를 구축하는 데는 한계가 있었다. 또한 '정부 3.0'기획의 정책수요자에 대한 1:1 맞춤형 서비스 제공 계획은 개개인이 가진 다양한 정책수요를 충족할 유관부처 간 협업체제가 필수적인데, 이는 정보공유를 뛰어넘는 사회집단, 정책기반 협업체제의 구축을 전제로 하지 않으면 안 된다.

한국정치의 해결과제

현재보다 대칭적이고 융합적인 행정부와 입법부의 관계를 창출해야 한다. 이를 토대로 시민사회와 조직적 채널을 형성함으로써 민주적 대표성을 높이는 것과 함께 정책결정, 집행, 평가의 효율성을 담보하는 것이 주요한 목표가 되어야 한다.

첫째, 입법부의 규모와 전문성을 지금보다 획기적으로 제고하고 행정부와 입법부의 관계를 더 균형적인 형태로 변화시켜야 한다. 입법부가 현재 발생시키고 있는 정책순환 사이클의 병목현상을 해결할 방법을 모색해야 한다.

둘째, 행정부와 입법부의 관계는 현재보다 더 융합적인 방향으로 변화해야 한다. 대통령제, 의회제라는 고정관념적 정부형태 운용은 세계적 추세에서도 더이상 적합하지 않다. 어떤 정부형태를 채택하든 행정부와 입법부의 관계는 점점 더 융합적인 방향으로 변화를 거듭하고 있다. 또한 행정부와 입법부는 현재처럼 정보단절구조가 아니라 적극

〈표 37〉 2014년 한국의 정치제도 진단과 전망

제도	진단	전망
행정부와 입법부의 관계	갈등형 권력구조/운용행태 행정부 우위형 권력모델 약한 시민사회 협치 기반	융합형 권력운영 대칭형 권력구조 모델 협치형 시민사회 네트워크
정당체제	약한 시민사회 대표성 안정성, 지속가능성 결여	사회적 다양성 대표 다차원적 연합 가능성 시스템 지속성과 안정성
정치 연계 시민사회	진영적 양극화 비대칭의 시민결사 정치사회적 다양성 결여	낮은 시민결사의 비용 다차원적 시민결사 낮은 정치연계 비용
정치 소외 시민사회	시장소외, 원자화된 시민 일상적 냉소, 주기적 폭발 정치의 예측불가능성	–

적인 정보공유체제를 구축해야 하며, 정책의 생산, 집행, 평가과정 전반에서 협업체제를 구축해야 한다. 예컨대 지난 시기 행정부가 정보통신기술의 발전에 힘입어 추진해온 부처 간 정보공유의 흐름을 행정부와 입법부 간에도 활용할 수 있는 방안을 모색할 수 있다.

셋째, 시민사회와 행정부, 입법부의 연계는 제도화되어야 한다. 불안정한 연계망은 정책반응성을 떨어뜨리고 정책기대효과를 반감시키며 결과적으로 시민의 삶의 질을 떨어뜨린다. 공동의 이해를 가진 시민들이 결사하여 정책요구를 스스로 명확히 하는 작업을 수행하도록 해야 한다. 이것은 행정부와 입법부의 정책화 과정을 효율화하며 정책기대효과도 더 높일 수 있는 기반이 된다.

〈표 38〉 2014년 한국의 행정부제도 진단과 전망

제도	진단	전망
정책 기반 협업구조	정책 유관 부처 간의 협업체제 미약 정책 유관 부처 간 갈등조정기능 미약	정책 집행 관련 정보망의 안정화 생산, 집행, 평가 연계정보망 구축
사회집단 기반 협업구조	정책과 사회집단 연계구조 미약 집행 관련 사회집단 협치구조 미약	정책 유관 부처 간의 상설 협업체제 구축 정책 유관 부처 간 갈등조정기능 강화
정보 기반 협업구조	정책 집행 관련 정보망의 구축단계 생산, 평가 관련 정보망의 부재	정책과 사회집단 연계구조 구축 집행 관련 사회집단 협치구조 확립

넷째, 행정부 제도를 현재 정보 기반 협업구조에서 사회집단 기반 협업구조, 정책 기반 협업구조로 제도화해야 한다. 2014년 우리 정부의 '정부 3.0'모델은 아직 정보 기반 협업구조 창출에 집중되어 있는데, 이를 사회집단 기반과 정책 기반 협업구조로 확장해나가는 모델이 개발되어야 한다.

다섯째, 무책임 정치인을 견제하는 장치가 필요하다. 민주주의가 복지를 만나면 거의 필연적으로 감당하기 어려운 공약이 남발되기 쉽다. 사탕발림 공약으로 정권을 잡으면, 그 과잉공약을 지키기 위하여 채권을 발행하고 적자재정을 시행하게 된다. 어느 정치인도 전임자가 만든 부채를 상환하려 하지 않는다. 정치 포퓰리즘의 악순환이 계속되는 것이다. 미래세대는 태어나는 순간 엄청남 부채를 떠안게 되는 모순에 직면하게 된다. 이러한 악순환을 차단할 제도적 장치가 절실하다. 예를 들어서, 시민사회 옴부즈맨 제도나 헌법기구(감사원 등) 산하에 '미래세대 권익위원회'를 설치하여 아직 발언권이 없는 미래세대의 권익을 대변하는 일을 해야 한다. 마치 환경영향평가처럼 미래세대의 권익을 침해하는 사안에 대해서는 사전에 미래세대 권익평가를 거쳐서 추진하게 하는 것이다.

전체를 보고 실천적으로 접근하자

민주주의 정치는 사회의 이익과 요구를 정치과정으로 수렴하고 대표함으로써 의미를 갖는다. 정치를 바라보는 시야를 협의의 행정부, 입법부에 국한하지 말고 사회 전체를 조망하는 관점으로 확장해야 한다. 그럴 때 한국적 맥락에 맞는 정치제도 디자인이 가능하다.

행정부, 입법부, 사법부, 정당, 이익집단 등을 별개로 놓고 분절적으로 접근하는 제도 디자인은 실패한다. 전체를 조망하고 관계를 재조직하는 시스템적 접근을 할 때만이 한국적 현실에서 작동 가능한 제도 디자인이 가능해진다. 추상적, 관념적 접근이 아니라 실천적으로 접근해야 한다. 현실의 문제를 해결하기 위한 구체적 접근을 통해 목표를 설정하고, 처음부터 제도 구상에 집착하는 것이 아니라 구체적 실험과 실천을 통해 모델을 만든 다음 일반화해야 한다.

시민사회에서 다양한 주체들이 형성될 수 있도록 제도환경을 만들고, 그로부터 발생하는 역동성을 경험적으로 분석하여 제도 디자인의 아이디어로 전환하는 전략이 필요하다. 민주주의 정치체제는 소수의 정치기획자들이 움직여서도 안 되지만 움직일 수도 없다. 자본주의 시장을 기반으로 한 현대 민주주의에서 시민들의 정책수요는 끊임없는 시장상황에 영향을 받고 다양한 정보네트워크를 통해 의견이 형성된다. 따라서 소수의 기획자들의 의도는 대개 현실에서 기대했던 효과를 얻지 못하며 부정적 부수효과를 수반하기 마련이다. 끊임없이 변화하는 시민사회의 에너지가 공적 공간에서 자연스럽게 표출될 수 있도록 만들어야 한다. 그리고 지속가능한 민주주의를 위하여 정치 포퓰리즘을 견제할 제도적 장치도 필요하다.

정치전략의 정책추진방안과 그 효과

행정부와 입법부의 대칭적 관계를 만들기 위해서는 의회의 역동성을 제고하는 방안을 고려할 수 있다. 의회규모 확대나 의원규모를 유지하되 양원제를 도입하는 방안도 고려할 수 있다. 어떤 방안을 택하는가에 관해서는 향후 정치변동이 변수가 될 것이다. 특히 양원제 도입 불가피성을 주장하는 입장에서는 향후 30년 내에 남북한의 정치통합이 이루어질 가능성을 염두에 둔다.

또한 행정부와 입법부의 융합형 모델을 구축하기 위한 정책기획이 필요하다. 이 모델은 반드시 개헌을 통해 정부형태를 변경해야 하는 것은 아니다. 기본 내용은 의회에 대해 책임지는 내각을 구성하는 것이다. 의회 다수당이나 다수연합이 총리(수상) 지명과 내각구성권을 갖게 함으로써, 행정부 관료조직과 의회의 정보공유 정도를 높이고 행정부처, 의회위원회, 시민사회 간의 협력체제를 구축하는 것이다. 현행 헌법체제에서도 운용이 가능할 수 있다. 현행 헌법에도 의원의 각료 겸직이 허용되어 있으며 총리는 국회 동의를 전제로 임명된다. 대통령이 소속정당에 관계없이 의회 다수당(다수연합)이 지명하는 총리를 임명하고 총리가 국무위원 제청권을 실질적으로 행사하도록 하는 것이다. 또한 지역과 사회 통합을 위하여 선거구제 개편과 부통령제를 고려할 수도 있다.

이런 제안을 하는 것은 궁극적으로 헌법 개정에 이를 수 있지만 그 이전에라도 다양한 실험적 모델들을 만들어갈 수 있기 때문이다. 한국정치 제도를 디자인함에 있어, 지금까지의 접근은 실천적이라기보다 다분히 추상적이거나 관념적인 접근이 주를 이루었다. 획일화된 형태의 대통령제, 의회제, 혼합제 등의 원리나 다른 나라의 성문화된 규범에 집착할 것이 아니라, 한국적 맥락에서 실천적으로 작동 가능한 모델을 만들어나가는 것이 중요하다. 민주주의 역사가 짧은 한국에서 다른 나라 사례를 참조하는 것은 충분히 의미가 있지만, 성문법규보다 실천적 경험에 더 주목할 필요가 있다. 예컨대 흔히 프랑스식 대통령제로 불리는 정부형태는 기존헌법의 개정을 통해 만들어진 것이 아니라 새로운 정치적 선택과 실천이 만들어낸 산물이다.

또한 정치 포퓰리즘을 견제할 제도적 장치 도입이 필요하다. 지나친 적자재정을 유발하는 과잉공약과 정책을 제한하는 장치가 필요하다. 특히 아직 발언권이 없는 미래세대를 대변하는 장치가 절실하다. 입법부 산하에 법률적 기구로써 '미래세대 권익위원회'를 설치하여 미래세대 권익평가제도를 운영하는 것도 고려해볼 만하다.

마지막으로 정치결사, 시민결사의 자유를 전면적으로 보장하여 시민사회를 원자화된 개인들의 공간이 아니라 조직된 집단들의 네트워크로 재구축하고 행정부, 입법부와 제도적 정책채널을 구축하여 정책산출 및 집행비용을 낮추고 효율화해야 한다. 사회변동으로 정책대응이 필요할 때 정부와 의회는 지금까지처럼 집합자료와 여론조사 자료, 전문가 의견 등에만 의존할 것이 아니라 이해관계 사회집단들을 동원해야 한다. 또한 정보통신기술을 이용한 전자투표를 도입하여 현대사회에 맞는 참여민주주의를 구현할 수 있을 것이다.

행정부, 입법부의 융합형 모델을 구축하고 무책임 정치를 견제하는 모델은 사회 전체적인 정책수요에 보다 유연하고 신속한 대응을 가능하게 할 것이다. 또한 지속가능한 복지 민주주의를 가능하게 할 것이다. 시민사회를 조직된 집단들로 재구성하고 정치제도와 연계시키는 것은 정책생산, 협의, 집행에 들어가는 비용을 낮추고 과정을 단축시켜 효율성을 높일 것이다. 그리고 정책결정 이후 불만이 있더라도 집단들 사이에서 상당 부분 해소할 여지가 생겨 불필요한 사회적 비용을 줄이는 효과를 얻을 수도 있다.

작동 가능한 대안을 만들자

향후 30년 동안 세계적 수준과 국내적 수준의 사회변동이 가속화될 것으로 전망할 때, 한국의 정치제도는 사회변동의 충격을 완충하고 민주주의의 방식으로 대안을 마련할 수 있도록 기획되어야 한다.

그리고 현재 한국정치가 작동하는 기반이 되는 각각의 정치제도들을 하나의 시스템으로 조망하면서 작동 가능한 대안을 마련하려는 접근이 필요하다.

대개 후발 민주주의국가들은 선진 민주주의국가들에서 역사적으로 발전되어온 정치제도들을 원리와 규범을 통해 먼저 접하게 된다. 그러나 그 나라들이 그 제도들을 발전시킬 당시에는 원리와 규범이 선행한 것이 아니라 현실적 필요와 실험이 선행했다. 당면한 현실의 과제를 해결하기 위해 여러 가지 실험을 했을 것이고 오랜 시간 시행착오를 거치면서 비로소 지속가능한 모델을 얻게 된 것이다.

지난 27년의 경험 속에서 한국정치도 많은 시행착오를 겪었다. 지금 한국의 정치제도 디자인에 필요한 것은, 선진민주주의 국가들이 이미 완성해놓은 정치제도의 모방이 아니라 한국정치가 직접 경험한 27년을 분석하고 당면한 한국정치의 과제를 구체화하는 것이다. 그리고 현실적인 목표 아래 실천 가능한 실험들을 시작하는 것이다. 그렇게 하면 정치 포퓰리즘의 폐해를 예방하고, 지속가능한 복지 민주주의를 향유할 수 있을 것이다.

2

정치분야 미래전략
외교전략

〈창문 넘어 도망친 100세 노인〉이라는 영화에 이런 대사가 나온다. "미래에 대해서 고민해봤자 소용없다. 일어날 것은 어차피 일어나기 마련이다." 이런 시각에서 보면 미래예측은 의미가 없게 된다. 모든 것이 미리 정해져 있기 때문이다. 미래를 과거의 거울로 보는 이들도 있다. 마키아벨리는 "누구든 미래를 보고 싶은 자들은 과거와 상담해야 한다. 왜냐하면 인간사란 과거사를 닮기 마련이기 때문이다"라고 말했다. 모든 인간은 비슷한 속성을 지녔기 때문에 인간이 역사의 주체인 한, 미래가 과거와 크게 다를 바 없다는 시각이다.

전자의 숙명론이나 후자의 역사반복론 모두 설득력이 있어 보인다. 그러나 수용하기 어렵다. 인간의 자유의지와 학습효과, 과학기술의 진보, 그리고 정치사회적 혁신 등 변화하는 환경에 대한 국가, 사회, 개인의 도전과 응전 등 새로운 환경 적응력을 간과하고 있기 때문이다. 우리의 미래는 우리의 의지와 관계없이 저절로 만들어지는 것이 아니다. 우리가 어떤 미래를 원하고 어떤 전략적 선택을 하느냐에 따라 그 성격이 달라질 수 있다.

30년 후의 2045년 한반도 역시 마찬가지다. 여러 가지 가능한 미래가 있을 수 있다. 미래의 가변적 역동성을 세심히 분석하고, 어떤 미래의 전개가 우리에게 가장 바람직한 것인가를 규명해야 한다. 즉 2045년 한반도 미래비전을 분명히 설정해야 한다는 뜻이다. 그리고 그 미래비전의 실현에 따르는 기회와 위기는 무엇이며 그 실현전략은 무엇인가를 밝혀내야 한다. 이 장은 바로 이러한 규범적 토대에 기초하여 2045년 외교, 안보분야에서 바람직한 미래비전을 '아시아 평화 중심국가'로 설정하고 있다. 또한 이를 실현하기 위해 한반도, 동북아, 세계전략의 방향을 제시하는 동시에, 그에 소요되는 국력의 성격을 살펴보고 있다. 마지막으로 이러한 미래구상이 2015년 오늘의 현실에 주는 정책적 함의를 도출해 내고 있다.

미래전망: 세 가지 시나리오

2045년의 한반도 평화와 안보지형은 어떤 모습으로 변해 있을까? 예단하기 어렵다. 한반도를 둘러싼 안보환경, 그에 따른 기회와 제약, 그리고 우리의 선택에 따라 2045년 미래의 모습은 각기 다른 형태로 나타날 수 있기 때문이다. 그러나 최소한 세 가지 시나리오가 가능하다고 본다.

갈등과 협력의 혼재: 불안한 현상유지

2045년까지 지금과 같은 갈등과 협력의 혼재상태가 지속될 가능성을 배제할 수 없다. 엄격히 말해 전쟁과 평화가 위태롭게 공존하는 상황을 뜻한다. 남북 분단이 지속되는 가운데 남북관계는 협력과 대립을 반복할 것이며 때에 따라서는 간헐적 군사충돌이 발생할 수도 있을 것이다. 지난 70년의 분단과 대결이 향후 30년 동안 지속된다는 것을 뜻한다. 기존의 세력균형과 제도화 된 국제질서가 큰 전쟁을 예방할 수는 있지만 영국의 철학자 존 로크John Locke가 오래전에 간파했듯이 '편견, 무지, 편파성, 격정적인 복수심, 상대에 대한 배려 부족, 그리고 나약함과 공포'가 만성적인 안보불안을 수반할 수 있다. 이런 상태가 지속되면 평화와 위기의 구분은 불분명해지고 '불안정한 평화unstable peace' 또는 영구적인 안보 딜레마를 운명처럼 수용하게 된다. 이런 유형의 안보문화로는 한반도의 평화와 번영을 담보하기 어렵다. 한반도 경제공동체 형성은 불투명해지고 대륙이라는 새로운 번영공간을 향한 우리의 염원 역시 좌절하게 된다. 통일은 고사하고 평화공존과 상생의 가능성마저도 희박해지는 시나리오다.

'불안한 현상유지 시나리오'는 다음 상황에서 가능해진다. 김정은 체제는 '경제발전과 핵 보유'라는 병진정책을 유지하는 가운데 권력기반을 공고히 하고, 선군정치 기조하에 북한 군부 역시 우월적 지위를 강화해나가는 것을 전제로 한다. 북의 군사적 도발과 이에 대한 남한과 국제사회의 응징이라는 악순환은 계속된다. 그리고 이러한 불안한 분단체제 유지는 한국사회의 양극화와 남남갈등을 심화시키면서 정권이 바뀔 때마다 대북정책이 변하는 파행성을 수반하게 된다. 북한의 실질적 핵 보유와 지속적인 군사적 긴장은 한미동맹의 강화를 가져오고 이는 한중관계 개선에 악재로 작용한다. 결국 고질적 남북갈등이 미중관계와 한중관계를 악화시키면서 한반도와 동북아의 평화와 안보를 구조적으로 어렵게 만들 개연성이 크다. 물론 미국과 중국 간에 대화와 협력이 가능하리라 보기 때문에 이 시나리오에서 전쟁이 일어날 가능성은 크지 않다. 그러나 한반도 분단과 남북대립은 더욱 고착화될 수 있다.

전쟁과 파국의 길: 악몽의 시나리오

현재 한반도와 동북아에 전개되고 있는 지정학적 구도로 봐서 2045년의 안보상황은 더 비관적일 수 있다. 6자회담을 통한 대화와 협상이 실패로 돌아가면서 북한이 50여 기 이상 되는 핵탄두와 다수의 탄도미사일을 보유한 핵무기 보유국가로 부상한다고 가정해보자. 한국은 미국의 전술핵 재배치를 포함하여 미국의 보다 적극적인 핵우산 공여를 요구할 것이며, 이러한 요구가 수용되지 않을 경우, 독자적 핵무기 개발, 보유 가능성도 배제할 수 없다. 이는 바로 일본의 핵무기 보유를 촉발하면서 동북아는 '핵 도미노의 덫'에 빠질 가능성이 높다.

북한의 핵무기 보유는 남북한 군사적 대결을 보다 첨예하게 만들 것이다. 물론 향후 30년 기간 중 북한의 급변사태 가능성을 배제할 수는 없다. 그러나 급변사태가 남측에 대한 투항과 흡수통일로 이어지지는 않을 것이다. 군부, 군부와 노동당 집단지도체제 또는 그 누가 정권을 잡든 북이 주권을 포기하지는 않을 것이기 때문이다. 만일 한미 연합전력이 북한의 안정화를 위해 군사개입 했을 때 한반도 상황은 더욱 위태로워질 수 있다. 중동의 사례에서 보듯이 북한에 대한 통제와 안정화를 단기간에 구축하지 못하면 내전 양상이 장기화되면서 한반도 전체가 전쟁터로 변할 수도 있다.

특히 문제되는 것은 동북아 역내질서의 불확실성이다. 미중관계가 적대적 양극화로 변모한 가운데 두 강대국이 한반도를 두고 경합을 벌이거나 또는 영토문제를 둘러싼 중일분쟁이 가시화될 경우, 우리는 심각한 선택의 기로에 서게 될 것이다. 북한과의 적대적 관계가 지속되는 한, 우리는 동맹의 틀 안에서 미국과 공조하여 대중국 견제를 할 수밖에 없을 것이다. 설령 남북관계가 개선되어 한미동맹에 대한 의존도를 줄이고 중국에 편승을 하더라도 안보위협으로부터 자유로울 수 없다. 이번에는 미국과 동맹관계에 있는 일본의 위협을 염두에 두어야 한다. 심지어 우리가 중립적 입장을 취한다 하더라도 지역 전체의 지정학적 소용돌이에서 벗어나기는 어려울 것이다. 19세기말을 연상케 하는 '적자생존의 투쟁논리'가 2045년 한반도 미래의 모습이 될 수도 있다. 이는 전쟁과 파국의 공포가 한반도에 긴 그림자를 드리우는 악몽의 시나리오라 할 수 있다.

평화와 번영의 새 질서: 아시아 평화중심국가

앞서 논의한 현상유지 시나리오와 파국 시나리오는 국가 간의 상호작용 속에서 자연적으로 발생할 수 있다. 그러나 그런 악몽의 시나리오는 막아야 한다. 그러기 위해서는 남북한 주도로 북핵문제를 타결해야 한다. 그리고 남북한은 상호존중의 정신을 바탕으로 평화공존, 교류협력 강화, 협력과 통합의 제도화를 통해 남북연합과 같은 사실상의 통일을 달성해야 한다. 남북한 간에 사람과 물자가 자유로이 오갈 수 있으며 정상회담, 각료회담, 국회회담 등이 제도화되면 군사적 대립은 사실상 사라지게 된다. 남과 북이 하나가 되면 국가간 분쟁으로써 '전쟁 위험성'은 소멸할 수밖에 없다. 이는 바로 임마뉴엘 칸트가 말하는 '영구 평화perpetual peace' 상태다. 안정되고 지속적인 평화가 오면 한반도의 공동번영은 따르기 마련이다. 그리고 그 연장선에서 동북아의 평화번영 가능성도 높아진다. 2045년의 대한민국은, 바로 이런 평화와 번영의 선순환 질서가 한반도와 동북아에 자리잡을 수 있도록 해야 한다. 그 미래비전이 바로 '아시아 평화중심국가'이다.

칸트에 따르면 이런 유형의 '영구 평화'는 세 가지 조건이 만족될 때 가능해진다고 한다. 첫째는 '자본주의 평화'다. 칸트는 무역을 하는 나라끼리는 전쟁을 할 가능성 적다고 주장한다. 왜냐하면 무역업에 종사하는 기득권 세력들이 손실을 우려하여 모두 전쟁에 반대하기 때문이다. 바로 이런 이유에서 남북한과 주변국 모두가 시장경제를 채택하고 무역을 활성화할 때, 전쟁의 가능성은 줄어들고 평화공존과 공동번영의 가능성은 높아지는 것이다. 이는 두 가지를 시사해준다. 하나는 한국이 향후 30년 동안 북이 실질적 시장경제로 나아갈 수 있도록 적극적으로 견인하고 도와줘야 한다는 점이다. 다른 하나는 '민족경제공동체' 구축이야말로 남과 북이 평화에 이르는 가장 확실한 지름길이라는 사실이다.

두번째는 '민주주의 평화'다. 칸트에 따르면 민주주의국가끼리는 서로 전쟁을 하지 않는다는 것이다. 민주주의체제는 정치권력에 대한 견제와 균형을 전제로 하기 때문에 민주국가의 정치지도자가 일방적, 자의적으로 전쟁을 선포할 수 없다. 바로 그런 이유 때문에 민주주의국가들 간의 전쟁 가능성은 희박하다고 보는 것이다. 남북한을 포함한 주변의 모든 나라들이 민주주의체제를 채택하고 공고히 한다고 하자. 한반도와 동북아의 전쟁가능성은 현저히 줄어들 수 있다. 물론 '민주주의 평화' 가설은 북한의 민주화 없이 실현되기 어렵다. 그러나 북한이 국제적 민주질서에 입각한 개혁정책을 적극적으로 실행에 옮길 경우, 2045년까지는 그 곳에도 민주적 거버넌스가 가능하리라 본다.

마지막으로 시장과 민주주의는 필요조건에 지나지 않는다. 칸트는 이 지구상에 영구평화를 가져오기 위해서는 공화정으로 구성된 '평화연방Pacific Federation'이 구축되어야 한다고 주장한다. 일종의 '세계정부'라 하겠다. 현실적으로 세계정부 구축은 어렵다. 그러나 시장경제와 민주주의를 하는 남북한과 이 지역 국가들이 안보공동체를 구축하고 다자안보협력체제를 구체화한다면 그 대안이 될 수도 있다. 사실 공동의 위협과 적을 상정하는 집단방위체제collective defense나 동맹 개념으로는 안보딜레마를 해소하기 어렵다. 이 지역의 모든 국가들이 하나의 안보공동체 성원으로 '공동안보, 포괄안보, 협력안보'에 기초한 집단안보체제collective security를 추진 할 때, 칸트의 영구평화 비전이 가능해질 수 있다. 이는 미중 간 대립구도가 완화되고 미국 중심의 동맹체제가 다자안보협력체제와 공존하는 것을 전제로 한다. 아니면 미국이 이 지역에서 철수한 이후, 역내 국가들끼리 그런 안보구상을 만들어 나갈 수도 있을 것이다.

2045년의 대한민국은 한반도와 동북아에 이러한 평화의 질서를 만들고 유지하고 확산시키는데 중추적 역할을 해야 한다. 2045년의 미래비전으로 '아시아 평화중심국가'를 제시한 것도 결국 대한민국이 아시아 지역의 평화를 선도해가며 평화의 주역국가로 자리잡아야 한다는 역사적, 당위론적 소명 때문이다. 그러면 어떻게 그런 미래를 만들어갈 수 있을 것인가? 어떤 전략이 필요한가?

미래전략: 평화전략, 열린 지역주의, 국제공헌국가

대전략grand strategy이란 원래 대규모 전쟁에서 승리하기 위한 전략,

전술, 군사배치 등을 총괄하는 것을 의미해왔다. 특히 세계패권이나 지역패권을 꿈꾸는 강대국의 전략을 대전략이라고도 한다. 그러나 최근에는 한 국가의 생존, 번영, 존엄, 가치를 확보하기 위한 지도자의 비전, 이론, 담론을 지칭한다. 따라서 외교정책, 군사전략 그리고 대외경제정책 모두를 포함하는 포괄적 외교안보정책이라 정의해도 무방하다. 비스마르크의 '균형외교,' 히틀러의 '생존공간Lebensraum', 조지 케넌이 제안하고 트루만 대통령이 채택했던 대소련 '봉쇄Containment', 그리고 닉슨과 키신저가 추진했던 '데탕트détente(긴장완화, 화해)' 정책 등이 대전략의 대표적 사례라 할 수 있다.

그러면 2045년 아시아 평화중심국가로서의 대한민국을 구현하기 위해서는 어떠한 대전략이 필요한가? 화해, 협력, 공진화에 기반하는 한반도 평화전략, 협력과 통합에 기초한 열린 지역주의전략, 그리고 국제사회에 공헌하고 존경받을 수 있는 세계전략을 모두 아우르는 미래지향적 구상이 필요하다.

한반도전략: 평화전략(화해, 협력, 공진)

30년 후 '평화와 번영의 한반도'를 위해서는 무엇보다 냉철한 현실인식이 필요하다. 그것은 다름 아니라 한반도의 평화는 '세력균형론'에 입각한 주변 4강이 결정하는 것이 아니라 남과 북이 주도적으로 만들어나가야 한다는 현실인식이다. 남북이 평화공존으로 들어가면 한미동맹의 중요성은 그만큼 줄어들기 마련이다. 한국의 대미 군사의존도가 감소하면 자연히 한중관계는 개선되고 북중관계도 보다 건설적으로 전환될 수 있다. 엄격히 말해 남북관계 개선과 그에 따른 평화공존은 한반도와 동북아에 평화와 상생의 선순환 구조를 가져올 수 있는 것이다.

그러면 어떻게 남북한 평화공존체제를 가져올 수 있는가? 가장 바람직한 것은 7.4공동성명, 남북기본합의서, 6.15공동선언, 10.4정상선언과 같은 기존의 남북한 합의에 기초하여 화해와 협력을 심화시켜나가면 된다. 그러기 위해서는 대북압박과 봉쇄, 또는 대립과 적대의 관점에서 북한 붕괴를 촉진하고 흡수통일하겠다는 환상에서 벗어나야 한다. 우리가 북에 대한 적대적 의도와 정책을 가지는 한, 북의 내적 단결은 더욱 공고해지고 긴장고조와 전쟁의 위험성은 더욱 높아진다. 상호존중이 필요하다. 남과 북이 최고위급에서 합의한 7.4남북공동성명과 1991년 남북기본합의서, 6.15, 10.4선언이 명시적으로 밝히고 있듯이 남북의 체제와 제도의 차이를 인정하고 상호존중의 바탕 위에서 화해협력을 강화해나가면 된다. 그렇게 되면 두 개의 주권을 가진 남과 북이 유럽연합과 같은 하나의 공동체를 만들 수 있고, 이는 사람과 물자가 자유로이 오갈 수 있는 사실상의 통일로 나아갈 수 있는 것이다. 결국 남과 북이 서로의 정체성을 인정하고 화해협력의 기조하에 공동진화co-evolution, 공동번영의 길을 갈 때 통일과 평화의 새로운 지평이 열리는 것이다.

이 과정에서 북미관계가 해결되어야 한다. 그러나 이는 북핵문제 선결 없이는 어렵다. 또한 북핵문제는 한반도 평화체제 구축과 분리시켜 생각할 수 없다. 이렇게 얽혀져 있는 안보 딜레마의 실타래를 풀기 위해서는 우리 정부가 적극적으로 나서야 한다. 6자회담을 재개하고 9.19공동성명의 이행을 통해 '북의 핵포기=미국의 대북적대정책 포기 및 관계정상화' 등식이 성립될 수 있도록 외교적 노력을 전개해야 한다. 북미관계가 정상화되면 휴전협정을 대체할 별도의 평화협정은 불필요할 것이다. 휴전협정의 법적, 실질적 당사국들인 남북한과 미국, 중국 4개국 정상이 자리를 같이해 종전선언을 하면 그것으로 휴전협정의 수명은 다하게 된다. 평화는 문서로 보장되는 것이 아니다. 행동으로 입증되어야 한다. 엄격히 말해 남북기본합의서와 북미간의 평화적 관계정상화가 담보되는 북미수교에 관한 기본조약, 이 두 가지만으로도 한반도 평화의 법적 보장은 가능하다. 문제는 행동으로 이러한 합의가 실천에 옮겨져야 한다는 점이다.

동북아전략: 열린 지역주의

한반도의 미래는 동북아 정치, 경제 지형과 불가분의 고리로 연결되어 있다. 주변정세가 한반도의 미래 그 자체를 결정하지는 않지만 심대한 영향을 끼칠 수 있는 것이다. 예를 들어 미중, 중일 간 관계가 악화되면 2045년 한반도의 평화는 쉽게 담보할 수 없다. 특히 미중, 중일 양자 대립구도에서 어느 한쪽에 줄을 서거나, 핵무기를 가진 중간세력 국가가 된다고 해서 평화가 오는 것은 아니다.

가장 바람직한 것은 열린 지역주의로 한국이 지역협력과 통합에 주도적으로 나서는 일이다. 경제부분에서는 한중일 3국 FTA를 시발로 하여 북한, 러시아, 몽고까지 참여하는 동북아 경제공동체를 만들어나가야 한다. 그리고 이러한 공동체 노력은 외교안보분야에도 긍정적 파급효과를 가져올 수 있다. 특히 6자회담이 성공적으로 가동되어 9.19공동성명의 합의가 구체적으로 이행되면 동북아 안보평화 메커니즘, 즉 동북아 안보협력체의 출범도 가능할 것이다. 미국을 포함하여 남북한, 중, 러, 일이 참여하는 지역안보협의체는 배타적 지역주의를 전제로 한 동맹체제에 대한 새로운 대안이 될 수 있다.

한국 또는 평화(통일) 한반도는 대륙세력과 해양세력 어느 쪽에도 경사되지 않고 반도국가로서 양 세력을 연계시킬 수 있는 네트워크 국가로서의 위상을 굳건히 할 수 있다. 또한 동북아 평화와 번영을 위한 네트워크형 거점국가로서 자리매김할 수도 있다. 이미 역대 정부가 제주도를 동북아 평화거점으로 구축하고 이를 중심으로 하나의 지식공동체가 생길 수 있도록 하는 방안을 고려했던 선례 속에서 방도를 찾을 수 있을 것이다.

세계전략: 국제공헌국가

한반도와 동북아시아 수준의 전략만으로 2045년 아시아 평화중심국가로서의 대한민국의 위상을 드높일 수는 없다. 한국의 국력과 국격에 맞는 세계전략이 필요하다. 특히 2045년까지의 세계질서는 팍스 아메리카나Pax Americana에서 팍스 시니카Pax Sinica로 전환하는 과도기적 상황에 놓여 있거나 아니면 다극화되고 더욱더 분산된 세계질서가 출현해 있을 수도 있다. 여기서 우리의 입장은 분명해야 한다. 미국 혹은 중국 등 일국 중심의 세계질서는 바람직하지 않으며, 유엔 중심의 다자질서Pax Universalitas 구축에 선도적 역할을 해야 할 것이다. 그것만이 편승의 오류를 막으면서 지구적 차원의 평화와 안정을 확고히 할 수 있기 때문이다.

그러기 위해서는 '국제공헌국가'로서의 위상을 명확히 해야 한다. 미국과의 전략적 동맹에 따른 제한적, 도구적 국제공헌이 아니라 세계평화유지에 대한 기여, 대외개발원조ODA의 확대 등을 통해 유엔을 포함한 국제기구에서 중추적, 주도적 역할을 해야 한다. 그리고 국력의 한계가 있지만 국제사회의 주요 핵심영역에서 새로운 규범과 원칙, 규칙을 만드는데 적극적으로 참여해야 한다. 남이 만들어 놓은 '규칙의 추종자rule follower'가 아니라 새로운 '규칙을 만드는 국가rule maker'로서의 역할을 모색해야 한다는 뜻이다. 유엔의 권능을 고양하고 다자주의 질서 복원에 앞장서는 동시에 국제사회로부터 존경을 받을 수 있도록 우리 국민들에게 세계시민의식을 교육, 확산시켜나가는 것도 국제공헌 국가로 발돋움하기 위한 내적 준비가 될 수 있을 것이다.

다원적 국력을 갖추자

한반도 평화전략, 동북아 열린 지역주의전략, 그리고 국제공헌전략을 가능케 하기 위해서는 그에 맞는 국력을 가져야 한다. 국력이라는 기본적인 수단 없이는 이러한 전략들은 공허한 이야기에 불과하다. 따라서 최소한 다섯 가지의 국력강화를 위한 노력이 선행되어야 한다.

경성권력hard power

전통적 의미의 국력은 영토, 인구, 경제력, 군사력, 과학기술력의 합으로서의 국력, 즉 경성국력을 뜻한다. 영토는 제한되어 있고 저출산, 고령화 사회를 피해갈 수 없는 현실을 감안하면 경제력, 과학기술력, 그리고 군사력의 증강이 필요하다. 특히 군사력은 주요변수다. 2045년에 이르는 과정에서 전쟁재발을 억제하고 평화통일을 뒷받침하며, 나아가 동북아 평화와 안정에 기여하기 위해 이는 필수적이다. 여기서 한미동맹은 과도기적이긴 하지만 지속적 유지가 필요하다. 다만 동맹에 대한 의존도를 축소해가면서 자주적 군사력 건설에 역점을 두어야 한다. 특히 전쟁 억제능력을 조기 확충하고 전시작전통제권 환수일정을 감안하여 전력구조의 균형발전과 지휘통제체계의 효율화가 선행되어야 한다.

연성권력soft power

연성권력은 국제사회 또는 다른 나라들로부터 받는 존경과 사랑을 외교적 영향력으로 전환할 수 있는 능력으로 정의할 수 있다. 어떤 조건하에서 존경과 사랑을 받을 수 있는가? 가장 중요한 것은 국제관계에서의 신뢰성이다. 국제사회의 규범과 원칙을 잘 지키고 약속을 제대로 이행할 때 신뢰성이 생긴다. 두번째 요소는 정통성을 들 수 있다. 국제사회에 공공재를 제공하고 많이 베풀 뿐만 아니라 지도력을 발휘함으로써 그 국가를 신뢰하고 추종하는 협력국가의 수가 많을수록 정통성의 정도는 높아진다. 마지막으로 매력국가가 되는 것이다. 문화적인 호소력, 지적인 우월성, 그리고 국민 전체가 가지는 세계시민으로서의 품격과 자질 등이 있을 때 매력국가가 가능해진다. 오늘날 노르웨이, 스웨덴, 핀란드와 같은 북유럽의 국가들이 국제사회에서 신뢰와 존경을 받는 것처럼 대한민국도 2045년 아시아 평화중심국가로 나아가기 위해서는 이러한 연성권력을 적극 배양해야 한다.

네트워크 파워network power

국제사회는 주권국가들로 이루어진 '당구공' 모형의 시스템이 아니다. 오히려 존 버튼 교수가 주장하듯이 무수한 연계망으로 이루어진 '거미줄cobweb' 모형이 오늘날 국제사회의 성격을 잘 묘사해준다. 정부만이 그런 거미줄을 치는 것이 아니다. 기업, NGO, 심지어 개인에 이르기까지 다양한 행위자들이 연계망을 구축하고 있다. 그러한 그물망의 외연과 강도가 클수록 그 나라의 국력은 기하급수적으로 증가하게 된다. 한국이 인적연계망, 지적연계망, 아이디어 연계망의 거점국가가 될 경우, 우리는 더 큰 영향력을 행사할 수 있는 것이다. 최근 싱가포르가 동남아의 네트워크 거점국가가 되고 있고 유럽에서는 벨기에, 네덜란드가 그런 역할을 하고 있는 바, 대한민국도 2045년 아시아 평화중심국가가 되기 위해서는 국가적, 사회적 차원에서 고도화 된 IT역량을 바탕으로 네트워크 역량을 증대해야 한다.

내적 단결력internal cohesiveness

과거 이승만 대통령이 즐겨 인용하던 서양의 고사가 있다. "뭉치면 살고, 흩어지면 죽는다." 이처럼 내적 응집력은 무형의 국력을 규정하는 매우 중요한 지표라 할 수 있다. 정치, 사회적 통합의 정도가 높을수록 국가의지는 강고해지고 대외정책에 있어서의 안정성과 예측가능성도 높아지는 반면, 그 역도 성립한다. 다섯 개의 종파로 나뉘어져 내분을 거듭하고 있는 레바논의 현실이나 시아, 수니, 쿠르드로 분열되어 있는 이라크를 보자. 안정적으로 지속가능한 정책을 수행하기가 여간 어렵지 않다. 한국도 크게 다를 바 없다. 북한 문제를 둘러싼 보수, 진보 간의 남남갈등이 그 대표적 사례다. 마찬가지로 2045년 한국이 '아시아 평화중심국가'로 자리잡으려면 과거 어느 때보다 평화와 통일에 대한 정치, 사회적 합의를 구하고 수준 높은 통합을 보이는 것이 필요하다. 그것이 국력이기 때문이다.

스마트 파워와 정책능력

스마트 파워라는 개념을 창안한 하버드대학의 조셉 나이 교수는 스마트 파워를 '외교, 국방, 개발원조 등 소위 하드파워와 소프트파워의 모든 수단들을 현명하게 통합하고 연계시키는 능력'으로 정의한다. 바꾸어 말하면 국가의 목표를 달성하기 위해 판세를 정확히 분석, 판단하고 가용한 자원들을 효과적으로 동원하여 유연성 있고 시의성 있는 정책을 만들어 내는 능력으로 해석할 수 있다. 쉽게 말해 정책수립과 집행능력을 뜻한다.

국가안보 관리에 핵심적인 것은 지도자의 비전과 통찰력, 그리고 정책 우선순위에 대한 명확한 인식이다. 또한 판세를 정확히 읽기 위해서는 상당한 수준의 국가정보능력이 요구된다. 더불어 능률적이면서도 유연한 정책을 수립하고 이를 효과적으로 수행하기 위해서는 체계적인 국가안보 시스템과 지도자의 탁월한 정치적 조정과 설득력을 필요로 한다. 아마 2045년 아시아 평화중심국가를 구현하는데 가장 중요한 전제조건이 '스마트 파워'라 해도 과언이 아닐 것이다.

2045년은 우리의 선택에 달려 있다

2045년 미래한국의 모습은 2015년 오늘의 우리가 어떤 선택을 하느냐에 달려 있다. 우리가 소극적인 자세를 보이면 불안정한 한반도의 현상유지가 지속될 것이고, 반면에 대북 적대정책에 계속 의존하고 미국이나 중국 등에 경사된 부적절한 편승전략을 택하게 되면 긴장고조와 전쟁과 파국의 위험성도 배제할 수 없다. 이 두 경로는 어떤 일이 있어도 피해야 한다.

결국 화해, 협력, 공진정책으로 북한과 평화체제를 공고히 하고, 동북아 열린 지역주의로 협력과 통합의 지역질서를 만들어나가는 동시에 국제공헌국가로서의 위상을 분명히 할 때, 우리의 미래비전인 '아시아 평화중심국가'의 확고한 기반을 다져나갈 수 있을 것이다.

3

정치분야 미래전략

국방전략

국방력의 사전적 의미는 '특정 국가가 외부의 침략으로부터 국가의 독립을 유지하고, 영토와 주권을 보전하며, 국민들의 생명과 재산을 보호할 수 있는 능력'으로서, 군사력을 포함한 포괄적인 국가방위능력이다.

미래국방 환경변화

앞으로 30년 후인 2045년은 광복 100주년을 맞는 해이다. 이때 대한민국은 동북아에서 또는 세계무대에서 어떤 위치의 국가일까? 30년 후 미래 국방환경은 그동안 변화했던 것보다 더 클 수도 있다. 우리는 다양한 안보환경 변화에 대해 여러 미래 시나리오와 가능성을 갖고 대비해야 할 것이다. 현재도 표면화되고 있는 영해와 영공, 국경선을 둘러싼 영토분쟁이 한반도 주변의 동북아 정세에서 주목해야 할 변화다. 그리고 일본의 '보통 국가화'와 군사 대국화, 중국의 우주, 핵,

해양 군사력의 확대와 미국과 차별화된 국제 정치외교, 러시아의 자원 무기화 전략, 그리고 미국의 아시아 강조 전략 등이 맞물려 동북아 안보지형은 급변해갈 것이다. 한미동맹에 기반을 둔 지상군 중심의 대북 억제에만 치중해온 그동안의 군사전략에 변화가 필요한 이유다. 또한 미래전은 무인, 로봇, 정보화추세가 강화되고 군사와 비군사, 정부와 민간, 전투와 치안의 구분과 경계가 사라지는 방향으로 전장환경이 변화하고 있다. 이에 따라 대테러전과 비살상무기의 중요성이 강조되고, 정보기술IT 등으로 스마트하게 변화된 미래 군의 모습이 갈수록 요구되고 있다.

자주국방 변천사

'자주국방'으로 대표되는 우리나라의 국방력 강화노력은 1970년대 박정희 정부에서부터 시작되었다. 1970년대 말에는 박정희 대통령 스스로가 자주국방의 기반이 마련된 것으로 평가한 것을 주목할 필요가 있다. 노태우 정부에서는 중국, 러시아와 수교한 북방외교와 더불어 작전통제권(이하 '작통권') 환수를 추진하고, 용산기지 등 미군기지의 통폐합과 평택 이전, 그리고 '818 국방개혁'을 추진하는 등 역대 정부 중에서 안보지형을 가장 개혁적으로 변화시켰다. 김영삼 정부에서 작통권의 일부인 평시 작통권을 환수한 것은 이전 정부에서 한미간 조율을 통해 준비한 결과다. 김대중 정부에서 IMF 극복 등에 국력을 집중하느라 국방개혁과 전시 작전통제권(이하 '전작권') 환수가 지연되었으나, 노무현 정부 들어 국방개혁과 전작권 환수를 비롯하여 자주국방이 박정희 정부에 이어 30년 만에 재추진되었다. 국방비 증가율도 연평균 8%로 최근 40여 년간 역대 정부 중에서 가장 높게 증가

되었으며, 이 시기에 KMH(한국형 다목적 헬기, 이후 한국형 공격헬기인 KAH 사업 등이 추진됨), 차세대 전차, E-X(조기경보통제기), F-X(차세대 전투기), KDX(이지스 구축함) 사업 등 수십조 원 대의 대형 무기획득 사업들이 추진되었다. 미국의 요청으로 주한미군의 전략적 유연성과 주한미군기지 이전 등 한미동맹이 미래지향적으로 조정되었다. 또한 헌법기구인 국가안전보장회의NSC를 강화하고 안보실과 방위사업청을 창설하는 등 국가안보체제를 정립하였으니 박정희, 노태우 정부의 숙원 과제를 대거 해결한 정부로 평가할 만하다.

국방개혁은 노태우 정부의 '818계획'을 근간으로 하여 노무현 정부에서 '국방개혁법'으로 여야합의에 의해 입법화하여 2020년까지 병력 50만 명 수준의 '정예 과학기술군' 육성을 목표로 기본계획을 만들었으나, 이명박 정부 들어 예산부족을 이유로 2030년까지로 기간을 연장했다. 노무현 정부의 국방개혁 계획에 의구심을 갖고 출범한 이명박 정부였지만 법률로 규정된 국방개혁의 기본 틀을 유지하기로 했으며, 법률에 의거 매 2~3년 단위로 재검토를 하고 있다. 하지만 이명박 정부는 NSC사무처의 후신인 청와대 안보실을 해체하고 국가위기관리센터를 폐지하였고, 한미간 합의를 통해 2012년에 하기로 예정되어 있던 전작권 환수시점을 2015년으로 연기했다. 그리고 정예 과학기술군 육성을 위한 국방개혁(불필요한 병력감축 등)도 실질적인 추진성과가 미미하였다. 군 상부구조는, 군정권만 갖고 있던 각군 참모총장에게 군령권도 갖게 하는 방향으로 지휘구조 통합을 추진했으나 해공군의 전문성 위축과 옥상옥의 군 구조로 인한 비효율성 문제로 국회 논의 과정에서 중단되었다. 하지만 원안대로 추진되었더라도, 과연 의도한 대로 상부구조가 단순화되고 축소될지, 국방의 문민통제 원칙이 훼손되지는 않을지는 의문이며, 신중히 추진되어야 할 과제다.

박근혜 정부 들어 부분적으로는 참여정부 시절로 되돌아간 형국이다. 안보실과 같은 성격의 장관급 국가안보실이 청와대에 다시 설치되고 그 산하에 위기관리센터가 부활되었다. 국방개혁도 법에 따라 계획을 재조정하여 '국방개혁 기본계획 2014~2030'을 발표했다. 다만 2015년으로 예정되어 있던 전시 작통권 환수시기를 다시 연기하여 2020년대 이후에 하는 것을 추진하고 있다. 이에 따라 총 10조 원대의 예산이 소요된 용산기지의 평택이전 계획이 보류되고 한미연합사가 잔존하게 되는 등 부작용이 현실화하고 있다.

이 장에서는 2045년까지 국방력 강화와 국방 선진화를 위해 필요한 것이 무엇인지, 불특정 위협과 테러, 무인 로봇화 등 변화하는 미래 안보환경에 필요한 군사력 건설방향, 대북억제 이외에 국제사회의 안정을 위해 어떤 실질적인 기여가 가능한지 등에 대해 제안하고자 한다.

국방 관련 주요이슈

먼저 국방 관련 주요 이슈들은 무엇이 있는지 살펴보자.

군 구조 개편

미국은 2001년 9.11 테러 이후로 국토안보부를 만들어 비군사적 위협에 적극 대비하고, 군도 상부 지휘계선을 단순화한 신속대응군을 늘리며 이라크전, 아프간전 등을 통해 무인기와 로봇, 해공군력을 더욱 늘리는 등 미래전에 대한 대비를 강화해나가고 있다. 중국도 2004년부터 '새로운 역사적 임무'라는 '전쟁 이외의 군사작전Military operations other than war, MOOTW'[1] 참여를 확대하기 위한 지침을 마련하여 시행해 오고 있다.

반면 우리는 북한의 재래전 위협에 대비하는 전략을 변함없이 유지하고 있으며, 지상군을 휴전선 주변에만 촘촘히 유지하는 데 주로 사용하고 있다. 이는 현대전에 매우 취약하며, 많은 전방사단과 예비사단을 필요로 하게 된다. 우리 군은 이러한 문제점을 충분히 인식하면서도 북한의 과도한 전방배치 병력과 화력 때문에 GOP 경계 작전위주의 고답적인 방식에서 벗어나지 못하고 있다. 이 과정에서 육군 중심의 비대한 군 구조가 고착화되고 현대전에 맞는 해공군의 육성과 미래전 대비가 지체되고 있다. 한국전쟁 이후 지난 60년간 지속된 지상군 중심의 후진적인 군 구조로 2045년까지 갈 수는 없으며, 2017년부터 급속히 진행될 가용 입대자원 부족 등의 현실을 고려하여 국방개혁을 적극 추진해야 한다.

상부 군 구조는 군정권과 군령권의 문제로 지나치게 국한되어 논의되는 측면이 있는데, 현대전의 특성에 맞게 육해공군의 합동성을 강화하기 위한 다각도의 노력이 필요하다. 예컨대 합동참모본부(합참)의 장성은 반드시 육해공군의 합동교리와 무기체계를 잘 알고 합참이나 타군 근무경력이 있는 경우만 선발하고 합참의장도 이러한 장성 중에서 임명되도록 하는 것이 필요하다. 나아가 각 군 사관학교와 일반 장교 양성과정에서도 합동교리 교육을 강화하고 합동근무특기를 지정하여 우대하는 인사제도도 필요하다.

전통적 재래전에 중요했던 병과 중심으로 각 군이 운영되고 있는 점도 현대전에서 중요해진 기술병과의 발전에 장애요소다. 보병과 포병, 그리고 경계병력 중심으로 운영되고 있는 지상군은 경계자동화의 전면적 도입과 스마트화된 신속대응군 형태로 재편하여 일반 사병은 대폭 감축하는 형태로 전문화해야 한다.

영국군이나 독일군의 경우 30만 명 내외의 적은 병력이지만, 미국과 연합작전을 하는 나토군에 배속된 군과 각국의 군사통수권자의 지시를 받아 독자적인 작전을 하는 자국군, 그리고 상황과 필요에 따라 배치와 배속이 자유로운 군으로 나눠 운영하는 구조를 갖추고 있다. 우리도 상시 한미 연합작전을 하는 소수의 군과 우리 대통령의 지시만을 받는 독자적인 군, 그리고 필요시 연합작전이나 평화유지군PKO 등의 임무전환이 용이한 군 등으로 군 구조를 재편하고, 이러한 군의 일부는 미군처럼 통합군사령부 형태로 운영할 필요가 있다.

국방의 문민통제

국민의 대표인 대통령과 국회가 전문 공무원 집단인 관료, 군인, 경찰 등을 통제하는 것은 민주주의 국가체제 유지를 위해 필수불가결하다. 특히 국방의 문민통제는 군의 정체성과 민주주의 수호를 위해 역사적으로도 중요한 문제였다. 일본제국이 군국주의로 제2차 세계대전에 앞장서게 된 배경은 군 집단이 일왕을 앞세워 문민통치를 거부하면서 발단된 것이다. 우리나라도 두 번에 걸쳐 쿠데타에 의한 군사정권 수립의 역사를 갖고 있고, 지금도 전 세계적으로 수십 개의 국가에 군사정권이 들어서면서 민주주의가 위협을 받고 있다.

미국의 경우 군인은 전역 후 10년이 경과하지 않으면 국방장관에 임명하지 않는 전통을 갖고 있으며, 대부분의 경우 국방장관은 군인 출신이 아닌 민간인을 임명해오고 있다. 이는 상명하복과 자군에 대한 소속의식이 강한 군인의 특성상 각 군에 대한 균형적 시각과 변화하는 대외환경에 능동적으로 군을 변화시켜야 하는 국방관료를 맡는 것이 부적합하기 때문이다. 또한 소장급 이상으로 진급하려면 의회에 출석하여 청문회를 통해 인사 검증을 받아야 하며, 전역 시에는 계급을 재심사받아 대장이 소장으로 강등될 수도 있도록 하고 있다. 이는 진급을 하거나 대장이 되면 무소불위로 처신하거나 정치군인이 되는 부작용을 경험한 바가 있기 때문에, 군에 대한 문민통제 장치 중 하나로 둔 것이다. 또 합참의장은 대통령 참모로서의 역할 수행에 머물며 군 전체를 지휘하지 않는 것도 문민 대통령에 대한 보좌를 위한 장치다. 국방성은 물론 각 군 본부에도 각 군 장관과 민간인 출신의 국방공무원으로 채워져 있는 것도 문민통제를 위한 제도적 장치다.

하지만 그동안 우리나라에서는 북한의 위협을 이유로 단 한 번도 군인 출신이 아닌 국방장관을 임명한 적이 없으며, 그것도 두 번을 제외하고는 모두 육군출신 국방장관이었다. 국방부의 차관과 차관보급 실장도 대부분 예비역 육군장성 출신으로 채워져 오다가 최근 10여 년간 경제관료나 민간인 출신이 자주 임명되는 경향을 보이고 있다. 국방부를 군 출신, 특히 육군 출신 장성들 위주로 운영해온 데 따른 부작용이 도를 넘었기 때문이다.

우리나라의 각 군 본부에 일부 군무원은 있지만 민간인 출신의 국방공무원은 한 명도 없으며, 대부분 현역 장교들로 채워져 있다. 사실상 정부부처인 국방부와 군의 구분이 없으며 동일시되는 후진적인 구조인 것이다. 이는 마치 경찰과 행정안전부가, 검찰과 법무부가, 해경과 해양수산부가 동일시되는 것처럼 부자연스러운 일이다.

병영문화 개선과 국방개혁

국민 개병제를 채택하는 국가로서 '군복 입은 시민'을 어떻게 관리할 것인가는 중요한 국방과제다. 장기적으로는 모병제로 가면서 전문화된 직업군인 중심으로 군이 재편되어야 하겠지만, 개병제가 '국민에 의한 군대'라는 헌법상의 국방의무를 실현하는 제도로서 가치가 있고 현실적으로 상당기간 유지될 것인 만큼 이를 전제로 한 병영문화 개선이 필요하다.

현안 과제로 대두된 군과 경찰 등의 구타와 가혹행위 근절은 지휘관들의 관심이나 군 자체의 노력만으로는 한계가 있다. 예컨대 병영 내에서 지휘관의 통제를 받지 않고 국방부나 국가인권위원회에 소속한 국방공무원인 군 옴부즈맨이 상주하는 것이 효과적이다. 또 피해자들이 신고를 기피하게 되는 주된 사유인 보복의 우려를 원천적으로 해소해주기 위해 신고자를 즉시 국방부가 관리하는 별도 시설에 보호하고 피해가 사실로 확인되면 전역조치해주는 제도도 도입할 필요가 있다. 미군이나 이스라엘처럼 일과 후, 병영생활의 자유를 보장하고 스마트폰이나 인터넷 등을 사용할 수 있게 허용하는 것도 폐쇄된 병영을 제한적으로나마 개방하는 효과가 있다.

그리고 일선 지휘관에게 과다한 재량권을 주고 있는 군 사법체계도 개선해야 한다. 원천적으로 군의 사법은 행정부의 통제를 받고 있는 군이 아니라 사법부의 일부로서 기능해야 한다. 이를 위해 일반 부대가 아닌 국방부에 1심을 두고 2심 이상은 사법부에 귀속하여 헌법이 보장하는 3심 제도의 공정한 적용을 받도록 해야 한다. 그리고 1심의 군 판사나 군 검사를 군부대로부터 독립시켜 국방부 장관의 감독 하에 둘 필요가 있다.

후진성을 면치 못하고 있는 군 의료체계도 개선해야 한다. 만성적으로 부족한 군의관과 열악한 병영 내 의료시설, 전방과 낙오지로부터 멀리 떨어진 군 병원, 의료서비스 지연 등의 문제를 해결하기 위해서는 군인들이 민간의료를 받을 수 있고 군부대 주변의 민간인도 군 병원 진료를 받을 수 있도록 민군 통합의료체제로 전환할 필요가 있다. 나아가 전방지역이나 오지에 민간인도 이용할 수 있는 3군 통합병원을 건립하고, 대학병원급의 최고의 야전군병원과 군의관 양성기관을 국내 최고수준의 대학과 공동으로 설립, 운영할 필요가 있다. 프랑스나 미국의 야전군 병원을 대통령이 이용하듯이 우리 군도 그런 방향으로 나아가야 한다.

또한 병영 내 각종 차별도 민주 군대의 적인만큼 사라져야 한다. 그 중 하나는 출신과 종교 차별이다. 모든 군인의 계급은 '동일계급 동일권위'의 원칙이 지켜져야 강한 군대이며 출신에 따라 실질적 가치가 달라져서는 안 된다. 그리고 병영 내 특정 종교시설의 건립과 특정 종교 강요 행위, 일과 중 종교적 의식이나 행사를 하는 행위 등은 금지해야 한다. 그리고 인사에까지 영향을 주는 상관의 종교적 편향성을 시정할 수 있는 제도적 장치도 필요하다. 미국의 경우 모든 계급과 종교, 지역, 인종 등을 대표하는 인사위원회 제도를 부대마다 두어 각종 차별행위를 예방하고 지휘권의 남용을 견제할 수 있도록 하고 있는데 우리도 도입을 검토할 필요가 있다.

국민 개병제를 유지하는 한 병역의무 부과의 남녀 차별은 헌법적으로도 문제 소지를 안고 있다. 남성 위주의 군 복무 현실에서 합리적 범위 내에서 군 경력을 인정해주도록 하거나 여성에게도 병역의무를 부과할 필요가 있다. 다만 여성의 출산, 육아 의무를 고려하여 선진국들처럼 의무복무 기간이나 장소의 차이를 두는 것이 합당할 것이다. 병역의무가 반드시 군복무일 필요는 없다. 사회복지시설이나 공공시설의 유지 관리 등의 형태로 사회적 복무가 가능하므로, 여성과 일부 종교적 신념에 의한 군복무 거부자들을 포함하여 중증 장애인을 제외한 모든 국민이 공평하게 병역의무를 분담하게 하는 것이 '국민에 의한 안보' 차원에서 필요하다.

한편 미국의 경우, 사관학교 출신 장교와 일반대학 출신 장교ROTC의 장성 진출 비율을 40:60으로 하여 특정 학교 출신이 과반수를 넘지 못하도록 제도로 정하고 있다. 하지만 우리 군의 경우 육해공군 모두 80% 이상 사관학교 출신으로 장성이 채워져, 획일화된 군 서열 의식으로 인한 다양성 부족과 장교의 절대 다수를 점하고 있는 일반 장교들의 불만으로 군의 단결과 통합이 저해되고 있다. 고위 장성들이 참석하는 회의가 마치 동창회 모임처럼 기수별 선후배를 확인하고, 인사나 예산에 있어서 자군 이기주의가 팽배해 있다. 군을 '국민의 군대'가 아니라 '자신들의 군대'로 인식한다면 문민통제는 물론 선진 국방은 요원하다.

우리나라의 국방개혁이 지지부진하고 3군 균형발전이 잘 안 되는 이유도 국방개혁을 추진할 주체인 국방관료가 특정 군, 특정 병과 출신에 의해 지배되고 있기 때문이다. 본인이 의사라도 자기 자신을 수술할 수는 없듯이 국방개혁은 국방을 잘 알지만 군 출신이 아닌 국방공무원에게 맡겨야 할 것이다. 이것이 헌법적 가치인 '국민에 의한 정부' 원칙에도 부합하고, 국방력을 튼튼히 하여 민주주의와 국가안보를 지키는 길이다.

전시작전통제권 전환

전작권 문제는 우리의 국방력이 대북억제를 할 수 있는 수준인가와 직결되어 있다. 이와 관련한 논의가 활발했던 1990년대 초기에 미국이 한국군의 국방력을 대북억제를 할 수 있는 수준으로 보고, 1990년대 중반에 작전권을 한국에 이양하려 했다는 점을 주목할 필요가 있다. 2000년대 초반에도 미국의 럼스펠드 국방장관이 한국군의 자주적 방위역량을 높이 평가하고 한국군을 세계 최고 수준으로 치켜세운 바가 있다. 의외로 전작권 전환에 대한 반대는 미국이 아니라 국내의 일부 예비역 장성들로부터 나온 바 있다. 앞서 소개한 바와 같이 이미 2차례에 걸쳐 전작권 전환 시기를 늦춰 지금은 2020년대 이후에나 하는 것으로 결론났는데, 군사전략적 필요나 타당성보다는 정치적 상황에 따라 결정된 경향이 있다.

우리 스스로 전쟁에 대한 대비를 기획하고, 계획하고, 작전을 주도할 역량이 없고 북한의 위협이 지속되고 있다는 점을 전작권 전환 불가 사유로 일부에서는 거론하고 있다. 하지만 박정희 대통령이 30년 전 자주국방의 기반을 마련했다고 평가한 것이나 지난 20년간 북한보다 10배 이상 많은 국방비를 투자하고도 북한보다 군사력이 부족하다는 것은 일반 국민의 공감을 얻고 있지 못하고 있다. 전작권이 한국군으로 전환되면 전시 미군의 증원병력이 제대로 오지 못할 것이라거나 한미동맹이 약화될 것이라는 것도 작전통제권을 보유하고 있는 미국의 수많은 우방국들이 미국과의 동맹관계를 위협받고 있지 않은 것을 보더라도 논리적이지 않다.

한미 군사협력은 1953년에 체결된 한미상호방위조약에 근거하여 지난 60년간 공고히 유지되어왔으며, 전작권 전환은 한미 협력에 의해 오래전부터 준비되고 추진돼왔던 사안으로 더이상 정치적으로 각색되어서는 안 될 것이다.

한미 연합작전의 범주에 들지 않고 한국 대통령의 독자적인 지휘를 받는 군과 그렇지 않는 군으로 구분하는 군 구조개편이 이루어진다면 전작권 전환과 관계없이 상당수 한국군은 평시 우리 작통권 지휘를 받게 되어 이 논의를 보다 부담 없이 진행할 수 있다. 전작권 전환 이후에도 한미 연합작전 능력은 중요하며, 오히려 더 잘 발휘될 수 있도록 만반의 채비를 해야 한다. 이를 위해 한미 연합지휘구조를 유지하되 한반도 작전에 있어서는 한국이 주도하고 미국이 지원을 하도록 하는 것이 필요하다.

미사일 방어체계MD

박근혜 정부 들어 국민의 정부에서 시작하여 참여정부를 통해 일관되게 유지해온 미국 주도의 '미사일 방어체계Missile Defense 불참' 원칙이 사실상 크게 후퇴할 가능성이 제기되고 있다. 이른바 한국형 미사일방어체계인 KAMDKorea Air and Missile Defense의 확대와 MD와의 연계, 그리고 한반도에 장거리 탄도탄 레이다X-ban Radar나 고고도 지역방어체계Theater High Altitude Area Defense, THAAD 등 MD 관련 무기체계의 배치 문제가 그것이다. 외교와 통일, 정보와 국방이 균형을 유지해야 할 국가안보정책의 컨트롤 타워에 군 출신이 과도하게 포진되면서 예견되었던 부작용 중 하나다.

MD는 100조원대 이상의 막대한 예산 소요도 문제지만, 기술적으로도 충분히 완성되지 않았으며, 전술적 효과도 미흡하여 미국 내에서도 반대 여론이 높다. 전략미사일의 운용특성을 고려할 때 한반도에서는 탐지 및 요격 가능시간Time from detection to kill이 너무 짧아, 안 그래도 효과가 제한적인 MD든 대북한용이라는 KAMD든 효과가 더욱 제한될 수밖에 없다. 따라서 한반도 현실에서는 미사일 방어체계보다는 중장거리 감시 및 타격체계를 구비해나가는 데 집중하는 것이 훨씬 효과적이다. 이는 장차 통일 이후에도 한반도 방어를 위해 필요한 전력이다.

중국에 대한 높은 경제 의존이나 한중간 교류와 협력, 한반도의 안정 등을 위해 중국과의 우호적 관계를 유지해야 하는 우리로서는 '대중국 포위전략'의 일부로 평가받는 MD에 참여하는 것이 정치적으로 민감한 사안일 수밖에 없다. 이러한 입장을 고려하여 미국이 그동안 한국의 'MD 불참'을 이해해왔던 점을 고려하여 MD 정책에 대해서는 신중한 접근이 필요하다 하겠다.

국방 연구개발과 무기체계 획득

박정희 정부에서부터 시작된 국방 연구개발은 자주국방 구현을 위한 핵심동인으로 인식된 측면이 있다. 지난 50여 년의 국방 연구개발 역사를 통해 이제는 정밀 장거리 순항 미사일과 인공위성, 무인항공기, 군사용 로봇 등을 자체 개발할 수 있는 수준으로 발전을 거듭해왔다. 한편 무기도입과 개발을 통해 군의 전력화를 추진하는 무기체계 획득 분야에서는 방위사업청의 신설을 계기로 보다 체계화되고 전문화된 모습으로 변모하고 있다.

하지만 일반적인 군사용 기술은 물론 핵심 군사기술은 기술이전이 극히 어렵기 때문에 자체 연구개발이 불가피하므로, 국방 연구개발 중심으로 무기체계 획득이 이뤄지는 것은 앞으로도 필요하다. 국방 연구개발은 전차나 항공기, 함정 등 기계식 플랫폼 중심에서 고가, 정밀의 전자식 탑재체payload 중심으로 전환될 필요가 있다. 국방과학연구소ADD와 대형 방산업체 중심에서 국방벤처와 연구중심 대학 및 정부출연 연구기관 등으로 연구개발 주체를 다양화할 필요도 있다. 과도하고 불필요한 국방 연구개발 관련 군사보안체계도 대폭 정비하여 민군겸용기술의 도입과 확산을 확대해야 한다. 미국처럼 국방 연구개발이 국가과학기술 발전을 견인하고 기초과학을 육성하는 전초기지가 되어야 하며 군사혁신을 주도해야 한다.

내수만으로는 방산업체의 채산성이 취약하다. 이를 극복하기 위해 방산수출을 지속 확대하는 수밖에 없는데, 무기 수출국이라는 국제정치적 부담 완화를 위해서라도 전쟁억제와 평화유지에 필요한 정보감시정찰장비와 비살상 무기체계 위주의 수출을 추진할 필요가 있다.

무기 도입에 있어서는 한미 연합작전과 미국산 무기의 우수한 성능 때문에 미국산이 90% 이상을 차지하고 있는데, 무기 도입시 협상력의 강화와 열악하고 차별적인 무기 도입 관련 지위 개선을 위해서라도 무기 도입의 다변화를 적극 추진할 필요가 있다. 또 무기 도입을 국내 연구개발과 연계시켜, 10배 가까이 과다하게 무기 도입가격이 오르거나, 성능이 현저하게 떨어지는 구세대 무기를 사야 할 경우에는 시간이 걸리고 비용이 많이 들더라도 이를 무릅쓰고 국내 개발을 추진하는 전략이 필요하다.

한편 변화하는 미래 전장환경의 특성과 인명손실을 극복하려는 인도주의적 전투 추세에 부합하도록 무인화, 로봇화, 정보화된 무기체계의 개발과 양산을 적극 고려해야 한다. 예컨대 무인화, 로봇화된 경항공모함은 기존 대형항공모함의 승선 인원이 5천여 명에 달했던 데 비해 1천여 명 수준으로도 그 이상의 전력발휘와 높은 기동성을 가질 수 있다. 성층권 무인기나 초장시간 정점체공 무인기, 전자기 펄스탄EMP 등과 같이 고위험고수익high risk-high return의 군사혁신형military revolution 무기체계의 자주적 개발도 추진해야 한다. 전체 국방 연구개발비의 30%는 기존의 군 소요중심의 획득체계가 아닌 성과가 불확실하더라도 성공시 군사혁신을 달성할 수 있는 기술개발이 가능하도록 체제를 개편해야 한다.

북한 핵문제와 통일문제

2045년을 기준으로 볼 때, 북한지역 내 주요무기의 안전한 수거와 비핵화 유지가 중요하다. 통일을 가정한다면, 그동안 선군사상을 기반으로 유지해온 북한의 과도한 군부대 및 병력의 축소와 통일군으로의 전환, 각종 재래식 무기의 수거와 폐기 등의 과제가 2045년 통일 한반도의 중요한 국방과제가 될 것이다.

통일 이후에는 한반도 위기관리가 가능한 수준의 군사력으로 재편될 필요가 있다. 군 병력 숫자는 여타국의 수준인 총 인구의 0.5%를 기준으로 볼 때, 약 35만 명 정도의 상비군 병력을 유지시켜야 할 것이다. 병력 감축을 통해 전문성을 갖춘 모병제로의 전환이 가능해질 것이며, 상비전력 이외에 예비전력을 강화하는 방안도 마련해야 할 것이다. 방위비 규모도 GDP 대비 최소 2.5% 수준을 유지할 필요가 있다. 군 지휘구조도 MOOTW를 수행할 수 있는 해외사령부를 설치, 한반도 전구작전 이외에 해외지역에서 작전을 수행할 체제를 만들어 효율적인 통합군 체제로 운영할 필요가 있다.

주한미군의 역할과 한미동맹 조정

2045년까지 당면할 또다른 중요한 도전과제는 주한미군의 역할이 될 것이다. 중국 등 주변국의 입장에서는 미국이 균형자stabilizer 역할을 하는 것은 일부 인정할 것이나 현 주둔지에서 벗어나지 않도록 관리해줄 것을 요구할 가능성이 크다. 우리 입장에서는 평택을 중심으로, 현행대로 DMZ 이남에 주둔지를 유지하도록 관리할 필요가 있다.

한국군이 주한미군과의 연합지휘구조를 계속 유지시킬 것인가에 대해서는 고민이 필요하다. 장차 북한의 위협이 사라지거나 통일한국이 성립될 경우, 미국과의 동맹관계와 '확장된 억제extended deterrence'의 유지는 변화를 필요로 하게 될 것이다. 우선 공동의 군사적 목표인 북한의 위협이 사라질 경우, 주한미군의 주둔 필요성 및 일본과의 안보협력, 일본 내 유엔 후방사의 활용방안 등에 대해서 중국 측으로부터 문제제기가 있을 가능성이 있다. 또한 주한미군의 전략적 유연성에 따른 방위비 분담 축소에 대한 국내 여론도 고려해야 할 것이다. 다만 국민의 정부에서 통일 후에도 주한미군의 한반도 주둔이 필요하다는 입장을 밝혔고, 참여정부와 이명박 정부에서도 평택을 중심으로 한 주한미군 주둔여건 개선사업을 추진해왔던 점을 고려할 때, 주한미군의 주둔여건을 보장하되 동북아의 평화와 안정에 기여하는 방향으로 지속 협력해나가는 것이 바람직할 것이다.

역사적으로 다양한 전쟁사의 교훈에서 쉽게 찾아볼 수 있듯이, 동맹은 언제나 가용한 것이 아니며 동맹을 스스로 포기할 경우 대체자를 찾기 힘들었던 경우가 많았다는 점, 그리고 통일 한국의 군사력으로 중국의 거대 군사력을 단독 상대하기는 어렵다는 점에서 한미동맹은 통일한국의 안전판이 되어줄 수 있다. 만약 한미동맹의 성격변화가 불가피하다면 발전적인 방향으로 진일보시켜야 하며, 한반도에 국한된 우리의 시야를 유라시아대륙과 오대양으로 뻗어나가는 세계국가로서의 위상에 맞게 넓혀야 할 것이다. 미국은 갈수록 세계경찰로서의 역할에 한계를 보일 것인 바, 한국과 같이 장기간 우방국으로서 친선관계를 유지해오고 경제력과 지정학적 중요성을 갖고 있는 중견국의 적극적 참여가 미국의 이해관계에도 잘 부합할 것이다. 특히 동북아에서는 주변국 침탈의 역사적 과오를 갖고 있는 일본의 역할에 한계가 있는 만큼, 한국이 동북아 지역의 안정에 적극적인 의지를 보인다면 동북아 지역에서의 위상도 높아질 것이다.

평화체제 구축과 군사외교 확대

남북통일 과정에서 상호 군사적 신뢰를 증진하고 한반도 평화를 구축해나가는 데 있어서 군사력의 상호 감시와 군비통제를 원활히 해나가는 것이 중요하다. 무엇보다 60년 이상 지속되고 있는 정전체제를 평화체제로 전환하는 일이 급선무다. 이를 위해 우리나라가 추가된 형태로 정전체제 당사국인 미국, 중국, 북한 간 4자 회담이 열릴 필요가 있다. 그리고 고위급 군 인사교류와 군사훈련 참관 등 군사적 신뢰구축을 위한 노력을 지속해야 한다.

나아가 동북아 주변국에 대한 군사외교를 확대하는 것도 필요하다. 연례 군사훈련은 물론 한중, 한일, 남북 국방장관회담의 정례화도 필요하다. 이는 평화적인 남북통일을 뒷받침할 뿐만 아니라 동북아의 평화와 번영을 보장하는 데에도 필수적이다.

국방전략의 정책추진방안

주한미군의 주둔여건 개선과 주둔군 지위협정의 개정, 방위비 분담금 조정 등 한미동맹의 발전 속에서 전작권 전환과 MD 문제도 같이 풀어나가야 할 것이다.

군 구조 개선과 국방 문민화, 병영문화 개선, 군 의료체계 개선, 인사제도 개선, 군 사법제도와 군 인권문제 개선, 국방 연구개발과 무기체계 획득제도 개선 등의 국방개혁도 자주국방의 완성이라는 측면에서 적극 추진해나가야 한다.

앞으로 우리는 군축, 무기거래 방지협약, 소형무기, NPT 이행, 핵의 안전한 이용 등 국제군축 분야에 일익을 담당할 수 있도록 다자무대에 대한 전문성을 키우고 이를 주도할 역량을 확보해 나가야 할 것이다. 또한 해양위협의 감소를 위한 위기관리와 신뢰구축 분야에서도 한일협력과 한중협력은 필수 불가결하다. 특히 동북아 권역에서 해상 안보 도전maritime security challenge에 대처하기 위한 역량확보가 중요하다.

국방개혁

국방개혁은 총 세 가지를 중심으로 이루어져야 한다.

첫째, 군 구조 개편이다. 3군의 합동성 강화와 3군 균형발전을 위한 상부구조 개편을 추진하고, 이를 국방개혁법 등에 법제화해야 한다. 즉 미군을 위시로 영국, 프랑스, 독일 등 유럽군과 같이 3군이 통합군으로 운영되더라도 각 군의 전문성이 문제되지 않을 수 있는 수준으로 융통성 있게 군을 재편해야 한다. 장교 교육과정에서부터 양성, 합참 운영까지 꾸준한 노력을 전개한다.

상부구조를 슬림화하고 지휘계선을 단축하기 위해 부대 구조를 개편한다. 특히 중후장대한 재래식 지상무기 중심에서 스마트화된 무기 운용이 가능하도록 불필요한 병력을 감축하고 정예의 과학기술군으로 육성하는 것을 추진한다.

공군은 장거리 수송과 작전지원 및 방공전력을 강화하고, 해군은 새로운 기동함대와 잠수함전 능력과 국제평화 임무와 해상교통로 수호를 위한 원거리 작전능력을 확보한다. 해병대와 특수전 사령부를 강화하여 신속 대응군으로서 임무를 수행할 수 있는 역량을 갖춰나간다.

둘째, 국방의 문민통제다. 미군과 연합작전도 원활하고, 교리와 전술, 무기체계 등도 대부분 미군으로부터 도입한 우리 군이 미군의 우수한 전통을 따르지 못할 이유는 없다. 따라서 미국의 경우와 같이 문민 국방장관을 임명하는 전통을 세우고, 민간인 관료 출신의 국방 공무원 중심으로 국방부를 운영하며, 각 군 본부에도 국방 공무원이 순환 근무하는 체제를 정착시킨다.

셋째, 병영문화 개선과 국방개혁 문제다. 병영문화의 획기적인 개선을 위해 국방부나 국가인권위원회에 소속한 국방공무원인 군 옴부즈맨을 모든 부대에 상주하도록 하고, 구타나 가혹행위 피해자에 대한 보호 및 전역조치를 시행한다. 일과 후 병영생활의 자유를 보장하고 일과 후 통신도 보장한다. 군 사법체계도 개선하여 국방부에 1심만 두는 것으로 바꾸고 지휘관의 간섭을 원칙적으로 배제한다. 군 의료체계 개선을 위해 민군협력 병원 체제로 전환하고, 필요한 예산은 취약지역 보건체계 개선 차원에서 확보하여 지원한다.

병영의 각종 차별 해소를 위해 출신, 종교, 계급별로 구성된 인사자문위원회 제도를 부대마다 설치한다. 병역의무의 남녀 공평 부과를 위해 사회적 복무제도를 활성화한다. 군내 특정 학교출신이 과반수를 넘지 못하도록 장교 임용과 장성 진출의 비율을 연계하고 이를 법으로서 정한다.

군사력 건설과 자주국방

첫째, 국방 연구개발과 무기체계 획득이 중요하다. 플랫폼 중심에서 탑재체 중심으로 연구개발의 중심을 전환하고, 국방벤처와 연구중심대학 및 정부출연 연구기관 등으로 연구개발 주체를 다양화한다. 정보감시정찰장비와 비살상 무기체계 위주의 방산수출을 적극 추진한다. 무기 도입 관련 미국 내 정부구매절차FMS의 개선을 추진하여 타 우방국들과 동등한 지위를 얻도록 한다. 부당한 무기 도입 조건을 제시할 경우는 경제성이 떨어지더라도 전략적으로 국내 개발을 추진한다. 무인화, 로봇화, 정보화된 무기체계의 개발과 양산을 적극 추진하고 군사혁신형 기술개발에 전체 국방 연구개발비의 30% 정도를 투자한다.

둘째, 정보능력의 확대와 상호운용성 보장이 중요하다. 포괄적인 C4ISR(감시정찰 정밀타격 통합체계)[2]을 확대하는 것은 2045년 우리 군의 위상 뿐 아니라 우리나라의 전략적 위치를 결정짓는 중요한 요소다. 우리 군이 각종 첨단 정보와 자료를 실시간으로 공유하고 전장인식을 할 수 있도록 전략적, 전술적 단계로 통합 및 지휘할 수 있는 C4ISR 역량을 확보해나간다. 또한 육해공군 3군은 물론 미군과의 상호 운용성이 보장될 수 있도록 정보협력과 통신, 시스템 통합운영이 가능하도록 한다.

셋째, 사이버 능력의 확보와 보안능력 강화가 이루어져야 한다. 북한은 물론 주변국들의 사이버전 능력 확대에 대비하여 우리도 앞선 IT기술을 바탕으로 이러한 능력을 확보할 수 있는 체계를 갖춰나간다.

전략급 이상의 단위에서는 국정원, 국방부간 협력에 의해 독립된 정보, 보안 기관들이 이를 담당하도록 하고, 군에서는 각 제대별로 전자전, 정보전, 사이버전, 보안 능력을 구비해나간다.

넷째, 해외사령부 창설이 필요하다. 통일 이후 다양한 국제분쟁에 대한 중재, 또는 평화유지작전PKO, 평화복원, 인도적 지원, 재난구호 임무 등을 위해 해외사령부를 창설한다. 해외사령부는 육, 해, 공, 해병대 통합체제로 운영한다.

한미동맹 조정과 주변국 군사외교

첫째, 주한미군의 역할과 한미동맹을 조정해야 한다. 주한미군의 평택지역 주둔 여건을 지속 보장해주고, 한미동맹을 우방국들과 대등한 수준으로 지속 발전시킨다.

둘째, 전시 작전통제권을 전환해야 한다. 한미 상호방위조약을 굳건히 유지하는 가운데, 전작권 전환을 더이상 연기하지 않고 한미 상호 협력 하에 추진한다. 이를 통해 스스로 작전계획을 만들고 미군과 능동적으로 협력하여 작전할 수 있는 선진 군대로 변모할 수 있도록 한다.

셋째, 미사일 방어체계MD, 즉 MD 불참원칙을 지속 견지한다. 한국형 미사일방어체계인 KAMD를 MD와 연계하지 않고 MD 관련 무기체계도 한반도에 배치하지 않는다. 대신 북한을 포함하여 불특정 위협에 대한 대비능력을 강화하기 위해 중장거리 감시 및 타격체계를 구비해나간다.

넷째, 북한 핵문제 해결과 한반도 평화정착 과정에서 군이 군사작전 이외의 영역에서도 적극적 역할을 할 수 있도록 국방부 차원에서 대비 계획을 마련한다.

다섯째, 한반도 평화체제 구축과 군사외교 확대가 중요하다. 남북 평화정착 과정에서 상호 군사적 신뢰 증진을 위해 고위급 군 인사 교류와 군사훈련 참관 등을 추진한다. 동북아 주변국과 연례 군사훈련을 실시하고 한중, 한일, 남북 국방장관회담도 정례화한다. 평화체제 정착과정에서 군비통제를 한다.

다양한 도전 속에서 창의적인 대안을 찾자

2045년 대한민국은 다양한 도전 속에서 창의적인 대안을 찾아나설 수 있는 리더십이 국방을 담당해야 한다. 변화하는 국제안보 환경을 정확히 분석하고 미래지향적인 전략적 선택을 내릴 수 있는 유능한 민간 정책 전문가들이 대거 필요하다. 국방부도 기업의 경영원리를 과감하게 도입하고, 다른 유관부처들과의 협력을 확대하며, 투명성과 경쟁원리를 통해 군과 민이 더 융합, 발전할 수 있도록 해야 한다.

4 정치분야 미래전략 정보전략

정보는 국방, 외교, 통일과 더불어 국가안보의 4대 요소 중 하나다. 여기에 대테러, 치안, 식량/에너지 안보 등 전통적인 국가안보와 뚜렷이 구분되지 않는 영역들이 늘고 있어, 포괄안보 차원에서 정보도 다뤄져야 한다. 특히 민과 군의 구분이 갈수록 엷어지고 있다. 정보의 사전적 의미는 '특정 목적을 위하여 광光 또는 전자적 방식으로 처리되어 부호, 문자, 음성, 음향 및 영상 등으로 표현된 모든 종류의 자료 또는 지식(국가정보화 기본법 제3조)'을 말한다. 국가기관이나 군사적으로는 첩보intelligence와 보안security이 중요시되는데, 여기서는 이를 '정보'에 포함시키는 것은 물론 이를 중심으로 문제점과 발전방안을 검토하고자 한다.

국가정보원과 국방정보 분야를 중심으로 한국의 정보능력을 점검해보고 향후 30년간 어떤 방향을 지향해야 선진국과 같은 수준의 정보능력을 갖출 수 있을지 진단하고자 한다. 국정원이 정치적으로 독립되어 국가정보기관으로 국민들의 신뢰를 얻고, 이를 위해 국민을 대표하는 국회의 감시가 효과적으로 이뤄질 수 있는 방안도 제시할 것이다. 한정된 예산과 시간, 인력으로 어떻게 효율적으로 정보능력을 갖춰나갈 수 있을지에 대한 추진방안과 이를 위해 신호정보, 영상정보 등 과학정보기관의 통합 및 전문화 방안을 제시하여 선진국형 정보능력을 갖춰나갈 수 있도록 하고자 한다.

한 국가가 주권을 제대로 행사하기 위해서는 정치적 독립과 경제적 자유, 그리고 자주국방과 정보자주화가 필수적이다. 이런 관점에서 볼 때 우리나라는 상당한 수준의 경제적 발전과 민주주의 정치 발전을 이루었지만, 국방과 정보의 자주화는 미흡한 실정이다. 국방과 정보는 전통적으로 전문성을 가진 특수집단인 군인과 국방공무원, 군무원, 그리고 정보요원, 연구개발자, 방산업체와 정보산업체 인원 등에 의해 관리되고 발전되어왔다. 게다가 대부분의 업무가 비밀로 분류되어 일반인은 물론 정치, 언론의 접근이 극히 제한되어 왔다. 이로 인해 국방, 정보와 관련하여 우리의 현재 능력이 어느 정도인지, 문제는 무엇인지가 거의 베일에 싸여 있다. 뿐만 아니라 구체적인 사용처를 알지도 못하는 가운데 수십조 원의 예산이 매년 사용되고 있다.

이에 이 장에서는 정보예산의 효율적 사용은 물론 본질적으로 2045년까지 내다봤을 때 우리나라 정보기관이 어떤 방향으로 가야 할 것인가를 논하고자 한다.

정보분야의 미래

2010년 G2의 출현으로 미국이 주도하던 팍스 아메리카나 시대가 퇴조하고 향후 세계 질서는 중국과 미국이 주도하는 속에서 다양한 힘들이 공존하면서 다변화 할 가능성이 높다. 이에 따라 우리의 외교는 물론 국방과 정보도 대북억제에만 주력해서는 안 되는 상황변화를 맞고 있다. 향후 30년간 동북아 주요 국가들은 정치외교적 갈등과 상호견제, 영토와 관할권 관련 분쟁, 경우에 따라 국지전의 발생까지도 각오해야 하는 긴장상황을 맞을 가능성이 높다. 물론 한반도를 중심으로 평화가 유지되고 우호적인 경제협력 관계가 발전된다면 동북아를 중심으로 아시아의 안정과 번영을 기대할 수 있지만, 그런 상황일지라도 국방과 정보는 최악을 대비해서 항상 준비된 역량을 갖고 있어야 한다. 인류 역사에서 전쟁이 없었던 시기는 거의 없었던 데 반해, 한국전 이후의 평화는 극히 예외적이기 때문이다.

우리가 투사해야 할 국제정치와 주변국 외교 영역, 그리고 군사적인 잠재적 갈등관계를 고려할 때 향후 우리의 관심 영역은 한반도뿐 아니라 서울 중심으로 반경 2,000km 정도로 확대되어야 할 것이다. 이 영역에 동북아 6개국 주요도시와 산업시설이 밀집해 있기 때문이다. 한미 정보협력을 고려하더라도, 정치외교적으로 국익을 보호하고 군사적으로 최소한의 방위역량을 갖추기 위해서는 자주적 정보감시정찰Intelligence, Surveillance, and Reconnaissance 능력을 확보해야 한다.

미국은 지속적인 무역적자와 재정적자로 인한 군사비와 정보비의 감축으로 동북아에서 과거와 같은 군사력과 정보력을 투사하기 어렵다. 경제력과 정치력, 군사력을 지속 강화하고 있는 중국의 태평양 진출을 억제하는데 힘이 부치고 있어서 일본, 한국 등 우방국의 참여를 희망하고 있다. 그런 차원에서 미일동맹이 강화되고 있어, 한미동맹의 강화 요구도 갈수록 커질 것이다. 특히 미사일방어체계의 한반도 배치나 도입, 참여, 그리고 정보협력, 주한미군에 대한 한국의 지원 등의 요구가 커질 것이다.

하지만 지난 150여 년의 동북아에서의 역사적 교훈은 한반도가 동북아 강대국들의 세력 각축장이나 화약고가 되어서는 안 되며 오히려 한반도가 평화의 중심지 역할을 해야 한다는 점일 것이다. 이를 위해서는 독자적인 국제정치적 외교역량 확보가 필요하며, 이를 뒷받침할 군사력과 적정규모의 정보역량이 필요하다. 또한 미국의 한미동맹 강화에 효과적으로 대응하는 길은 우리의 정보역량을 강화하여 동북아와 동아시아에서 일정한 역할을 하는 것이다. 정보는 군사력과 마찬가지로 전쟁의 수단이기도 하지만 전쟁을 예방하고 평화를 지키는 역할도 하므로, 자주적 정보역량 확보는 필수불가결하다.

21세기 국가안보는 국방과 민간의 구분, 정치와 경제, 사회 영역 등에 걸쳐 포괄안보의 성격이 강화될 것이므로, 이에 걸맞게 정보기관을 전문화시켜야 한다. 그렇지 않으면 정보기관 간 임무 중복과 이로 인한 장비와 인력, 기술의 중복투자가 발생한다. 현재 우리나라의 국가정보원과 국방정보, 치안분야 등이 이런 문제에 봉착해 있다.

해결해야 할 과제들

그렇다면 2045년을 준비하면서, 정보분야에서 해결해야 할 과제들은 무엇이 있을까.

정보자주화 관련 현실태 진단

정보분야의 발전을 위해서는 먼저 현상 진단을 정확히 해야 하는데 이를 가로 막는 요소들이 많다. 먼저 정보의 자주화와 관련하여 사실

관계에 기초하지 않은 문제제기나 주장을 걸러내는 것이 필요하다. 대미 정보의존율이 90~100%에 달한다는 주장이 대표적이다. 예컨대 '한국군은 전략정보의 100%, 북한 신호정보SIGINT의 90%, 영상정보IMINT의 98%를 미군에 의존' '한국군은 전략정보의 100%, 전술정보의 70%, 북한 신호정보의 99%, 영상정보의 98%를 미군에 의존하며, U-2기 1회 운영에 100만 달러 소요'와 같은 주장은 이러한 정보원에 근접할 수 없는 일반인으로서는 반박하기 어렵다.

우리의 정보능력은 세부내용이 비밀로 분류되어 있고, 판단에 임의성과 자의성이 개입될 소지가 큰 영역이기 때문에, 그동안 이 문제가 부정확하게 인용되거나 주장되는 경우가 종종 있었다. 위와 같은 주장에 대해 지난 2006년 6월 정부에서 공식 입장을 정리하여 발표한 바 있는데, 우리가 대부분의 전략/전술 정보를 자체 생산한다는 것이다. 한국군은 최신예 금강(고해상도 영상정보)/백두(신호정보) 정찰기, P-3C 대잠 초계기, 군단 무인정찰기(전술 영상정보), 지상신호 정보기지를 통해 대부분의 전략/전술 신호정보와 전술 영상정보를 자체 생산하고 있다. 일부 전략 정보를 미국으로부터 제공받고 있으나 우리도 양적으로 대등한 수준의 정보를 제공하고 있으며, '대미 정보의존율 90~100%'는 전혀 사실이 아니다. 상기의 그릇된 주장들은 지난 십수 년간 수 조원을 투자해 구축한 우리 군의 정보자주화 노력의 성과에 대한 무지에서 기인한 주장이다. 미국과 다른 동맹국간 정보교류는 영국, 일본 등도 우리와 비슷한 수준에 있다는 설명이다.

구체적인 수치를 드러낼 수 없는 국방당국의 입장을 감안하면, 우리의 정보능력에 대한 부정확한 평가를 바로잡기에 충분한 설명이라고 판단된다. 미국의 정보능력이 세계 최고인 것은 사실이지만, 우리가 이에 전적으로 의존하고 있지 않고 국방정보력의 자주화도 상당한 수준에 와 있음을 공식 확인했다는 점에서 주목할 만하다. 참고로 U-2기 1일 운영비는 약 5만 달러로 '100만 달러'의 1/20에 불과하다.

현대 정보의 주류인 과학정보 분야에서 우리가 미국에 의존하고 있는 정보 부분도 있지만 미국이 우리에게 의존하고 있는 부분도 상당하다는 점에 유의할 필요가 있다. 현재도 상당한 수준으로 대등하게 정보교류가 이뤄지고 있다는 것이다. 한국은 금강/백두 정보항공기, 고해상도 전자광학Electro-Optical 위성, 전천후 영상레이다Synthetic Aperture Radar 위성인 아리랑 5호, 공중조기경보통제기E-X, 이지스 구축함 등을 통해 상당한 수준의 정보 자주화를 달성하고 있다. 여기에 현재 도입을 추진 중인 고고도 무인정찰기(글로벌호크) 등이 추가되면 대북 억제에 필요한 정보능력을 대부분 확보한 것으로 평가할 수 있다. 이러한 한국의 정보능력 향상은 그동안의 선례에 비춰볼 때 한미 정보 교류와 협력을 더욱 촉진할 것이다. 한국이 금강/백두를 도입한 후 미국에 관련 정보를 제공하면서 미국의 U-2기 운행부담을 줄여주었고 이는 한미 상호 이익에 부합하는 것이다. 정보자주화를 한미동맹 약화로 보는 것은 사실에 근거하지 않은 것일 뿐만 아니라 한미동맹을 강화한다. 영국, 일본, 호주의 사례를 볼 때도 각국의 정보능력이 확충될수록 미국과의 정보교류 수준도 향상되는 것을 알 수 있다.

국가정보원의 정치적 독립성

국가정보원법이 국가정보원(이하 '국정원')의 정치적 독립을 규정하고 있지만, 종종 국정원의 국내정치 개입이 논란의 중심에 서고 있다. 이와 같은 문제발생 원인을 근원적으로 제거하고 국정원이 본연의 국가

정보 임무에 전념하게 만들기 위해서는 보다 정교한 대책이 필요하다. 예컨대 미국 중앙정보국CIA의 경우에는 신호정보나 영상정보를 직접 수집할 수 있는 기능이 없으며 이는 별도의 독립 정보기관인 국가안보국NSA과 국가지구공간정보국NGA를 통해 얻을 수밖에 없다. 원하는 정보가 있으면 반드시 서면으로 요구를 하게 되어 있고 이는 의회에도 자동 통보되기 때문에 불법이나 부정한 방법으로 정보를 얻는 것은 원천적으로 봉쇄되어있다. 국정원이 현재처럼 내부에 정보수집 기능을 보유하고 있는 한, 외부의 통제 없이도 임의로 정보를 수집하고 사용할 수 있어 불법과 부정에 대한 감시가 원천적으로 불가능하다.

나아가 정치적으로 악용된다고 오해받을 수 있기 때문에 국정원을 대통령 직속기관으로 두지 말고 일반 정부 부처로 두는 것도 검토할 필요가 있다. 대통령이 필요할 경우에 헌법에 규정된 대로 서면으로 국정원에 정보를 요구하거나 임무를 주고, 이를 국회(정보위원회)에도 자동 통보되도록 한다면 더이상 대통령의 소유물로 인식되는 후진적인 모습은 사라질 것이다.

수천억 원에 달하는 국정원의 특별예산도 상당 부분 군사비밀로 구분되는 국방예산과 마찬가지로 국회 상임위의 통제를 받도록 해야 한다. 그런 투명한 과정을 통해 더이상 국가정보가 사당적 정치에 악용되지 않고, 본연의 임무와 역할에 전념할 수 있도록 해야 한다.

과학정보기관의 전문화 필요성

미국의 경우 가장 큰 정보 수요기관은 CIA와 국방성, 그리고 국무부, FBI 등이다. 그런데 이들 정보기관이나 정부부처보다 몇 배의 전문인력과 예산을 사용하는 곳이 과학정보기관인 NSA, NGA, NRO(국가정찰국) 등이다. 통상 기술정보 생산에는 비기술정보 생산시보다 10배 이상의 고비용이 소요된다. NSA도 CIA보다 5~10배 규모의 인력과 예산을 사용한다. 미국의 과학정보기관에는 수만 명의 수학, 전자, 소프트웨어, 정보, 보안 관련 전문요원과 초고가의 슈퍼 컴퓨터, 신호분석/암호분석/교신분석/영상분석 장비, 방대한 통신/네트워크 장비 등이 있다. 이를 각 정보 수요기관이나 정부부처별로 갖고 있다면 중복 투자와 예산 남용, 임무 충돌과 비협조가 만연할 수밖에 없다. 제2차 세계대전을 거치면서 이러한 비효율과 낭비를 경험한 미국에서는 관련법을 제정하여 수차례 개선을 거친 끝에 오늘날과 같이 전문화된 과학정보기관을 두는 형태로 발전해왔다.

여기서 한 가지 참고할 점은 NSA나 NGA의 인력과 예산은 국방성이 통제하고, CIA는 정보정책을 각각 통제한다는 것이다. 전통적으로 가장 큰 정보 수요부처인 CIA와 국방성이 과학정보기관을 적절히 분권해 통제하도록 함으로써, 국방성이 원하는 적시적절한 정보제공과 CIA가 원하는 수준 높은 정보제공 목적을 각기 달성할 수 있도록 보장해주고 있다는 점이다.

전략정보는 정보의 수집범위가 공간적으로 넓고 정보의 수준이 높아서 세계적으로도 국가가 통합 관리하는 추세다. 이의 수집에는 많은 인원과 최첨단 기술이 소요되므로 군사, 비군사를 구분하지 않고 통합 관리하는 것이다.

이러한 차원에서 우리나라의 경우를 볼 때, 우리는 국정원과 국방부가 각각 신호정보와 영상정보를 운영하고 산하기관을 두고 있어서 중복투자와 비효율이 발생하면서도 정작 전문인력이나 첨단장비는 충분히 확보하지 못한 상태다.

정보와 보안의 통합운영 필요성

기존의 정보/보안기관을 과학기술 정보/보안Science&Technical Intelligence&Security기관과 일반 정보/보안General Intelligence&Security기관으로 재편하여 각각 전문화할 필요가 있다. 정보/보안기관의 업무 성격은 크게 이공학적으로 정보원Intelligence source으로부터 직접 정보 및 보안을 취하는 경우와, 이를 분석/융합하고 운용하는 경우로 구분할 수 있다. 과학기술 정보/보안기관은 미국의 NSA, NGA, NRO와 같이 컴퓨터 및 전자장비 등을 사용하여 감청, 암호해독/생산, 교신분석, 신호분석, 영상수집/분석, 첩보위성 획득/운용을 하는 이공계 중심의 과학기술집단으로 구성된다. 한편, 미 CIA, DIA(국방정보국), FBI와 같은 일반 정보/보안기관은 NSA, NGA, NRO 등에서 제공한 과학기술정보를 토대로 정세판단, 정보공작, 정책가공, 범죄수사 등을 하는 인문사회계 중심의 비기술집단으로 구성된다. 우리도 미국의 경우와 같이 과학기술 정보/보안기관은 단일화하고, 일반 정보/보안기관은 다양하게 운영할 필요가 있다. 우리의 경우 현대 정보/보안의 중추를 담당해야 할 과학기술 정보전문가들이 그 동안 각 정보기관에 소수로 분산되어 있어서, 제 역할과 기능을 할 수 없었다.

신호정보, 영상정보 등의 정보기능과 통신보안, 컴퓨터 보안 등의 보안기능을 통합운영하면 정보융합, 기술교류 등 통합운영에 따른 전력승수효과가 상당하다. 예컨대 미국도 NSA의 경우 신호정보와 과학기술보안INFOSEC 기능을 통합하여 운영하고 있다.

정보능력 확대 필요성

정보 자주화의 필요성 증대, 한반도 주변 안보상황의 변화, 포괄안보의 대두와 전쟁개념의 변화 등으로 인해 우리의 정보능력은 지속적으로 확대, 발전될 필요가 있다. 이는 정보기관 구조조정과 과학정보기관의 발족 등과 함께 적극 추진되어야 한다. 정보 전문인력의 확충, 정보능력 확대를 위한 예산의 증액, 요구되는 정보장비와 기술의 획득, 그리고 연구개발 노력 등이 필요하다. 정보분야는 우방국이라고 해도 장비나 기술, 인력교류나 판매를 극히 제한하며 특히 보안과 관련된 분야는 사실상 전혀 공유가 이뤄지지 않는다. 따라서 정보/보안분야의 장비나 기술, 인력은 독자적인 노력으로 확보해야 하며, 이 능력이 곧 그 국가의 정보 관련 국가안보를 좌우한다. 예컨대 어느 한 국가의 디지털 암호해독 능력은 그보다 못한 수준의 국가에 대한 감청이 가능함은 물론, 그보다 앞선 국가에 의한 정치외교, 군사 영역에서의 무장해제나 침해를 뜻한다.

목표

우리나라의 정보능력 발전을 위해서는 다음과 같은 목표가 달성되어야 할 것이다.

- 국정원의 정치적 독립을 위한 법, 제도 개선
- 정보기관 구조조정과 과학정보기관의 발족
- 정보 자주화를 위한 적정 수준의 정보능력 확보

정보분야 미래전략

'정보 선진국'인 미국의 사례를 참고하되, 우리나라의 지정학적 특수성과 우리의 한계와 제약사항을 고려하여 정보분야 미래전략을 수립하는 것이 중요하다.

첫째, 과학정보기관을 새롭게 발족시켜서 전문화한다. 특히 기술적 속성이 매우 다른 신호정보기관과Korea Intelligence&Security Agency, 영상정보기관Korea Imaging&Mapping Agency을 독립적으로 발족시키되 국정원과 국방부에 분산되어 있는 기능을 통합해야 한다. 또한 정보가 창이라면 방패인 보안기능을 전문화하는 것도 중요한데, 이는 과학기술보안과 일반보안을 구분하여 미국의 NSA 경우처럼 신호정보기관에 이 기능을 부여해야 한다. 정보와 보안은 동전의 양면과 같기 때문에 한 기관이 창과 방패를 공유하는 것이 적절하다.

둘째, 국정원과 국방부가 위 신호정보 및 영상정보기관(가칭, KISA 및 KIMA)을 기능적으로 분할하여 통제하면서 통합운영한다. 국정원이 정보임무를 맡고 국방부가 인사/예산을 통제하는 것이 신속하고 긴밀한 군사정보 지원이 필요한 한반도 상황에 적합하다. 인사와 예산이 기관의 운영에 보다 강한 영향력을 갖기 때문에 국방부가 그 권한을 갖는 것이 적절하다는 것이다. 다만 미국의 경우처럼 현역 장성(통상 중장급)을 과학정보기관장에 보임할 수는 있지만, 반드시 해당 분야의 기술전문성을 가진 인사를 선임하여 정보기관이 '행정적'이거나 '관료화'되는 것을 막아야 한다.

셋째, 정보기관 구조조정과 과학정보기관의 발족, 국정원의 정치개입 금지를 실질적으로 보장할 수 있도록 국가정보 관련법과 제도를 정비해야 한다. 여기에는 과학정보기관장에 대한 국회 차원의 청문회도 포함될 수 있다. 이는 국가정보를 수집하는 기관장에 대해 국민의 대표인 국회가 문민통제하는 상징적 의미가 있다.

넷째, 변화된 동북아 정치환경과 우리의 국력 신장에 걸맞게 부족한 정보능력을 확충해나가야 한다. 특히 신호정보 관련 전문인력과 연구개발, 장비의 확충이 필요하고 영상정보 관련 고성능 첨단 영상기술의 확보가 필요하다. 또한 과학기술보안 관련 전문인력과 연구개발 확대가 중요하다. 차제에 정보전, 전자전 능력 확충도 국방부를 중심으로 강화되어야 한다. 정보능력 확충은 한국적 실정에 맞게 민간의 앞선 IT 기술력을 도입Spin on하는 것과 함께 정부가 확보한 기술을 민간이 활용할 수 있게 제공Spin off하고, 민간표준을 최대한 정부가 채택하는 등의 형태로 경제적인 정보능력 확충을 추진한다.

정보기관 구조조정 및 과학정보기관 발족

현재 상대국 정보수집에 있어 군과 민간으로 나뉘어 있는 국방부와 국정원의 정보수집기능은 실질적으로 구분이 어렵고 기술적으로 유사하기 때문에 통합해야 한다. 현재 국방부와 국정원이 각각 보유하고 있는 신호정보와 영상정보 관련 정보수집기능도 통합하여 독립된 과학정보기관으로 발족시킨다. 방첩기능과 보안기능도 기술 중심으로 전문화하여 구조조정한다.

국정원, 국방부 과학정보기관 통합

대통령 직속의 국가안보장관회의를 지도부로 두고 그 산하에 국방부, 국정원, 통일부, 외교부, 경찰청 등 정보 수요기관에 과학정보기관이 정보를 제공하는 구조로 한다. 그리고 앞서 언급한 대로 국방부와 국정원이 각각 과학정보기관을 통제하되, 조정이 필요한 것은 양 부처 간에 실무 협의체를 통해 하고 이것이 여의치 않을 경우에는 국가

〈그림 18〉 현재의 국가정보체계

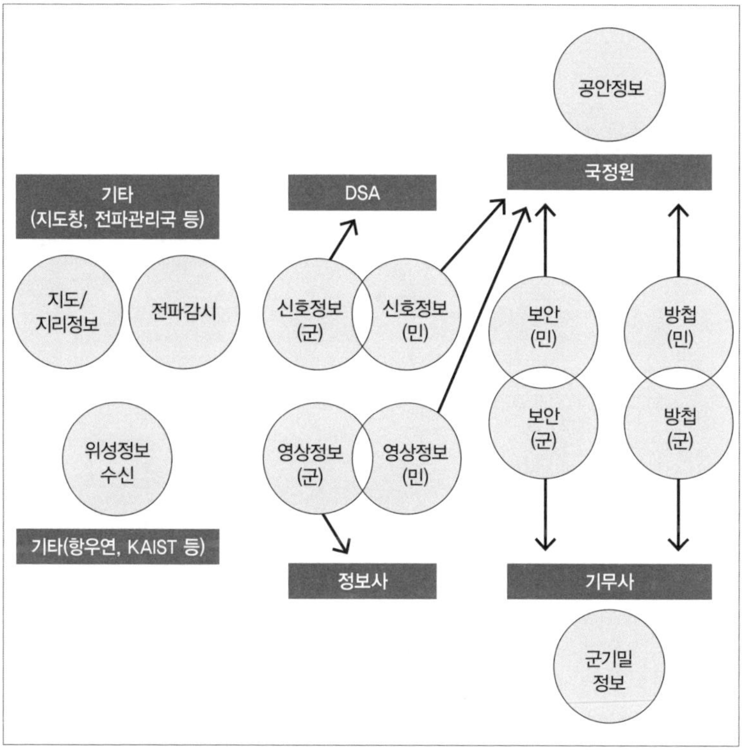

안보장관회의에 상정하여 조정한다.

과학정보 중심 정보능력 확충

양대 정보 수요부처인 국방부와 국정원이 필요로 하는 미래 과학정보 중에서도 위성정보의 경우 전략정보이기 때문에 국방부는 물론 국정원의 수요가 잘 반영되어야 한다. 다른 정보의 경우에도 대북위주의 정보수집보다는 동북아 주요 관심지역 전체를 대상으로 정보수집이 가능하도록 정보장비와 기술이 뒷받침되어야 한다.

〈그림 19〉 미래의 국가정보체계

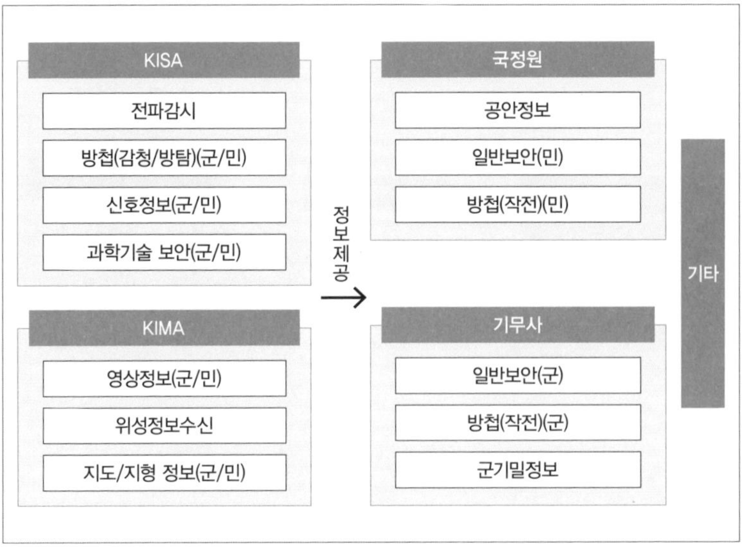

전략급 정보능력에 있어서는 대외국 신호정보체계, 지상과 우주에서의 우주감시체계, 고해상도 영상정보체계, 사이버 보안, 그리고 이를 뒷받침할 고급정보 전문인력과 기술력 확보가 필요하다. 전술급 정보능력에 있어서는 정보전과 전자전 수행능력, 휴전선과 해안선에 대한 경계자동화와 무인감시, 정찰체계 등을 보강해야 할 것으로 판단된다.

보다 구체적으로 분야별 육성전략은 다음과 같다.

현대전의 특성상 정보전과 전자전의 비중이 기동전과 화력전 중심의 재래식 무기를 상회한다는 점을 적극 고려해야 한다. 미국, 이스라엘, 대만, 중국 등은 별도의 대규모 전자전 부대를 두고 있고, 북한군도 총참모부 예하에 1개 전자전 연대와 전방 4개 군단에 각각 1개 대대의 전자전 부대를 편성한 것으로 알려져 있다. 우리도 육, 해, 공군별로 정보/전자전 부대 규모를 확대하고 정보장비 국내개발도 확대해야 한다.

동북아 다자안보체제 출범과 우리 군의 평화유지군PKO 역할 확대에 대비하여, 대외국에 대한 신호정보와 원정 정보작전능력을 보강해야 한다. 이를 위해 불특정위협에 대한 신호정보능력(지상/해상 신호장비 및 언어분석요원)과 대형상륙함(LPX)이나 무인기와 로봇 등을 탑재할 경항공모함용 중형 조기경보기(E-2C 등) 확충이 필요하다.

우주공간에 대한 위협감시를 위해서는 지상우주감시센터의 설치가 필요하다. 중국의 위성요격실험으로 필요성이 높아진 우주감시능력은 북한도 이미 보유하고 있는 능력으로, 한반도 주변에서의 우주실험과 분쟁에 효과적으로 대응하기 위해 우리도 지상우주감시센터를 보유해야 한다.

저고도 지구궤도Low Earth Orbit용 관측위성만으로는 동북아 광역감시능력을 갖출 수 없는 만큼, 이를 보완할 수단을 경제적으로 확보해야 한다. 예를 들어 한반도 주변과 동북아에서 장거리 유도탄 발사나 대규모 부대 이동, 전투기 발진 등을 신속히 감지하기 위해서는 통신위성 등에 탑재되는 정지궤도 조기경보위성IR/EO이 필요하다. 이를 위해 공군이나 합참에 우주사령부를 창설하는 것도 검토할 필요가 있다.

한편 휴전선/해안선에 대한 경계능력 보강과 실질적인 병력감축을 위해 지상 자동화 경계장비와 저고도 성층권 공중감시장비 설치를 확대해야 한다. 예컨대 함정용 무인정찰헬기(무소음 전기식)나 지상작전 및 함정용 유선무인헬기, 성층권 감시정찰무인기와 정찰로봇 등 군사혁신형 장비를 개발, 배치하는 것을 추진해야 한다.

고해상도 영상정보와 암호화 신호정보 관련 기술개발에도 박차를 가해야 한다. 2025년 이전에 1,000억 원 이상이 소요될 것으로 예상되는 금강/백두체계의 성능개량에 대비하고 정보기술 자주화를 위해 세계적 수준인 3~10cm급 해상도의 영상레이다Synthetic Aperture Radar 기술개발이 필요하다. 또한 데이터통신 암호화 추세에 따른 독자적인 신호정보 분석기술 개발도 지속적으로 필요하다.

마지막으로 정보전자기술과 특수지역 언어, 신호분석기술 관련 정보 전문인력을 육성해야 한다. 전체 장교양성 교육과정에 정보전, 전자전을 필수로 포함하고 정보 전문인력을 정책적으로 우대하고 육성할 제도를 마련해야 한다.

정보는 다양한 정보원(신호, 영상, 레이더, 영상, 인간 등)을 정보유통체계(수집→ 분석→ 전파→ 사용)별로, 그리고 다양한 고도별 플랫폼(위성, 무인기/항공기, 지상/수중 등)에 복합적으로 운용하는 것이 중요하다. 우리도 상당 부분 갖춰가고 있으므로 취약부분만 보완하고 가용한 예산과 인력을 집중하면 충분한 정보능력 구축이 가능할 것이다.

국방정보분야 연구개발능력 강화

국방정보분야의 경우 해외도입 위주의 '조기 정보전력화'보다는 이스라엘, 중국과 같이 국내연구개발을 확대해야 한다. 따라서 기술역량을 비축하는 것에 정책적 우선순위를 두고, 화력/기동전력 위주의 기존의 획득정책을 재조정하는 것이 필수적이다. 특히 수명주기가 길어 개발경제성이 낮고 기술적, 경제적 부가가치가 낮은 항공기, 함정, 차량과 같은 플랫폼보다는 교체주기가 짧고 기술적 진화속도가 빠른 정보탑재체의 국내개발에 집중 투자해야 한다.

군사용 정보장비의 연구개발은 수입대체뿐 아니라 방위산업과 일반

산업의 경쟁력을 크게 향상시키고 고급 일자리 창출에도 기여할 것이다. 이 분야는 대표적인 전략비밀기술로 분류되어 기술보호가 극심하므로, 우리의 우수한 과학기술 연구개발인력을 활용하고 국방벤처기업을 대거 육성, 참여시킨다면 조기에 성과를 거둘 수 있을 것이다.

한편, 휴전선/해안선 경계 자동화와 군사혁신형 무인기/정찰로봇 등의 확대로 기술군으로의 전환을 확고히 보장해 줄 필요가 있다. 국방개혁의 가속화는 군의 선진화와 정예화는 물론 전투력 강화에도 크게 기여할 것이다.

정보전략의 정책추진방안과 그 효과

정보기관 구조조정과 정보능력 확충을 위해서는 행정부와 입법부의 공동노력이 필요하다. 우선 청와대 국가안보실이 전략기획하여 국가안보전략지침을 개정하고, 국가안보장관회의를 중심으로 실행계획을 마련할 필요가 있다. 법 개정과 예산 조정 및 지원이 필요한 부분은 국회와 기획재정부 등 타 관련 부처의 협조가 필요하다. 한편 이 과정에서 미국과의 정책 협의도 필요한데, 국방, 정보, 외교 채널 등 다각도의 협조가 있을 수 있으나 국가안보실의 기획조정 하에 체계적으로 추진되어야 할 것이다. 이 추진을 경제적으로 하면서 전반적인 국내의 정보관련 연구개발 역량을 강화할 필요가 있으므로, 관련 연구기관(ADD, ETRI, KAIST 등 연구중심대학)과 기업의 적극적인 참여를 끌어내야 한다.

정보는 국방과 더불어 국가안보의 양대 기반이라고 할 수 있다. 외교와 통일, 국제정치는 이 기반 위에서 주도권을 가질 수 있다. 정보능력 확충을 통해 동북아 국제정치 상황이 아무리 급변하더라도 능동적으로 대처할 수 있으며, 자주국방과 평화통일, 한미동맹의 발전 등 우리가 추구해야 할 국익을 달성할 수 있다.

경제적인 효과도 기대할 수 있다. 정보능력 강화 과정에서 무인감시와 대테러 안전산업을 육성한다면 연간 10조 원대 규모의 시장을 확보할 수 있을 것으로 전망된다. 이는 연간 700조 원을 상회하는 세계 국방/항공우주산업에서 정보/전자전의 비중이 160조 원에 달하는 사례를 보더라도 가능성을 확인할 수 있다.

현대사회에 있어서 한 국가의 정보능력은 그 국가의 과학기술력과 경제력에 좌우된다. 우리는 세계적 수준의 IT 능력을 가지고 있으며 수출 규모면에서도 중국의 1/4, 미국과 독일의 1/3, 일본의 2/3에 달하는 무역대국이다. 이러한 산업능력을 정보분야에 접목하여 부족한 정보능력 확충은 물론, 세계 방산, 정보시장에도 적극 진출해야 한다.

국정원과 국방부의 정보능력은 일부 미국의 정보지원을 감안하면 현재로도 대북억제가 가능하며, 2025년경이면 불특정 위협에 대해서도 최소한 방위충분성 확보가 가능할 것으로 판단된다. 이 과정에서 미국과의 정보협력은 한미동맹의 강화, 발전이라는 측면에서 중요하며 앞으로도 협력수준이 고도화될 것으로 전망된다.

선진국 수준의 정보능력 확충을 바탕으로 동북아의 평화 중심국으로서 남북의 평화통일과 자주국방, 한미동맹의 발전, 그리고 자주외교를 실현할 수 있을 것으로 기대한다.

7장

경제분야 미래전략

1. 경제전략
2. 창업국가전략
3. 농업전략
4. 국토교통전략

1 경제분야 미래전략

경제전략

경제분야 미래전략을 세우기 위해서는 먼저 30년 후의 한국경제에 영향을 미칠 미래사회, 기술, 산업, 환경, 인구, 정치, 자원 등의 주요요소를 살펴보아야 한다. 이 요소들이 30년 후의 한국경제를 어떻게 변화시킬 것인지 예상하고, 이러한 미래변화에 어떻게 대응할 것인지 준비해야 한다. 현재의 변화속도를 고려하면 30년 후의 세계와 대한민국은 모든 부문에서 지금과는 완전히 다른 모습을 보일 것이다. 과거 역사에서 보아왔듯이 변화는 기회와 위기라는 양면성을 갖고 있다. 특히 미래에는 과학기술의 발달에 의한 교통과 통신의 혁신으로 시간과 공간의 제약이 점차 없어지고, 세계화가 가속화되면서 전 세계의 경제주체가 유사한 조건에서 경쟁을 하게 될 것이다. 이러한 상황에서 국가가 살아남고 번영하는 데 필요한 핵심역량은 변화하는 환경에 얼마나 빠르고 효율적으로 대처하는가에 달려 있다. 따라서 미래의 변화를 예측하고 적절히 준비, 대응하는 것은 대한민국 경제발전과 미래를 위해 매우 중요한 요소라 할 수 있다.

미래경제에 영향을 미치는 요인들

미래에는 디지털생태계가 완성되어 사물인터넷, 가상현실기술, 로봇, 인공지능기술 등을 이용하여 온라인과 오프라인, 유선과 무선, 가상세계와 현실세계가 하나로 융합되는 새로운 세계가 도래할 것이다. 더욱 발전된 나노기술과 바이오기술, 인지과학은 인간생활에서 로봇의 활용을 더욱 확대시킬 것이다. 현실과 가상세계가 보다 가까워지고 가상현실 속에서 새로운 일자리와 경제적 기회가 창출되기도 할 것이다. 이러한 변화는 산업사회와 정보화사회를 거치면서 더욱 가속화되고 있으며, 이러한 상황에서 국가든 개인이든 디지털 기술혁신의 변화를 반영한 미래전략을 수립하고 실천하는 것이 중요해지고 있다.

또한 사회적으로 ICT(정보통신기술)의 지속적인 발전은 노동시장의 구조를 변화시켜 인간의 단순노동력을 필요로 하는 일자리는 계속 줄어들 것이며, 이에 따라 근로시간 단축 등 잡 셰어링Job sharing이 점차 확대되거나 집약근무제 등 유연근무제가 확산될 것으로 예상된다. 도시와 그 밖의 지역 간에, 그리고 지식노동자와 비지식노동자 간에 임금격차가 확대될 것이며 계층 간의 임금격차 확대에 따른 부의 편중화가 더욱 가속화될 것으로 전망된다.

산업에 있어서 지난 50년 동안 지속되어온 '정보화사회'가 보다 심화되어, 모든 상품과 서비스가 고객의 특성에 맞추어지는 개인화로 갈 것이다. 대부분의 선진국과 선진국에 근접하고 있는 나라에서는 펀Fun 산업이 급격히 발달해 게임, 영화, 음악, 여행과 같이 즐기는 분야에 보다 많은 지출을 할 것이다. 30년 후 사람들의 주 관심사는 어떻게 하면 더 많은 돈을 버는가보다는 어떻게 하면 주어진 시간을 즐겁게 보내는가가 중요해질 것으로 예상된다. 이러한 변화는 산업구조에 영향을 미쳐 행복산업이 미래의 주요산업으로 부상할 것으로 예상된다.

대한민국 국민의 평균수명은 지속적으로 늘어나 저출산과 함께 세계에서 노인인구의 비중이 매우 높은 초고령사회가 예상되며, 실버산업과 같은 노인산업이 크게 발전할 것이다. 따라서 사회, 경제, 정치, 문화의 중심축이 청년층, 장년층에서 보다 나이가 많은 세대로 옮아갈 것이다. 예전보다 부유하고 건강하고 지식과 경험이 많은, 이들 노년층의 영향력은 그 어느 때보다도 커질 것이다. 세계 인구는 아시아와 아프리카를 중심으로 성장이 예상되며 대부분의 선진국 인구는 감소가 예상된다. 특히 대한민국 인구는 2030년 이후 감소하기 시작하여 2040년대 중반에는 그 속도가 빨라질 것이다. 이에 따라 단순노동의 경우 지금도 동남아 등지의 외국인 노동자가 대체하고 있으나 30년 후에는 이러한 현상이 더욱 보편화되어 실질적인 다문화국가로 자리잡을 것이다

국제적으로는 미국의 패권국가로서의 영향력과 역량은 점차 감소하겠지만 그렇다고 이를 온전히 대체할 다른 국가가 나타나기도 쉽지 않을 것이다. 경제력 측면에서는 중국이 미국과 대등한 위치를 차지할 것으로 예상된다. 뿐만 아니라, 경제적 활기가 떨어지는 유럽과 성장이 둔화된 미국을 대신해서 늘어나는 인구와 ICT와 같은 기술의 평준화 혜택을 입은 아시아가 빠르게 세계경제의 중심으로 부상할 것이다. 이들 국가에서 급속히 늘어나는 중산층은 세계 소비의 상당 부분을 차지하리라 예상되며, 이로 인해 이들 국가들은 세계경제의 중심으로 더욱 발전할 것이다.

해결해야 할 과제들

저출산에 따른 인구의 감소와 고령화는 미래 대한민국 경제의 큰 걸림돌이 될 전망이다. 의학발달과 생활환경의 개선으로 인한 수명의 연장은 노인인구와 사회보장기금의 부담증가로 이어져 경제성장에 부정적인 영향을 미칠 것이다. 결혼 기피, 직장 감소, 보육비, 교육비의 증가 등으로 인한 출산율의 감소는 미래에도 더 나아지지 않을 것이다.

대한민국 경제는 수출중심의 경제구조로, 수출의 대부분을 중국, 미국과 같은 몇 몇 국가에 크게 의존하고 있다. 특히 중국에 대한 무역의존도가 심화되고 있는 바, 앞으로 불투명한 중국 경제상황과 미국, 일본, 유럽의 경제성장 둔화 속도를 고려하면 이는 상당히 위험한 무역구조이다. 또한 대기업 중심의 산업구조, 그리고 수출에 지나치게 의존하는 경제구조는 미래의 경제위기에 취약성을 더하고 있다.

전기전자, 자동차, 조선 위주의 제한된 상품수출 구조는 일본, 중국과의 끊임없는 경쟁을 필요로 한다. 그동안 기술력이 우리보다 높은 일본에 대해서는 추격형전략으로, 기술력이 낮은 중국에 대해서는 고품질로 우위를 지켜왔으나 이러한 현상은 오래 지속될 수 없다. 비슷한 산업 및 무역구조를 가진 동북아 3국 간의 치열한 수출경쟁은 계속 심화될 전망이다. 한편, 남북의 평화정착 과정에서 남북의 경제협력은 상당한 경제적 기회를 제공할 것으로 전망된다. 북한의 저렴한 노동력, 풍부한 지하자원, 확대된 내수시장과 함께 평화정착 후 북한지역에 대한 투자편익 등을 고려할 때 평화와 통일의 장기적 전망 및 성과는 충분히 긍정적이다.

정보화가 성숙되면서 노동시장의 근본적 개편이 예상된다. 특히 금융, 미디어부분은 스마트 기기와 같은 ICT기술로 인하여 급격한 일자리 감소가 예상되고 있다. 가상현실기술과 서비스의 개인화로 인하여 고객의 접점은 오프라인에서 온라인으로 옮아갈 전망이다. 다양한 방식으로 개인화된 매체가 기존의 방송사, 신문사 등의 대형 매체를 대체하여 이 분야 노동시장의 쇠퇴가 예상된다.

뿐만 아니라, 환경악화로 인한 환경유지 부담은 경제발전에 걸림돌이 될 것이다. 탄소배출권 등과 같은 환경보호 관련 국제적 규제와 제제가 강화되어 제조업 등 에너지 다소비 산업에 큰 장애가 예상된다. 또한 지구의 화석에너지는 잔존 매장량 감소, 환경규제 등으로 인하여 전체 에너지 중 차지하는 비중이 갈수록 떨어질 전망이다. 화석에너지를 대체할 대체에너지 기술개발은 선진국과의 힘겨운 경쟁이 예상된다. 태양광발전의 경우, 이미 중국 등 주요 국가가 독점적 우위를 확보하고 있다.

미래를 위한 전략과 기조

이러한 미래변화 속에서 한국경제가 해결해야 할 주요과제는 포괄적 차원의 '경제민주화'와 '창조경제' 두 가지로 요약할 수 있다. 속도와 효율이라는 산업화 경제의 적지 않은 폐해와 한계들이 분명한 속에서 한국경제의 체질 개선과 질적 고양을 위해서는 경제민주화는 더이상 미룰 수 없는 과제다.

국가 차원의 전체 기업에 대한 균형정책과 법제도, 조세정책에 있어서의 경제민주화뿐만 아니라 기업 차원에서도 경제민주화의 토대들을 닦아야 한다. 기업들은 경제민주화를 위해 '공동가치창출' 전략이 필요하다. '공동가치창출'이란 기업이 혁신과 창의를 통해 수익성을 높이면서도 사회문제 해결에도 기여해 기업의 경제, 사회적 가치의 총량을 높이는 것이다.

창조경제 또한 한국경제의 구조적 저성장 탈피와 질적 도약을 위한 방안으로 제시되는 전략이다. 창조경제는 에디슨형과 게이츠형 두 가지로 대별되는데 에디슨형은 원천기술에 집중하는 것이고 게이츠형은 마이크로소프트MS사의 오피스 소프트웨어, 애플Apple사의 아이폰iPhone과 같이 기존 기술을 융합하여 보다 높은 가치를 창출하는 것이다. 한국적 창조경제에는 게이츠형 전략이 보다 적합한 전략으로 평가된다. 글로벌 경쟁력을 가진 ICT와 디지털 기술, 생명공학 등의 선도적 기술력들을 추격형의 전통적인 전략산업들과 융합함으로써 게이츠형 창조전략을 구현할 수 있을 것이다. 미래 한국경제와 기업경쟁력 강화 전략은 경제적 차원의 육성을 넘어 국가와 사회 전체의 경쟁력을 높이면서, 장기적으로 지속가능할 수 있어야 한다.

구체적인 전략기조는 다음과 같다.

- 여성노동력과 노인인구의 적극적 활용, 정년제의 연장이나 폐지, 해외 노동자 고용확대 등으로 노동력 부족 문제를 해결해야 한다.
- 새롭게 부상하는 저개발국가로 판로를 넓혀 수출시장을 다각화하고첨단기술 중심, ICT 중심, 한류 문화중심의 부가가치가 높은 선진국형 품목으로 수출품목을 다양화해야 한다.
- 제3섹터, 사회적 기업 등 대안적 고용기회를 확대하고 근무시간, 근무방법 등을 다양하게 도입하여 유연근무제를 확대해야 한다.
- 펀Fun산업, 행복산업의 발전을 위해서는 스티브 잡스나 빌게이츠와 같은, 국제적 경쟁력과 공학적, 인문적 창의성을 고루 겸비한 창

의적인 인재 육성을 위한 교육 혁신이 필요하다.

- 친환경산업 중심으로 산업구조를 개편하기 위해 풍력, 조력, 태양열 등과 관련된 다양한 대체에너지 산업 육성이 필요하다.
- 남북의 평화정착 이후 경제공동체로 발전해가는 과정에 효과적으로 대비, 연착륙Soft landing할 수 있도록 해야 한다. 경제적 통합을 효율적으로 추진하는 것과 함께 정치, 사회적으로 통합을 원활히 추진함으로써 경제공동체의 평화효과를 극대화할 수 있도록 준비가 필요하다.

대외 경제전략과 국내 경제전략

30년 후 미래경제전략을 위해 인재People, 상품Product, 시장Place의 3개의 요소로 대외 경제전략을 생각해볼 수 있다.

우선 인재People의 관점에서 하이테크 상품개발에 필요한 기술을 가진 과학 인력과 이를 창의적으로 상품, 서비스 개발에 응용할 수 있는 창의적인 인재 육성이 필요하다. 국내에 체류하는 해외 유학생들을 이용하여 노동력 문제를 해결하며 이들을 해외수출에 전략적으로 활용해야 한다. 상품Product의 관점에서 전자, 자동차, 조선 등의 전통적 품목에서 벗어나야 한다. 특히 부가가치가 높고 환경에 해를 주지 않는 문화와 한류를 결합한 수출 품목이나 하이테크 기술상품 또는 ICT 중심의 지식 연계상품의 중점개발이 필요하다. 이러한 기술들을 펀Fun산업, 행복산업에 응용/융합해야 한다. 마지막으로 시장의 관점에서 시장의 다각화를 모색해야 한다. 특히 미래경제의 중심이 될 아시아시장을 중점 개발/확대하는 것이 중요하다. 또 중국과 일본 한국 경제를 통합하는 새로운 동북아연합New Asia을 만드는 데 핵심 역할을 하는 것도 필요하다.

국내 경제전략은 사람people, 산업industry, 환경과 에너지environment, 디지털생태계IT Ecosystem의 4개 요소의 관점에서 대략적인 방향성을 제시할 수 있다.

사람의 관점에서는 부족한 인력을 보충하기 위해서, 정년연장이나 폐지 등을 통한 노령인구의 활용, 여성인구의 활용, 우수한 해외 인력의 활용 등을 적극 추진해야 한다. 산업적인 측면에서는 제2의 디지털 산업혁명을 통하여 새로운 산업을 개발해야 한다. 특히 디지털 기술을 기반으로 한 펀산업, 행복산업을 활성화해야 한다. 또한 노인 중심의 실버산업 육성이 이루어져야 한다. 환경과 에너지 관점에서는 국제적 환경규제에 대비해 친환경산업을 육성하고 다양한 대체에너지 개발을 추진해야 한다. 마지막으로 디지털생태계 관점에서 미래경제의 역량은 전적으로 디지털생태계에 의존한다. 디지털생태계가 얼마나 잘 구축되어 있느냐가 그 나라 경제의 핵심 경쟁력이 될 것이다.

국가 미래경제전략의 전체 구도를 시스템과 산업, 복지, 거시경제(재정) 관점에서 전략적 과제들을 제안하면 다음과 같다.

첫째, 시스템적 측면에서 '개방과 다양성' 확대전략이다. 여기에는 경제민주화의 확대를 비롯해 고령, 여성, 외국인 노동인력 확대와 글로벌 경제로의 경제개방 확대 등이 포함될 수 있다. 개방화, 글로벌화는 트렌드이자 대세다. 이러한 변화에 능동적으로 부응하는 전략이 필요하다.

둘째, 산업적 측면에서 '혁신생태계 조성과 소프트 혁신'이다. 여기에는 대중소기업 상생적 생태계 중심, 제조와 서비스 융합형 산업 중심, 혁신밸류체인 중심, 서비스 혁신 중심 등이 포괄될 수 있다. 지속가능한 안정적 경제는 상생과 공존의 원칙이 기본이다.

셋째, 거시경제 측면에서 '균형추구 재정과 조세' 추진이다. 무엇보다 적극적 양극화 해소를 위한 조세정책과 보수적 재정정책, 시장활성화 등이 제기된다. 양극화 문제를 해소하지 않고서는 안정적 미래경제는 불가능하다. 적절한 분배 정책으로 부의 과도한 세습을 방지하여야 한다. 부가 세습되면 신분 이동의 가능성이 줄어들고, 젊은이들은 희망을 잃고 사회는 불안하게 된다.

넷째, '복지 및 복지산업 확대'다. 차별화 된 복지정책의 확대, 사회안전보장제도의 확대, 복지의 산업적 접근 확대 등이 복지확대 담론에 포함될 수 있을 것이다. 복지확대는 결국 선순환 경제의 기본토양이자 가장 확실한 경제투자다.

미래를 위한 정책과 주목해야 할 것들

이러한 전략 하에서 미래의 주요정책은 크게 다양화, 안정화, 선도화 3가지 관점에서 제시할 수 있다.

다양화는 노동인구의 다양화(노령인구, 여성, 외국인), 수출의 다양화(수출 국가, 수출 품목, 중소기업의 수출 증가), 내수 진작으로 수출 중심의 GDP 비중을 낮추고(수출편중 완화), 에너지원의 다양화(태양광, 풍력, 조력 등) 등이 중요한 정책적 방향이다. 안정화는 평화의 제도화, 즉 실질적 통일 상황까지의 경제 안정화(통일 전까지 연착륙하기 위한 경제, 사회, 문화, 정치적 교류 확산)가 주요하게 자리한다. 이외에 자원 안정화(국제교류 확산을 통한 다양한 자원공급 확보에 따른 자원조달의 안정화), 계층 간 부의 양극화 해소를 통한 사회의 안정화와 잡 셰어링, 유연근무제 확대 등을 활용한 고용의 안정화 등도 정책적으로 추진하는 것이 필요하다. 그리고 혁신적 디지털생태계 구축을 통해 산업 경쟁력 강화와 산업 선도화를 추진하고, 새로운 산업, 기술을 시도할 수 있는 산, 학, 연 협력생태계를 구축하며, 한중일 3국 경제를 결합하는 동북아연합을 선도하는 것이 필요하다.

미래를 위한 정책적 요소로서 특히 주목해야 할 부분은 다음과 같다.

첫째, 노년, 여성인구의 적극적인 경제적 활용Silver&Female Labor이다. 급속히 늘어나는 노령인구는 감소하는 대한민국 전체 인구문제를 해결하는 하나의 방편이 될 수 있다. 50대 초중반에 은퇴하는 퇴직자들 대부분은 계속 일하기를 희망한다. 이들의 지식을 활용하려는 움직임이 미국 GE의 'Anchor' 제도, 삼성의 '성우회' 사례에서 소개되고 있다. 퇴직 근로자의 지식을 활용하거나 임금피크제를 통해서 정년을 연장하는 것이 미래 국가경제의 경쟁력에 기여할 것이다. 이들이 경험을 통해 축적해온 지식의 활용은 지식기반 경제에 커다란 기여를 할 것이며, 노동력 부족을 보충할 것이다. 더불어 급격히 진행되는 초고령 사회에서의 연금 고갈 문제를 해결하는 데도 도움을 줄 수 있다. 또한 실버산업은 새롭고 다양한 일자리를 창출하며 앞으로 새로운 블루오션 산업이 될 전망이다. 여성인력을 경제활동인구로 적극 활용하는 것도 중요한 축이다. 여성인력의 적극적 활용은 부족한 노동력 해소에 기여하며, 가족의 평균소득 향상, 은퇴 후 재정적 준비에도 상당한 기여를 할 것이다. 이를 위해서는 결혼과 출산이 지속적 경제 활동에 문제가 되지 않도록 해야 한다.

둘째, 국제적 교류의 확산Extending Global Exchange이다. 평화정착과 통일 이후 경제의 안정적 제도화를 위해서도 경제, 사회, 문화, 정치적으로 지속적인 교류를 통해 남북의 격차를 줄여야 한다. 남북 간의 다방면에서의 지속적 교류는 동질적 문화의 점진적 회복과 경제적 격차를 좁혀 통일 이후에 야기될 다양한 문제를 미리 예방할 수 있다. 또한 국제적 교류 확산을 통한 자원공급 확보에 주력하여 공급처를 다각화하고 자원 조달의 안정화를 도모해야 한다. 글로벌 경제전쟁에서 꼭 필요한 인력의 확보도 매우 중요하다.

셋째, 환경과 에너지 산업Green and Energy이다. 산업구조를 보다 친환경 구조로 가져가야 하며 다양한 친환경 산업을 육성해야 한다. 이는 미래에 있을 국제적 규제에 대비하는 측면도 있지만 국가경제의 경쟁력 강화에도 중요한 사항이다. 다양한 대체에너지의 개발은 미래에 폭등할 수 있는 에너지 비용을 안정시켜 경제의 안정과 산업경쟁력 기반을 제공한다.

친환경 산업으로의 산업구조 전환은 국제 환경규제 문제를 해결해 주기도 하지만 우리 국민들의 행복에도 기여할 것이다. 다양한 신재생에너지의 개발은 미래에 폭등할 수 있는 에너지 비용을 안정시켜 국가경제의 안정화와 국가 경쟁력을 동시에 제공할 것이다.

넷째, 디지털생태계 조성을 통한 경제역량 강화가 필요하다. 기업의 생존은 기업의 성장보다 더 우선적인 문제다. 따라서 경제의 핵심은 빠르게 변화하는 미래환경에 얼마나 기업이 잘 적응해서 생존하는가가 핵심이라 할 수 있다. 디지털생태계는 변화하는 미래환경에서 기업의 생존과 발전을 결정하는 핵심요소이다. 지식의 효과적인 활용, 기업간 협업, 위기의 조기 감지, 기회의 포착 등을 통해 빠르게 변화하는 미래환경에서 기업이 생존, 발전하는 데 기여할 것이다. 또한 디지털생태계는 오늘날 산업의 핵심기반으로써 융합과 생산성 향상의 기본요소이다.

미래에는 하이테크, ICT를 이용하여 창의성, 꿈, 상상력에 기반을 둔 부가가치가 높은 상품과 서비스가 주요 수출상품, 서비스가 될 것이다.

다섯째, 미래 신경제와 창의적 융합인재 양성Creativity and Convergence이 매우 중요하다. 세계적 경쟁력이 있는 인재 양성을 위해서는 보다 창의적인 교육이 초, 중, 고, 대학에 요구된다. 미래의 인재는 계산을 잘하거나 암기를 잘하는 인재가 아닌, 창의성, 꿈, 상상력이 풍부한 사람들이다. 대학과 같은 고등교육은 산, 학, 연 연계를 통해 보다 실용적이고 다양한 융합 기반 상품과 서비스를 창조해야 한다. 이를 위해서는 현재의 교육시스템을 개별학습, 가상교육, 실시간교육 등을 활용하여 대대적으로 개혁할 필요가 있다.

여섯째, 노동경직성을 해소하고 노동안정성을 확보해야 한다. 고용경직성이 높은 것은 외국 기업이나 대기업이 국내투자를 꺼리는 원인의 하나로 비정규직 고용의 원인이기도 하다. 비정규직 문제는 국가차원의 양극화와 갈등요인으로 근본적 대책이 필요하다.

앞으로 30년은 기회

그동안 한국은 우수한 인적자원을 토대로 경제발전을 이룩했고 이 경제발전이 정치, 사회의 발전을 유도하는 식으로 전체적 국가발전을 일구어 냈다. 더불어 범국가적 차원에서 본격적인 한반도 평화와 통일시대를 준비해야 할 시점에 와 있다. 거기다 중국을 비롯한 동북아가 세계경제의 중심지로 부상하고 있다. 평화정착을 통한 실질적 통일이 실현되면 북한지역의 값싼 노동력과 풍부한 지하자원의 이용이 가능해지는데다 육로를 통해 시베리아는 물론 유럽까지 진출이 훨씬 수월해진다. 지구온난화의 영향으로 북극항로 운항이 가속화될 경우, 우리에게는 물류 측면에서 상당한 혜택이 돌아올 수 있다. 이런 점을 고려할 때 앞으로 30년은 분명 우리 한국에게는 기회의 시기가 될 것이다.

이런 좋은 기회를 놓쳐서는 안 된다. 미래에 전개될 각종 기회를 우리에게 유리하게 확보하고 인류에 보탬이 되는 방향으로 접목시키는 것은 결국 우리가 해야 할 몫이다. IT산업의 발전을 대한민국이 선두에서 이끌어 왔듯이 더욱 발전된 새로운 세상을 만드는 일을 우리가 못할 이유가 없다. 골드만삭스가 예측한 1인당 평균국민소득 세계 제2위의 대한민국이 그렇게 먼 세상의 이야기가 아닐 것이다.

2

경제분야 미래전략

창업국가전략

지속적으로 국부를 창출하기 위해서는 인력, 자원, 자본, 기술 등의 생산요소도 필요하지만 효율적이면서도 공정한 시스템과 역동성이 더욱 중요하다. 신기술을 사업화하고 새로운 산업을 일으키려면 새로운 기업이 탄생하고 성장해야 하는데 이를 위해서는 공정한 환경과 공평한 기회가 필수적이기 때문이다. 현재 우리나라는 선진국 수준의 경제발전을 이룩했지만 추격형Fast follower 성장전략은 이미 한계에 다다랐고 압축성장을 주도했던 대기업과 재벌은 이제 더이상 국부를 창출하기 어려울 뿐 아니라, 오히려 경제력 집중으로 인한 사회적 문제를 일으키고 공정한 경쟁을 저해하고 있다.

우리나라가 장기적으로 성장하기 위해서는 미국 실리콘밸리와 같이 세계적인 벤처기업이 탄생할 수 있는 창업생태계가 구축돼야 한다. 이를 위해서는 국민의식의 변화, 기업가정신교육, 공정사회와 같은 환경이 필요하고, 고급인력 유치, 국가과학기술정책의 개혁, 자금시장 여건 개선, 법률서비스 인프라 확충 등이 필요하다. 여기서 말하는 창업은 고부가가치를 창출하는 혁신형 창업을 가리킨다.

기업가정신과 벤처기업

우리나라는 모든 면에서 지극히 열악한 조건 속에서 한국전쟁의 잿더미를 딛고 불과 50년 만에 경이로운 경제발전을 이룩했다. 우수한 민족적 잠재력과 열망의 토대 위에 정부 주도의 경제계획은 성공적이었다. 선진국 산업을 벤치마킹하고 선진기술을 습득하여 모방제품을 저렴하게 생산하고 개량해나가는 전략이 주효했고, KIST 등 정부출연연구소와 수출산업을 일으킨 대기업의 공로가 컸다. 그러나 이제는 우리가 국제적으로 선두주자 역할을 하고 있으며, 그동안 우리가 구사해왔던 추격형 성장전략은 이제 중국이 우리나라를 따라잡는 전략이 되고 있다.

아직은 중국과 인도의 경쟁력이 주로 저렴한 노동력이지만 머지않아 창의성, 혁신성이 그들의 경쟁력이 될 것이다. 미국에서 유학한 고급 두뇌들 그리고 미국 첨단산업에서 일하고 있는 수많은 중국인, 인도인들이 자국 내에서 기회가 생기는 대로 속속 귀국하여 그들의 역량을 십분 발휘하고 있다. 이미 알리바바, 바이두, 텐센트와 같은 신생거대기업이 출현하고 있으며 이들은 다시 신생기업에 적극적으로 투자하고 있다. 영어 문화권인 인도는 우수한 두뇌를 바탕으로 소프트웨어, IT 산업에서 더욱 두각을 나타낼 것이다.

산업화의 선두주자로 풍요를 누리던 미국과 유럽의 선진국들은 아시아의 추격에 덜미를 잡히면서 예전과 같은 여유를 누릴 수 없게 됐다. 결국 기존 선진국들은 다시 창업Start-up, 기업가정신Entrepreneurship

을 강조하며 새로운 기업을 창업하고 새로운 산업을 개척할 것을 독려하고 있다. 자본주의 사회가 창업가Entrepreneurialism 사회로 전환되고 있는 것이다. 정보와 기술의 확산 속도가 빠르고 국가 간 자본과 자원의 이동이 원활한 세계화시대에는 아무도 선두자리에 안주할 수 없다. 기업의 성패는 얼마나 더 새로운 경지, 더 높은 경지를 더 빨리 개척해 나가는가에 달려 있고 국가의 경쟁력은 어떻게 좋은 환경을 조성하여 창조적 기업이 더 성장하고, 활성화될 수 있을 것인가에 좌우될 것이다.

신기술을 사업화하고 새로운 산업을 일으키는 주역은 벤처기업이다. 잘 알려진 세계적 대기업들도 초기에는 벤처기업이었다가 시장이 커지면서 외형이 커진 사례들이다. 최근 혜성처럼 나타난 애플, 구글, 아마존 등은 물론, 전기전자산업을 일으킨 지멘스, 화학산업을 일으킨 BASF, 자동차산업을 일으킨 포드, 항공기산업을 일으킨 보잉, 복사기산업의 제록스, 정밀세라믹의 교세라 등이 그러한 예이며 이들은 이름만 들어도 주력업종이 무엇인지, 어떤 경쟁력을 가지고 세계적 대기업이 되었는지 바로 알 수 있다.

그러나 우리나라는 소수의 대기업 중심으로 중화학공업 등 중후장대형 장치산업을 추구해왔다. 현재 이들 산업은 전 세계적 에너지 문제, 환경문제에 그대로 노출되어 갈수록 여건이 악화되고 있다. 또한 앞으로 다가오는 고령화사회에 대처하기 위해서는 1인당 생산성이 현격히 높아져야만 한다. 우리나라의 생산가능인구는 지속적으로 증가하다가 2016년을 정점으로 급격히 줄어들 것이다.

따라서 대한민국의 미래를 창조하고 성장을 지속하기 위해서는 소수의 대기업, 특히 에너지와 자원을 해외에 의존하는 산업구조에서 탈피하여 저에너지, 자원절약형 강소기업위주로 고부가가치를 창출하는 산업구조로 전환시켜야 한다. 독일의 히든챔피언Hidden champion과 같이 글로벌 경쟁력을 가진 과학기술집약형 중소기업이 국가경제의 중심이 되어야 한다. 이러한 글로벌 강소기업이 출현하고 성장하면 고부가가치를 창출할 수 있고 고용효과가 높아 경제민주화에도 큰 기여를 할 것이다. 그 동안 정부와 대기업이 주도해온 추격형 경제성장 모드에서 기업가정신과 벤처기업이 새로운 산업을 창조하는 선도형 경제성장 모드로 전환이 필요하다.

창업생태계가 필요하다

우리나라에서도 1996년 코스닥이 설립되었고 1997년 IMF 외환위기를 맞으며 벤처기업특별법을 제정하는 등 창업을 장려하는 여러 정책이 시행되었다. 벤처기업 붐이 일면서 대학을 갓 졸업한 사람들, 그리고 대기업에서 근무하던 고급 인재들이 대거 창업대열에 합류했다. NHN, 넥슨, 아이디스 등 성공적인 벤처기업들이 탄생했고 휴맥스, 주성엔지니어링, 안랩 등 초기 벤처기업이 코스닥에 상장하며 성장에 탄력을 받았다. 그러나 일부 부도덕한 사이비 벤처기업가들이 횡령, 주가조작 등으로 물의를 일으키자 정부는 2002년 '벤처기업 건전화 방안'을 만들어 부작용을 방지하는 정책을 폈는데, 그것이 결국 벤처기업의 성장을 억누르는 효과를 보였다. 코스닥이 거래소와 통합되었고 스톡옵션제도Stock option가 그 기능을 상실하게 되었다.

2000년대 초반 벤처거품이 꺼진 이후 한국의 벤처 생태계는 어려운 환경을 겪어 왔으며, 이후 10여 년간 이렇다 할 벤처기업이 등장하지 못하고 있다. 이는 미국에서 IT버블이 꺼진 후에도 지속적으로 우량 벤처기업이 탄생하고 성장하여 다시 나스닥 지수를 끌어올린 것과 크게 대조된다. 한국과 미국의 50대 대기업을 비교해보면 미국의 경우 1970년 이후 등장한 신생기업(애플, MS, 월마트, 구글, 인텔, 오라클, 버라이존, 아마존, 퀄컴, 시스코, 홈디포, 페이스북 등)이 대거 포진해 있는 반면 한국은 거의 모든 기업이 1960년대 이전에 설립된 기업들이거나 이들로부터 파생된 기업들이다.

지속적으로 글로벌 강소기업이 태어나고 성장하려면 우선 사회적 여건이 조성되고 창업생태계가 개선되어야 한다.

도전적 기업가정신으로 무장한 청년창업은 물론이고 사내창업을 통한 중년창업과 상대적으로 부족한 여성창업의 활성화를 위한 제도 개선이 필요하다. 특히 청년창업을 활성화하기 위해서는 교육정책의 개혁이 중요하다. 또한 실패 후에 쉽게 재도전을 할 수 있는 획기적인 제도 마련과 우수 인력 확보를 위한 스톡옵션제도 보완 등이 선행되어야 한다.

무형자산이 기업가치의 90% 이상을 차지할 미래에 선도적 성장전략의 핵심적인 요소는 지식재산이다. 지식재산의 뿌리에 해당하는 기초과학과 원천기술의 연구개발의 중요성을 인지하고 강화할 수 있는 과학기술 정책의 개혁이 필요하다. 또한 대기업에 비해 혁신역량이 우수한 과학기술 기반의 벤처기업의 우수한 지식재산의 창출은 물론이고 보호와 육성이 무엇보다 중요하다. 이를 위해 현행 지식재산 관련 법규의 개정이 시급히 요구된다.

우리나라는 지난 50여 년간 국가가 정책적으로 대기업을 육성하면서 압축 성장을 이룩하였고, 이로 인해 대기업이 국가경제에서 차지하는 비중이 압도적으로 커지게 되었다. 이러한 대기업 중심의 경제성장은 한국의 경제를 빠르게 성장시키는 데 일조한 반면, 대기업의 시장, 정보, 기회의 독점으로 중소기업의 성장을 저해하는 부작용을 초래했다. 따라서 공정한 경쟁 환경을 만드는 것이 시급하다. 시장을 감시하고 견제하며, 대기업과 중소기업이 개방형 혁신을 통해 동반성장할 수 있는 '경제민주화'를 추진하여 창업국가의 토대를 마련해야 한다.

창업국가를 만들기 위한 전략

첫째, 우수한 인재들이 창업에 도전하고 합류할 수 있는 사회적 분위기와 여건을 조성해야 한다. 둘째, 신생기업의 성장을 방해하는 불공정 행위를 제대로 단속할 수 있도록 관련 법규를 개선해야 한다. 셋째, 글로벌 경쟁력을 가진 강소기업이 태어날 수 있도록 과학기술정책과 교육정책을 개혁해야 한다. 넷째, 벤처기업인들의 경영역량, 마케팅 역량을 선진국 수준으로 끌어올려 독자적인 세계시장 개척이 가능하도록 해야 한다.

교육정책 개혁

먼저 대학교육 개혁이 필요하다. 교육/연구/창업 삼위일체 창업국가를 위해 고려해야 할 중요한 요소가 대학교육정책이다. 현재 우리나라의 이공계 대학교와 교수들은 논문, 특허 등 연구실적으로 평가받는다. 논문을 위한 논문, 사장되는 장롱 특허가 무수히 생겨나는 원인이다. 사업화가 가능한 새로운 기술, 산업현장에서 필요로 하는 기술위주의 연구개발을 하도록 평가기준이 바뀌어야 한다. 또 연구뿐 아니라 대학의 교육기능도 강화되어야 한다. 우리나라 대학교육의 사회부합도가 매우 낮다는 것은 주지의 사실이다. 40세 전후에 교수 개개인의 연구개발 능력을 가늠하여 연구개발 실적이 부진한 교수들은 연구 대신 교육에 치중하도록 교수평가 제도를 개선하는 것이 필요하다. 나아가 대학의 커리큘럼, 연구문화를 바꾸어 기업에서 필요로 하는 실무에 강한 인재, 전공지식뿐 아니라 의사소통 능력, 리더십 등을 두루 갖춘 인재가 배출되도록 해야 한다.

현재의 우리나라 대학은 교육과 연구가 대학의 양대 이념이 되어 있지만, 역할이 바뀌어야 할 시점에 도달했다. 지식창의시대가 도래하면서 대학은 사회의 중심으로 떠올랐다. 지식을 생산하는 곳이 대학이기 때문이다. 자연스럽게 대학은 지식산업을 육성해야 하는 과제를 떠안게 되었다. 이러한 사회 환경의 변화에 따라 이제 대학은 새로운 지식의 발굴과 함께 이를 기업화 하는 과정인 '창업'의 역할을 새롭게 담당해야 한다. 시대를 앞서가는 대학은 교육과 연구를 창업과 분리해서 생각할 수 없게 되었다. 대학에서는 창업을 위한 교육, 창업을 위한 연구, 또는 역으로 교육과 연구에 도움이 되는 창업이 대학의 이념이 되어야 한다. 즉 '교육, 연구, 창업'이 '삼위일체'가 되어야 하는 것이다. 미국의 실리콘밸리는 스탠포드대학과 버클리대학이 주도하여 만들어진 곳이다. 특히 스탠포드대학의 창업 활동은 놀랍다. 스탠포드대학의 졸업생, 학생, 교수가 창업한 회사가 4만 개에 이르고, 이들이 올리는 연매출액은 2조 7천억 달러(약 3천조 원)로 세계 경제규모 5위인 프랑스의 GDP와 맞먹는다. 우리나라의 GDP인 1조 2천억 달러의 두 배가 넘는 규모다. 국가경제와 창조경제를 위해서 대학의 역할이 얼마나 중요한지 알 수 있다. 우수한 인력이 대학으로 몰려들고, 그 속에서 배워 사회로 나간다. 대학 시절 주위에 창업하는 사람이 많으면, 창업은 별거 아니구나 생각하고 어렵지 않게 도전하게 된다. 대학 시절에 창업은 특별한 사람들만이 할 수 있는 일이라고 배우면 도전이 어려워진다. 대학이 교육, 연구, 창업이라는 삼위일체 이념으로 창업국가 전략의 시발점이 되어야 한다. 우리나라에 창업의 불을 지피는 일은 대학이 아니면 적극적으로 할 수 있는 곳이 없다. 지금 대학창업이 가장 시급하고도 중요한 국가미래전략인 이유다. 우선 연구중심대학 중에서 창업중심대학을 기치로 내거는 대학이 나와야 한다. 성공한 창업이 네이처, 사이언스에 논문을 게재하는 것보다 높게 평가되고, 우수한 학생들이 대기업에 취업하거나 의사, 변호사, 공무원이 되는 것보다 창업을 더 좋은 일이라 생각하는 대학이 나와야 한다. 다시 말해 미국의 스탠포드대학과 비슷한 이념을 가지는 대학이 한국에서도 나와야 한다. 이를 위해서 정부와 대학에서는 관련 제도를 바꿔줘야 한다. 대학과 교수의 업적은 창업의 개수와 매출액, 창출한 일자리로 평가해야 한다. 창업에 도움이 되는 논문이나 특허, 사회봉사 등을 높이 평가해주고, 학생들은 학교 교육을 통해 창업하는 방법과 혁신적이고 도전적인 기업가정신을 배우며, 학교 연구를 통해 창업을 예비할 수 있어야 한다. 창업에 필요한 다양한 교육 내용들은 정규 교과 과정에 반영하고 창업에 실질적으로 도움이 될 수 있도록 적극적인 교육이 이루어져야 한다. 국내 대학별로 자율적으로 시행하는 교원업적 평가항목에서 창업 관련 평가항목은 거의 찾아보기 어렵다. 주로 교육과 논문 위주의 연구결과에 치중해서 평가한다. 교원업적 평가기준에 창업 관련 평가항목을 추가로 포함시키도록 유도해야 한다. 창업활성화에 실질적으로 기여하기 위해서는 관련 법규를 개정하고 정부자금 지원을 대학의 창업 관련 평가와 연계하는 방안도 필요하다.

글로벌 교육 역시 중요하다. 아무리 좋은 제품을 만들어도 해외시장을 뚫지 못하면 글로벌 강소기업이 될 수 없다. 이러한 관점에서 한국의 중소기업이 독자브랜드로 해외시장을 개척한다는 것은 여간 어려운 일이 아니다. 우선 언어 장벽이 가장 큰 장애고 외국인들의 문화와 정서를 터득하여 그들과 대등한 입장에서 논쟁하고 협상하고 설득하는 능력이 부족한 것이 문제다. 온오프라인의 회사소개서, 제품소개서 등 모든 마케팅 자료와 사용설명서, 문제해결 매뉴얼, 품질보증서 등 각종 자료를 영어로 작성해야 함은 물론, 해외 거래선과 끊임없이 소통해야 한다. 또한 판매대행자 교육, 사용자 교육, 세미나 등 각종 행사를 주기적으로 운영해야 하고 분쟁이 발생할 경우 치열하게 담판도 하고 공방을 벌이기도 해야 한다. 주문자상표제작OEM 방식으로 위탁판매를 하면 이같은 수고가 줄지만 향후 운신의 폭이 제한되고 성장의 기회도 줄어드는 단점이 있다. 외부에서 영어에 능통한 사람을 영입하여 해외영업을 담당하게 할 수는 있겠지만 그들이 기업의 기술과 제품에 대한 전문지식을 가지기 어렵고 창업자만큼 열정을 가지기 어렵다. 따라서 영어를 자유로이 구사할 수 있는 글로벌 인재를 양성하여 강소기업의 성장을 지원하는 것이 필요하다.

창업 촉진 지원제도 개선

첫째, 청년창업 지원제도 개선이 요구된다. 우리나라는 18~24세 청년들의 초기단계 창업활동이 매우 낮은 특징을 보인다. 혁신주도형 경제국가의 평균이 10%인데 비해 우리나라는 2.3%에 불과하다. 앞으로 ICT나 모바일 응용산업분야의 성장추세가 크게 증가할 것으로 예상되므로 대학졸업 후 20대 후반과 30대 초반의 창업지원정책에 대한 새로운 대안이 마련되어야 한다. 청년들은 비록 창업실패가 수반된다 하더라도 재창업을 할 수 있는 나이다. 또한 평균 2.8번의 실패 후에 성공확률이 가장 높다는 점을 감안해야 한다. 실패에 대한 두려움을 해소하고 실패의 경험을 살려 재도전을 쉽게 할 수 있도록 개선하는 것이 필요하다. 창업 후의 성공률을 제고하고 확산할 수 있는 마케팅 지원으로 소위 '죽음의 계곡'으로 알려진 캐즘Chasm을 극복할 수 있는 컨설팅 지원 등을 병행하는 것이 필요하다. 또한 잠재적 청년 창업가들을 대상으로 창업과 창업 이후의 경영 노하우에 대한 교육의 기회를 충분히 제공하는 것이 바람직하다. 시장과 고객의 속성에 대한 이해와 조직 관리 및 위험 관리 등에 대한 교육은 반드시 필요하다. 또한 도전적인 기업가 정신과 함께 기업경영에 대한 전반적인 사전 지식을 제공해주는 것도 중요하다.정부는 세계적으로 앞선 정부3.0 플랫폼을 활용하여 창업기업의 성공률을 최대한 높이는 방안을 고려해야 한다. 이를 위하여 정부는 공공서비스 자료를 기업가들이 쉽게 공유하고 필요시 사업화 할 수 있도록 개방하는 것이 중요하다. 또한 정부는 기업 활동에 장애가 발생하면 문제를 개방적으로 공유하고 이를 해결할 수 있어야 한다. 문제 해결 과정에 기업가들이 원활하게 참여하도록 문호를 개방하고 의사결정 과정과 결과를 공유함으로써 신속한 지원이 이루어지도록 해야 한다. 또한 기업을 지원하는 예산도 개방하여 한쪽으로 치우치지 않는 공정한 예산 집행이 이루어져야 한다.

둘째, 종업원창업, 사내창업을 통한 중년창업 활성화가 중요하다. 경험을 보유한 종업원이 사내창업을 하는 경우, 성공률이 청년창업에 비해 높고 새로운 고용창출에 대한 기대가 초기 창업활동보다 높다. 사내창업을 통해서 해당 기업이나 기관은 미래의 수익 가능성을 높일 수 있고, 당사자는 자신이 원하는 사업을 추진하여 보다 만족하는 일자리를 만들어낼 수 있다. 또한 창업기업은 소속된 모기업으로 초기 자금과 기술 및 판로지원을 받을 수 있으므로 큰 위험요인과 애로사항 없이 발전할 수 있다. 다만 창업기업이 실패할 경우, 재도전할 수 있는 제도적 장치와 기업문화 확산이 필요하다.

셋째, 여성창업 지원이 필요하다. 여성 창업비율을 제고하기 위해 우선 창업교육 대상자, 정부지원 사업자 그리고 공공구매사업자 선정 시, 여성지원 할당률을 제도화하는 것을 고려할 수 있다. 공공기관의 여성임원 비율을 일정 수준으로 공시하여 여성의 경제적 기여도를 높이는 정책도 고려할 수 있다. 정부가 주도하여 우선 공적분야 내 여성의 활용도를 제고함으로써 경제 전반에 여성의 경제활동을 확산하도록 할 필요가 있다. 또한 어린이 보육시설을 확산하고 이들의 운영을 질적으로 개선할 필요가 있다.

법률인프라 개선

첫째, 특허법 개정이 필요하다. 기술기반의 중소 벤처기업은 대기업에 비해 혁신성이 우수하고 특허 등 지식재산권이 핵심적인 무형 자산인 경우가 많다. 지식재산권이 타 기업에 의해 무단으로 침해를 당하는 경우, 소송을 통해 법정에서 다투게 된다. 손해배상소송 과정에서 지식재산 침해에 따른 손해액을 산정하기 위해 담당 판사는 침해자에게 침해 제품과 관련된 영업자료를 증거로 제출하라고 명령할 수 있다. 그러나 침해자가 영업비밀이라는 이유로 해당 자료를 제출하지 않는 경우, 판사조차도 강제적으로 제출받을 수 없는 것이 현행법의 한계다. 이런 경우 증거 불충분으로 손해액 산정이 제대로 이루어질 수 없고, 손해배상액은 피침해자가 실제로 입은 손해액에 미치지 못하는 것이 보통이다. 한편 침해자는 침해 제품으로 얻은 이익에서 손해배상액을 뺀 차액만큼의 부당이익을 얻게 되는 불합리한 결과를 초래하게 된다. 이러한 문제점은 기술기반 벤처 창업활성화에 걸림돌이 되고 있고 특허 무용론이 나오는 것도 이 때문이다.

이 문제를 해결하기 위해 현행 특허법이 개정되어야 한다. 첫째, 침해자가 판사의 증거 제출 명령에도 불구하고 증거를 제출하지 않는 경우, 피침해자가 주장하는 손해액을 그대로 인정해 주도록 특허법을 개정하는 것이다. 둘째, 손해액의 3배까지 배상하게 하는 징벌적 손해배상이 가능하도록 함으로써 지식재산권 보호를 강화하는 특허법 개정도 필요하다. 이러한 특허법 개정이 이루어지는 경우 창업 활성화에 적지 않은 도움이 될 것으로 예상된다.

둘째, 법률서비스 인프라를 확충해야 한다. 벤처기업을 창업하고 운영해나가려면 무수한 서류를 작성해야 한다. 정관, 사업장임대계약서, 고용계약서, 취업규칙, 이사회의사록, 주주총회의사록, 투자계약서, 비밀유지계약서, 공동개발계약서, 판매대행계약서, 품질보증서, 판매약관 등 이루 헤아릴 수 없이 많은 양식들이 필요하다. 그래서 미국 실리콘밸리에서는 창업자가 제일 먼저 찾아가는 곳이 변호사 사무실이다. 담당 변호사를 선임하고 매달 일정한 비용을 지불하면 일상적인 법률자문, 서류작업, 이사회 참관 등을 하면서 회사운영 전반에 대한 자문도 해준다. 시간당 변호사 수가가 비싸기는 하지만 이들은 매우 효율적으로 시간을 쪼개서 일하기 때문에 큰 비용을 청구하지 않는다. 이에 비해 우리나라는 변호사 문턱이 높을 뿐 아니라 비용이 상당히 비싸다. 가끔씩 그들이 정말 고객을 위해 일하는지 자신들의 이익을 위해 일하는지 의구심이 들 정도다. 미국에서는 시장경제 원리가 잘 작동하여 불성실하거나 능력이 불충분한 변호사는 도태되는 반면, 우리나라에서는 일종의 독과점체제가 이루어져 불공정 거래가 정착된 까닭이다. 변호사 자격증만으로 고소득이 보장된 특권층 행세를 하는 현실에서는 양질의 법률서비스가 이루어질 수 없다. 그래서 우리나라에서는 대부분 중요한 계약서를 비전문가가 작성하거나 거래 상대방이 제시한 계약서를 그대로 받아들이기 일쑤다. 따라서 '을'에 대한 '갑'의 횡포가 방지될 수 없고 기술탈취, 핵심인력 빼가기 등을 방지하기 힘들다. 그러므로 지적재산권을 보호하는 장치도 강화되어야 한다. 한국 특허의 60~70% 정도가 무효로 판결되는 현 상황에서는 기술창업이 이루어지기 어렵다. 특허출원을 담당하는 변리사와 특허청의 능력을 더욱 높이고 특허 분쟁을 전담하는 법원을 정하여 전문지식 부족 때문에 생기는 오심을 방지해야 한다. 법관 전문성 강화, 특허 침해에 대한 배상금 현실화, 소송대리인 전문성 강화 등이 필요하다. 글로벌 강소기업이 생겨나고 성장하기 위해서는 글로벌 수준의 법률서비스가 저렴한 비용으로 제공되어야 한다. 해외 거래선과 협상하고 이견을 조율하고 계약서를 작성하려면 영어에 능통함은 물론 변호사의 자질과 능력이 선진국 수준이어야 한다. 법률시장 개방 등 전반적으로 국내 변호사의 역량과 수준을 끌어 올리는 것이 필요하다.

실패를 용인하는 제도 개선

미국에서 수년간 창업 1위 대학으로 평가받고 있는 밥슨대학, 수많은 벤처기업들의 창업으로 성공한 실리콘밸리, 창업국가로 알려진 이스라엘이 세계적으로 앞설 수 있는 이유 중에 핵심은 실패를 용인하고 재도전을 할 수 있게 지원하는 제도가 잘 마련되어 있기 때문이다.

반면에 우리나라는 창업 후 실패하면 무한책임을 져야 하는 연대보증으로, 신용불량자가 되어 경제활동이 원천적으로 차단된다. 주식회사가 금융권에서 융자를 받을 때, 대표이사가 보증을 서게 하는 제도가 연대보증이다. 회사가 실패하여 빚을 갚지 못하면, 대표이사가 책임을 떠안게 된다. 회사 빚의 규모가 수억~수십억 원 수준이 되면 개인이 감당할 수 없는 상태가 된다. 회사를 성실하게 운영하다가 실패하였더라도 신용불량자가 되어 모든 경제활동이 불가능해진다.

2013년 7월에 창조경제연구회에서 실시한 대학생 창업 관련 설문조사에서 신용불량 위험을 감수하고 창업하겠다는 의사는 10.5%인데 반해 신용불량 위험이 제거되면 창업하겠다는 의사는 69.4%로 약 6배 이상 증가하는 것으로 나타났다. 최근 정부에서는 제3자인 이사의 연대보증을 없앤다고 발표한 바 있지만, 정책자금을 담당하는 개별 기관에서는 정상적인 운영이 가능한 기업에 소속된 이사의 연대보증은 풀어주지만, 실패하여 자금회수가 어려운 기업에 종사한 이사의 연대보증은 해소되지 않는 것이 현실이다.

또한 최근에는 우수 창업자인 경우에 연대보증 없이 대출을 받을 수 있도록 제도를 개선한다고 발표한 바 있지만, 이 또한 혜택을 받을 수 있는 창업자 수는 극히 제한적이다. 보다 장기적으로는 회사 운영자금을 은행융자를 통하여 마련하지 말고, 투자금을 받아서 마련하는 노력이 필요할 것이다.

과학기술정책 개혁

첫째, 기초연구를 강화해야 한다. 기초과학분야의 세계적 연구기관인 와이즈만 연구소www.weizmann.ac.il의 다니엘 자이프만Daniel Zaifman 소장은 '기초과학은 돈을 지식으로 만드는 것이고, 산업화는 지식을 돈으로 만드는 것'이라고 간명하게 정의하면서 수십 년 뒤에는 접근하기 어려웠던 기초과학일수록 다양한 분야에서 활용이 되며 훨씬 더 큰 결실을 맺게 된다고 설명한다. 쓸모를 미리 상정하고 하는 응용 학문이 아니라 어디에 쓰일지는 모르지만 호기심이 생겨 지속하다보면 결국 새로운 창조가 이뤄지고, 거기에서 새로운 학문과 경쟁력이 나온다는 것이다. 로버트 아우만Robert Aumann 노벨경제학상 수상자도 사람들이 호기심을 갖고 연구하는 기초 과학이 결국 장기적으로 나라의 내실을 다지고 지속가능하도록 할 것이라고 말했다. 우리나라 대부분의 연구과제 성공률이 80%가 넘는 이유는 쉬운 과제만 하기 때문이라는 지적이 공공연하게 나돈다. 이 문제에 대한 근본적인 이유는 연구 결과를 제대로 얻지 못하고 실패하면 다음에 과제를 수주할 수 없는 평가제도에 있다. 성공률이 낮은 기초연구를 활성화하기 위해서는 연구개발에 있어서도 실패를 용인하는 제도적인 뒷받침이 우선 마련되어야 한다.

둘째, 신사업분야를 육성해야 한다. 기초연구가 장기적인 기술확보 전략이라면, 단기 및 중기적으로는 먹거리 창출을 위한 창업 분야를 발굴하는 또 다른 전략이 필요하다. 전자, 기계, 조선해양, 석유, 철강 등의 5대 기간산업에 대해서는 앞선 ICT기술을 융합하여 세계시장을 선도하는 개척자First mover전략을, 의료/바이오Medical-Bio, 에너지/환경Energy-Environment, 안전Safety, 지식서비스Intellectual service, 항공우주

Aerospace의 5대 전략산업MESIA에 대해서는 신기술 중심의 추격자 전략을 병행해 추진하는 투 트랙Two track 전략이 미래 먹거리 창출을 위한 사업화의 핵심이 되어야 할 것이다. 산업화 초기인 60~70년대에는 기간산업을 일으키고 국부를 창출하는 데 필요한 기술을 KIST 등 국립연구소가 개발하도록 지원하는 것이 국가 과학기술정책의 핵심이었다. 80~90년대에는 선진국의 기술을 추격하고 수출 대기업의 경쟁력 강화를 위해 G7 프로젝트 등 대형 국책과제를 대기업이 수행토록 하는 것이 추가되었다. 과거 추격형 성장시대에 적합했던 이러한 정책은 앞으로 선도형 성장시대에 맞도록 바뀌어야 한다. 앞으로는 어떤 분야에서 어떤 기술이 돌파구를 가져오고, 새로운 산업을 일으킬지 알기 어렵다. 즉 정부 주도형 대규모 과제에서 다수의 소규모 과제를 민간이 자율적으로 수행하도록 지원하는 쪽으로 방향을 전환해야 한다. 또 산업기술연구회 소속 출연연구소는 산업에 직결되는 기술을 개발하는 것이 주 업무인데 이러한 제품화 연구활동은 이제 정부가 주도적으로 할 것이 아니라 기업이 자체적으로 수행하도록 해야 한다. 정부 출연연구소의 역할은 기초과학 분야 또는 응용기술이지만 성공 가능성과 사업화 시기가 불분명해서 민간기업이 수행하기 어려운 분야에 초점을 두는 것이 필요하다. 예를 들어 생명공학, 나노기술, 핵융합 등은 장기적으로 보면 언젠가는 획기적인 결과를 기대할 수 있으나 언제 얼마만큼의 경제적 보상을 가져올 것인지 가늠하기 어려운 분야이다. 반면 전자통신연구원, 기계연구원, 화학연구원 등이 수행하는 과제들은 민간기업이 수행하는 것이 훨씬 더 효율적이며 이미 해당 업종의 대기업 부설연구소가 더 많은 예산과 인력으로 더 많은 과제들을 수행하고 있다.

셋째, 연구개발과제 관련 기술료 제도를 개선해야 한다. 과거에는 국내의 대기업도 글로벌 시장에서는 중견기업이나 중소기업 수준이었기 때문에 이들에게 정부가 R&D 자금을 지원하는 것에 명분이 있었다. 그러나 이제는 사정이 다르다. 세계 각국의 대기업이 두려워하는 경쟁업체가 바로 한국의 대기업들이다. 아직도 정부 R&D 자금을 대기업에 배정하는 것은 바람직하지 않다. 오히려 효율적이고 열성적으로 기술을 개발하는 조직이 벤처기업이다. 대학교, 연구소, 대기업에 비해 이들은 기술개발의 성패에 따른 보상이 크고 조직에 대한 애착이 강하기 때문에 기술개발에 대한 강렬한 열정을 가지고 있다. 또 기술개발의 목표도 뚜렷하다. 논문이나 특허 등 외형적인 지표를 위한 것이 아니라 바로 제품화를 해야 하므로 실용성이 높은 연구를 하게 된다. 기술 벤처기업에 우선적으로 정부 R&D 자금을 배정해야 한다. 다만 정부 R&D 자금으로 연명하는 '사이비 벤처기업'은 솎아낼 필요가 있다. 그러기 위해서는 과제의 성공, 실패를 수행 기업이 스스로 선언하는 것이 아니라 향후 그 기업의 관련 제품 매출이 얼마나 늘었는지, 고용이 얼마나 늘었는지로 판단해야 한다. 그런데 이러한 평가를 방해하고 여러 가지 부작용을 일으키고 있는 것이 '기술료' 제도이다. 여기서 말하는 '기술료'는 특정한 지식재산, 즉 어떤 기술을 보유한 사람이 타인에게 그 기술을 사용하도록 허락한 대가로 받는 기술료royalty가 아니라, 국가연구개발사업에서 과제가 '성공'했을 경우, 그 과제를 수행한 주관연구기관이 정부출연금의 일부를 정부나 전문기관 등에 반납하는 금액을 말한다. 지식재산을 가지고 있지 않은 정부나 연구관리 전문기관이 '기술료'를 징수하는 것은 모순이며 기술의 시장가치와 상관없이 정부출연금의 10~40%를 '기술료'라는 명목으로 정부가 환수해가는 것은 실제로는 '성공부成功附 반납금refund'이나 '환불금rebate'이다. 연구 수행기업이 그 결과가 성공이라 선언하고 '기술료'를 납부하면 그 과제를 관리 감독해야 할 전문기관에도 이득이 되므로 공정한 평가가 이루어질 수 없게 된다. 다른 나라에서는 찾아볼 수 없는 이 '기술료' 제도는 여러 가지 부작용을 유발하고 있다.

고급인력 유치: 스톡옵션제도 개선

우수한 벤처기업이 탄생하고 글로벌 경쟁력을 갖기 위해서는 그 분야에서 최고의 인재를 필요로 한다. 왜냐하면 우리 사회에서 가장 우수한 인재들이 어느 분야로 진출하는가에 따라 국가의 미래가 좌우되기 때문이다. 미국 실리콘밸리에서는 최고급 인재들이 벤처기업을 창업하고 벤처기업에 가담한다. 현재 우리나라와 같이 고급 인력이 공무원, 공기업, 대기업, 금융업 등 안정적인 조직을 선호하는 환경에서는 밝은 미래를 기대하기가 어렵다. 이들에게 의미 있는 일에 도전하는 기업가정신을 함양시키고 창업에 필요한 소양을 가르쳐야 한다. 주위에서 벤처기업을 창업하거나 벤처기업에 합류하려는 이들을 만류할 것이 아니라 실리콘밸리처럼 이들을 격려하고 박수 쳐주는 문화가 정착되어야 한다. 이를 위해서는 우수 사례를 발굴, 홍보하고 이 시대의 진정한 영웅이 아이돌 스타나 스포츠 스타가 아니라 바로 이들이라는 것을 깨우쳐 주어야 한다.

사회적 분위기와 더불어 벤처기업에 합류하는 인재들에게 금전적 보상이 주어져야 한다. 초기의 벤처기업은 자금력과 이익창출 능력이 부족하기 때문에 우수한 인재들에게 대기업 수준의 연봉을 줄 수 없고 주어서도 안 된다. 다른 곳에서 얼마든지 더 많은 연봉을 받을 수 있는 우수한 직원들에게 적은 연봉을 주는 대신 그 차액을 보상해주는 것이 스톡옵션이다. 스톡옵션은 일정한 시점에 그 회사의 주식을 현재의 가격으로 매입할 수 있는 권리를 말한다. 스톡옵션을 부여 받은 직원은 회사가 성장하여 주식 가치가 올라가면 과거의 저렴한 가격에 주식을 매입할 수 있으므로 큰 차익을 얻을 수 있고, 주식의 가치가 올라가지 않으면 스톡옵션을 포기하면 그만이므로 투자손실을 보지 않게 된다. 그런데 우리나라의 스톡옵션제도에는 몇 가지 중대한 결함이 있다. 10여 년 전 벤처붐이 한창일 때 스톡옵션제도의 일부 부작용을 보완한다고 규제를 가한 것이 지나쳐서 사실상 스톡옵션제도를 유명무실하게 만들어 버렸다.

2014년 들어서 약간의 개선이 이루어졌다. 주식을 매입할 때 내던 세금을 팔 때 내도록 고쳤다. 이때 세율은 1억 원 이내는 양도세, 그 이상은 근로소득세를 납부하게 한다. 양도세의 세율이 낮기 때문에 세금 감면의 혜택이 있다.

스톡옵션제도는 미국에서 벤처기업의 우수인력 확보를 돕기 위하여 창안한 제도다. 그 목적에 충실하게 놔두면 된다. 즉 미국처럼 벤처기업의 경우에는 기업이 비용처리 하지 않도록 하고, 개인의 세금에도 양도세 적용이 맞다고 생각한다. 그래야 회사와 개인에게 인센티브가 될 수 있다. 인센티브가 없다면 우수인력이 중소기업에 가지 않는 현상이 계속될 것이다. 선진국에서와 동일한 효력을 갖도록 스톡옵션제도를 바로 잡아야 한다.

우수 인재를 영입할 수 있는 또 하나의 통로가 병역특례 제도이다. 병역특례 채용정원을 기술 벤처기업에 우선 배정하는 것을 검토할 필요가 있다. 중소기업에 병역특례로 입사한 사람이 1년 후에는 대학교,

연구소 등으로 전직이 가능하도록 되어 있는 것도 문제가 된다.

자금시장 개선

우리나라에서는 창업초기에 필요한 자금을 마련하는 것이 가장 어려운 일이다. 엔젤투자자가 극히 적고 이들의 역량도 부족하기 때문이다. 그렇다고 투자가 아닌 융자로 창업자금을 조달하는 것은 매우 위험하다. 사업이 실패할 경우 막대한 부채를 떠안고 신용불량자로 전락하여 재기불능이 된다. 미국의 경우 현역에서 물러난 벤처기업가가 엔젤투자자로 변신하곤 하는데 벤처기업의 역사가 일천한 우리나라의 경우 생태적 한계가 있다. 정부가 나서서 세제혜택을 주고 정책자금을 지원하여 엔젤투자를 활성화해야 한다. 소규모 R&D 자금을 미국의 중소기업 기술혁신 지원Small Business Innovation Research, SBIR처럼 지원해 주고 제품화 역량, 경영 역량, 마케팅 역량을 교육시키는 것도 유력한 방안이다.

어느 정도 기반을 갖춘 벤처기업은 다음 단계에서 필요로 하는 자금을 벤처캐피털로부터 조달받는 것이 보통이다. 지난 10여 년 사이 우리나라의 벤처캐피털도 수준이 높아졌고 미국과 일본계 벤처캐피털도 국내에 진출하여 일정 요건을 갖추면 이들로부터 자금을 조달받는 것은 비교적 용이한 일이다. 하지만 투자의 조건은 아직도 개선의 여지가 많다. 기업이 미래 가치를 지나치게 높게 주장해 투자자에게 신뢰감을 주지 못하는 면도 있고 투자자의 안목이 불충분하여 기업의 가치를 평가하지 못하는 면도 있기 때문에 여러 가지 조건을 붙여 사실상 융자에 가까운 투자를 하는 수가 많다. 또한 벤처캐피털의 전문성과 식견, 그리고 인품이 높아져야 한다. 투자자는 기업의 중요한 동반자로서 서로의 신뢰가 무엇보다 중요하다.

기업이 더 성장하면 자금시장에서 필요한 자금을 유치하고 기존의 투자자에게 출구를 제공하기 위해 상장IPO을 하게 된다. 그런데 지금의 코스닥은 여러 문제가 있어 이를 개선해야 한다. 코스닥은 기술주를 중심으로 하는 만큼 기업의 재무적 지표만 볼 것이 아니라 기업의 경쟁력, 시장 잠재력, 성장 가능성 등 질적인 면을 중시하여 상장요건을 합리화하고 기업 가치평가를 고도화해야 한다. 더불어 필요시 불량기업을 과감히 퇴출시켜 전체 시장의 신뢰도를 높여야 한다.

미국의 경우 기업의 출구는 상장뿐 아니라 인수합병M&A이 활성화되어 있다. 대기업들이 자체적인 사업을 신장하여 달성하는 유기적 성장Organic growth뿐 아니라 다른 중소규모의 기업들을 인수합병하여 달성하는 비유기적 성장Inorganic growth을 일상적으로 모색하기 때문이다. 글로벌 경쟁력을 가진 중소기업이 많아지고 기술인력 시장에 대한 공정한 제도가 정착되면, 우리나라 대기업이나 중견기업도 우량한 중소기업을 적절한 가격에 인수합병하는 것에 더 많은 관심을 갖게 될 것이다.

패러다임 시프트

순환출자를 해소하고 금산분리법을 강화하여 기업지배구조를 개선하는 것이 필요하다. 또한 공정거래법의 전속고발권의 폐지를 고려해 볼 만하다. 벤처기업특별법을 다시 제정하여 벤처기업의 창업, 성장, 회수에 필요한 제도를 정비하는 것이 필요하다. 스톡옵션제도, 기업회계기준, 병역특례제도, 코스닥시장, 엔젤투자, M&A 관련 제도 등이 포함되어야 한다. 정부의 R&D 자금 지원을 기술벤처기업에 우선순위를 주거나, 기술료제도의 수정보완이 필요하다. 대학과 교수들의 평가기준도 수정해야 한다. 법률시장을 개방하고 자유경쟁체제로 전환하여 선진국 수준의 법률 서비스가 저렴하게 제공되도록 한다. 지식재산 보호를 위해 법관 전문성 강화, 특허 침해에 대한 배상금 현실화, 소송대리인 전문성 강화 등이 실행되도록 한다. 그리고 글로벌 교육을 통한 글로벌 인재 육성도 매우 중요한 정책이다.

공정한 경쟁 환경이 이루어지고 창업과 기업활동을 저해하는 요소들이 사라지면 성공적인 벤처기업이 많아질 것이다. 벤처기업에 대한 사회적 인식이 좋아지고 성공 가능성이 높아지면 우수한 인재들이 벤처기업에 더 많이 참여하여 선순환이 이루어질 것이다. 10년 동안 평균 매출액 100억 원의 우량벤처기업이 수만 개 생겨나고 이중 10~20개가 50대 대기업으로 성장하면 양질의 일자리가 수백만 개 생겨나고 수백 조원의 국부가 창출될 것이다. 또한 지금과 같은 에너지 다소비형, 해외 자원과 원재료, 부품 수입의존형, 도로 수송, 물, 공간 등 사회간접자본 과다형, 그리고 대기업 중심의 경제체제에서 혁신 기업가정신과 강소기업 중심의 창조경제로 패러다임을 전환Paradigm shift 하는 것이 한국의 지속성장, 경제민주화, 복지사회, 행복국가를 이룰 수 있는 중요한 계기를 제공할 것이다.

성공적인 창업생태계를 조성하는 것은 간단한 일이 아니다. 몇 개의 단편적인 정책이나 자금지원만으로는 결코 이루어질 수 없다. 우리 사회가 전반적으로 선진화 되어야 하고 공정한 환경이 만들어져야 한다. 구체적인 창업 활성화 정책에 앞서 이러한 환경을 근본적으로 개혁해야 한다. 미국에서는 약 100년 전부터 정부가 재벌과의 전쟁을 벌여 스탠다드 오일Standard Oil 등 40개의 독점기업을 해체했다. 근래에도 AT&T를 분할하고 MS의 끼워 팔기를 제재한 것은 경제 권력의 집중이 얼마나 해로운 지를 확실히 인식했기 때문이다. 또한 그러한 환경이 있기 때문에 실리콘밸리와 같은 벤처생태계가 존재할 수 있었다. 우리나라도 불공정 거래를 확실히 처벌하고 공정한 시장 질서를 확립하고 사회적 신뢰자본이 축적되면, 구체적인 창업활성화 정책을 수립하고 추진하는 것이 비교적 수월할 것이며, 글로벌 강소기업의 출현은 자연스럽게 이루어질 것이다.

3

경제분야 미래전략

농업전략

한국 농업을 둘러싼 대내외 여건이 급변하고 있다. 하지만 이에 부응해 생산자, 소비자 등 국민 모두가 공감할 수 있는 농업의 비전과 전략을 정부가 제시하지 못하고 있다는 지적이 많다. 농정에 대한 농업인들의 신뢰가 부족한 가운데 농업, 농촌의 가치와 역할에 대한 국민들의 이해도 부족하여 정책적 지원과 투자 확대에 대한 합의 도출도 쉽지 않았다. 새로운 정부가 출범할 때마다 농정방향과 추진과제들이 제시되었으나, 중장기적인 농업의 미래모습을 상정한 발전전략이기 보다는 단기적인 관점에서 농업비전과 전략을 제시한 측면이 많았다.

이에 여기서는 한국 농업을 둘러싼 메가트렌드 변화 양상과 농업에 대한 국민들의 요구 등을 바탕으로 2045년 한국농업의 비전과 목표를 설정하는 동시에 농업의 바람직한 미래모습을 실현하기 위한 추진전략과 과제를 제시하고자 한다.

농업의 변화

글로벌 메가트렌드를 토대로 2045년까지 이어질 농업 관련 주요 변화동향과 그 파급영향은 다음과 같이 정리할 수 있다. 글로벌 경제는 무한경쟁 시대를 예고하고, 고령화 사회는 장수시대를, 첨단 과학기술의 발전은 융복합 기술시대를, 기후변화와 환경중시 경향은 그린바이오산업 시대를, 글로벌 식량위기의 시대를 예고하고 있으며, 이는 농업분야에 큰 도전이자 동시에 기회요인으로 작용할 것으로 전망된다. 아울러 새로운 가치 지향으로 삶의 질을 중시하는 시대 또한 한국 농업에 큰 변화를 예고하고 있다. 따라서 이러한 농업을 둘러싼 메가트렌드 변화에 대비하여 지속가능한 농업발전을 위한 전략과 대응책 마련이 요구된다. 이를 보다 구체적으로 살펴보면 아래와 같다.

첫째, 국가 간 자유무역협정 체결FTA 심화로 국경장벽이 낮아지거나 없어져 범세계적 시장통합이 가속화할 전망이다. 농업부문도 예외가 아니며 경쟁력 없는 농업으로는 살아남기 어려울 전망이다.

둘째, 인구의 고령화 및 저출산 등 인구구조의 급격한 변화가 예상된다. 우리나라 인구 중 65세 이상 비율은 2013년 11% 수준에서 2045년 35% 이상으로 초고령사회가 예상된다. 특히 다른 부문에 비해 노령화가 심화된 농업부문의 경우 65세 이상 농가인구의 비중은 2013년 38%에서 2045년 68%로 증가하여 고령화 문제가 더욱 심화될 전망이다. 이렇게 농업과 농촌지역 고령화는 더욱 급진전되어 노동력 부족 및 지역기반 악화가 예상된다.

셋째, IT, BT, NT, ET(환경기술), ST(우주기술), CT(문화기술) 등 신과학기술의 융복합화가 가속화되고, 농업분야에도 이러한 첨단과학 기술을 활용한 융합Convergence적 새로운 비즈니스 모델이 부상할 전망이다. 특히 현재의 농업기술에 기계화, 자동화 등 첨단 기술을 접목한 농업 생산 시스템의 혁신적 모델이 개발될 전망이다. 식물공장과 같은 새로운 농업생산 시스템이 보급되고 확대되면서 전통적인 토지이용 기반의 농업 생산 방식이 현격히 줄어들 것이다.

넷째, 지구온난화로 인한 기후변화와 물 등 자원의 희소성 문제가 심화되고 있으며, 농산물 작황과 가격의 변동성도 커지고 있어 향후 기후변화에 따른 농업생산 구조의 변화가 예상된다. 기후환경 변화에 가장 민감한 농업생산체제에서 현재 온대지역에서 적합한 우리나라의 농업생산 작부체계作付體系, Cropping system, Planting system가 아열대 지역에 맞는 농업생산체계로 전환이 예상된다.

다섯째, 세계인구 증가, 중국, 인도 등 신흥경제국의 식량수요 증가, 바이오 연료용 곡물 수요 증가로 국제적인 식량부족과 가격폭등의 위협이 한층 심화할 전망이다. 세계 곡물 수급은 단지 식량수급뿐 아니라 에너지문제, 환경문제(지구온난화) 등과 얽혀 복잡한 전개양상을 보이겠지만, 공급과 수요 양측의 불안으로 향후 가격의 급등락을 수반하는 변동성이 한층 심화할 전망이다.

여섯째, 국민소득 증가에 따른 새로운 가치 지향으로 삶의 질을 중시하는 웰빙시대가 본격화될 것이다. 농업생산의 공간이자 농민의 삶터로 주요 역할을 해온 농촌 공간이 자연 경관 및 생태계 보전, 휴양 및 체험의 공간, 그린투어리즘Green tourism 등 다양한 형태의 부가가치 창출의 공간으로 거듭남으로써 주요 농가소득 창출원이 될 것이다.

결론적으로 미래농업은 전통적인 1차 산업적 요소에서 2차, 3차 산업적 요소를 가미한 생명융합 산업으로 그 모습을 드러낼 것이다. 현재까지의 농업은 농산물을 생산하는 1차 산업이었지만 앞으로는 식품가공 등을 통한 부가가치를 창출하는 2차 산업 요소와 아름다운 농촌 공간을 활용한 서비스 산업이라는 3차 산업 요소가 결합하게 될 것이다.

〈표 39〉 농업, 농촌을 둘러싼 메가트렌드 변화와 파급 영향

메가트렌드	전망과 특징	농업, 농촌의 파급 영향
글로벌 경제 (무한경쟁 시대)	• FTA 진전, 동북아경제 블록화, 아시아연합경제권 등으로 발전 • 미국 중심의 세계화 탈피, 전 지구적 시장경제 출현 • 2030년경부터 경제적 국경 소멸	• 시장질서의 국제규범 재편 • 경쟁력 있는 고부가가치 농업으로 구조 조정 • 농산물 수입증가, 수출시장 확대
고령화 사회 (장수 시대)	• 저출산, 인구증가율 둔화, 수명연장 • 2026년 초고령사회 진입 • 건강, 장수에 대한 니즈 • 노인복지 수요 급증	• 농업생산력의 증가세 둔화 • 농촌사회 활력 저하 및 지역경제 위축 • 고령친화 실버농업의 부상 • 청장년 전업농이 주력 형성
과학기술 발전 (융복합기술 시대)	• 과학기술 융복합화 • 자동화 기술의 보편화 • 로봇 상용화로 인해 2025년 노동시장 50%를 로봇이 대체 • 원격탐사기술의 농업분야 활용	• 기계화·자동화의 정밀농업 발전, 우주농업, 원격탐사 기술 등 • 농산물 상품화, 유통체계 발전 • 정밀농업의 보편화
기후변화와 지구환경문제 (그린바이오 산업 시대)	• 지구온난화로 2050년 기온 2℃ 상승, 강수량 8% 가량 증가 • 화석연료 고갈에 따라 신재생에너지 사용 확대 • 세계적인 물부족 현상	• 한반도 아열대화로 인한 식생 변화, 열대과일 재배 • 농업작부 체계변화 • 지속가능한 환경농업 발전
글로벌 식량위기 (식량부족 시대)	• 신흥국가(중국, 인도) 식량 수요증대 • 바이오 연료용 곡물수요 증가 • 국제곡물가격 급등, 애그플레이션[1] 우려 상존 • 2045년 세계인구 90억명으로 증가	• 국내 곡물생산기반 감소 추세 • 해외 곡물수입선 안정확보
새로운 가치 지향 (삶의 질 중시 시대)	• 경제성장에서 탈피, 삶의 질 중시 • 개성, 집단지성 • 지식창조사회 • 여가 및 문화 가치 증대	• 식품안전성, 맛과 영양 중시 • 농촌 어메니티 활성화, 농촌관광 산업화 • 귀농/귀촌 인구 증가 • 휴양공간, 전원생활 수요 증가

취약한 농업기반의 해결과제

그동안 한국 농업은 다른 분야에 비해 상대적으로 큰 발전을 보지 못했다. 한국의 농업은 농업인의 고령화와 젊은 농업인의 유입 부족, 경지 규모의 영세성, 각종 규제와 민간 자본 유입 부족에 따른 기업적 경영 미흡, 열악한 기술개발과 보급 및 열악한 교육 시스템에 따른 낮은 기술 수준 등으로 농업 생산성이 정체되어 있는 상황이다. 노동생산성, 토지생산성 또한 크게 향상되지 않은 상태이며, 자본생산성은 지속적으로 하락하고 있다.

이렇게 우리 농업의 기반은 기본적으로 허약하며 점차 악화되는 추세로, 변화에 대응하는 능력이 매우 취약한 상태에 있다. 경쟁력에 영향을 미치는 기본요소인 토지, 인력, 자본 기반이 취약하고, 그나마도 농업으로 유입되기보다 오히려 농업 외 부문으로 유출되는 경향이 있다. 농가호당 경지면적이 1.5ha에 불과한 영세성과 필지의 분산으로 규모의 경제 효과가 나타나지 못하고, 경자유전 원칙에 의한 농지소유 및 임대차 제약으로 농지의 효율적 이용과 규모화가 부진한 실정이다. 농업인구는 감소하고 고령화가 진전되는 반면 영농후계인력이 부족하여 인력기반이 허약하다. 한편 비농업부문으로부터 농업부문에 민간 자본유입이 원활하지 못해 농업부문의 성장에 필요한 자금이 조달되지 못하고 있다. 농업 R&D의 경우에도 품목 특화를 통한 첨단기술의 수준이 높지 않고, 기술 보급체계가 선진화되지 못해 개발된 기술의 실용화가 부족하여 농업인의 기술수요를 충족시키지 못하고 있다.

혁신적인 경쟁력 강화대책을 추진하지 않을 경우, 농업기반의 취약성으로 인해 급변하는 환경에 대응할 수 있는 능력이 부족하여 미래 한국의 농업에 걸림돌로 작용할 수 있다.

농업성장 정체

농업 GDP는 꾸준히 증가하였으나 성장률은 다른 산업부문에 비해 저조하다. 예를 들어 1990년~2012년 동안 연평균 농업부문 GDP 성장률은 3.0% 수준으로 국가전체 GDP 성장률(9.4%)의 1/3 수준으로, 같은 기간 동안 제조업 GDP 성장률(9.7%)과 서비스업 GDP 성장률(9.6%)에 크게 못 미치는 수준이다. 이로 인해 국민경제 전체 GDP에서 농업이 차지하는 비중은 지속적으로 하락하고 있다. 2005년 기준으로 국가전체 GDP에서 농업이 차지하는 비중은 1990년 7.5% 수준에서 2012년 2.0%로 크게 감소하였다. 따라서 농업의 활력회복과 지속적 성장을 위한 새로운 성장동력원의 마련이 필요한 실정이다.

〈표 40〉 국민경제에서 차지하는 농업의 비중

구 분	1990년	1995년	2000년	2005년	2010년	2012년
GDP 대비 농림어업비중	8.7%	6.2%	4.6%	3.3%	2.7%	2.4%
GDP 대비 농업비중	7.5%	5.4%	4.0%	2.9%	2.4%	2.0%
농업 GDP(2005년 실질기준)	17.0조	20.3조	22.1조	22.8조	24.7조	24.8조

자료: 농림축산식품부, 농림축산식품 주요통계(2013), 한국은행 경제통계시스템

식량자급률 하락

우리나라의 식량자급률은 지속적으로 하락하여 OECD 국가 중 최하위 수준으로 국민이 소비하는 식량가운데 75% 이상을 해외에서 조달하고 있다. 전체식량자급률(사료용 포함)은 1970년 80.5% 수준에서 2012년 23.6%로 매년 감소추세에 있다. 특히 향후 농업강국인 미국, EU, 중국 등 주요국과의 FTA 협정 발효로 농산물 시장개방의 확대

가 불가피할 것으로 보여 식량자급률은 지속적으로 떨어질 것으로 전망된다. 세계 8위권의 대규모 식량수입국이면서 식량자급률이 24%에 불과한 우리나라는 낮은 식량자급률과 특정 국가에 대한 높은 수입 의존성 등으로 세계 식량가격 등락의 충격에 고스란히 노출되어 있어 식량안보에 매우 취약한 상황이다. 따라서 지속적인 식량자급률 하락 추세, 전 세계적 기후변화와 식량자원 민족주의 경향 등을 고려할 때, 안전한 식량을 안정적으로 국민에게 공급하는 국내외 기반 확충이 요구된다.

〈표 41〉 우리나라의 식량자급률 변화 추이

(단위: %)

구 분	1990년	1995년	2000년	2005년	2010년	2012년
전체 식량자급률	43.1	29.1	29.7	29.3	27.6	23.6
사료용 제외 식량자급률	70.3	55.7	55.6	53.4	54.0	45.3

자료: 농림축산식품부, 농림축산식품 주요통계(2013)

농가인구 및 농업경영주 고령화

농가 및 농업경영주의 고령화로 농업과 농촌의 활력이 저하되고 있다. 농업취업자 중 60세 이상 고령 농가 비중이 1970년 6.3% 수준에서 2012년 59.4%까지 증가하여 경쟁력이 취약한 인력구조를 가지고 있다. 따라서 농업 및 농촌의 활력 유지를 위해 젊고 유능한 농업 후계인력 육성 방안 마련이 필요하다.

농가 수익성 악화

농산물 시장개방의 가속화와 취약한 경쟁력으로 농가수익성은 급격히 악화하고 있다. 2005년을 기준으로 농업생산을 위해 농가가 구입하는 물품의 값을 뜻하는 농자재 구입가격지수는 1995년 62.8 수준에서 2012년 130.1로 크게 상승한 반면에 농가의 농산물 판매 가격지수는 1995년 81.6에서 2012년 122.8로 완만히 증가하였다. 이에 따라 농가의 수익성을 나타내는 경제적 지표인 농가교역조건[2]은 1995년 129.9에서 2012년 94.4까지 떨어졌다. 따라서 농가의 수익성을 높여 줄 수 있는 고부가가치의 농산물 생산기반 확충과 낮은 가격에 농자재를 공급할 수 있는 기반구축과 능력제고가 필요한 상황이다.

도농간 소득격차 심화

농가소득은 연평균 4.9%(1990~2012년, 명목소득기준)로 증가추세이나 도시근로자 평균 소득 증가율 7.4%에 크게 못 미치는 수준이다. 농가의 연평균 소득은 1990년 1,103만 원 수준에서 2012년 3,103만 원으로 증가했으나 같은 기간 동안 도시근로자 평균 소득은 1,132만 원에서 5,390만 원으로 더 빠르게 증가했다. 도시근로자 소득대비 농가소득 비중은 1990년 97.4% 수준에서 2012년 57.6%로 크게 감소했다. 즉 1990년까지 도농간 소득 격차는 거의 없었으나 매년 그 격차가 벌어지고 있는 중이다. 따라서 농가 소득향상을 위한 새로운 소득원 창출과 함께 정부의 농가소득 안전망 장치 마련이 필요한 상황이다.

농업경영 불안정성 고조

농업성장의 정체와 교역조건의 악화 등으로 농가의 수익성이 줄어들고 농가소득이 상대적으로 낮아진 반면에 농가당 평균 부채증가로 농가의 재무구조도 악화되어 농업경영의 불확실성이 증대되고 있다. 농가의 평균 부채는 1995년 916만 원 수준에서 2012년 2,789만 원으로 3배 이상 증가했고, 특히 농가소득 대비 부채비중이 같은 기간 동안 42% 수준에서 89.9%로 증가하여 재무 건전성이 악화되었다. 전 세계적 기후변화의 심화, 가축의 질병이나 풍수해 등 자연재해의 빈도 증가 등으로 향후 농업경영의 위험성은 더 커질 전망이므로 농업경영을 안정화 시킬 대책 마련이 필요하다.

〈표 42〉 농가부채 변화 추이

(단위: 천 원, %)

구 분	1990	1995	2000	2005	2010	2012
농가부채(A)	4,734	9,163	20,207	27,210	27,210	27,262
농가소득(B)	11,026	21,803	23,072	30,503	32,121	31,031
농가소득 대비 부채비중(A/B*100)	42.9	42.0	87.6	89.2	84.7	87.9
농가자산(C)	79,352	158,171	159,975	298,178	372,476	407,872
농가자산 대비 부채비중(A/C*100)	6.0	5.8	12.6	9.1	7.3	6.7

자료: 국가통계포털, 농가경제조사 각 연도. e-나라지표

농정 패러다임을 바꾸자

1990년대 초반 이후 지난 30년간의 농업투자 및 융자에도 불구하고, 농업의 성장정체(경쟁력 저하와 효율성 문제)와 소득부진(도농 간 소득격차 등 형평성 문제)이라는 오래된 과제가 해결되지 않고 있다. 이들 문제의 해결과 동시에 식량안보, 식품안전, 환경/에너지/자원위기 등 새로운 도전과제를 해결해 나갈 필요가 있다. 이를 위해 무엇보다 농

업을 둘러싼 메가트렌드를 반영하여 농업, 농촌, 식품, 환경, 자원, 에너지 등 폭넓은 관점을 포괄하는 농정혁신의 틀을 마련해야 한다.

우선 농정의 대상을 농업생산자로만 한정짓지 말고 생산자, 소비자, 나아가 미래세대를 포괄하는 국민의 관점에서 접근하는 것이 중요하다. 또한 농정의 포괄범위도 종래의 생산 중심의 접근을 넘어 농어업의 전후방 관련 산업, 나아가 생명산업 전반까지 확대하는 관점이 필요하다. 농정의 추진방식도 직접시장개입은 지양하고, 민간과 지방정부의 역할을 강화해 나가는 데 중점을 둘 필요가 있고, 정부는 시장개입보다 시장혁신을 유도하는 제도 구축에 주력하는 촉진자Facilitator, 시장실패의 보완자로서의 역할에 중점을 둘 필요가 있다. 이를 위해 정부와 민간, 중앙정부와 지방정부간의 적절한 역할분담 및 협조체계를 구축하는 선진적 거버넌스[3] 확립이 필요하다.

〈표 43〉 농업 패러다임의 전환 방향

	현 재	미래
새로운 가치	단기 효율성, 구조조정	지속가능성(=성장+분배+환경)
통합적 접근	농업 중심	가치사슬value chain 관점의 산업통합 경관/환경 측면의 공간통합
기술혁신	생산성 증대	안전성/품질제고/환경문제 등 도전과제 대응 새로운 가치창출력 제고

이런 측면에서 미래 농업의 비전을 성장, 분배, 환경이 조화된 지속가능한 농업으로 삼도록 한다. 발전 목표로 농업 생산자에게는 안정적 소득과 경영 보장, 소비자에게는 안전한 고품질의 농식품 제공, 후계세대에게는 매력 있는 친환경 경관 전달을 설정한다. 특히 이러한

비전과 목표를 달성하고 농업의 활력을 유지하기 위해 전통적인 농업 생산에서 탈피하여 농생명 첨단산업으로 영역을 더욱 확대하고, 다양한 첨단 과학기술과의 융합, 그리고 문화 및 관광산업과 연계된 고부가가치 6차 산업으로 전환시켜야 할 것이다.

현재 낮은 가치를 부여받고 있는 농업을 기능성 농식품 생산, 천연물 의약품, 천연물 화장품 소재 생산 등을 통해 고부가가치의 경쟁력 있는 신상품 생산 산업으로 탈바꿈시켜야 할 것이다. 농업생산에 투입되는 후방 관련 산업인 종자(육종), 농기계/장비, 농자재, 농업정보 산업과 연계된 발전이 필요하다. 또한 농업생산 이후 부가가치 창출과 연

〈그림 20〉 전통농업의 산업영역 확장 방향

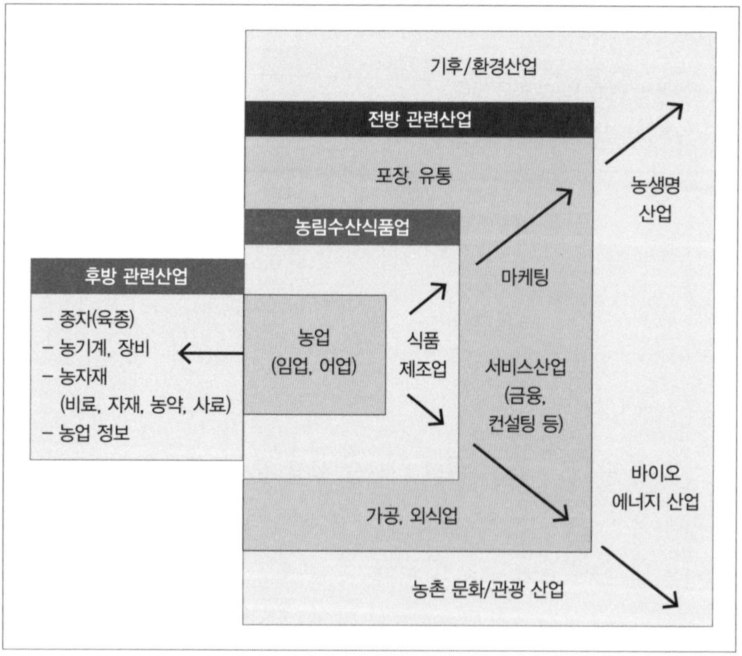

계되는 전방산업인 포장, 유통, 가공, 외식, 마케팅, 서비스업 등과 연계된 성장이 필요하다. 특히 농업과 밀접히 관련되는 신성장동력산업인 기후/환경산업, 바이오생명산업(의약, 화장품, 식품소재), 바이오에너지산업, 농촌문화/관광산업 등과 연계된 성장산업으로 변모가 필요하다.

농업의 고부가 및 6차 산업화를 달성하기 위해서는 무엇보다 한국농업의 글로벌화와 네트워크화, 첨단 과학기술과 융합된 고부가 생산기술 개발, 기업가적 인재 발굴 및 육성, 농업시장의 영역 확대가 필수적이다. 한국 농업의 미래는 전통농업에서 탈피하여 대내외 여건변화에 효과적으로 대응하면서 농업부문의 영역을 단순 1차 산업 위주에서 2차, 3차 산업과 연계한 고부가 6차 산업화 방향으로 나가야 한다.

통합형 농식품 및 농촌발전 전략

농업, 농촌이 지닌 다원적 기능을 최대한 발휘하도록 하기 위해 농업의 기본목표를 국민이 안심하고 먹을 수 있는 농식품을 안정적으로 공급하고, 지속가능한 발전을 위해 농업의 경쟁력과 가치창출력을 극대화하며, 농촌을 국토환경보전과 지속적 농촌사회발전이 가능한 공간으로 개발하는 것으로 한다.

이 농업의 기본목표를 효율적으로 추진하기 위해 농업의 영역을 농업, 식품, 농촌의 3개의 범주로 구분하고, 각각의 장점과 기회요인이 상호 긴밀하게 연계되는 '통합형 농식품 및 농촌발전'의 틀을 구축해야 한다.

농업의 경쟁력 강화와 생명산업과 연계한 신성장 동력화

농업의 지속적 발전을 위해서는 경쟁력이 강화돼야 한다. 그러나 경쟁력의 개념은 비용중심의 가격경쟁력에서 기능 및 비용이 결합된 품질 및 가치경쟁력으로 확대 전환될 필요가 있다. 품질 및 가치경쟁력은 수요자가 원하는 기능의 제고 및 확대와 생산성 향상을 통한 비용절감의 양면전략이 필요하다.

또한 농업의 지속적 발전은 새로운 수요창출을 통해 가능하며, 이를 위해 마케팅능력을 강화하는 전략이 요구된다. 농식품의 먹거리 안전과 품질을 선호하는 소비자와 시장수요에 부응하는 품질혁신으로 농업소득을 창출하고, '식품, 유통, 환경, 문화'와 결합된 새로운 수요개발로 신시장, 신수요를 창출하는 혁신이 이뤄져야 한다. 한편 비용절감도 '경영조직화와 투입감량화의 결합'이라는 새로운 전략에 따라 추진될 필요가 있다. '개별경영의 규모화'를 넘어서는 지역단위에 기초한 '개별경영의 조직화' 전략으로 효율성을 제고하는 동시에, 생산과정의 화학농자재 등의 투입 축소와 유통과정의 효율화 및 푸드마일 축소를 통해 투입요소를 줄여 나감으로써 효율을 높이는 동시에 환경 보전을 추구한다.

전통농업에 IT, BT, NT 등의 첨단기술과 융복합을 통한 고부가가치를 창출하는 생명산업 육성을 정책방향으로 삼는다. 미래 고부가가치 산업으로 성장할 수 있는 분야인 종자산업, 식품산업, 천연물 화장품과 의약품 분야, 곤충 및 애완/관상용 동식물 활용분야 등을 전략분야로 선정해 집중 육성한다.

식품산업의 글로벌화

고부가가치 식품산업의 글로벌 기반을 구축하여 농업의 성장을 견인하면서 국가경제 차원의 핵심산업으로 육성한다. 식품 R&D 및 생산, 수출의 거점으로 조성하여 식품산업이 고부가가치 산업으로 전환될 수 있도록 기반을 조성한다. 한국 농식품의 신시장, 신수요를 창출하기 위해 건강, 웰빙 등 트렌드에 부합하는 전략품목을 개발할 수 있는 기반을 조성하여 우리 식품이 세계적으로 진출할 수 있도록 한다. 이를 위해 세계 식품소비 트렌드를 면밀히 검토하고 우리가 품질 면에서 강점을 지니고 있는 전통/발효식품, 천일염, 우리 술, 기능성 식품 등을 전략산업으로 육성하여 고부가가치화한다.

농촌공간의 휴양, 관광 및 문화산업화를 통한 신수익 창출

'농촌다움' '생태경관자원' '전통문화자원'을 새로운 경쟁력의 원천으로 활용해 미래 농촌의 주요한 수익창출 자원으로 활용한다. 국민소득 증가와 삶의 질을 중시하는 미래 수요에 부응하는 자연, 경관, 문화를 보전하여 농촌발전의 잠재력을 증진한다. 산업화 과정에서 파괴된 농촌의 환경, 문화, 역사 등을 유지, 보전, 복원해 농촌이 지니는 쾌적함을 유지하고 다원적 가치를 키움으로써 농촌을 휴양, 관광, 문화 중심지로 육성하여 신수익 창출원으로 만든다. 이를 통해 농촌을 오로지 농민들의 생산이나 삶의 공간만이 아닌 국민들의 휴식과 휴양의 공간으로 변모시켜 농촌지역 내 경제활동을 다각화하고 일자리를 창출하여 농촌 지역사회를 활성화한다.

농업전략의 정책추진방안과 그 효과

농업전략의 정책추진방안을 범주별로 정리하면 다음과 같다.

농업정책: 지속가능한 농업시스템 구축으로 가치창출력 제고

과거 농업정책이 농업생산자 중심의 1차 산업 위주의 저부가가치 전통농업에 치우쳤다면, 미래의 농업정책은 농식품 소비자와 고부가가치 창출의 성장 동력산업과의 연계를 추구하는 방식으로 개편될 필요가 있다. 우선 국내외 소비자들이 요구하는 건강, 안전, 안심을 추구하는 농식품 생산과 국민이 요구하는 환경 및 경관 보전을 도모하면서 농업성장과 농업인의 소득제고를 가능케 하는 방식의 고부가 농업시스템을 구축해야 한다. 보다 구체적인 시장의 욕구를 반영한 고품질/안전/안심농업, 친환경농업/자원 순환형 농업, 식품가공 및 농촌관광 연계 등으로 농업시스템을 혁신하고, 이를 바탕으로 다양한 고부가가치 창출기회를 확보함으로써 농업성장, 소득제고, 환경보전의 선순환구조를 정립해 나간다. 이런 관점에서 향후 농업정책의 목표는 '지속가능한 농업시스템 구축을 통한 가치창출력 제고'로 설정한다. 이 목표를 달성하기 위한 핵심과제는 농업의 가치경쟁력 제고, 경영주체의 형성과 역량강화, 환경농업과 바이오자원을 토대로 한 환경가치 창출, 농업자원을 활용한 2, 3차 산업과의 연계 강화이다.

식품정책: 안전한 식품의 안정적 공급

식품정책의 목표는 여타 선진국과 같이 국민이 요구하는 안전한 식품의 안정적 공급으로 설정한다. 식품공급을 위한 식품산업정책은 식품산업 구성요소가 되는 식품제조업, 식품유통업, 외식산업의 건전한 발전을 목표로 하는 정책과 식품산업과 여타 부문, 특히 농업과의 연계강화를 목표로 하는 정책으로 추진한다. 이러한 정책목표 달성을 위한 핵심과제는 식품산업의 R&D 확대, 유통의 합리화 및 효율화, 식품산업과 농업과의 연계강화이다. 식품산업과 농업간 연계 강화는 원칙적으로 산업 클러스터[4] 방식의 연계체계 구축을 통해 지역농산물을 기초로 고부가가치 신상품 개발, 새로운 서비스 제공 등을 바탕으로 신시장 창출, 지역의 고용 및 취업기회 확대 등을 추진한다.

농촌정책: 지역역량 강화와 다원적 가치의 극대화

농촌정책의 목표는 지역역량 강화와 다원적 가치의 극대화로 설정될 수 있다. 이러한 농촌정책의 목표달성을 위한 핵심과제로는 농촌지역의 역량강화를 통한 지역 성장동력 창출, 농촌주민의 삶의 질 향상, 농촌지역의 자원보전 및 공익적 기능의 극대화이다. 특히 농촌지역별로 자신들의 강점과 약점을 고려하여 스스로 문제를 발견하고 스스로 해결할 수 있는 능력개발에 정책의 초점이 맞춰져야 한다. 농촌지역의 환경, 문화, 역사 등을 유지, 보전, 복원해 농촌이 지니는 쾌적함을 유지하고 다원적 가치를 극대화할 필요가 있다. 우선 농촌지역 역량강화 차원에서 농촌사업체의 창업 및 운영 지원, 농촌 일거리 창출기반 조성사업 지원, 농촌형 사회적 기업 육성 및 사업체 지원기능 활성화, 농촌 커뮤니티 활성화, 민간기관 주도의 사업계획 수립 및 집행 등에 정책지원의 초점을 맞출 필요가 있다. 또한 농촌주민의 삶의 질 향상을 위한 정책은 범부처적 협력을 통해 농촌지역의 다양성을 고려한 정책적 수요 파악 및 지원, 농촌주민에 대한 가장 기본적인 사회서비스 수준의 향상, 농촌 복지 및 생활의 중심지로서의 정주권 형성 등에 정책

지원의 초점을 맞출 필요가 있다.

첨단과학기술 정밀농업 보편화

첨단과학기술과 융합한 농업기술 발전으로 정밀농업이 확산되고, 벼, 원예 및 축산 분야에서도 고능률, 작업 쾌적화 기술이 점진적으로 개발 보급될 것이다. 우선 농업용 로봇이 실용화 단계에 접어들어 농업생산 활동에서 특화된 기능을 정밀하게 수행하는 지능형 전용로봇, 환경 제어형 기능성 로봇이 실용화되어 노동절감형 농업이 보편화된다. 또한 인공강우의 실용화와 기후변화 대응 종자 및 품종이 널리 보편화되어 적용될 것이다. 가뭄을 극복할 수 있는 인공강우 기술과 기후변화에 대응한 종자, 품종개발 등 제반 기술들이 보편화되어 농업생산의 불확실성을 축소시킬 것이다. 또한 환경에 적응하는 지능형 농업 smart agriculture이 확산되어 인공지능, 로봇, 인공위성, 나노기술 등에 의한 농업부문의 과학혁명을 실현할 것이다. 기후변화 시나리오별로 과수, 채소, 식량작물의 재배 최적지를 정확히 예측하고, 모든 작물의 생산 기술정보가 휴대 컴퓨터를 통해 실시간으로 제공될 것이다. 농업생산 활동에서 특화된 기능을 정밀하게 수행하는 지능형 전용로봇과 환경제어형 기능형 로봇이 공급되면, 균일한 품질의 친환경 농산물이 소비자에게 적기에 공급될 것으로 보인다.

전문경영체 중심 농업생산구조 확립

앞으로 30년 후에는 현재 농촌에 거주하는 인구가 거의 존재하지 않을 것이다. 현 농촌인구 연령이 대부분 70세 이상이기 때문이다. 자연스럽게 인력 개편이 이루어진다. 농업생산은 전문경영체 중심으로 재편되어 전업농의 생산 비중이 2030년경에 70%, 2045년경에는 80% 수준을 점유할 것이다. 청장년 경영주의 전업농 및 농업법인이 지역농업의 중심을 형성하고, 농업혁신과 농업경쟁력 강화를 주도할 것이다. 농업법인 수는 2030년에 8천 개 정도, 2045년에 1만 개가 설립되어 농업생산의 핵심으로 부상하여 건실하게 운영될 것이다.

농업, 식품, 농촌 관련 서비스산업 활성화

농업, 식품, 농촌 분야에서도 농업인뿐만 아니라 소비자, 도시민 대상의 다양한 서비스산업이 출현하여 새로운 수익원으로 자리매김 할 것이다. 농업 및 농촌체험, 농촌관광 및 레저, 휴양 및 건강, 치유 및 힐링, 농식품 전자상거래, 농산물 계약거래 및 선물거래, 귀농/귀촌(알선, 정보제공, 교육), 사이버교육, 농업금융, 보험, 농업정보화, 농업관측, 외식서비스, 광고 등의 다양한 비즈니스가 1차 농업과 연계되어 이루어질 것이다. 식품산업은 국내 농업성장을 견인하면서 지속적으로 성장할 것이고, 한식은 건강과 웰빙을 지향하는 음식으로 세계인이 함께 즐기는 한국의 대표상품이 될 것이다. 한식문화의 세계화로 국내 농업과 식품제조업, 외식산업의 발전뿐 아니라 문화관광산업 등 관련 산업을 발전시켜 대한민국의 이미지와 국격 향상에 기여할 것이다.

동식물 자원 그린바이오(농생명) 산업 발전

우리나라의 동식물자원을 이용한 그린바이오(농생명) 산업은 IT, BT, NT 등 융복합 기술개발에 따라 다양한 산업화를 통해 고부가가치 시장을 창출할 것이다. 동식물자원 등 유전 및 생명자원을 IT, BT, NT와 융복합화하여 고부가가치를 창출하는 농생명산업으로 발전할 것이다. 국내 식물자원을 활용한 식물종자(형질전환), 바이오에너지, 기능성제품(천연물 화장품, 향료, 의약품), 동물자원을 활용한 가축개량, 동물제품(이종장기, 줄기세포), 동물의약품, 천적곤충 등 다양한 상품이 출시될 것이다.

식물공장, 수직농장 발전

농작물의 생육환경(빛, 공기, 열, 양분 등)을 인공적으로 자동제어하여 공산품처럼 계획생산이 가능하고, 사계절 전천후 농산물 생산이 가능한 식물공장이 운영될 것이다. 식물공장은 공간과 시간을 크게 단축하고, 생산성을 획기적으로 향상시킨 작물육종기술과 IT기술이 결합된 주문형 맞춤 농산물 생산기술과 연계하여 미래농산물 생산의 중요한 분야로 부각될 것으로 전망된다. 또한 식물공장의 발전한 형태로 도심에 수 십층의 고층빌딩을 지어 각 층을 농경지로 활용하는 수직농장Vertical farm도 도입될 것으로 전망된다.

러바니제이션Rurbanization 현상의 보편화

'러반Rurban'은 '농촌rural'과 '도시urban'의 합성어로 '러바니제이션'은 도시적 환경과 농촌적 자연환경이 혼재하고, 도시생활인과 농촌생활인이 뒤섞여 사는 상황을 표현하는 말이다. 2045년경 도시와 농촌의 구분은 사실상 무의미해질 가능성이 높다. 특히 토지이용, 경관, 건축 등 물리적 측면에서 도시적인 요소와 농촌적 요소가 혼재될 수밖에 없고 무형의 도시적 문화와 농촌 문화의 융합, 도시민과 농촌 주민이 어우러진 새로운 커뮤니티 탄생 등이 보편화될 가능성이 매우 크다. 인구증가 둔화, 교통통신 발달, 국민들의 가치관 변화에 따른 거주지

교외화 현상 가속화, 귀농/귀촌에 의한 역도시화 등이 촉진됨으로써 도시민이 농촌으로 이전하는 현상이 더욱 증가할 것이다. 젊고 경쟁력 있는 계층의 귀농/귀촌 증가로 농촌 거주 인구 비중은 현재보다 증가할 것이다.

농촌지역의 6차 산업화 진전

향후 농촌 지역에서는 지역의 농특산물을 활용한 특화산업을 비롯하여 전반적으로 2, 3차 산업 부문이 활성화될 것이며, 이를 통해 고용과 소득을 증가시킬 것이다. 국민소득의 지속적인 향상과 웰빙적 삶을 중시하는 가치관 변화로 인해 체험관광에 대한 수요가 대폭 증가하고, 기후변화의 영향으로 환경을 중시한 자연친화형 관광형태가 확산될 것으로 전망된다. 초고속 교통수단 등장 및 연계교통 발달로 접근성이 개선되면서 농촌으로의 접근성이 용이해져 여가문화와 체험, 치유의 공간으로 농촌의 위상이 더욱 강화될 것이다. 2045년경 농업의 경우 대체로 기계화, 첨단화, 대규모화되면서 출퇴근하면서 농사짓는 대규모 회사형 농장으로 재편될 것이다. 대부분의 농촌지역에서 농업과 연계된 가공, 마케팅 및 농촌관광 등 전후방 연관 산업이 발달하고, 6차 산업화가 촉진될 것이다. 특히 농촌 관광은 글로벌화가 진행되어 내국인과 외국인 모두를 수요자로 삼게 될 것이고, 크고 작은 전원박물관, 전원갤러리, 테마파크 등이 농촌 지역을 중심으로 발달하고 문화컨텐츠 산업의 주 무대로 농촌이 성장하게 될 것이다.

농업 선진국을 꿈꾸자

우리 농업은 큰 변혁기에 있다. 대외적으로 다자간 무역협상DDA의 진행과 양자간 자유무역협정FTA 체결이 확대되어 농업부문에서도 무한경쟁시대가 다가오고 있다. 또한 대내적으로는 지금까지 우리 농업을 담당해 온 대부분의 고령 농업인들이 농사현장에서 은퇴하고 새로운 영농주체가 우리 농업을 책임지는 세대교체 시기가 도래하였다. 이렇게 전환기에 선 우리 농업의 구조를 재편하여 세계시장에서 경쟁력을 갖춘 생산, 가공, 유통, 수출 체계를 만들기 위해서는 농업의 영세성과 전근대성을 근본적으로 개혁해야 한다. 이런 측면에서 우리 농업의 바람직한 비전과 농정방향을 설정하고 구체적인 농정과제와 추진전략을 수립할 필요가 있다. 이를 위해 우선 우리 농업을 둘러싼 대내외 경제사회의 메가트렌드와 패러다임의 변화를 잘 파악하고, 농업의 현실을 진단하며 그동안의 문제점을 찾아내고, 미래 트렌드에 부합하는 농업발전전략을 마련할 필요가 있다.

한국농업이 어렵지 않은 적이 없지만 나름 발전 잠재력이 크다. 농업 자원은 빈약하지만 사계절이 뚜렷한 천혜의 자연조건을 갖추고 있으며, 노령화 현상은 심화되었지만 농업인들 중에는 손재주가 섬세하고 성실하며 기술습득 능력이 우수한 인재들이 많이 있다. 또한 경제발전과 소득향상에 따라 농식품의 내수시장이 커지고 있다. 시장개방으로 저렴한 외국농산물이 많이 들어올 수 있다는 위협적인 측면도 있지만 반대로 수출시장을 확장할 수 있는 기회로 활용할 수 있다. 식품의 품질과 안전성에 대한 소비자 인식이 높아지면서 품질, 서비스 등 비가격 경쟁력이 향상되는 것도 희망적인 요소이다.

따라서 우리 농업의 미래 비전은 농업을 세계시장에서 경쟁력이 있는 강한 산업으로 만들고, 농촌을 농업인과 비농업인이 어울려 사는 쾌적하고 풍요로운 휴양의 공간으로 만드는 것이다. 이를 위해 혁신적인 농업경영 주체를 기업농으로 육성하고 규모화, 전문화, 조직화를 유도해야 한다. 이러한 농업경영의 혁신주체를 통해 농식품 산업을 세계적인 수준의 첨단기술농업과 수출농업으로 육성하여 고품질, 고부가가치 농식품 산업으로 재탄생하게 해야 한다. 이를 통해 고질적인 '저성장 악순환' 고리를 끊고 우리 농업을 '고성장 선순환' 구조로 전환시켜나가야 한다.

미래 한국농업은 국내외 소비자들이 신뢰하고 열광하는 농식품을 생산하는 친환경 녹색산업이 되어야 한다. 우리나라 농촌은 환경과 경관이 깨끗하고 아름답게 보전되어 국민들을 매료하는 공간이 되어야 한다. 이렇게 소비자와 국민의 욕구를 충족시키는 과정에서 농업인은 필요한 소득을 얻을 뿐만 아니라 보람과 긍지를 갖게 될 것이다. 우리나라는 지하자원이 거의 나오지 않는 반도체, 휴대폰, 자동차, 조선, 철강, 석유화학 산업에서 세계 최고 수준을 이루고 있다. 농업 부분에는 자원이 풍부하다. 풍부한 햇빛, 물, 토지가 있다. 농업 선진국을 이루지 못할 이유가 없다.

4

경제분야 미래전략

국토교통전략

일반적으로 국토란 한 국가의 통치권이 미치는 범위의 토지를 말하며, 교통이란 공간적 격리를 극복하여 생산이나 소비의 효용을 극대화시키는 것으로 정의할 수 있다. 국토와 교통은 서로 분리된 이질적인 개념이 아니라 상호밀접한 관련이 있다.

유럽연합의 설립조약인 마스트리히트Maastricht, 1992 조약에서는 '교통시설의 확충이 유럽경제의 경쟁력을 향상시킬 뿐만 아니라 유럽의 통합을 촉진시킬 것'이라고 강조하고 있다. 즉 저렴한 운송비용은 유럽 산업의 경쟁력을 증진시키며, 교통시설의 정비 및 확충은 개발이 부진했던 지역과 주변 지역에 접근성을 향상시킴으로써 유럽 전체의 경제적 통합을 가속화시킨다는 것이다. 이런 맥락에서 한반도의 교통시설 정비와 확충이 체계적이고 효율적으로 추진된다면, 향후 남북한의 경제성장 뿐만 아니라 한반도의 균형적인 국토공간의 형성을 가속화시킬 것이다.

이 장에서는 2045년의 한반도에 남북한 평화체제가 구축되어 한반도 단일경제권이 형성되었음을 전제하고 논의를 전개키로 한다. 따라서 국토교통의 공간적 범위는 1차 권역으로 남북한이 포함되는 한반도, 2차 권역으로는 한반도와 육상, 해상으로 접경을 이루는 지역이 포함된다. 한반도가 정치, 경제, 문화적으로 주도적인 역할을 하는 공간적 범위가 그동안 논의 수준에 머물던 환동해권, 환황해권, 동북아 지중해권으로 현실화되는 것이다. 나아가 대륙철도 연결과 해외특구 개발로 우리의 활동공간의 확장을 기대한다.

동북아 중심국가

1960년대부터 1980년대까지 우리나라의 경제정책기조는 성장 중심이었으며, 이에 따라 국토개발전략도 성장 지원 개발이었다. 1980년대부터 성장 일변도의 부작용으로 인해 국토개발전략이 성장과 균형으로 바뀌었고, 1990년대부터는 환경에 대한 배려가 부분적으로 반영되기 시작했다.

1980년대부터는 거점개발방식이 특정지역 거점개발에서 지방거점개발, 광역권 거점개발, 광역경제권 개발 등으로 전환되었으나, 수도권 집중과 지역 간 불균형, 난개발, 농어촌 과소화와 인구감소 등 많은 문제점을 해결하지 못했다. 특히 급속한 도시화 현상은 국토공간구조에 부정적인 영향을 미쳤다. 1980년에 68.7%였던 도시화율이 2005년도에 90.1%로 급증하여 산업, 주택, 교통, 환경문제를 파생시켰다.

한편 교통부문에서는 이러한 국토개발에서 야기된 문제들로 인해 만성적인 교통체증과 시설 공급 부족으로 승차난, 높은 교통사고율 등의 문제가 나타나기 시작했다. 이를 해결하기 위해 교통수단의 고속화가 진행되어 2004년에 고속철도가 개통되었다. 기존의 새마을호로 4시간 40분 걸리던 서울-부산 간을 2시간 40분으로 운행하게 된 것이다. 1969년부터 1983년까지 서울-부산 간 운행시간을 10분 단축시키는 데 14년이 소요되었으나, 20년 만에 2시간을 단축한 것이다. 현재 운영중인 KTX의 최고속도는 350km/h이며, 최근 주행시험을 마친 해무 430X는 최고속도가 430km/h에 달한다. 한반도에 속도혁명이 나타난 것이다.

또하나의 변화상은 남북한을 연결하는 철도망이 복원되었다는 사실이다. 남북 간의 단절구간인 경의선의 문산-개성 간 27km, 동해선의 제진-금강산 간 25.5km가 연결되었으며, 경의선은 개성공단의 물자수송을 위한 화물열차로 이용되고 있다.

도로부문에서는 폭발적인 증가가 이루어져 자동차시대가 현실화되었다. 2012년 도로연장은 약 10만 6,000km로 1983년과 비교해볼 때 약 1.9배, 고속도로 총연장은 약 3.3배, 자동차 등록대수는 약 24배 증가했다.

2004년에는 남북 간에 단절되었던 경의선 도로 7km와 동해선 도로 20km가 연결되어, UNESCAP이 지정하는 아시아 하이웨이AH에 한반도 도로망이 정식 노선으로 편입되었다.

한편 인천공항이 동북아시아의 허브공항으로 자리매김함에 따라, 항공부문도 폭발적인 성장을 보였다. 2013년 국내여객 수송실적은 약 2,235만 명으로 1983년과 비교하여 약 9.5배, 국제여객 수송실적은 5,099만 명으로 13.8배, 국제화물은 12.2배 증가했다. 2000년에는 서울-평양 간 직항로가 개설되어 남북 간 항공운송시대가 열렸다. 2007년에는 백두산-인천 직항로 개설이 합의되었으나, 본격적인 실질적 운항은 이루어지지 않았다.

〈표 44〉 주요 국토지표의 변화(1970~2010)

구분	1970년(A)	2010년(B)	B/A
인구(천 명)	32,241	49,410	1.5
1인당 GNI(US달러)	255	20,562	80.6
도로연장(km)	40,244	105,565	2.6
철도연장(km)	5,500	8,426	1.5
산업단지 면적(㎢)	17	1,336	78.6
주택보급률(%)	78.2	102.3	1.3
도시화율(%)	50.1	90.9	1.8

자료: 국토연구원

2045년의 통합된 한반도는 유라시아 지역의 인적, 물적 이동의 거점으로서 위상이 많이 강화될 것이다. 동북아시아가 세계경제에서 차지하는 비중은 더욱 확대되어 동북아 GDP가 전 세계 GDP의 30% 이상이 될 것으로 전망된다. 이 지역에서 국경을 초월한 네트워크가 확장되고 인적, 물적 통행이 급증할 것이다.

한반도는 지정학적으로 동북아 지역에서 중심성centrality과 연계성intermediacy을 갖고 있다. 동북아시아의 5대 도시인 서울, 동경, 북경, 상해, 블라디보스톡의 도시 간 거리를 각각 연결 가능한 항공시간으로 합산할 경우, 서울은 3,648km로서 가장 짧다.

한반도의 통합으로 인해 중국의 동북 및 내륙지역, 몽골, 극동 러시아까지 망라하는 배후시장으로 접근성이 강화될 것이며, 육상 운송의 대륙연계로 다양한 운송경로가 확보될 수 있다. 지경학적 중심성과 IT

기술력을 활용한 여객, 화물정보의 거점역할도 할 수 있을 것이다.

한반도에는 인적, 물적 수요의 급증에 따라 기존의 대륙연결 운송회랑인 TSR, TCR, TMR, TMGR 외에 새로운 간선수송회랑이 등장할 것이다. 하바로프스크-블라디보스톡-원산-서울-부산을 연결하는 고속교통망축과 하얼빈-창춘-연길-훈춘-나진-원산-서울-부산축, 중국 지안-만포-강계-구장-평산-서울을 연결하는 한반도 종심축 운송회랑 구축이 가능하다. 이 노선은 한반도의 중앙지역, 동해안지역, 서해안지역을 통과하면서 남북한 간의 산업축, 동북아 역내 간선 수송로, 나아가 아시아와 유럽을 연결하는 랜드브리지Landbridge로 기능을 수행할 것이다.

또한 역내 도시 간의 연결이 확대되어 국경을 초월한 '초국경 경제권'이 나타날 것이다. 한반도에는 심양-신의주-평양 초국경 경제권, 블라디보스톡-나진-청진 초국경 경제권, 산동반도-인천/평택 초국경 경제권, 부산-규슈 해협경제권이 형성될 수 있다. 이러한 초국경 경제권에서 한반도는 사람과 물자가 집중되는 주도적인 역할을 수행할 것이다.

통합된 한반도를 만들어야 한다

우리나라는 남과 북이 통합된 한반도라는 환경에서 큰 그림을 그려본 적이 많지 않다. 외국 학자들도 대한민국은 소위 중국의 시대에 편승하여 부가가치를 창출하는 것이 필요하다는 논리를 펴고 있다. 폴 케네디 교수는 21세기에 한국이 지속적인 성장을 유지하기 위해서는 제조업에 집중하는 것보다는 중국이 창출하는 부가가치의 흡수효과가 가장 큰 산업을 전략산업으로 선정하여 집중 발전시켜야 한다고 제안한 바 있다. 일본의 오마에 겐이치는 한국 경제의 버팀목이었던 제조업 경쟁력은 조만간 중국에 밀리게 되며, 서비스업조차도 경쟁력이 없기 때문에 한국경제는 향후 내리막을 걸을 수밖에 없다고 지적한다. 대한민국을 일본과 중국이라는 호두까기Nutcracker 사이에 끼인 호두의 운명이라는 표현이 대한민국의 미래를 묘사하는 일반적인 시각이다. 이러한 시각은 한반도를 남북 간 긴장상태가 지속되며, 대한민국을 인구 5천만 명의 자원이 빈약한 섬나라로 상정했을 때 전개 가능한 논리다. 북한의 국토공간 개편 및 사회간접자본 확충은 2045년 미래 한반도에 있어 선결과제이며 시기를 늦춰서는 안 되는 긴급한 사안이다.

현재의 남북관계 속에서 우리 자체적으로, 북한지역에 대한 국토개발, 사회간접자본 구축에 대한 청사진은 갖고 있지 않다. 우리나라의 중장기 국토교통계획에서도 선언적 의미로 나열되어 있을 뿐, 구체적인 목표나 추진방안은 제시하지 못하고 있다. 북한도 자체적인 국토교통개발계획을 가지고 있을 것이나 그 내용을 알 수는 없다.

중국은 미래 국가발전의 공간적 범위를 중앙아시아로 확대시켜 '실크로드 경제권 구상'을 제안함과 동시에 투자재원 조달을 위한 아시아 인프라 투자은행AIIB 구상을 구체화시키고 있다. 러시아는 구소련시대의 공간적 복귀를 의미하는 '유라시아연합구상'으로 미래를 그려나가고 있다. 우리나라도 유라시아 이니셔티브 구상을 제안하여 유라시아의 청사진을 그리고 있으나, 북한 부문은 채워지지 않은 상태이다.

또한 북한의 공간구조 개편 및 교통네트워크 구축에 관한 논의는 실질적 진전이 없는 상황이다. 30년 후, 한 세대 이후를 내다보는 장기적 국가미래전략 수립에 있어서 남과 북의 평화체제 구축이든 통일이든 온전한 평화가 어떤 형태로든 보장되지 못한다면 한반도의 미래비전은 매우 부정적이고 암울해진다. 남과 북의 평화가 전제된 국토교통전략만이 온전한 미래비전과 미래전략을 가능케 할 것이다.

현재 중국과 러시아가 북한과 연결하는 교통회랑 구축을 지속적으로 추진하고 있다는 사실을 간과해서는 안 된다. 러시아는 북러 간 경제협력사업의 걸림돌이었던 북한 채무 110억 달러를 90% 면제하는 조치를 전격적으로 취했으며, 나진-하산 간 철도와 나진항 현대화사업을 북러 공동사업으로 완료했다. 게다가 교통시설의 건설 및 운영을 다자간 협력사업으로 추진하는 단계로까지 발전했다. 중국은 창지투 개발계획이라는 국가전략으로 북중 국경 취엔허에서 나진항을 연결하는 도로의 개보수와 나진항 부두 시설 현대화를 마친 상태다. 현재 중국은 청진항과 같은 전략 항만과 북한의 주요 광산을 연결하는 철도와 도로망, 국경교량 현대화를 계획하고 있다.

유라시아, 동북아지역에서 한반도가 갖는 지경학적 강점만을 주장하기에는 우리에게 주어진 시간이 많지 않다. 국제운송시장에서 탈락한 운송회랑은 다시 복원되지 않는다. 일본 고베 대지진으로 고베항을 거점으로 이용하던 국제화물들은 인접한 다른 항만으로 이전되었다. 고베항의 기능이 정상화된 이후, 고베항을 이탈한 화물은 고베항으로 회귀하지 않았다. 우리나라가 반면교사로 삼아야 할 귀중한 교훈이다.

새로운 동북아 개발축과의 공간적 격리를 극복할 수 있는 경제적 논리의 개발도 필요하다. 정치논리가 경제논리를 지배하는 갈등구조의 극복이 문제해결의 전제적 관건이다. 통합된 한반도 단일경제권 개념을 심화, 발전시켜야 한다. 2045년의 한반도가 생산의 중심지, 교역과 물류의 중심지로서 안정성, 친시장성, 노동유연성, 환경쾌적성, 행정 효율성 측면에서 강점이 부각되는 전략의 수립이 필요하다.

과거 한국의 중심지화 전략을 논할 때, 약점으로 부각되었던 것은 안보위협과 대륙 연결 육상교통망 단절이었다. 그러나 2045년 한반도에 평화체제가 정착되면 이런 약점이 해소되고 지역 내의 거대도시 간 연계성 강화로 한반도의 지경학적 위상은 더욱 강화될 것이다. 이에 따라 우리의 목표는 교통, 물류 허브로서의 한반도, 초국경도시 간 연계거점으로서의 한반도, 산업 역동성이 발휘되는 한반도, 지역 간 교류 및 균형성장이 확보되는 한반도가 될 것이다.

발상의 전환이 필요하다

우리나라 국토교통의 미래전략은 기존의 공간적 제약에서 벗어나 한반도를 단일 교통시스템으로 통합하여 전체 시스템으로서 효율을 높이는 것이다. 교통분야에서 남북 간, 부문 간의 연계성 확보, 다른 산업, 기술과의 융합, 노동집약적 방식에서 IT, BT, NT 등 신기술과 연계한 지식기반 고부가형으로 전환해야 한다. 대륙철도 연결과 해외특구 개발로 실질적인 활동공간의 확장도 도모해야 한다.

공간의 벽을 허무는 발상의 전환: 한중 해저터널 시대

한반도는 대륙경제권과 해양경제권을 연결하는 가교 역할이 가능하다. 2045년의 기술 수준이라면, 논의 수준에 머물던 한반도의 지경학적 강점을 활용한 일본, 중국과의 해저터널 구상, 블라디보스톡-하바로프스크-서울을 연결하는 초고속철도 구상 등을 구체화할 수 있을 것이다.

특히 국경지역 경제권 형성은 양측의 인적, 물적 이동을 얼마나 싸고 빠르고 안전하게 연결하느냐에 성패가 달려 있다. 따라서 공간적 장벽을 극복하는 방법으로서 해저터널 및 해상교량 등을 검토해야 한다. 유럽의 경우, 영국과 프랑스간의 Channel 터널, 덴마크와 스웨덴 간의 터널 및 교량이 초국경 지역경제권 형성에 기여한 사례로 주목받고 있다.

한중 해저터널은 중국 산둥성과 우리나라 서해안지역을 연결하는 노선으로, 기 검토된 노선으로는 산동반도와 평택을 연결하는 대안(386km)과 북한 황해도 옹진반도를 연결하는 대안(221km) 등 40여 개가 있다. 특히 북한의 옹진반도를 연결하는 대안은 한반도 서해안 지역의 균형발전과 신의주-평양-서울축의 화물 적체를 해소시킬 수 있는 최적의 대안이다.

해저터널 추진을 위해서는 고효율 Drill&Blast 설계 및 시공기술, 그라우팅 설계 및 시공기술, 내진설계 기술, 내부 라이닝 설계 및 시공기술의 개발 등이 필요하다. 국내 기술수준을 선진국과 비교해볼 때 약 70~80% 수준이기 때문에 지속적인 기술개발이 필요하다.

신고속 교통수단 개발

우리나라에는 부산항, 광양항, 인천항과 같은 국제해상 물류거점이 있다. 그러나 해상운송은 항공이나 육상운송에 비해 속도가 느리고 기상여건 변화에 민감한 운송수단이라는 약점을 갖고 있다.

이 문제를 해결할 수 있는 것이 초고속선 개발전략이다. 이미 일본은 1989년부터 TSLTechno Super Liner이라는 이름으로 50노트 속도(시속 약 93km)로 1만 톤의 화물을 적재할 수 있는 고속선을 개발하고 있다. 이 선박의 항속거리는 500해리(약 930km)로서 동북아 역내 항만간의 수송에 적합한 수준이다. 일본은 실험선 2척, 실용선 1척을 건조했으나 정기항로 투입은 이루어지지 않고 있다. 안전성과 경제성 등을 고려하여 이러한 초고속선이 개발되면 중국 연안의 주요 생산 거점과 인천공항을 단시간에 연결가능하게 하여 동북아 지역의 새로운 해양항공 복합운송 활성화에 기여할 수 있게 된다.

또한 첨단 고속철도 기술개발을 통한 한반도와 대륙 간 육상 교통 시스템을 확충해야 한다. 특히 기존의 유선으로 전기를 공급받는 방식에서 무선공급 방식의 철도기술이 개발된다면, 세계적인 산업으로 발전시킬 수 있을 것이다.

대륙 연결철도와 해외특구 개발

최근 극동 시베리아 지역의 물동량이 급증하고 있다. 국제 콘테이너 수송량은 1999년 7만 TEU에서 2007년에는 62만 TEU로 9배 증가했다. 2008년 미국발 금융위기로 줄었다가 다시 회복세에 있다. 유라시아 동북부 철도 연결사업은 경제성뿐만 아니라, 동북아의 평화체제 구축과도 긴밀한 관계가 있다. 우리나라가 대륙철도와 연결되면 유리시아 교통 네트워크에서 중요한 역할을 할 것이다. 부산에서 출발한 화물이 북한, 중국, 러시아, 중앙아시아, 동유럽까지 이르는 철의 실크로드를 완성하는 것이다. 그렇게 되면 부산항은 태평양의 허브항으로 더욱 중요한 위치를 가지게 된다.

한편, 대륙 간 철도연결에서 장애물은 국가 간 철도궤간의 폭이 다르다는 점이다. 동북아 국가들이 사용하는 철도궤간은 표준궤

(1,435mm)를 사용하는 남북한과 중국, 광궤(1,520mm)를 사용하는 러시아와 몽골, CIS 국가군, 그리고 협궤(1,067mm)를 사용하는 일본으로 구분할 수 있다. 따라서 국가 간 철도궤간 차이로 인한 비효율성을 극복하기 위한 경제성, 안전성, 호환성이 확보된 기술 개발이 필요하다. 다양한 형태의 기술이 개발되고 있어서, 조만간 이런 장애물은 해결될 것으로 기대된다.

또한 해외 경제특구의 개발을 통하여 대한민국의 영토를 확장하는 전략도 빠뜨릴 수 없다. 세계 곳곳에는 아직 개발되지 않는 토지가 많이 있다. 이런 곳 중에는 외국에서 개발해주기를 바라는 곳이 많다. 우리의 기술과 자본을 투입하여 장기임대 형식의 개발 사업을 추진하면, 자원 확보는 물론 실질적인 영토 확장의 효과를 얻을 수 있다.

국토교통전략의 정책추진방안과 그 효과

이동성, 정보성, 경제성, 사회통합성, 친환경성, 한반도 단일성이 중요한 2045년의 국토교통 미래정책은 주무 부처가 국토교통부, 해양수산부, 미래창조과학부, 환경부, 통일부로 분산되어 있어, 매우 복잡한 구조를 갖고 있다. 이질적인 부문별 정책들을 융합시키고 조화시키기 위한 법적, 제도적 장치가 마련돼야 한다. 또한 국민적 공감대 형성도 필수적이다.

독일의 경우, 통일 이후 많은 혼란이 발생했고 통일비용이 예상보다 크게 증가했던 주된 이유 중의 하나로 국가통합에 대비한 시나리오가 사전에 충분하지 않았기 때문이다. 한반도 통합에 대비한 미래전략으로 교류의 전면적 확대 및 돌발적인 통합에 대비할 수 있고, 통합과정

〈표 45〉 정책 방향

분류	목표	기본방향
이동성	안전하고 쾌적한 이동성 향상 교통	융합교통기술의 적용으로 안전성과 신속성, 쾌적성 향상
정보성 경제성	교통정보 제공 향상을 통한 소통성 증진을 위한 교통	교통정보 제공 증대로 교통혼잡비용, 물류비용 등 사회적 비용 감소
형평성	지속적 성장을 위한 사회통합교통	사회통합 및 약자를 배려한 융합교통기술
친환경성	저탄소 녹색성장을 위한 친환경 교통	기후변화 대비 위한 CO2 절감 및 에너지 효율 증대
한반도 단일성	공간적인 통합 지역간 균형	한반도의 반나절 생활권화 및 국토공간의 균형발전

에서 발생하는 문제를 미리 예방하여 그 부작용을 최소화, 비용부담을 경감시킬 수 있을 것이다.

따라서 한반도의 경제/사회적 통합이 가속화될 수 있도록 지금부터 북한 지역의 국토교통부문에 대한 장기 수급전망, 기간시설 확충방향, 투자우선순위 등에 대한 전략을 수립하는 등 관련 노력(남북 협의 등)을 한다면 효과를 극대화할 수 있다. 한반도가 동북아의 교통/물류의 중심지가 되면 미래 국가생존전략 차원에서 상당한 성과가 될 것이다.

해야 할 일이 많다

2045년까지 국토교통 부문의 과제는 산적해 있다. 해방 이후 70여 년간 남북한의 국토, 교통부문 기술들은 이질적인 형태로 발전해 왔다. 현재 남북한 간에는 국토교통 관련 용어조차 쉽게 통용되지 않는 환경이 되었으며, 남북 간 시설 표준화를 위한 실효성 있는 합의와 구체적 조치들도 이루어지지 않았다.

그럼에도 불구하고 남과 북의 문제는 끈기를 가지고 인내하면서 협력을 증진시켜야 한다. 그래야 한반도 평화체제를 구축할 수 있고 경제 효과를 얻을 수 있기 때문이다. 대륙철도와 관련하여 중국과 러시아의 협력을 추진하다보면, 북한의 참여를 이끌어 낼 수 있을 것이고, 한반도가 유라시아 네트워크의 일원이 되는 날도 기대할 수 있을 것이다. 우리나라가 유리시아 네트워크에 연결되면 부산항은 허브항구로서 더욱 유리한 위치를 차지하게 될 것이다. 아울러 해외 자원 개발과 경제활동 공간의 확장을 위한 해외특구 개발에도 적극적인 관심을 가질 필요가 있다.

다시 길을 나서며

- 2014년 1월 10일: 정문술 전 KAIST 이사장이 미래전략대학원의 발전기금으로 215억 원을 출연함. 미래전략분야 인력을 양성하고, 국가의 미래전략을 연구할 것을 요청.
- 2014년 2월 중순: 한상욱 변호사(김앤장)가 국가미래전략 연구보고서를 '정문술 리포트'라 부르자고 제안함.
- 2014년 3월 초순: KAIST 미래전략대학원 교수회의에서 국가미래전략 보고서(문술리포트)를 발행하기로 결정하고, 이를 위한 기획위원회를 구성하기로 함.
- 2014년 4월 1일: 문술리포트 전담인력으로 김진향 연구교수를 임용하고, 기획위원회를 구성함.
- 2014년 4월 20일: 연구방향 결정 및 분야별 자문위원과 원고 집필자 위촉, 분야별 토론과 원고 집필 시작.
- 2014년 8월 10일: 원고 초안 수집 및 초고 검토 시작. 각 분야별로 전문가 3~5인이 원고 수정에 참여(총 100여 명).
- 2014년 10월 7일: 1차 종합된 초안을 바탕으로 공청회 개최(서울 프레스센터). 약 100여 명이 참석하여 다양한 의견 제시함.

- 2014년 10월 23일: 국회 최고위 미래전략과정에서 수정된 원고를 인쇄 배포하고 검토의견 수렴함.
- 2014년 12월 1일: 제1회 한국미래전략 학술대회에서 문술리포트 설명회 개최함(서울 코엑스).
- 2014년 12월 11일: 국회 최고위 미래전략과정에서 문술리포트 최종 완성본 발행 보고회 개최함.

가슴 떨리고, 힘겨운 시간이었습니다.

그러나 그 과정은 늘 고맙고 감사한, 희망의 시간이었습니다.

가슴 떨리는 시간이었습니다

미래사회의 변화를 전망하고, 그 전망을 바탕으로 국가 차원의 미래전략을 수립한다는 것은, 일의 주제나 성격상 쉬운 일이 아니었습니다. 국가 전 분야를 포괄할 수 있는 전문가 그룹만 수백 명에 달하고, 우리 사회가 처한 현실에 대한 비판적 성찰에서부터 미래사회 전망, 분야별 전략과 미래비전까지, 매우 방대한 과제들이었습니다.

역사와 현실에 대한 분석과 해석조차도 너무 다양한데, 30년 후의 미래사회를 전망하고 국가전략을 수립한다는 것은 생각조차 어려운 영역이었습니다. 더욱이 우리는 경험이 없었습니다. 두려웠습니다. 하지만 우리나라 어느 누구도 이러한 일에 경험 있는 그룹이 없다고 위로했습니다. 그리고 떨리는 가슴으로 출발했습니다.

비통함이 새로운 에너지로 승화되는 시간이었습니다

국가미래전략 보고서 작업을 막 시작하는 시기에 발생한 국가 초유의 사태였던 '세월호 참사'는 그야말로 아무 일도 손에 잡을 수 없게 했던 참담한 사건이었습니다. 이것이 21세기 대한민국의 모습인가. 세계 최고 수준의 과학기술선진국이라고 하는 대한민국에서, 그렇게 많은 학생들이 희생되는 비통한 상황은 현실로 받아들여지지 않았습니다. 2014년 대한민국의 모습이었습니다. 특히 재난 앞에서 아무런 일도 할 수 없는 지식인의 자괴감이 컸습니다.

길거리에 노란리본들이 매달렸습니다. 소리 없는 아우성. 국가는 국민의 '행복'을 위해 존재해야 한다고 울부짖고 있었습니다. 오늘의 참담한 현실이 바로 국가미래전략을 요구하고 있었습니다. 비통한 마음이 소명으로 바뀌며 새로운 에너지가 꿈틀거렸습니다. 국민행복! 국가미래전략의 첫번째 키워드가 정해졌습니다.

고맙고 감사한, 희망의 시간이었습니다

모두가 힘겹고 어려운 시간 속에서도 국가미래전략 보고서가 나오기까지 참으로 많은 분들의 관심과 도움, 지지와 성원이 있었습니다. 모두가 하나같이 생소한 국가전략의 영역이었지만 각자의 전문성을 허심탄회하게 나누고 공유하는 과정에서 새로운 전략들을 다듬어낼 수 있었습니다. 원고 초안집필과 해당 원고들에 대한 검토, 자문까지 총 100여 명이 넘는 학자, 전문가, 정부/공공기관 관계자, 국회의원, 대학원생들이 성심을 다해 참여해주셨습니다.

기획위원, 편집위원, 초안집필위원, 검토자문위원분들과 나누었던 수천 통의 메일과 문자, SNS, 전화통화에는 늘 한결같은 감사와 고마움이 채워졌습니다. 국민의 행복과 평화를 염원하는 고귀한 마음으로 만들어진 국가미래전략 보고서 작성과정 자체가 또다른 행복을 만들어가는 기쁨과 희망의 시간이었습니다.

흔들림 없는 버팀목이 있었습니다

"시류에 휘둘리지 않는 싱크탱크가 되라." KAIST 미래전략대학원의 토대를 닦아주신 정문술 전 KAIST 이사장님의 말씀은, 연구보고서가 나오기까지 여러 과정에서 우리 스스로를 올곧게 세울 수 있는 큰 원칙과 마음의 버팀목이 되었습니다. 정치적 이해관계와 당리당략적 호불호를 초월한 21세기 '선비정신'의 태도 또한 그런 바탕이 있었기에 가능했습니다. 특히 균열이 심한 우리 사회를 생각하며, 항상 "치우치지 않음이 어디인가?" 자문했습니다. 오로지 국가와 국민을 생각하려 노력했습니다.

다시 길을 나섭니다

'아시아 평화중심 창조국가'를 만들기 위해 또다시 준비하고자 합니다. 완벽하다고 생각하지 않습니다. 국가의 미래전략은 정적인 것이 아니라 동적인 것이라 생각합니다. 시대와 환경 변화에 따라 전략도 변해야 합니다. 현재를 바탕으로 미래를 바라보며 더욱 정제하고 분야를 확대하는 작업을 시작할 것입니다. 오늘의 경험을 바탕으로 내년에는 더욱 완성도 높은 전략보고서를 선보일 수 있을 것이라 믿습니다.

함께한 모든 분들이 우국충정憂國衷情의 마음으로 국가를 바라보고 국민을 향하는 국가미래전략 보고서의 필요성을 인정하고 격려해주셨습니다. 이러한 지지와 성원이 있기에 문술리포트는 해를 거듭해가며 '아시아 평화중심 창조국가'를 향한 나침반으로 발전할 것이라 생각합니다. 문술리포트가 발전해가는 만큼, 대한민국의 미래도 함께 발전해갈 것이라 확신합니다. 국가의 목적은 국민의 행복입니다. 문술리포트의 목적도 국민의 행복입니다. 오늘 시작은 미미하지만 끝은 창대할 것입니다.

함께 해주신 모든 분들께 진심 어린 감사와 고마움의 마음, 고개 숙여 전합니다. 감사합니다.

기획위원 일동

1장. 미래사회 전망 및 국가미래비전

1 대한민국의 헌법가치에도 국가목표로써 국민주권-민주, 법치, 통일-평화, 인간존엄, 인권-안전보장, 행복추구, 평등, 자유 등을 명시하고 있다.

2 미래사회 변화의 주요 동인으로 평가되는 7대 영역별 분류로 KAIST 미래전략대학원이 독자적으로 개발한 분류다.

3 레이 커즈와일은 2045년경이면 기술변화 속도가 인간 지능으로 따라갈 수 없을 정도로 빨리 발전하며, 이 시기에는 엄청난 정보들을 이해, 해석하는 유일한 방법은 뇌와 컴퓨터를 결합하는 길밖에 없다고 전망한다. 제롬 글렌 외, 『유엔미래보고서 2040』, 교보문고, 2014.

4 레이 커즈와일은 이러한 특이점을 위한 기반기술로 유전공학, 나노, 바이오의학의 발달, 로봇과 인공지능공학의 발달을 들고 있다. 레이커즈 와일, 『특이점이 온다』, 김영사, 2007.

5 나노공학의 창시자로 알려진 에릭 드렉슬러(K. Eric Drexler)는 나노기술의 특징으로 원가 저렴, 대량생산 가능, 가장 친환경적으로 만들 수 있다는 점을 꼽는다. 그에 의하면 미래에는 분자조립기를 통해 분자를 조립하여 각자의 집에서 값싸고 질 좋은 식품을 만들어 먹을 수 있는 사회가 온다는 것이다.

6 반도체 집적회로의 성능이 18개월마다 2배로 증가한다는 법칙으로 인텔의 공동설립자인 고든 무어가 1965년에 내놓았다.

7 피터 드러커는 『21C 지식경영』(1999)을 통해 "이미 시작된 미래사회에는 준비하고 도전하는 자만이 살아남는다."며 미래를 적극적으로 준비하고, 주도할 것을 주문한다.

8 김진현 전 과학기술부장관은 이들 사회병리, 국가공동화, 비정상의 극단현상들이

동시다발적으로 급속히 진행되는 것을 퍼펙트 스톰(Perfect Storm)에 비유한다.

9 국가경제, 사회적 부패의 총체적 구조가 세월호 사태의 본질이며, 그 과정에 관피아, 정치피아, 법피아의 한국적 병리 그리고 세월호 처리를 둘러싼 정치 실패의 대한민국 현주소를 뼛속에서 민낯까지 속속들이 보여주었다. 김진현 전 과학기술부장관 인터뷰

10 박근혜 대통령도 2014년 5.19국민담화를 통해 세월호 이전과 이후로 나누고 새로운 나라를 만들겠다고 했다.

11 김진현 전 장관은 근대화 과정을 거친 다른 여러 선진국들이나 제3세계 후진국에서도 발견할 수 없는 한국만의 독특하고 예외적인 현상과 구조가 진행되고 있다고 주장한다.

12 2013년 홍사단 투명사회운동본부가 전국 초중고생 대상 실시 여론조사에서 고교생 47%, 중학생 33%, 초등생 16%가 '10억 원이 생긴다면 1년 감옥에 들어가도 괜찮다'고 답했고, '이웃의 어려움과 관계없이 나만 잘살면 된다'에 고교생 36%, 중학생 27%, 초등생 19%가 그렇다고 응답했다. 돈이면 무엇이든 다 된다는, 어른들의 부패가 아이들의 의식까지 병들게 하는 무서운 결과를 초래하고 있다.

13 2013년 국제투명성기구 발표 부패지수에서 대한민국은 177개국 중 46위, OECD 34개국 중 27위로 거의 최하위 수준이다. 특히 공직사회에 대한 국민불신이 매우 높게 나타났다. 참고로 부패지수는 계속 심화되는 경향이다. 2010년 39위, 2011년 43위, 2012년 45위, 2013년 46위.

14 김진현 전 장관은 새로운 사회적 패러다임, 신문명 모색의 혼돈 속에서 국가미래전략을 구성하는 핵심 키워드로 안전(생존), 평화(정의, 통일, 융합), 창조(새문명, 새패러다임, 새질서)를 제기한다.

15 '아시아 평화중심 창조국가'의 미래비전은 여러 많은 전문가들의 토론과 자문을 거쳐 완성되었다. 현재의 국가위기와 미래사회 변화 경향성에 대한 공유를 바탕으로 향후 30년 후를 내다보는 미래적 관점에서 가장 필요한 국가적 가치들을 수렴하는 과정에서 나온 개념이 '아시아' '중심' '평화' '창조'의 개념들이다. '중심'은 네트워크와 허브(Hub)의 개념을 포괄하고 '평화'는 분단극복, 평화의 제도화라는 실질적 통일 상황을 함의하며, '창조'는 미래 과학기술, 정치, 경제, 사회문화적으로 가장 중요하게 추구되어지는 가치개념으로 모아졌다. 이외에 많이 제기된 개념은 '신뢰' '행복' '창의' '정신문화' '지속가능' '선진' '번영' 등의 개념들이다.

16 김진현 전 장관은 아시아권과 다르게 중국과 인도 대륙권을 합쳐 히말라야권(Himalaya Zone)의 부상을 제기한다. 이 지역은 세계 8대강의 발원지며 세계인구의 47%(2045년경엔 50% 초과)가 살고 있다. 이 지역의 미래경제, 생명자원, 환경, 도시와 사회변화, 지정학적 분규들이 21세기 지구촌 생존의 안전과 평화의 핵심이고 인류 문제군의 진앙지가 될 것이라고 주장한다.

17 지난 시기 한반도의 분단이 국제적 수치와 오욕의 역사였다면 한반도 평화의 미래는 세계를 향한 한민족의 긍지와 자부심이 될 것이다.

18 주도적 위치에서 지도하고, 리드해갈 수 있는 권리의 의미로써 분단극복과 평화라는 한반도 문제에서 대한민국의 주도성을 관철하자는 의미다.

19 21세기 국제정치, 동아시아질서는 일국 혹은 양극 중심의 패권주의 질서가 아니

다. 글로벌화의 진전에 따라 패권 중심이 아닌 가치 중심으로 다극적 질서가 자리잡고 있다. 남북평화의 가치가 패권적 질서를 선도할 수 있고 무엇보다 대한민국의 국제정치적 위상이 강화되었다. 능동적 국제질서 참여가 충분히 가능하다.

20 김진현 전 장관은 "대한민국의 안정적 생존과 평화구현을 위해 한반도의 분단성, 충돌성 극복과 반도의 중심성 창조가 필요하며 그 과정에서 미래문제 해결과 더불어 지역 내 국제질서를 우리가 주도적으로 확보할 수 있다"고 주장한다.

21 이민화, 『KAIST, 미래를 여는 명강의 2014』, 푸른지식, 2013, p92~98.

22 창조경제를 가능케 하는 미래산업의 토대 변화로 '메타기술의 등장' '오픈 이노베이션' '혁신을 시장으로 전파하는 고속도로의 등장'이 제기된다.

23 긴장과 대립이 유지되는 소극적 평화로부터 전쟁의 위험이 구조적, 제도적으로 사라지는 적극적 평화(실질적 통일상황)까지 개념이 다양하나 적극적 평화를 지향해가는 구조로 이해할 수 있다.

2장. 4대 전략

1 안보(안전보장)는 전통적 국방의 영역을 기본으로 정치안보(민주화, 독재 예방), 경제안보(경제위기 예방), 사회안보(치안, 테러, 사이버테러 등) 전반을 망라하는 적극적 포괄안보 개념으로 발전되고 있다.

2 평화체제는 우리정부 공식 통일방안인 '민족공동체통일방안(노태우, 김영삼 정부 완성)'이 제시하는 '화해협력-남북연합-완전통일' 3단계 통일 과정에서 화해협력이 심화된 상황, 즉 남북연합에 진입하기 직전의 상황으로, 실질적 통일 상황으로 이해할 수 있다.

3 북핵문제를 중심으로 미국의 북한폭격을 중심으로 진행된 일련의 전쟁위기였다. 당시 우리 정부는 미국의 대북공습계획을 몰랐다. 우리도 모르는 사이에 한반도 전쟁의 위기는 언제든 가시화될 수 있는 것이다.

4 한반도 분단으로 인한 군사적 대립은 좁게는 남북의 대립이기도 하지만 좀더 확장하면 남북미 간의 대립이기도 하고 더 나아가서는 미일중러의 대립이기도 하다.

5 우리 국민들은 대한민국이 선진국으로 도약하기 위해서 정치선진화가 가장 필요하다고 응답했다. KAIST 미래전략대학원, 『See Futures』, 창간호, 2013, p.44.

6 중국의 국경 안에서 전개된 모든 역사를 중국의 역사로 만들기 위해 2002년부터 중국이 추진하고 있는 국가적 연구 사업.

7 통일비용론은 흡수통일을 전제로 한 산출이다. 그러나 통일의 목적 측면, 가능성 측면, 가치적 측면에서 합의에 의한 평화통일 이외에 가능한 통일은 거의 없으며 불가능하다. 그런 측면에서 합의에 의한 평화통일의 과정에서 보면 통일비용은 순수하게 소모적 비용은 한 푼도 들지 않는다. 상호존중의 원칙적 자세면 된다.

8 골드만삭스 보고서는 남북이 평화를 바탕으로 개성공단과 같은 남북경협공단이 지속 확대되는 것을 전제로 하고 있다.

9 개성공단이 그것을 반증한다. 개성공단의 임금수준은 월 10만 원 선이다. 중국과 동남아 등 전 세계 어디보다도 노동집약산업의 경쟁력이 높은 곳이 북한이다.

10 2007년 10.4선언에서 합의한 안변, 남포의 남북 조선협력 단지가 그대로 실천되었으면 중국에 1위 자리를 내준 현재의 조선업 침체상황은 달라졌을 것이다.

11 북한은 11년 의무교육이다. 개성공단의 사례를 보면 북한 근로자들의 노동생산성은 매우 높다.

12 코트라(KOTRA), 『2013 북한 대외무역동향』, 2014.

13 사회적 신뢰지수의 첫 출발은 국가, 정부에 대한 신뢰에서 시작된다. 정부와 국가권력이 진실하지 못하면 그 사회의 신뢰지수는 낮을 수밖에 없다.

14 북한은 1960년대부터 줄기세포분야에 대한 연구를 진행해 온 것으로 알려지고 있다.

15 핵과 미사일, 위성분야 등 주요무기산업 분야에서 상당한 기술력을 보유하고 있다.

16 중국해양석유총공사는 2004년 10월 북한 서한만에 유전을 확인하고 상당한 규모의 경제성 있는 매장가능성을 추정했다. 북한의 유전탐사지역은 서한만분지 외에도 동한만분지, 남포, 평양분지, 안주분지, 길주분지, 경성만분지 등 총 7개 지역이다. 영국의 석유회사 아미넥스도 북한 원유와 천연가스 개발에 참여하고 있다.

17 북한의 희토류 매장량과 관련하여 영국 외교전문지 '더디플로매트(DP)'는 그 규모가 기존 세계 전체 매장량의 2배에 이르는 2억 1,600만 톤, 금액으로 수조 달러에 달하는 규모라고 밝혔다(경향신문, 2014. 1.22). 일각에서는 희토류의 품위와 경제성을 확신할 수 없다는 분석도 없지 않다.

18 북한은 국가운영 특성상 1960년대 이후 국가적 차원에서 각종 국가통계를 대내외적으로 공표하지 않는다. 대부분의 통계들은 국제기구나 국제사회가 간접자료들을 가지고 추정하는 것들이다.

19 북한 문제는 요약하면 미국의 경제봉쇄, 정치군사적 봉쇄로 볼 수 있다. 그런데 석유문제는 미국의 세계전략 측면에서 에너지 문제의 핵심이므로 북한의 석유매장량이 간단치 않을 경우, 미국의 대북정책 자체가 변화될 수 있는 결정적 변수가 될 수 있다.

20 '있는 것과 없는 것을 서로 융통함'의 뜻으로 남한과 북한이 경제협력을 통해 서로 윈윈할 수 있는 보완적 관계를 상징적으로 설명하는 말이다.

21 KOTRA의 『2013년 북한 대외무역동향』에 의하면 2013년 북한의 무역은 전년 대비 7.8% 증가(73억 달러)하여 1990년 북한 대외무역 동향 집계 이래 사상최고의 신장세를 나타냈다. KOTRA 북한 대외무역 조사는 KOTRA 해외무역관을 통해 해당 주재국과 북한의 무역통계를 종합해서 나온다. 여기에서 KOTRA 해외무역관이 없는 미주재국 통계와 비공식 무역규모, 그리고 개성공단 등의 남북교역은 제외된다. 그러므로 실질적인 전체 무역규모는 73억 달러보다 훨씬 크고 광범위할 것으로 추정된다.

22 국가적 차원에서 통일교육을 하지 않은 결과다. 분단교육이 아닌 평화교육, 통일교육을 해야 한다.

23 통일을 하고자 하는 목적과 국민행복, 총체적 국가발전의 가치적 측면에서 한 쪽의 급격한 붕괴에 의한 흡수통일적 상황은 결국 남북 모두 재앙으로 다가오며 동반 몰락을 야기한다.

24 일방의 일방에 대한 극복의 통일은 결국 과정과 절차상 전쟁을 수반할 수밖에 없

다. 우리가 통일(평화 달성)을 하고자 하는 목적인, 총체적 국민행복과 국가발전에 철저히 반하는 최악의 시나리오며 동반몰락의 재앙이다.

25 북한붕괴 담론은 북한 체제와 국가, 사회구조에 대한 기본적인 이해 부족에 기인하는 평가다. 분단 70년 상황 속에서 북한에 대한 금기시는 북한을 우리 사회가 너무 모르는 기형적 상황을 낳았다. 북한에 대한 과학적인 이해가 필요하다.

26 한민족공동체 통일방안은 당시의 야당정치지도자였던 김대중 전 대통령이 1970년대부터 주창해온 '공화국연합제'를 실질적 모델로 하고 있다.

27 노태우 정부 당시의 한민족공동체 통일방안에는 3원칙으로 자주, 평화, 민족대단결이었으나 김영삼 정부의 민족공동체통일방안에는 '민족대단결' 대신에 '민주'의 원칙을 넣는다.

28 2000년 6.15공동선언 2항의 합의사항이다. '남과 북은 나라의 통일을 위한 남한의 연합제안과 북한의 낮은 단계의 연방제안이 서로 공통성이 있다고 인정하고 앞으로 이 방향에서 통일을 지향시켜 나가기로 하였다.'

29 『메가트렌드』의 저자. 미국, 일본, 독일 등 57개국에서 출간, 미래분야의 베스트셀러로 900만 부가 팔려 나갔다.

3장. 사회분야 미래전략

1 기존 체제는 학력을 학업성취도로 개념화하고 있다. 구체적으로는 시험성적과 석차를 지칭하는 것으로 이해하고 있다. 그래서 교실을 '시험상황'으로 만든다. 이것에 대해 연구자는 학력에 대해 학습능력을 일컫는 말로 개념화한다. 앎을 형성하고 이것으로 대상세계를 처리할 수 있는 능력, 학습할 수 있는 능력으로 이해한다. 그래서 교실을 '학습상황'으로 구성해야 한다. 이 지점에서 견해 혹은 이론이 갈라진다.

2 교육논리는, 정치논리와 경제논리를 대체하는, 교육내적 질서에 정합하는 것을 지칭한다. 이는 '그것이 교육적으로 타당한지를 따지는 방식'을 말한다. 교육내적 질서는 주로 교육의 자율성을 전제한다. 교사와 학생의 자율, 교육적 관계 형성의 자율, 교사의 교육기획과 학생의 학습기획의 자율을 전제한다. 지원행정의 자율을 포함함은 물론이다.

3 자기 분야에서 지식과 정보를 생산하는 평생 직업인을 말한다. 그는 자기 분야의 '이야기꾼'이다. 그는 누구와도 연대할 수 있는 자부심을 갖고 생계를 꾸리는 전문가, 자기 스스로 골몰하는 일을 가진 프로(professional)를 말한다. 그는 지식기반형 사회를 주도하는 인재상으로, 자신의 생존체계로서 일다운 일을 매개로 사회적 네트워크를 형성한다. 손종현, 「창의성 계발의 교육논리: 지식·문화 생산의 '이야기꾼' 키우기」, 『역량개념의 교육학적 검토(한국교육철학회 2014년 하계 학술대회 발표 논문)』, 2014, p45~69.

4 2014년 복지부 예산 46조, 기초생활보장예산 8.8조

5 Facebook insights 2014년 8월 1일 현재, http://cf.datawrapper.de/e3geD/2/

6 한국ABC협회, 회원현황 중 인쇄매체 통계에 의함

7 'List of newspapers in Florida', wikipedia & 'Florida Population 2014', World Population Review

8 http://www.nature.com/news/technology-the-1-000-genome-1.14901

4장. 기술분야 미래전략

1 국가과학기술위원회는 2012년 '제4회 과학기술예측조사'를 통해 주요 미래전망 보고서를 분석하여 2035년까지의 메가트렌드를 8개로 분류하여 제시하고 있다.

2 『유엔미래보고서 2040』은 해양에 '풍력, 태양광, 조력 발전 장치와 해수의 담수전환장치, 양식장 등이 포함된 에너지 섬'을 인공으로 설치하여 에너지 문제를 극복할 수 있을 것이라고 제언하고 있다. 3면이 바다로 둘러싸이고, 해양플랜트 강국인 우리나라도 참고할 만한 아이디어다.

3 미국국가정보위원회(NIC)의 『글로벌트렌드 2030』은 메가시티, 비정부기구, 다국적기업, 부유한 개인 등 비국가적 세력이 성장하여 국제적 난제의 대처를 주도할 것이라고 기술하고 있으며, 『유엔미래보고서 2040』은 개인의 힘이 정부를 무력화시킬 정도로 강력해져서 권력이 국가에서 개인으로 이동할 것이라고 전망하고 있다.

4 국가과학기술위원회에서 발표하는 '연구개발활동조사'에 의하면 우리나라 연구개발비의 경제목적별 투자 중에서 산업생산 및 기술분야가 60%이고, 교통/전기통신 8.8%, 건강 6.7%, 에너지 6.7% 순임.

5 독일은 'Industry 4.0'을 통해 Smart Factory라는 구체적인 목표를 구현하기 위해 역량을 집중하고 있으며, 일본은 '산업재흥전략'을, 미국은 첨단제조파트너쉽(AMP)을 추진 중이다. 중국은 '중국제조2025'전략을 수립중이다.

6 일본 총무성은 개인이 네트워크를 통해 제품을 제조하는 '사회적 제조'를 3D 프린팅 등 디지털 제조장비의 발전에 따라 '생산수단의 일상적 미디어화', 인터넷과 연결된 '분산적인 제조'를 특징으로 규정

7 전동 의수 및 의족, 시력대체기기 등 기계장치로 인체기능을 보강 또는 증강하는 분야

8 일본재흥전략 개정판(2014.6)

9 유럽은 '2030 기후에너지 정책 프레임'을 통해 2030년까지 재생에너지를 전체 에너지 소비의 27%까지 확대할 계획이다.

10 www.fiveipoffices.org/about.html

11 특허덤불(patent thicket)이란 한 기업이 신기술을 사업화하기 위해 침해문제를 해결해야 하는 수많은 타인 소유의 특허권 더미를 비유적으로 표현하는 용어이다. 특히 이러한 권리들이 다수의 특허권자들에게 흩어져 있는 경우 막대한 시간과 비용이 소모된다.

12 전통지식(Traditional Knowledge, TK)이란 대대로 전승되어 온 유/무형의 지식을 말하며 농업, 의술, 음악, 환경 등 다양한 영역에서 발견된다. 유전자원(Genetic Resources)은 동물, 식물, 미생물, 광물 및 유전자를 포함한 자원으로

인류의 생존, 생물다양성 보존 및 식량자원 개발에 중요한 역할을 한다.

13 http://online.wsj.com/news/articles/SB10001424053111903639404576518493092643006

14 http://www.epo.org/law-practice/unitary/unitary-patent.html

15 http://www.unified-patent-court.org/about-the-upc/15-category-b

16 여기서 무효율은 '인용심결건 ÷ 무효심판심결건(취하건 제외) × 100' 방식에 따르는 경우이다.

5장. 인구/환경/자원분야 미래전략

1 합계출산율은 한 여성이 15~49세의 가임기간 동안 평균 몇 명의 자녀를 낳는가를 나타내는 지표이다. 합계출산율 1.24명은 한 나라의 인구가 장기간 일정 수준을 유지하는 데 필요한 인구대체율(Population Replacement Rate)인 2.1명에 크게 못 미치는 수치이다.

2 국회예산정책처의 2012년도 보고서에 따르면 인구구조변화로 재정위기 증가 위험이 매우 높은 상태로 나타나고 있다. 동 보고서는 우리나라의 국가채무는 2012년 GDP 대비 34.2%에서 지속적으로 증가하여 2060년 218.6%로 확대될 것으로 전망하고 있다. (국회예산정책처, 2012)

3 삼성경제연구소는 우리나라의 생산가능인구가 2016년 3,700만 명으로 정점에 이른 후, 2050년에는 1,300만 명 수준까지 감소할 수 있다고 전망한다. 최홍, 「금융위기와 외국인 고용환경의 변화」, 『SERI 경제포커스』, 삼성경제연구소, 2010.

4 통계로 소통하는 세상, '통계로 살펴 본 북한의 인구 사회학적 변화상', http://blog.naver.com/hi_nso?Redirect=Log&logNo=130105642779.

5 카드게임에서 와일드카드란 '아무 카드나 대용으로 쓸 수 있는 카드'를 의미한다. 이러한 의미가 응용되어 미래연구에서는 '가능은 하되 그 실현가능성이 불확실한 미래의 상황'을 설정할 때 활용된다.

6 인구학자 발터는 저출산 국가에서는 이상적인 가족 크기의 감소, 인구의 고령화, 노동시장의 영향 등으로 계속 아이를 낳기가 어려워진다고 주장한다(Balter, 2006).

7 2025년에는 고령자 중 대졸 이상 고급인력 비중이 2000년의 10.6%에서 38.7%로 증가할 것으로 추계되고 있다. 최숙희, 「저출산 시대 어떻게 대처할 것인가?」, 『CEO Information』, 527호, 삼성경제연구소, 2005.

8 피터 슈워츠, 『이미 시작된 20년 후』, 우태영 이주명 옮김, 필맥, 2005. 미래예측기법의 하나인 시나리오 플래닝의 선구자로 IT, 미디어분야의 탁월한 장기전망(long view)으로 유명한 피터 슈워츠(Peter Schwartz)는 미래는 이미 정해진 요소(predetermined element)로 짜여지는 것이라 주장한다.

9 Anthony Giddens, The Politics of Climate Change, Polity Press, 2009. 정책을 다루는 입장에서 자신의 임기나 영향권, 책임소재와 거리가 먼 의제는 중요성에도 불구하고 이를 회피하거나 후임으로 전가하려는 경향이 크다.

10 IPCC는 1차 보고서를 발표할 1990년 당시만 해도 지구온난화와 같은 기후변화의 인과관계를 설명하기에는 '시기상조(too early to tell)'라 하였으나 2013년 5차 보고서에서는 95% 이상의 확률로 화석연료 사용 등 인간 활동이 그 주된 원인일 가능성이 '극단적으로 높다(extremely likely)'고 밝혔다.

11 환경부 보도자료, 「국가 온실가스 감축 2020년 로드맵 마련」, 2014.
이와 관련, 박근혜 정부는 2014년 1월 28일 지난 정부가 국제사회에 선언한 온실가스 감축목표 계획을 원안대로 유지키로 결정하였다(2020년 기준으로 온실가스 배출전망치 7억 7,600만 CO_2톤 대비 30%인 2억 3,300톤을 감축).

12 에너지 판도에 변화를 가져온 셰일가스의 경우 우리에게는 존재하지 않는 자원이지만 재생에너지는 기술에 기반 한 에너지로 우리가 주도적으로 발전시킬 수 있는 영역이다. 풍력과 태양광을 중심으로 이른바 그리드 패러티(grid parity)가 빠른 속도로 형성되고 있는 만큼 적절한 시점에 이를 검토할 필요가 있다. 세계적 에너지 전문가인 대니얼 옐긴은 The Quest를 통해 미래 에너지 시장의 패권은 기후변화를 포섭할 능력을 갖춘 국가와 기업이 쥐게 될 것이라 예견했다. 한편, 러시아 아무르 강의 수력자원, 몽고의 고비사막의 풍력자원 등을 겨냥한 동북아 전력망 구성, 이른바 'Super Grid 구축' 역시 미래전략으로 강구할 수 있다. 참고: Yergin, Daniel, The Quest: Energy, Security, and the Remaking of the Modern World, The Penguin Press, 2011.

13 UNFCCC 사무총장을 지낸 이보 드 보어(Yvo de Boer) GGGI 사무총장은 기후회의에 정부 내 서열이 높은 경제부처의 수장이 참여가 크게 늘고 있으며 이는 기후변화대응이 실제적 양상(real game)으로 진행되고 있음을 뜻한다고 주장한다.

14 Jeremy Rifkin, The Third Industrial Revolution, Palgrave Macmillan, 2011.
제레미 리프킨은 근작 '제3의 산업혁명'을 통해 기후에너지 시대를 맞아 재생에너지, 쌍방형 전력망, 전기자동차와 2차 전지, 건축물 에너지 저장시설의 융합발전을 선도하는 국가가 새로운 패권을 잡을 것이라 전망한다.

15 토마스 프리드만은 이와 관련, 중국은 10년 뒤 무엇을 할지 아는 나라가 된 반면 미국은 이해집단과 의회정치의 지나친 득세로 장차 무엇을 할지 알 수 없는 나라가 되었다고 갈파한다. 참고: Thomas L. Friedman, Michael Mandelbaum, That Used To Be Us: How America Fell Behind In The World It Invented and How We Can Come Back, Macmillan, 2011.

16 타미플루는 중국의 토착식물인 스타아니스 열매를 주원료로 한 신종인플루엔자 치료제로 시장규모 29억 달러, 2009년 상반기에만 203%의 매출 증가를 달성했다.

17 미국인 식물채집가가 북한에서 채취하여 미국 내 라일락 시장의 30%를 장악한 미스킴 라일락과 한라산 특유 품종으로 유럽에 반출되어 크리스마스트리로 대중적으로 사용되는 구상나무가 그 대표적인 예이다.

18 주요 광종별 우리나라 소비 순위('13년 기준) : 유연탄 7위, 우라늄 5위, 철광석 5위, 구리 5위, 아연 3위, 니켈 4위

19 6대 전략광종: 국가경제에 영향력이 큰 최우선 확보 대상 광물로서 국내 수요, 전략적 중요도 등을 고려하여 정부에서 지정. 현재 유연탄, 우라늄, 철, 동(구리), 아연, 니켈 등 6개 광종을 지정하여 관리 중

20 같은 기간 우리나라 전체 수입규모는 311억 달러에서 5,156억 달러로 약 17배 증가

21 일본은 2001년 4월 가전재활용법의 시행으로 폐가전 회수를 본격화했으며, 2002년에는 순환형 사회 기본계획을 마련하여 폐자원 활용을 위한 구체적 방안 제시. 또한 관련 법률을 통해 주요 제품별 재활용률 법정기준을 설정하여 관리중.

6장. 정치분야 미래전략

1 '전쟁이외의 작전(MOOTW)'이라 하면 해적소탕, 대테러작전, 인도주의적 지원/재난구조(HA/DR: Humanitarian Assistance/Disaster Relief), 유엔평화유지활동, 해상항로보호, 공간기반 자산확보(예 : 남중국해의 도서 및 영토 확보) 등을 목표로 역량을 강화

2 초고속 대용량의 정보고속도로를 이용하여 고정밀 센서체계와 타격체계를 결합한 개념. Command, Control, Communications, Computers, Intelligence, Surveillance and Reconnaissance

7장. 경제분야 미래전략

1 애그플레이션(Agflation): 농업(Agriculture)과 인플레이션(Inflation)의 합성어. 농산물 가격이 급등함으로 인해 전체 물가가 상승하는 현상을 뜻하는 단어

2 농가교역조건은 농가가 생산하여 판매하는 농산물과 농가가 구입하는 농기자재 또는 생활용품의 가격 상승폭을 비교하여 농가의 채산성을 파악하기 위한 지표이다. '농가판매가격지수/농가구입가격지수×100'으로 계산하며 100 이상이면 채산성이 호전된 것으로, 100 이하이면 채산성이 악화된 것으로 해석한다.

3 거버넌스(Governance): 협치(協治)라고도 한다. 거버넌스는 수직적이고 계층적인 정부(Government)와 구별되는 개념으로 다양한 참여자들이 함께 의사결정을 진행해 가는 형태이며, 단순한 협력이 아닌 네트워크를 통한 능동적이고 수평적인 정책 운용방식 및 정부형태 자체를 일컫는다.

4 마이클 포터(Michel Porter)의 전략산업론에서 특정 산업분야의 관련 기업, 전문성이 높은 공급자, 서비스제공자, 관련 업계에 속하는 기업, 관련 기관(대학, 규격단체, 업계단체 등)이 지리적으로 집중하여 경쟁하며, 동시에 협력하는 상태를 산업 클러스터라 정의한다.

공훈의, 『SNS는 스토리를 좋아해』, 메디치, 2014, p44.
관계부처합동, 『제3차 국가생물다양성전략』, 2014.
국가과학기술자문회의, 『성장과 복지를 위한 바이오 미래전략』, 2014.
국립국어원, 『표준국어대사전(하)』, 두산동아, 1999.
국립환경과학원, 『산림의 공익기능 계량화 연구』, 2011.
국회예산정책처, 『2012~2060년 장기 재정전망 및 분석』, 국회예산정책처, 2012.
김계연, 『OECD국가 행복지수 산정결과로 본 우리나라의 행복수준』, 한국보건사회연구원, 2009.
김문조, 「IT 기반 사회의 미래 전망: '잡종사회'의 출현과 후속적 동향」, 『한국사회학』, 제39집 6호, 한국사회학회, 2005.
김민남, 「추천사를 대신하여」, 『왜 교육정책은 역사를 불행하게 하는가』, 전성은·이재강 지음, 메디치미디어, 2014, p23~33.
김민남·손종현, 『한국교육론, 경북대학교출판부』, 2007.
김병조, 「한국인 주관적 계층의식의 특성과 결정요인」, 『한국사회학』, 제34집 여름호, 한국사회학회, 2000.
김사헌, 「관광산업의 새로운 트랜드: 복융합 관광과 신관광」, 『한국관광정책』, 24, 2006.
김성기, 「학업중단예방을 위한 '학업 중단 숙려제'의 필요성과 효과」, 『서울교육』, 봄호(통권 제210호), 2013, p49~50.
김슬기, 「미 '앱 경제(App Economy)' 일자리 창출 사례 및 시사점」, 『Journal of Communication & Radio Spectrum Special Issue』, 2012.
김승택·김원식, 『근로시간 단축과 정책 과제』, 정책연구, 2004.
김용범 외, 『문화비전 2000을 위한 정책제안』, 한국문화정책개발원, 1997.

김용하, 『OECD 국가 행복(Well-being)지수 산정에 관한 연구』, 한국보건사회연구원, 2009.
김택환, 『넥스트 코리아』, 메디치미디어. 2013.
김판준, 「다문화사회의 갈등과 기여에 관한 고찰」, 『현대사회와 다문화』, 2013, p207~237.
김현경, 『디지털 컨버전스에 따른 해외 법제도 대응현황과 과제』, 한국전산원, 2006.
김휴종, 『저출산 고령화에 따른 미래사회의 문화적 변화 예측 및 대응방안』, 고령화 및 미래사회위원회, 2005.
남상문, 『저출산 고령화에 따른 미래사회의 문화적 변화 예측 및 대응방안』, 고령화 및 미래사회위원회, 2005.
남주하, 『한국의 경제행복지수 측정에 관한 연구』, 국제경제연구, 2012.
대통령자문정책기획위원회, 『사회비전 2030』, 2006.
대한민국정부, 『제2차 저출산·고령사회 기본계획: 2012년도 시행계획』, 2012.
로마클럽, 『성장의 한계(The Limits To Growth)』, 1972.
매일경제신문사, 『학습혁명 보고서』, 매일경제신문사, 2000.
문화관광부, 『문화비전 2000: 문화의 세기가 오고 있다』, 1999.
문화관광부, 『생활체육비전 2010』, 2003.
문화관광부, 『스포츠산업비전 2010』, 2005.
문화관광부, 『창의한국』, 2004.
박영숙, 『새로운 미래가 온다』, 경향미디어, 2009.
박영숙·제롬 글렌·테드 고든·엘리자베스 플로레스큐, 『유엔미래보고서 2040』, 교보문고.
법무부, 『외국인정책 관련 환경변화 미래예측 보고서』, 2006.
법무부, 『출입국관리소 외국인정책 통계연보』, 2014.
보건복지부 보도자료, 「저출산·고령사회 본격 대비를 위한 제2차 기본계획 확정」, 2010.
산림청, 『생물다양성과 산림』, 2011.
산업연구원, 『한국산업의 발전비전 2020 프로젝트』, 2006.
생물다양성협약 제2조.
성문정, 「국가재정운용계획과 체육재정 투자 방향」, 『스포츠과학』, 제92호, 2005.
성문정, 『레저스포츠활성화를 위한 제도적 기반 연구』, 국민체육진흥공단 체육과학연구원, 2006.
손종현, 「대학 교양교육의 재개념화: 人材교육적 관점에서」, 『열린교육연구』, 제22권 제2호, 2014, p307~329.
손종현, 「창의성 계발의 교육논리: 지식·문화 생산의 '이야기군' 키우기」, 『역량개념의 교육학적 검토(한국교육철학회 2014년 하계 학술대회 발표 논문)』, 2014, p45~69.
아드리안 돈, 『무엇이 세상을 바꾸는가』, 위선주 옮김, 미래의 창, 2013.
양건열 외, 『문화정체성 확립을 위한 정책방안 연구』, 한국문화정책개발원, 2002.
양재진, 「한국 연금개혁의 3대 쟁점: 패러다임 전환의 필요성과 방향」, 『경제와 사회』, 73호, 2006, p50~72.

에릭 토폴, 『청진기가 사라진다』, 박재영·이은·박정탁 옮김, 청년의사, 2012.
오연풍 외, 『선진국 체육정책의 동향과 추진체계』, 국민체육진흥공단 체육과학연구원, 2004.
외교부, 『주요국 대상 한국이미지조사 결과 발표』, 2014.07.25
유재국, 「장기인구 및 가구구조의 변화 전망」, 『정책보고서』, 23호, 국회입법조사처, 2012.
윤강재, 『OECD 국가의 행복지수 산정 및 비교』, 한국보건사회연구원, 2010.
이경숙, 「전투적 교육가족: 학벌전쟁을 이끄는 가족」, 『교육열망과 재생산』, 이주와 교육 프로젝트팀 지음, 한국학술정보, 2013, p51~78.
이종관, 『2040년 한국의 삶의 질』, 기획재정부, 2010.
이진복, 「탈물질주의적 가치 변동의 양가성: 잉글하트의 '세대교체'와 벡의 '개인화' 논의에 대한 재해석을 중심으로」, 『정치비평』 vol 13, 한국정치연구회, 2004.
이케다 준이치, 『왜 모두 미국에서 탄생했을까』, 서라미 옮김, 메디치미디어, 2013, p250.
이호영·박현주·음수연, 「디지털 시대의 문화수용 방식에 관한 연구」, 정보통신정책연구원, 2005.
일 예거, 『우리의 지구, 얼마나 더 비틸 수 있는가』, 유네스코한국위원회, 2010.
임춘택, 이광형(2013), 「창조경제시대의 대한민국 미래 5대 전략산업 MESIA」, 『See Futures』, 창간호, KAIST, 2013, p18~25.
정범모, 「교육력」, 『한국의 교육력, 이대로 좋은가(한국교육학회 2007년 춘계학술대회 기조강연)』, 한국교육학회, 2007, p13~17.
정보통신부 미래전략기획팀, 『주요 IT 통계 현황』, 2006.
정재승 외, 『미래를 생각한다』, 비즈니스맵, 2012.
조세현, 『개방적 이민정책의 미래정책영향 분석』, 한국행정연구원, 2012.
조지프 스티글리츠, 아마르티아 센, 장 폴 피투시, 『GDP는 틀렸다』, 동녘출판사, 2010.
주진형, 황지연, 「컨버전스와 문화산업 트랜드」, 『정보통신정책』 제18권 6호, 2006.
최상덕·김진영·반상진·이강주·이수정·최현영, 『21세기 창의적 인재 양성을 위한 교육의 미래전략 연구』, 한국교육개발원(연구보고 RR 2011-01), 2011.
최숙희, 「저출산 시대 어떻게 대처할 것인가?」, 『CEO Information』, 527호, 삼성경제연구소, 2005.
최정운, 『한국인의 탄생』, 미지북스, 2013.
최항섭, 『2020년 한국사회의 질』, 기획재정부, 2012.
최홍, 「금융위기와 외국인 고용환경의 변화」, 『SERI 경제포커스』, 삼성경제연구소, 2010.
최홍, 「다문화사회 정착과 이민정책」. 『CEO Information』, 삼성경제연구소, 2010.
추계예술대학교 산학협력단, 「저출산 고령화에 따른 미래사회의 문화적 변화 예측 및 대응방안」, 2005.
클레이튼 크리스텐슨·제롬 그로스만·제임스 황, 『파괴적 의료혁신』, 배성윤 옮김, 청년의사, 2010.
통계청 보도자료, 「장래인구추계」, 2011.

통계청, [인구동향조사], 2014.
통계청, 『장래인구추계 시도편: 2010 –2040』, 2012.
특허청, 『IP5 각 청의 특허조화 관련 정책환경 분석을 통한 특허제도 국제조화 대응방안 연구』, 2013.
피터 슈워츠, 『이미 시작된 20년 후』, 우태영 이주명 옮김, 필맥, 2005.
한국교육개발원 미래교육기획위원회, 『한국교육 미래 비전』, 학지사, 2011
한국문화관광정책연구원 용역보고서, 『미래문화전략2030』, 2006.
한국문화관광정책연구원, 『2006 국민 여가 조사 발표 및 여가 트랜드 분석 자료집』, 2006.
한국문화관광정책연구원, 『한국관광동향 2006 4/4분기』, 2006.
한국문화관광정책연구원, 『한반도의 미래와 관광』, 2006.
한국생명공학연구원, 『바이오산업과 나고야의정서』, 2011.
한국지식재산연구원, 『지식재산제도의 실효성 제고를 위한 법제도 기초연구』, 특허청, 2013.
한국행정연구원, 『세대간 갈등이 유발할 미래위험 관리』, 법무부, 2013.
한상진, 「다원화 시대의 한민족의 정체성 : 창의적 문화공동체의 실현과제」, 제3회 재외동포교육국제학술대회, 재외동포교육진흥재단, 2004.
환경부 보도자료, 「목표관리제, 2012년 온실가스 감축목표 초과달성」, 2014.
환경부, 『제5차 환경보전중기종합계획』, 2013.
환경부, 『환경보전에 대한 국민인식조사』, 2013.
환경부, 「IPCC 기후변화 영향 및 적응에 관란 보고서 승인」, 정책브리핑, 2014.
황명진, 심수진, 「한국의 행복지수 개발」, 『조사연구』, 9권 3호, 2008, p93~117.
J. 듀우이, 『학교와 사회』, 이인기 옮김, 박영사, 1984.
UNEP, 『생태계와 생물다양성의 경제학(TEEB) 보고서』, 2010.

松谷明彦, 『人口減少経済の新たな公式』, 日本済新聞社, 2004.

Andrew Brown et al., "Managing Intellectual Capital," Research-Technology Management 48, no.6, 2005.
Anthony Giddens, The Politics of Climate Change, Polity Press, 2009.
Baekdal, Thomas, The Next Step For Newspapers, Baekdal.com, 2014.
Baekdal, Thomas, The Shift-from print to digital...and beyond, Kindle Book, Baekdal Media, 2011, p9~40.
Balter, Michael, "The Baby Deficit", Science, 312(5782): 1894~1897, 2006.
Bertalan Mesko, "The Guide to the Future of Medicine", Global Biodiversity Outlook 3, Convention on Biological Diversity(CBD), 2010.
David Kappos, "The America Invents Act and a Global Call for Harmonization", WIPO, http://www.uspto.gov/news/speeches/2011/kappos_

wipo.jsp, 2011.
Department of Commerce, "Intellectual Property and the U.S. Economy", Industries in Focus, 2012.
EPO & OHIM, "Intellectual Property Rights intensive industries", Contribution to economic performance and employment in Europe, 2013.9.30.
http://scienceroll.files.wordpress.com/2013/10/the-guide-to-the-future-of-medicine-white-paper.pdf, 2013.
Institute for Alternative Futures, Health 2030: A Scenario Exploration, 2014.
IPCC, Climate Change 2007: Mitigation of Climate Change, 2007.
Mark Lynas, Six Degrees: Our Future on a Hotter Planet, 2007.
OECD, Environment outlook 2050, 2012.
OECD, The Bioeconomy to 2030: Designing a Policy Agenda, 2009.
Public Health 2030: A Scenario Exploration, http://www.altfutures.org/publichealth2030
Stern, Nicolas, The Economics of Climate Change: The Stern Review, Cambridge University Press, 2007.
The Global Commission on the Economy and Climate, "Aims and Rationale", http://newclimateeconomy.net./content/aims-and-rationale, 2014.
UN, Global Biodiversity Outlook 3, 2010.
UN, Millenium Ecosystem Assessment, 2001~2005, 2005.
UN, World Population Prospect, 2010.
UNDP, The Millennium Development Goals Report 2011, United Nations, 2011.
UNEP, Global Environment Outlook 4, 2007.
UNEP, Global Environment Outlook 5, 2012.
UNFPA, State of World Population 2011, UNFPA, 2011.
William A. Cohen, Drucker on Leadership: New Lessons from the Father of Modern Management, John Wiley and Sons, 2010.

대한민국
국가미래전략
2015

1판 1쇄 2014년 12월 1일
1판 3쇄 2015년 5월 28일

지은이 KAIST 미래전략대학원
펴낸이 김승욱
편집 고아라 김승욱
디자인 윤종윤 이보람
마케팅 방미연 이지현 함유지
온라인마케팅 김희숙 김상만 한수진 이천희
제작 강신은 김동욱 임현식

펴낸곳 이콘출판(주)
출판등록 2003년 3월 12일 제406-2003-059호

주소 413-120 경기도 파주시 회동길 216 2층
전자우편 book@econbook.com
전화 031-955-7979
팩스 031-955-8855

ISBN 978-89-97453-28-3 03300

이 도서의 국립중앙도서관 출판시도서목록(CIP)은 e-CIP 홈페이지(http://www.nl.go.kr/ecip)와
국가자료공동목록시스템(http://www.nl.go.kr/kolisnet)에서 이용하실 수 있습니다.
(CIP제어번호: CIP2014033734)